¿QUI[ÉN] TRAICIONÓ A ANA FRANK?

¿QUIÉN TRAICIONÓ A ANA FRANK?

LA INVESTIGACIÓN QUE REVELA
EL SECRETO JAMÁS CONTADO

ROSEMARY SULLIVAN

HarperCollins *Español*

Los libros de HarperCollins Español pueden ser adquiridos con fines
educativos, empresariales o promocionales. Para más información, envíe un
correo electrónico a SPsales@harpercollins.com.

Título original: *The Betrayal of Anne Frank*
Publicado originalmente en inglés por HarperCollins Publishers en 2022
Publicado en castellano por HarperCollins Ibérica, 2022

PRIMERA EDICIÓN DE HARPERCOLLINS ESPAÑOL

Traducción de Victoria Horrillo Ledesma
Copyright de la traducción: Victoria Horrillo Ledesma
© Posfacio Vincent Pankoke, 2022

El mapa de las páginas xvi, 1, 112 y 113 es cortesía de Shutterstock/Bardocz
Peter

Este libro ha sido debidamente catalogado en la Biblioteca del Congreso de los
Estados Unidos.

ISBN 978-0-06-307659-4

22 23 24 25 26   LSC   10 9 8 7 6 5 4 3 2 1

Índice

Segunda parte: La investigación del caso

El Día del Recuerdo y la memoria del cautiverio

Llegué al aeropuerto de Schiphol el viernes 3 de mayo de 2019 y tomé un taxi para ir hasta una dirección de Spuistraat, en pleno centro de Ámsterdam. Una representante de la Fundación Holandesa para la Literatura me esperaba allí y me mostró el apartamento en el que iba a alojarme durante el mes siguiente. Me hallaba en Ámsterdam con el fin de escribir un libro acerca de la investigación sobre quién traicionó a Ana Frank y a los demás ocupantes de la Casa de atrás el 4 de agosto de 1944, un misterio que nunca se había esclarecido.

Casi todo el mundo conoce a grandes rasgos la historia de Ana Frank: que la adolescente judía se ocultó, junto con sus padres, su hermana y algunos amigos de la familia en un desván de Ámsterdam durante más de dos años durante la ocupación nazi de los Países Bajos, en la Segunda Guerra Mundial. Pasado ese tiempo, alguien los denunció y fueron enviados a campos de concentración, de los que solo salió con vida Otto Frank, el padre de Ana. Todo esto lo sabemos principalmente gracias al extraordinario diario que Ana dejó en la Casa de atrás aquel día de agosto, cuando los nazis fueron a detenerlos.

El caso de Ana Frank forma parte indisociable del acervo cultural de los Países Bajos y siempre ejerció una fuerte atracción sobre el cineasta neerlandés Thijs Bayens, quien en 2016 invitó a su amigo el periodista Pieter van Twisk a unirse a un proyecto que comenzó siendo un documental y pronto derivó en un libro. El proyecto fue cobrando impulso poco a poco, pero en el año 2018 había ya un mínimo de veintidós personas trabajando de manera directa en la investigación, además de numerosos colaboradores externos que realizaban labores de asesoramiento. La investigación comenzó con el reto de identificar al traidor, pero pronto fue mucho más allá. El Equipo Caso Archivado, como se llamó al grupo de investigadores, se propuso llegar a entender qué le sucede a una población sujeta a ocupación enemiga cuando el miedo se entreteje con la vida cotidiana.

Al día siguiente de mi llegada, el sábado 4 de mayo, era el Día del Recuerdo, la fiesta nacional con la que los holandeses conmemoran las atrocidades de la Segunda Guerra Mundial y la costosísima victoria aliada. Thijs Bayens me invitó a acompañarlos a su hijo Joachim y a él en la procesión silenciosa que recorre las calles de Ámsterdam y que marca el inicio de las conmemoraciones.

Éramos unas doscientas personas, quizá, aunque el gentío fue aumentando a medida que recorríamos la ciudad. Estuvimos escuchando un rato a la orquesta gitana que tocaba delante de la Ópera y atravesamos luego el barrio judío, pasando por la monumental sinagoga portuguesa, el Museo Histórico Judío y el Hermitage, donde hay placas conmemorativas incrustadas entre los adoquines del suelo. Torcimos luego a la izquierda y seguimos el río Ámstel, cruzamos el Magere Brug, el «puente flaco» de madera blanca que los nazis cercaron con alambre de espino el 12 de febrero de 1941 para acordonar la judería de la ciudad (y que quedó abierto de nuevo al cabo de unos días, debido a la presión del consistorio municipal). Seguimos atravesando el centro de la ciudad hasta llegar al Dam, la plaza mayor, donde se habían congregado cerca de 25 000 personas para ver a los reyes y escuchar el discurso de la alcaldesa, Femke Halsema, quien dijo estas palabras:

> *Escribir una nota o llamar. Hacer oír tu voz o no. Abrazar a tu pareja, cruzar la calle o no. Venir aquí esta noche, al Dam, el 4 de mayo. O no. Cada vez, cientos de veces al día, elegimos. Sin pensar, sin coacción (...) ¿Qué le ocurre a una persona cuando pierde todas las libertades? ¿Cuando vive bajo la ocupación enemiga? Cuando el espacio que la rodea se encoge. Nuestra libertad vino precedida de dolor y enormes sufrimientos (...) Por eso hemos de transmitir el recuerdo de la falta de libertad, como si la guerra hubiera sido ayer mismo. Por eso la conmemoramos (...) este año, el próximo y todos los venideros.*[1]

Al día siguiente, tras instalarme, cené con Thijs. Hablamos de política europea; en especial, de la xenofobia y la creciente hostilidad hacia los inmigrantes. Después, le pregunté por qué había decidido abordar la investigación del caso. Me dijo que, como cineasta, uno traslada vivencias propias a su trabajo. Él se había criado en Ámsterdam en la década de 1970, cuando la ciudad era famosa en todo el mundo por su idiosincrasia y su apertura de miras. Había okupas, comunas de artistas, manifestaciones pacifistas. Te sentías libre y lo demostrabas. Todo eso ha cambiado. En los Países Bajos, en Europa, en Norteamérica, asistimos a una marea de miedo y de racismo.

Unos meses atrás, al pasar por Prinsengracht, Thijs se topó con una larga cola de visitantes que esperaba para entrar en la Casa de

Ana Frank. Mientras observaba a la gente, le dio por pensar que la familia Frank y las otras personas escondidas en el anexo trasero eran personas normales y corrientes de un barrio como otro cualquiera, lleno de conocidos y compañeros de trabajo, de vecinos y tenderos, de tíos, tías y parientes. Era así de sencillo. Y, entonces, las insidiosas maquinaciones del fascismo fueron ganando terreno. Poco a poco, pero de manera implacable, las relaciones humanas se vieron afectadas por la presión y las personas se volvieron unas contra otras.

Thijs se alejó de la gente que hacía cola frente a la casa museo y tomó una decisión: quería iniciar un debate público. Ámsterdam había dejado de ser un bastión del individualismo. Donde antes reinaba la tolerancia, ahora había desconfianza. ¿En qué momento nos desprendemos unos a otros? ¿Cuándo decidimos a quién defendemos y a quién no? La detención de Ana Frank sería una forma de poner ese debate sobre la mesa. Thijs me contó que en el norte de Ámsterdam hay un mural de dieciocho metros de altura que casi domina por completo la ciudad. Es un retrato de Ana acompañado de una cita de su diario: *Que me dejen ser yo misma.* «Creo que es a nosotros a quien está interpelando», me dijo Thijs.

Quería enseñarme algo y fuimos dando un paseo hasta el cercano Torensluis, uno de los puentes más anchos de Ámsterdam, que cruza el canal de Singel. Delante de mí se alzaba una gran escultura sobre un pedestal de mármol. Thijs me explicó que era una efigie del novelista decimonónico Eduard Douwes Dekker, considerado uno de los grandes escritores neerlandeses, famoso principalmente por una novela en la que denunciaba los abusos del colonialismo en las Indias Orientales holandesas. Me llevé una sorpresa cuando me dijo que la escultura era obra de su padre, Hans Bayens, de quien hay numerosas obras diseminadas por Ámsterdam, Utrecht, Zwolle y otras localidades del país.

Me contó que su padre rara vez hablaba de la guerra. Era un trauma demasiado grande. Su madre decía que, años después de acabar la contienda, su padre solía tener pesadillas y se despertaba aterrorizado, señalaba la ventana y gritaba que estaban pasando los bombarderos.

Thijs no conoció a sus abuelos, fallecidos antes de que él naciera, pero había oído contar historias sobre ellos. Lo que más le impresionó fue descubrir que su casa había sido una *doorgangshuis*, una «casa de tránsito» de las que usaba la resistencia para ocultar a judíos. Siempre había varios judíos escondidos en el sótano, algunos durante semanas, mientras la resistencia les buscaba un lugar en el que pudieran ocultarse de manera permanente.

Cuando se embarcó en el proyecto Ana Frank, Thijs habló con el mejor amigo de su padre para preguntarle qué recordaba de la guerra. El amigo le recomendó que entrevistara a Joop Goudsmit, un anciano de noventa y tres años que había pasado una larga temporada en casa de sus abuelos durante la guerra. Goudsmit se convirtió en parte de la familia Bayens y pudo describirle la casa, la habitación del sótano donde vivió escondido, la radio oculta bajo la tarima del suelo del ropero, y la cantidad de judíos que pasaron por allí. Le dijo que el riesgo que corrieron los Bayens —por sus contactos con falsificadores de documentación, entre otras cosas— fue extremo.

Resulta desconcertante pensar que el padre de Thijs nunca le hablara de esto, y sin embargo es algo muy típico. Después de la guerra, fueron tantos los que se atribuyeron falsamente el mérito de haber formado parte de la resistencia, que quienes se arriesgaron de verdad, como sus abuelos, a menudo prefirieron guardar silencio. La guerra, no obstante, afectó profundamente a su familia y Thijs era consciente de que indagar en los hechos que condujeron a la redada en la Casa de atrás le permitiría adentrarse en el laberinto de su propia historia familiar. La historia de Ana Frank es todo un símbolo, pero también es tan corriente que resulta aterrador: se dio centenares de miles de veces a lo largo y ancho de Europa. Thijs me dijo que para él era también una advertencia. «No se puede permitir que esto vuelva a suceder», dijo.

¿QUIÉN TRAICIONÓ A ANA FRANK?

PRIMERA PARTE

EL TRASFONDO DE LA HISTORIA

La redada y el policía verde

El 4 de agosto de 1944, el agente de las SS Karl Josef Silberbauer, de treinta y tres años, sargento del Referat IV B4, la sección del Sicherheitsdienst (SD) conocida popularmente como «unidad de caza de judíos», se hallaba en su despacho de la calle Euterpestraat de Ámsterdam cuando sonó el teléfono. Contestó a pesar de que estaba punto de salir a comer, y más tarde se arrepentiría de ello. Quien llamaba era su superior, el teniente alemán Julius Dettmann, que le informó de que acababa de recibir una llamada denunciando que había judíos escondidos en un almacén industrial, en el número 263 de Prinsengracht, en el centro de Ámsterdam. Dettmann no le dijo quién era el denunciante, pero estaba claro que se trataba de alguien de confianza; de alguien a quien el servicio de inteligencia de las SS conocía bien. Había habido numerosos soplos anónimos que resultaban ser falsos o estar desactualizados; cuando llegaba la unidad de caza de judíos, los escondidos ya se habían trasladado a otro lugar. El hecho de que Dettmann movilizara a sus efectivos nada más recibir la llamada significaba que confiaba en el informante y sabía que valía la pena investigar la denuncia.

Dettmann telefoneó al sargento inspector holandés Abraham Kaper, de la Oficina de Asuntos Judíos, y le ordenó que enviara a algunos de sus agentes a aquellas señas de Prinsengracht para acompañar a Silberbauer. Kaper encargó la misión a dos policías holandeses, Gezinus Gringhuis y Willem Grootensdorst, de la unidad IV B4, y a un tercer agente.

Hay muchas versiones de lo que sucedió antes y después de que Silberbauer y sus hombres llegasen al número 263 de Prinsengracht. Lo único que se sabe con certeza es que encontraron allí a ocho personas escondidas: Otto Frank, su esposa Edith y sus dos hijas, Ana y Margot; Hermann van Pels, amigo y compañero de trabajo de Otto, su esposa Auguste y su hijo Peter; y el dentista Fritz Pfeffer. Los holandeses tienen un verbo que designa esta forma de esconderse: *onderduiken*, «sumergirse».* Llevaban «sumergidos» dos años y treinta días.

Una cosa es estar preso, aunque sea injustamente, y otra bien distinta estar escondido. ¿Cómo puede uno soportar veinticinco meses de reclusión absoluta: no poder asomarte a la ventana por miedo a que te vean; no salir nunca a la calle ni respirar aire fresco; tener que guardar silencio durante horas y horas para que los empleados del almacén de abajo no te oigan? Para mantener esa disciplina, hay que tener un miedo atroz. La mayoría de la gente se habría vuelto loca.

Durante esas largas horas de encierro, cada día laborable, mientras hablaban en susurros o andaban de puntillas y abajo los empleados se dedicaban a sus quehaceres, ¿qué hacían los escondidos? Estudiar, escribir. Otto Frank leía historia y novelas (sus favoritas eran las de Charles Dickens). Los jóvenes estudiaban inglés, francés

---

* En los Países Bajos había entre 25 000 y 27 000 judíos escondidos, un tercio de los cuales acabarían siendo denunciados.

y matemáticas. Y tanto Anne como Margot llevaban un diario. Se estaban preparando para la vida de posguerra. Creían aún en el futuro y la civilización, mientras fuera los nazis y sus cómplices e informantes intentaban darles caza.

En el verano de 1944 cundió el optimismo en la Casa de atrás. Otto clavó en la pared un mapa de Europa y seguía las noticias de la BBC y los partes del Gobierno holandés exiliado en Londres a través de Radio Oranje. Aunque los alemanes habían confiscado los aparatos de radio para impedir que la población neerlandesa escuchara los noticiarios extranjeros, Otto consiguió llevar consigo uno cuando se escondieron y seguía el avance de las fuerzas aliadas escuchando las noticias de la noche. Dos meses antes, el 4 de junio, los Aliados tomaron Roma y cuarenta y ocho horas después tuvo lugar el Día D, la mayor invasión anfibia de la historia. A finales de junio, los estadounidenses se hallaban empantanados en Normandía, pero el 25 de julio lanzaron la Operación Cobra y la resistencia alemana en el noroeste de Francia se vino abajo. En el este, los rusos iban ganando terreno en Polonia. El 20 de julio, varios miembros del alto mando de Berlín llevaron a cabo un intento de asesinato contra Hitler que causó gran alegría entre los ocupantes de la Casa de atrás.

De pronto, daba la impresión de que solo faltaban unas semanas para que acabara la contienda, o un par de meses, quizá. Todo el mundo hacía planes para después de la guerra. Margot y Ana empezaron a hablar de volver a clase.

Y entonces sucedió lo inimaginable. Como diría Otto en una entrevista casi dos décadas después: «Cuando llegaron los de la Gestapo con sus pistolas, todo se acabó».[1]

Dado que Otto fue el único de los ocho que sobrevivió, solo disponemos de su relato para conocer lo ocurrido desde la perspectiva de los ocupantes de la Casa de atrás. Recordaba la detención con tanta viveza que está claro que llevaba ese momento grabado a fuego en la memoria.

Eran, contaba, sobre las diez y media de la mañana. Él estaba arriba, dando clase de inglés a Peter van Pels. Al hacer un dictado, Peter escribió mal la palabra *double*: le puso dos bes. Otto le estaba señalando la falta cuando oyó que alguien subía por la escalera estruendosamente. Se sobresaltó, porque a esa hora todos los ocupantes de la casa procuraban hacer el menor ruido posible para que no se los oyera en las oficinas de abajo. Se abrió la puerta y apareció un hombre que los apuntó con un arma. No vestía uniforme policial. Levantaron las manos. El desconocido los condujo abajo a punta de pistola.[2]

De su relato de la redada se desprende una sensación de profundo estupor. Durante un acontecimiento traumático, el tiempo se ralentiza, parece dilatarse y algunos detalles cobran un extraño relieve. Otto se acordaba de la falta de ortografía, de la lección de inglés, del crujido de la escalera, de la pistola apuntándoles.

Recordaba que estaba dando clase a Peter. Recordaba la palabra en la que se equivocó el chico: *double*, con una sola be. Esa es la regla ortográfica. Otto creía en las reglas, pero una fuerza siniestra iba subiendo las escaleras con intención de aniquilarlo a él y a todo cuanto amaba. ¿Por qué? ¿Por ansia de poder, por odio o simplemente porque podía? Con la perspectiva del tiempo, se ve que Otto mantuvo a raya ese horror abrumador, que conservó su dominio de sí mismo porque otras personas dependían de él. Al ver la pistola que empuñaba el policía, se acordó del avance de los Aliados; de que la suerte, el azar o el destino aún podían salvarlos a todos. Pero se equivocaba. Su familia y él viajarían en los vagones de carga del último tren que salió con destino a Auschwitz. Era impensable, pero Otto era consciente de que lo impensable podía suceder.

Cuando Peter y él llegaron a la planta principal de la Casa de atrás, encontraron a los demás en pie con las manos en alto. No hubo ataques de histeria ni llantos. Solo silencio. Estaban todos estupefactos, anonadados por lo que estaba ocurriendo, cuando ya veían tan cerca el final.

En medio de la habitación, Otto vio a un hombre al que supuso de la Grüne Polizei, como llamaban los holandeses a la policía alemana de ocupación debido al color verde de su uniforme. Era, claro está, Silberbauer (que en rigor no pertenecía a la Grüne Polizei, sino a las SS). El sargento de las SS aseguraría posteriormente que ni él ni los agentes de paisano sacaron sus armas. Pero el de Otto es el relato más fidedigno de lo ocurrido. El testimonio de Silberbauer, como el de la mayoría de los miembros de las SS después de la guerra, tenía como único fin exonerarse de responsabilidades.

La calma con la que reaccionaron los escondidos pareció irritar al nazi. Cuando les ordenó que recogieran sus cosas para el traslado a la sede de la Gestapo en Euterpestraat, Ana agarró el maletín de su padre, que contenía su diario. Otto Frank contaba que Silberbauer le arrancó el maletín, tiró al suelo el diario con las tapas a cuadros y las hojas sueltas y llenó el maletín con los pocos efectos de valor y el dinero que Otto y los demás conservaban aún, incluido el paquetito de oro de dentista que guardaba Fritz Pfeffer. Los alemanes estaban perdiendo la guerra. En aquellos momentos, gran parte del botín que las «unidades de caza de judíos» requisaban para el Reich acababa en los bolsillos de algún particular.

Paradójicamente, fue la avaricia de Silberbauer la que salvó el diario de Ana Frank. Si ella se hubiera aferrado al maletín, si le hubieran permitido llevárselo cuando la detuvieron, no hay duda de que al llegar al cuartel del SD le habrían quitado sus escritos y los habrían destruido o se habrían perdido para siempre.

Según Otto, en aquel momento Silberbauer reparó en el baúl gris guarnecido con herrajes que había debajo de la ventana. En la tapa se leía *Leutnant d. Res. Otto Frank*: teniente reservista Otto Frank. «¿De dónde ha sacado ese baúl?», preguntó Silberbauer. Cuando Otto le dijo que había servido como oficial en la Primera Guerra Mundial, el sargento pareció impresionado. Tal y como contaba Otto:

> Se llevó una sorpresa mayúscula. Me miró extrañado y por fin dijo:
>
> –Entonces, ¿por qué no ha informado de su graduación?
>
> Yo me mordí el labio.
>
> –¡Pero, hombre, habría recibido un trato decente! Lo habrían mandado a Theresienstadt.
>
> No dije nada. Por lo visto pensaba que Theresienstadt era una casa de reposo, así que me callé. Me limité a mirarlo. Pero de repente desvió los ojos y de pronto me di cuenta de una cosa: se había puesto firme. En su fuero interno, aquel sargento de policía se había puesto firme. Si se hubiera atrevido, hasta podría haberme saludado llevándose la mano a la gorra.
>
> Luego, bruscamente, giró sobre sus talones y corrió escalera arriba. Volvió a bajar un momento después, subió de nuevo, y así estuvo un rato, arriba y abajo, arriba y abajo, mientras decía a voces:
>
> –¡No hay prisa!
>
> Esas mismas palabras nos las gritó a nosotros y a sus agentes.[3]

Según el relato de Otto, es el nazi quien pierde la compostura y se pone a correr arriba y abajo como el Sombrerero Loco mientras los demás conservan la calma. Otto advirtió el culto germánico a la obediencia castrense en la reacción instintiva de Silberbauer al saber que había sido oficial del ejército, pero puede que subestimara su racismo reflejo, automático. Años después diría: «Quizá [Silber-bauer] nos hubiera salvado si hubiera ido solo».[4]

Es muy dudoso que lo hubiera hecho. Tras conducir a los dete-nidos al camión que esperaba para trasladarlos al cuartel de la Ges-tapo, donde serían interrogados, Silberbauer regresó al edificio de Prinsengracht para interrogar a una empleada de la oficina, Miep Gies. Es posible que no ordenara su detención porque era austriaca, como él, pero ello no le impidió sermonearla. «¿No le da vergüenza ayudar a esa gentuza judía?», le dijo.[5]

Karl Silberbauer aseguraría posteriormente que se enteró años después, al leerlo en el periódico, de que entre las diez personas a las que detuvo ese día se encontraba la quinceañera Ana Frank.

En 1963, cuando un periodista de investigación dio con su pa-radero, afirmó:

> No me acuerdo de la gente a la que sacaba de su escondite. Habría sido distinto si hubiera sido gente como el general De Gaulle o algún cabecilla de la resistencia, o algo así. Esas cosas no se olvidan. Si no hubiera estado de guardia cuando mi compa-ñero recibió la llamada (...) no habría tenido ningún contacto con esa tal Ana Frank. Me acuerdo todavía de que estaba a punto de salir a comer algo. Y como ese caso se hizo famoso después de la guerra, es a mí a quien le toca aguantar este jaleo. Me gustaría saber quién está detrás de este asunto. Seguramente el Wie-senthal ese o alguien del ministerio que intenta congraciarse con los judíos.[6]

Cuesta imaginar una respuesta más deleznable y que denote una sensibilidad más embotada. En aquel momento, Silberbauer sa-bía ya perfectamente que «esa tal Ana Frank» a la que detuvo el 4 de agosto de 1944 había muerto de hambre y tifus en el campo de concentración de Bergen-Belsen. Es como si la joven fallecida no importase: como si fuera anecdótica, irreal o su sufrimiento fuera insignificante. Como si la víctima en realidad fuera él. Es curioso que al matón, al verse desenmascarado, lo embargue siempre la autocompasión.

El *Diario de Ana Frank*

El *Diario de Ana Frank* es uno de los libros más desgarradores que pueden leerse, si se lee como lo que es en realidad: el relato cotidiano de la vida en cautiverio de una niña de trece años durante la aterradora ocupación nazi de su ciudad. Ana Frank plasma en él cada detalle de los más de dos años de claustrofóbica existencia que pasó con su familia en el anexo trasero de la empresa de su padre, temiendo siempre que los «cazadores» nazis llamaran a la puerta.

Ana sabe lo que hay fuera. Al igual que las otras siete personas con las que comparte espacio, vive en un estado de miedo constante; pasa hambre; tiene pesadillas en las que sueña que se la llevan; convive con el peligro inminente de que los descubran y los maten. No fue la primera persona que tuvo esa experiencia, pero puede que sí sea una de las primeras que escribió sobre ellas mientras estaban sucediendo. Las otras obras maestras sobre el Holocausto —*La noche*, de Elie Wiesel, y *Si esto es un hombre*, de Primo Levi— las escribieron años después personas que sobrevivieron a él. Ana Frank, en cambio, no sobrevivió.

Por eso leer su diario es tan conmovedor. El lector sabe desde el principio cómo acaba la historia; Ana, en cambio, lo desconoce.

Ana Frank recibió su diario como regalo por su decimotercer cumpleaños, el 12 de junio de 1942. Pasado menos de un mes, el 6 de julio, su familia se escondió después de que a su hermana mayor, Margot, que entonces tenía dieciséis años, le llegara una citación para unirse al Arbeitseinsatz, el servicio obligatorio de trabajo en Alemania. Otto Frank sabía ya que ese «servicio laboral» era un eufemismo que enmascaraba el trabajo esclavo.

Ana, que anhelaba tener una compañera íntima, se inventó a una amiga a la que dio el nombre de Kitty y a la que comenzó a escribir con absoluta franqueza. En su diario, escribe acerca de la esperanza, de los misterios de su cuerpo de mujer, de su pasión adolescente por un chico de diecisiete años cuya familia compartía la Casa de atrás con los Frank… Sigue siendo una niña: recorta fotografías de estrellas de cine y de miembros de la familia real y las pega en la pared de su cuarto. Aunque nacida en Fráncfort (Alemania), llegó a Holanda con cuatro años y medio y su idioma de uso cotidiano es el neerlandés, la lengua en la que escribe su diario. Aspira a ser escritora. Sueña con un porvenir en el que será famosa. Para el lector, todo esto es demoledor porque sabe que para Ana no hay futuro.

El mundo en el que vive nos resulta irreconocible. En julio de 1943, la familia descubre que Ana necesita gafas. Miep Gies, una de las protectoras de los habitantes de la Casa de atrás, se ofrece a llevarla al oftalmólogo, pero Ana se queda petrificada al pensar en salir a la calle. Cuando intenta ponerse el abrigo, la familia descubre que se le ha quedado pequeño, lo que, sumado a su palidez, hará muy fácil identificarla como judía escondida. Ana tendrá que pasarse sin sus gafas. En agosto de 1944, hará veinticinco meses que no pisa la calle.

Si abrían las ventanas, la gente de los negocios vecinos podía darse cuenta de que la Casa de atrás estaba ocupada. Para respirar aire fresco, Ana tiene que inclinarse y aspirar el poco aire que entra por la rendija de la ventana. En su diario, escribe que estar encerrada en aquellas habitaciones estrechas le produce una claustrofobia inmensa y que el silencio que han de guardar los escondidos agrava el terror, que no parece disminuir en ningún momento. Ana se descubre subiendo y bajando las escaleras una y otra vez, atrapada como un animal enjaulado. La única solución es dormir, y hasta el sueño se ve interrumpido por el miedo.[1]

Aun así, siempre se sobrepone al desánimo. Le cuenta a «Kitty» que, para mantener a raya el miedo y la soledad, es necesario buscar el recogimiento en la naturaleza y la comunión con Dios. De ese modo, sentada junto a la ventana de la buhardilla, contemplando el cielo despejado, se olvida durante un rato de que no puede salir de la Casa de atrás. ¿Cómo es posible que sea tan efervescente, tan optimista, que esté tan llena de vida en medio de una represión tan brutal?

Hacia el final del diario, habla de una noche especialmente aterradora en la que unos ladrones entraron en el almacén y alguien —la policía, con toda probabilidad— zarandeó la estantería que ocultaba la entrada a la Casa de atrás. Ana le dice a Kitty que creyó que iba a morir. Al sobrevivir a aquella noche, su primer impulso fue declarar que iba a consagrarse a las cosas que más amaba: los Países Bajos, el idioma holandés y la escritura. Y no se detendría hasta cumplir su propósito.[2]

Es una declaración de intenciones extraordinaria para una adolescente a punto de cumplir quince años. La última anotación que hizo Ana Frank en su diario data del 1 de agosto de 1944, tres días antes de su detención y la del resto de los escondidos. Otto Frank sería el único de los ocho habitantes de la Casa de atrás que regresaría de los campos de exterminio.

Tras su liberación al acabar la guerra, muchos supervivientes fueron incapaces de expresar con palabras lo que habían vivido. El escritor Elie Wiesel tardó una década en poder escribir *La noche*. Se preguntaba: «*¿Cómo* podía uno rehabilitar y transformar palabras que el enemigo había traicionado y pervertido? Hambre, sed, miedo, transporte, selección, fuego, chimenea... Todas esas palabras tienen significado intrínseco, pero en aquellos tiempos significaban otra cosa». ¿Cómo podías ponerte a escribir sin usurpar y profanar el sufrimiento espantoso de ese «universo enloquecido y glacial en el que ser inhumano era ser humano, en el que hombres vestidos de uniforme, educados y disciplinados, venían a matarte?».[3]

Cuando Primo Levi propuso su libro *Si esto es un hombre* a la editorial Einaudi de Turín en 1947, tanto Cesare Pavese, que por entonces era ya inmensamente conocido, como Natalia Ginzburg, a cuyo marido habían asesinado los alemanes en Roma, rechazaron publicarlo. Levi probó suerte con muchos otros editores y todos rechazaron el libro. Era demasiado pronto, alegaban. Los italianos tenían otras preocupaciones; no les interesaba leer sobre los campos de exterminio alemanes. Lo que querían era decir «¡basta!», olvidarse de ese horror.[4]

La obra de teatro *El diario de Ana Frank* y la película posterior van creciendo en intensidad hasta alcanzar el clímax en este comentario de Ana perteneciente a las últimas páginas del diario:

> Es un milagro que todavía no haya renunciado a todas mis esperanzas, porque parecen absurdas e irrealizables. Sin embargo, sigo aferrándome a ellas, porque sigo creyendo en la bondad interna de los hombres.[5]

A la gente le resultaba imposible afrontar lo que había ocurrido: el asesinato a escala industrial, las fosas comunes que borraban todo recuerdo personal de las víctimas... Tanto en la obra teatral como en la película se hablaba no de «alemanes» sino de «nazis» y se atenuaban las referencias al sufrimiento de los judíos. Se evitó, por ejemplo, mencionar el Yom Kippur. Supuestamente, se hizo así para reforzar el mensaje universal, secular, de la historia. El traductor de la edición alemana del diario, publicada en 1950, rebajó «todas las referencias hostiles a los alemanes y a lo alemán» alegando que «a fin de cuentas, un libro que va a venderse en Alemania no puede maltratar a los alemanes».[6]

El diario parece ser, pese a todo, un documento vivo. Su acogida cambia dependiendo de lo que sabemos o estamos dispuestos a afrontar. A principios de la década de 1960 se crearon numerosos libros, largometrajes, museos y monumentos destinados a conmemorar el Holocausto. La gente estaba por fin preparada para mirar de frente la locura que había sido el nazismo y analizar la indiferencia ante la violencia que había permitido que el fascismo se extendiera como un virus.

Ahora nos resulta mucho más sencillo comprender lo que comenta Ana hacia el final del diario: «Hay en el hombre un afán de destruir, un afán de matar, de asesinar y ser una fiera, mientras toda la humanidad, sin excepción, no haya sufrido una metamorfosis, la guerra seguirá haciendo estragos».[1]

Cabe preguntarse qué sentido tiene a estas alturas tratar de descubrir quién delató a Ana Frank en medio de una guerra ya tan lejana. La respuesta es que, transcurridas casi ocho décadas desde el final de la contienda, parecemos haber caído en la complacencia y pensamos, como pensaron los holandeses en su momento, que es imposible que aquello ocurra aquí. La sociedad contemporánea, sin embargo, parece ser cada vez más proclive a la confrontación ideológica y más susceptible al atractivo del autoritarismo, y olvida la verdad más elemental: que el fascismo incipiente se propaga como un cáncer si no se le pone freno.

El mundo en el que vivió Ana Frank lo deja bien claro. ¿Cuáles son las verdaderas herramientas de la guerra? No se trata únicamente de violencia física, sino también de violencia retórica. En un intento por determinar cómo había llegado Hitler al poder, la Oficina de Servicios Estratégicos de Estados Unidos encargó en 1943 un informe que explicaba la estrategia del dictador: «No reconocer nunca un error o una falta; no asumir jamás la culpa; concentrarse en un enemigo cada vez; culpar a ese enemigo de todo lo que va mal; aprovechar cada oportunidad de generar crispación política». De este modo, la hipérbole, el extremismo, la difamación y la calumnia se convirtieron muy pronto en vehículos de poder aceptables y normalizados.

Al observar la transformación de una capital como Ámsterdam bajo la ocupación nazi, se hace evidente que, aunque había personas que apoyaban a los nazis —ya fuera por oportunismo, por autoengaño, por avaricia o por cobardía— y personas que se les oponían, la mayoría de la gente trataba simplemente de pasar desapercibida.

¿Qué sucede cuando los ciudadanos no pueden fiarse de las instituciones que deberían protegerlos? ¿Qué ocurre cuando se desmoronan las leyes fundamentales que definen y salvaguardan lo que es un comportamiento decente? En la década de 1940, los Países Bajos fueron como una placa de Petri en la que podía observarse cómo reaccionaban a la catástrofe, cuando esta tocó a su puerta, personas que habían crecido en libertad. Esa es una pregunta que todavía vale la pena hacerse hoy en día.

El Equipo Caso Archivado

La oficina del Equipo Caso Archivado se encuentra en el extremo norte de la ciudad. Para llegar hasta ella, hay que cruzar el río IJ en el ferri que sale de la Estación Central y conecta el centro de la ciudad y Amsterdam-Noord. Con sus dos torres de reloj, sus chapiteles y su fachada de estilo gótico renacentista, la estación es tan grande que es fácil confundirla con un palacio real hasta que entras y ves las tiendas, los restaurantes, las vías del tren, las bocas del metro y los muelles de los transbordadores. Cruzarla en la actualidad y subir a bordo de un barco en el río Ámstel, entre pasajeros con bicicleta, es una experiencia casi irreal. Hasta ese punto seduce la libertad que emana de todo ello. Sin embargo, no cuesta imaginarse a los soldados de la Wehrmacht cruzando el enorme edificio a paso marcial o, afuera, en la plaza, armados con porras, llevándose a hombres, mujeres y niños calle abajo (una escena a la que asistió Ana Frank al mirar por una rendija de las cortinas del despacho delantero de Prinsengracht 263 y que la dejó horrorizada).

La oficina del equipo, ubicada en una zona residencial de nueva construcción, resultó ser un espacio grande y diáfano, organizado en tres secciones: la de los documentalistas, la de los investigadores y la del personal de administración. Según me contaron, en enero de 2019 albergaba a un equipo de veintitrés personas. Había una «sala de operaciones», diagramas y ejes cronológicos en las paredes y fuertes medidas de seguridad para restringir el acceso. Un MuteCube insonorizado permitía que hasta cuatro personas conversaran confidencialmente.

Una de las paredes estaba llena de fotografías de jerarcas nazis, colaboracionistas holandeses del SD e informantes denominados *V-Männer* (hombres) y *V-Frauen* (mujeres) —la uve correspondía a *vertrouwens*, «de confianza» en holandés— que desempeñaron un papel activo en la persecución de los judíos. Debajo de esta galería fotográfica había una pequeña maqueta tridimensional del número 263 de Prinsengracht, incluido el anexo de la parte trasera.

En la pared de enfrente había fotografías de los habitantes de la Casa de atrás —la familia Frank, la familia Van Pels y Fritz Pfeffer—, así como de sus protectores: Johannes Kleiman, Victor Kugler, Bep Voskuijl y Miep y Jan Gies. Las paredes de la sala de operaciones estaban ocupadas por planos de Ámsterdam en tiempos de la guerra y por un diagrama temporal lleno de fotos y recortes que representaban acontecimientos importantes relacionados con la delación.

Una fotografía aérea de un metro cuadrado del canal Prinsengracht, hecha por un avión de la RAF inglesa el 3 de agosto de 1944, cubría gran parte de otra pared. Se tomó apenas doce horas antes de la detención de los ocupantes de la Casa de atrás. En ella se distinguen claramente el despacho de Otto Frank, el almacén y el anexo trasero. Los escondidos aún estaban dentro. Ignoraban entonces que aquella sería su última noche de relativa libertad.

Thijs me explicó que tener a la vista aquella fotografía hacía que el equipo se sintiera extrañamente unido a los escondidos, como si el tiempo se hallara suspendido.

Su socio, Pieter van Twisk, tiene el carácter arisco de todos los bibliófilos, debido quizá a su minuciosidad y a su obsesión por el detalle; se puede tener la certeza de que cualquier conclusión a la que llegue Pieter estará respaldada por pruebas documentales. Para él, al igual que para Thijs, la investigación que había abordado el equipo adquirió un carácter mucho más personal de lo que esperaba en un principio. En las primeras fases del proyecto, tuvo que bucear en los archivos municipales de Groninga en busca de información sobre un colaboracionista holandés llamado Pieter Schaap. Hacia el final de la guerra, Schaap estuvo en Groninga siguiéndole la pista a un líder de la resistencia apellidado Schalken. A Pieter, el apellido Schalken le sonaba de algo.

Finalmente, descubrió en el archivo local un documento en el que figuraban el nombre y las señas personales de miembros de la resistencia. Dicho documento confirmaba que Schalken había sido uno de los jefes de las Brigadas Nacionales de Asalto (Landelijke Knokploegen o KP), el brazo armado de la resistencia. El documento indicaba asimismo que Schalken había estado escondido en casa de los abuelos de Pieter. Él había oído contar esa historia a su familia, pero nunca se la había tomado muy en serio.

En el documento que encontró figuraba el nombre de su abuelo (que se llamaba igual que él, Pieter van Twisk), con el siguiente párrafo al final de la página:

¿Este era peligroso y por qué? Sí, porque mientras duró su actividad en la resistencia la suya fue la dirección de contacto de las KP, el OD, la LO, etc. Varios combatientes importantes de la re-

sistencia, entre ellos Schalken, se escondieron en la casa de la
familia. A dichas personas las buscaba el SD. Anteriormente,
participó en la ocultación de armas.[1]

A Schalken nunca lo atraparon y los abuelos de Pieter nunca fueron detenidos. Pieter recordaba que su tío, que era todavía un niño durante la guerra, le había contado que admiraba mucho a Schalken. Una vez, durante una redada nazi, el hombre salió tranquilamente de la casa, se paró, encendió un cigarrillo y, sin perder la calma, subió a su moto y se marchó. Los agentes nazis no sospecharon que era a él a quien buscaban.

Evidentemente, en los Países Bajos es difícil encontrar a una familia que no tenga una historia que contar sobre la guerra.

Durante las décadas inmediatamente posteriores a la contienda, se popularizó la idea de que la mayoría de la población holandesa estaba contra los nazis y de que mucha gente había participado activamente en la resistencia o la había apoyado. La mayoría de los países europeos hicieron suyo este discurso durante la posguerra, aunque la realidad fuera, de hecho, mucho menos monocromática. Pieter opina que en los últimos treinta años ha ido surgiendo una imagen más matizada de la relación de los Países Bajos con el Holocausto, primero entre los historiadores y después entre una parte de la población.

Su país es la patria de Baruch Spinoza, el filósofo del liberalismo, y atesora una larga historia de tolerancia que llevó a muchos judíos a exiliarse allí tras el ascenso de Hitler al poder en 1933. En Holanda el antisemitismo era moderado en comparación con muchos otros países europeos. Y, sin embargo, de allí salieron más judíos hacia los campos de exterminio del este que de cualquier otro país de Europa occidental. De los 140000 que vivían en el país, 107000 fueron deportados y de ellos solo regresaron 5500.

Pieter me explicó que si se había unido al proyecto era en buena medida por la necesidad de entender por qué esta cifra era tan alta en los Países Bajos. ¿Es acaso el racismo una especie de patógeno de la psique humana que se activa en determinadas circunstancias? En el Museo de la Resistencia (Versetzsmuseum) de Ámsterdam, la implacable ferocidad de la propaganda antisemita se muestra en toda su crudeza: carteles en los que se ve a «bolcheviques judíos» homicidas alzándose sobre cadáveres; un crucifijo ensangrentado en el suelo; caricaturas grotescas de usureros judíos vestidos con traje y bombín; imágenes aterradoras de judíos como parásitos culturales subhumanos... ¿Cómo podía la gente dar crédito a semejante propaganda? Pieter confiaba en que, estudiando la sociedad en la que vivió Ana Frank, llegaría a entender lo que sucedió, que es la única manera de que no vuelva a repetirse.

Tras tomar la decisión de investigar a fondo los acontecimientos que desembocaron en la redada en la Casa de atrás, Thijs y Pieter se pusieron a buscar financiación recurriendo a distintas fuentes: el *crowdfunding*, el Ayuntamiento de Ámsterdam, inversores privados y editoriales. A continuación, reunieron a un equipo de investigadores, historiadores y documentalistas holandeses, que acabó incluyendo a Luc Gerrits, un exinspector de homicidios de la policía; Leo Simais, investigador especializado en crímenes violentos, jefe del Departamento de Casos No Resueltos y Personas Desaparecidas del Cuerpo Nacional de Policía; varios agentes de policía jubilados y un investigador del Servicio General de Inteligencia y Seguridad de los Países Bajos (AIVD).

En la primera reunión del equipo, el 30 de junio de 2016, Leo introdujo las llamadas sesiones FOT (de *Feet on the table*, «pies encima de la mesa»). En esta postura tan relajada, se ponían a hablar, a plantear hipótesis y analizar datos. ¿Por dónde empezar? Leo lo tenía clarísimo: por la presunta llamada telefónica que el delator hizo al SD denunciando que había judíos escondidos en un almacén del número 263 de Prinsengracht. ¿Hasta qué punto era probable que esa llamada se hubiera producido de verdad? En Ámsterdam, en 1944, ¿quedaba alguna cabina telefónica pública? ¿No se había aprovechado el cobre de las líneas telefónicas para la fabricación de armamento? ¿El número de teléfono del SD era de conocimiento público? Y así sucesivamente.

En esta fase preliminar de la investigación, se hizo evidente enseguida que la policía de Ámsterdam había desempeñado un papel muy dudoso durante la ocupación nazi. Como cualquier institución pública de los Países Bajos, la policía estaba obligada a colaborar hasta cierto punto con los ocupantes, pero al parecer algunos agentes habían ido más lejos de lo estrictamente necesario al ayudar a los nazis.

Thijs planteó que, precisamente por eso, sería interesante tener en el equipo un colaborador independiente, alguien que no fuera holandés. Le preguntó a Luc si conocía a algún agente del FBI que pudiera encabezar la investigación. La delación es un delito no forense porque no implica pruebas materiales y, para hacer algún progreso, el Equipo Caso Archivado tendría que trabajar con métodos novedosos de recogida y análisis de información. Leo recurrió a Hans Smit, jefe de la brigada de operaciones secretas de la Policía Nacional, que había recibido formación del FBI, y Smit sugirió que Thijs se pusiera en contacto con un excompañero de la unidad de operaciones encubiertas del FBI que se había jubilado hacía poco. «Es lo que estáis buscando», le aseguró. «Se llama Vince Pankoke».

Poco tiempo después, Thijs y Pieter hablaron por Skype con Vince, que en aquel momento vivía en Florida. Quedaron impresionados por la amabilidad y la profesionalidad del investigador, que se mostró muy interesado por el proyecto.

Tras trabajar ocho años en la policía, Vince había sido agente especial del FBI durante veintisiete años y había participado en importantes operaciones encubiertas contra narcotraficantes colombianos.

También había intervenido en el caso contra Sky Capital, cuyo consejero delegado, Ross Mandell, recordaba un poco al personaje ficticio de Gordon Gekko en la película *Wall Street*. Al conocer a Vince, nadie sospecharía que tiene semejante bagaje a sus espaldas. Se diría que aún vive de incógnito: vestido con su guayabera, parece un hombre corriente, hasta que descubres su pasión por las carreras de motos peligrosas o sus ansias de nuevos retos.

Tiene un carácter afable y habla con naturalidad de su familia y sus orígenes alemanes. Su padre combatió en el ejército estadounidense durante la Segunda Guerra Mundial. Ya de niño, cuando su padre le contaba anécdotas de la guerra, a Vince le impresionaba que los soldados contra los que disparaba su padre pudieran ser parientes suyos. Es evidente que Vince cree en el mal y que lo ha visto a raudales. El escritor ruso Aleksandr Solzhenitsyn dijo una vez, recién salido de los gulags, que el mundo tiene cierto umbral de tolerancia para el mal; siempre habrá maldad en el mundo. Pero cuando se sobrepasa ese umbral, la moral se resquebraja y los seres humanos son capaces de cualquier cosa.

¿Cómo fue posible, se preguntaba Vince en voz alta, que la cultura alemana —sofisticada, avanzada, democrática— sucumbiera a una dictadura totalitaria, se desintegrara y perdiera el norte hasta el punto de iniciar una guerra en la que acabarían muriendo cerca de setenta y cinco millones de personas, entre civiles y militares del Eje y los Aliados? Por su experiencia como agente secreto del FBI, Vince sabe que hay un factor omnipresente: el dinero y quién se lo embolsa.

Los industriales alemanes financiaron a Hitler en secreto desde 1933 y hubo grandes empresas como Bayer, BMW, Krupp, Daimler e IG Farben que obtuvieron inmensos beneficios y salieron fortalecidas de la contienda. Vince daba por sentado que, en la Holanda ocupada, la brutalidad burocrática con que los alemanes se dispusieron a expulsar a todos los judíos del país era solo equiparable al sigilo con que saquearon sus bienes.

Como la mayoría de sus compatriotas, Vince supo de la existencia de Ana Frank en el colegio. Visitó la Casa de Ana Frank cuando ya llevaba años trabajando como investigador y le asombró descubrir que el misterio de quién había traicionado a los Frank no se hubiera dilucidado definitivamente. Según dijo, nada le gusta más que un reto y aceptó de inmediato formar parte de la investigación para aclarar el caso. Sin embargo, cuando ya estaba inmerso en el proyecto, hubo momentos en que se preguntó qué le había impulsado a indagar en un caso que tenía más de setenta y cinco años de antigüedad, en el que tanto el denunciante como la inmensa mayoría de los testigos habían muerto y que presentaba, además, muchas otras complicaciones añadidas. «Las circunstancias de partida no podían ser más difíciles», cuenta. Aun así, no podía sacudirse la impresión de que tenía que hacerlo. Uno de sus primeros pasos fue crear un equipo de expertos en cuestiones policiales de tiempos de la guerra y en historia de Ámsterdam y del colaboracionismo, así como de los grupos de fascistas holandeses que se dedicaban al pillaje y de la resistencia.

Monique Koemans, que trabaja como analista criminal para la administración holandesa, se sumó al equipo en octubre de 2018. Además de ser doctora en Criminología, tiene formación de historiadora. Cuando recibió un correo electrónico invitándola a formar parte del equipo, no se lo pensó dos veces. Pocas veces se le presentaba un proyecto en el que podía poner en juego su experiencia como criminóloga y sus conocimientos de historia. Pidió un año de excedencia en el trabajo.

Leyó el diario de Ana Frank más de veinte veces cuando era joven y escribió sobre ella cuando, al comenzar su carrera, trabajó como periodista. Aunque se trate de un caso tan antiguo, siente que el presente nunca está muy lejos del pasado.

En Ámsterdam, al menos, los vestigios de la guerra siguen estando muy presentes en las calles: cuando iba a trabajar, Monique solía pasar por delante de *Het Parool*, el periódico de tirada nacional fundado en 1941 como órgano de la resistencia. Cuenta que en La Haya, donde vive actualmente, las cicatrices de la guerra son muy profundas. Cuando cruzaba Bezuidenhout, el barrio donde vivían sus abuelos y en el que su abuela se salvó por causalidad de un bombardeo devastador, pasaba por delante de la casa donde estuvo escondido su abuelo cuando trabajaba para un periódico de la resistencia. Un antiguo vecino, hijo de una superviviente del Holocausto, le contó que al final de la guerra los nazis abandonaron en medio de un bosque un tren lleno de prisioneros procedentes del campo de concentración de Bergen-Belsen. Su madre y su abuela iban en ese tren. Consiguieron sobrevivir comiendo bayas hasta que por fin las encontraron las tropas aliadas. Para su madre, salir de Bergen-Belsen en aquel momento supuso sobrevivir a la guerra. Ana y Margot Frank, que tuvieron que quedarse en Bergen-Belsen, no sobrevivieron.

Otras jóvenes historiadoras —Christine Hoste, Circe de Bruin y Anna Foulidis— se hicieron cargo de casi todo el trabajo de investigación en los archivos locales, incluidos los del NIOD (el Instituto Estatal de Estudios sobre la Guerra, el Holocausto y el Genocidio) y el Stadsarchief, el Archivo Municipal de Ámsterdam. Revisaron miles de documentos, tomaron notas y redactaron informes, concertaron citas y prepararon entrevistas. Cuando se les pregunta cómo les afectó esa indagación en el Holocausto, cuentan que fue doloroso hurgar en ese pasado, pero que al menos su labor se centró únicamente en los Países Bajos; por ejemplo, en el campo de tránsito de Westerbork, que ahora es un museo (a cuyo director entrevistaron). Christine no cree que hubiera podido soportar tener que indagar en lo que ocurrió en los campos de Alemania y Polonia.

Thijs invitó a su amigo Jean Hellwig, profesor invitado de Historia Pública de la Universidad de Ámsterdam, a formar parte del equipo como director de proyecto. Era una continuación natural de su proyecto previo, *Warlovechild*, que recogía historias, filmaciones y fotografías acerca de los hijos de soldados holandeses abandonados tras la guerra colonial en Indonesia, entre 1945 y 1949.[*] «Vi con mis propios ojos la capacidad de restañar heridas que tiene el hecho de encontrar la verdad histórica», cuenta. Jean invitó a once estudiantes a ayudar en la investigación, permitiéndoles hacer sus prácticas universitarias con el Equipo Caso Archivado.

El último en incorporarse al equipo fue Brendan Rook, un investigador que había servido como oficial de infantería en el ejército australiano y había trabajado más de una década para el Tribunal Internacional de La Haya investigando crímenes de guerra, crímenes contra la humanidad y genocidios en todo el mundo. Mientras trabajaba aún para el FBI, Vince había colaborado estrechamente con la Policía Nacional holandesa y uno de sus principales

---

[*] Se envió a ciento treinta mil jóvenes holandeses a Indonesia para recuperar la colonia, y muchas de las atrocidades que se cometieron en ese periodo siguen envueltas en el silencio. Tras su derrota en la guerra colonial, los soldados holandeses se retiraron, dejando atrás a hijos huérfanos de padre y abandonados que con frecuencia sufrieron el rechazo de la población local por ser medio holandeses. La historia de la guerra colonial se hizo palpable cuando Jean conoció a algunos de esos niños, que ahora tienen más de sesenta años, y a sus padres y familiares. Él también es medio holandés, medio indonesio, aunque de una generación posterior.

contactos de aquella época le presentó a Luc Gerrits. Vince le contó a Luc que necesitaba a alguien con quien contrastar hipótesis, un investigador con una experiencia similar a la suya, capaz de identificar los datos que podían conducir a la resolución del caso y de centrarse en ellos. Luc conoció a Brendan en La Haya y, al enterarse de que tenía experiencia como investigador, le habló del equipo. A Brendan le interesó muchísimo el proyecto y al poco tiempo había pedido una excedencia para poder sumarse al equipo.

Vince y Brendan son almas gemelas. Tienen en común una forma única de ver las cosas. La Casa de Ana Frank es hoy en día un museo frente al cual hacen cola cientos de visitantes; para ellos, en cambio, era el escenario de un delito. Se imaginaban con toda viveza los acontecimientos del 4 de agosto de 1944 y en qué lugar exacto ocurrieron aquella mañana aciaga.

Brendan afirma que cada vez que visita el lugar donde ha sucedido un crimen descubre nuevos detalles. Y al situarse delante del edificio de Prinsengracht y mirar sus cuatro plantas, el desván delantero y las ventanas, tiene claro que un policía profesional habría deducido sin lugar a dudas que había un anexo trasero y no habría tardado mucho en dar con la entrada secreta.

Las partes interesadas

En esta investigación cada vez más compleja de un caso pendiente de resolución, Vince era un extranjero que observaba desde los márgenes, por decirlo de algún modo: tenía que averiguar cosas que para los holandeses eran evidentes. Esto tenía la ventaja de que no le afectaban situaciones que sacaban de quicio a los demás. El primer *shock* que sufrió el equipo fue descubrir el grado de acritud existente entre las distintas partes interesadas en el legado de Ana Frank.

Thijs describe la primera reunión que mantuvieron Pieter y él con una persona a la que define como «del ámbito Ana Frank»: Jan Van Kooten, jefe de proyectos educativos y exposiciones de la Casa de Ana Frank entre 1983 y 2004.[1] Thijs le propuso que se reunieran para hablar de los distintos organismos dedicados a la conservación del legado de la familia Frank. Quería saber cómo trabajaban esas instituciones y cómo colaboraban entre sí.

El viernes 4 de marzo de 2016, Thijs y Pieter visitaron las oficinas del Comité Cuatro y Cinco de Mayo, el organismo que se encarga de las celebraciones anuales del Día del Recuerdo y el Día de la Liberación.[2] Van Kooten, que en aquel momento dirigía el Comité, tenía un aspecto imponente, sentado detrás de su enorme escritorio. Thijs y Pieter estaban un poco nerviosos porque aquella era la primera reunión que tenían con la administración para explicar su proyecto: una investigación a fondo de lo que se conocía popularmente como «la traición a Ana Frank». Su primera pregunta fue muy cauta: ¿qué necesitamos saber antes de empezar?

Van Kooten sacó rápidamente una hoja de papel en blanco y un rotulador de un cajón. Tras quedarse mirando el papel un momento, se puso a dibujar círculos y rayas. Hablaba con voz suave pero firme. Sus interlocutores tuvieron la sensación de que conocía al dedillo el mundo que estaba describiendo y escogía con extremo cuidado sus palabras.

Su dibujo fue haciéndose cada vez más complejo y pronto les quedó claro que el universo en el que iban a internarse era difícil de explicar. Lo esencial era lo siguiente:

Existen tres versiones del diario de Ana Frank:

A. *El diario original.*

B. *La reescritura del diario que hizo la propia Ana durante sus últimos meses en la Casa de atrás, antes de la redada. (En la emisión de Radio Oranje del 28 de marzo de 1944, el ministro holandés de Educación, Artes y Ciencias aconsejó a la población que conservara sus diarios a fin de que hubiera una crónica de lo que había sufrido la nación y a lo que había sobrevivido. Ana reescribió el suyo con intención de publicarlo algún día).[3]*

C. *El diario reescrito con las enmiendas que hizo Otto Frank o que se introdujeron bajo su supervisión. Esta es la versión que se publicó en todo el mundo.*

Hay dos fundaciones dedicadas a Ana Frank, ambas creadas por su padre:

1. *Casa de Ana Frank (AFS)/Anne Frank Stichting de Ámsterdam. Fundada por Otto Frank en 1957 para salvar de la demolición la casa y el anexo trasero de Prinsengracht 263. Sus principales objetivos son la gestión de la casa museo de Ana Frank y la divulgación de la historia y el ideario de la joven. La fundación organiza exposiciones y proyectos educativos y auspicia publicaciones basadas en la vida de Ana, además de gestionar la Colección Ana Frank y la apertura del «escondite» al público.*
2. *Anne Frank Fonds (AFF), con sede en Basilea (Suiza). Otto Frank creó esta fundación en 1963 con el fin de difundir el diario de su hija y gestionar los derechos de autor de la familia Frank.* La fundación tiene un centro educativo en Fráncfort, presta apoyo a numerosas organizaciones asistenciales y participa en la producción de libros, películas y obras de teatro.*

Todo claro, hasta ahí. Después, las cosas se complican. La Versión A del diario es propiedad del estado holandés. La Versión B era antes propiedad de la Casa de Ana Frank en Ámsterdam, pero ahora pertenece a la fundación Anne Frank Fonds de Basilea, y en cualquier caso los derechos de imagen siempre han sido propiedad de esta última (incluidas las imágenes del texto). La Versión C también es propiedad de la Anne Frank Fonds.

Las dos fundaciones han pasado por diversos pleitos para dirimir la propiedad de los derechos de autor. Lo que se haga con una puede, por tanto, repercutir en la otra. Eso era, en definitiva, lo que intentaba explicarles Van Kooten con su diagrama.

---

* Ahora propiedad de los sobrinos y sobrinas de Otto, entre ellos Buddy y Stephen Elias, los hijos de Leni, la hermana de Otto.

Durante la fase inicial del proyecto, Thijs quedó con un amigo y, mientras se tomaban un té, le explicó su planteamiento de la investigación. Su amigo le contó entonces que durante una de sus visitas al lujoso hotel La Colombe d'Or, en el sur de Francia, había coincidido con un miembro del patronato de la AFF, la fundación Anne Frank Fonds (AFF). (El hotel es famoso por sus cuadros de Pablo Picasso, Henri Matisse, Marc Chagall y muchos otros pintores célebres, que dejaron sus obras en las paredes del establecimiento como pago por su estancia). Su amigo le dijo que, cuando quisiera, podía ponerle en contacto telefónico con dicha persona. Thijs esperó a estar seguro de que el proyecto contaba con financiación suficiente para salir adelante. Cuando por fin hablaron, el miembro del patronato de la fundación le informó de que no veía con muy buenos ojos el proyecto, pero que aun así lo consultaría con los demás integrantes de la junta directiva. El resultado fue una invitación a visitar la sede de la AFF, y el miércoles 28 de septiembre de 2018 Thijs, Pieter y Vince viajaron a Basilea, un trayecto de apenas una hora en avión.

La sede de la AFF se encuentra cerca del casco viejo de la ciudad, en un edificio de oficinas moderno y extremadamente discreto. El interior es lujoso pero no opulento. La reunión se celebró en una salita y en ella estuvieron presentes cinco miembros del patronato, entre ellos su presidente, John D. Goldsmith; su vicepresidente, Daniel Fürst; y el secretario, Yves Kugelmann. La conversación discurrió en un ambiente cordial y agradable durante una hora o más, mientras tomaban un tentempié. Se presentaron todos brevemente y a continuación Thijs, Pieter y Vince explicaron cómo pensaban abordar la investigación y sus motivos para poner en marcha el proyecto. Vince recuerda que Goldsmith parecía bastante escéptico. Les preguntó por qué habían emprendido una investigación y si había algún nuevo hallazgo que la justificara.

Vince les explicó que el propósito de reabrir un caso archivado es revisar a fondo la información desenterrada previamente con la esperanza de hallar nuevas pistas. En este caso, las pesquisas anteriores se habían hecho con un enfoque excesivamente estrecho. Las nuevas técnicas de investigación y los avances tecnológicos podían aportar nuevos indicios. Después de sus explicaciones, los miembros del patronato parecieron más convencidos. El ambiente era tan amistoso y agradable que Vince empezó a abrigar la esperanza de que el patronato se prestara a colaborar con ellos. Su optimismo se vino abajo cuando Yves Kugelmann les preguntó si ya tenían nombre para el proyecto.

Thijs contestó que el título provisional era *Ana Frank, diario de un caso archivado*. Al instante se hizo el silencio en la sala. Kugelmann fue el primero en hablar. Dijo que se oponían rotundamente. ¿Por qué tenían que utilizar el nombre de Ana Frank para su estudio? ¿Acaso no sabían que estaba protegido legalmente y que la AFF era la titular de la marca registrada? No podían utilizar el nombre. Además, ¿no les parecía singularmente poco ético aprovecharse de la pobre chica para obtener un beneficio económico? A fin de cuentas, la delación no solo había afectado a Ana, sino a las ocho personas que vivían escondidas en la Casa de atrás y a los cerca de 107 000 judíos que fueron deportados de los Países Bajos y que no se llamaban Ana Frank. Y, de todos modos, ¿qué derecho creían tener los Países Bajos sobre Ana? Ella era ante todo judía y alemana, ¡no holandesa! De ahí que la Casa de Ana Frank en Fráncfort contara con todo su apoyo. De hecho, les parecía sencillamente incomprensible que hubiera una Casa de Ana Frank en Ámsterdam.

Vince, Thijs y Pieter se quedaron atónitos. Pieter, en particular, estaba indignado. ¿La AFF les reprochaba que intentaran sacar provecho económico del nombre de Ana Frank? ¿La misma institución que poseía los derechos de autor de uno de los libros más vendidos y rentables de todos los tiempos? Y ¿cómo que Ana era ante todo alemana? ¿Acaso no era una apátrida, no se había visto prácticamente expulsada de su país por un régimen que la tachaba de *untermensch*? ¿No había escrito en su diario que su mayor deseo era conseguir la nacionalidad holandesa y convertirse en una escritora famosa? ¿No había escrito el diario en neerlandés? Si hubiera sobrevivido a la guerra, tal vez se habría replanteado la posibilidad de adoptar la nacionalidad holandesa, pero en todo caso esa era su intención expresa.

Kugelmann añadió que veía posibilidades de apoyo y colaboración, pero únicamente si renunciaban a emplear el nombre de Ana Frank. Podían incluso cooperar con el grupo de investigación que ya financiaba la AFF. Aunque el ambiente se había enfriado palpablemente, siguieron comportándose todos con educación. Thijs respondió que no habían previsto esa condición como base de una posible colaboración y que tenían que pensárselo.

En ese momento, el secretario pronunció unas palabras que Thijs, Vince y Pieter no olvidarían fácilmente. Les dijo que su equipo no podría resolver el caso sin la ayuda de la AFF, dando a entender que la fundación tenía en su poder un elemento clave para resolver el misterio. Si, en efecto, tenían algo, estaría con toda probabilidad en sus archivos, pero no estaba claro a qué prueba aludía concretamente Kugelmann. Cuando ya se marchaban, Goldsmith se llevó a Vince a un aparte y le dijo: «Ya sabe que Otto mintió a Wiesenthal al decirle que no conocía la identidad de Silberbauer. ¿Por qué cree que lo hizo?». Vince respondió que aún no lo sabía pero que estaba decidido a averiguarlo. Fue el primer indicio que tuvo el equipo de que Otto Frank guardaba algún secreto.

Unas semanas después, Thijs mantuvo una breve conversación telefónica con un miembro del patronato que le preguntó si habían reconsiderado su intención de utilizar el nombre de Ana Frank en el título del proyecto de investigación, el libro o el documental. Al contestarle Thijs que no, le informó de que la AFF no estaba interesada en colaborar con el equipo. Más adelante, cuando la investigación avanzaba ya a toda velocidad, Thijs mandó una carta a la fundación invitando al patronato a visitar su sede. La respuesta fue una negativa cortés. Vince, por su parte, solicitó por escrito acceso al archivo de la AFF. Dos meses después, la fundación respondió solicitando información más detallada. A pesar de que Vince aportó los datos que se le pedían, no recibió contestación.

De este modo, el Equipo Caso Archivado aprendió la primera lección: que los organismos dedicados a preservar el legado de Ana Frank eran todavía más misteriosos y enrevesados de lo que sugería el laberíntico diagrama de Jan. Ignoraban, sin embargo, que las cosas iban a complicarse mucho más aún.*

---

* Finalmente, la AFF no nos dio permiso para utilizar citas textuales de la correspondencia de Otto Frank, a pesar de que las cartas que seleccionamos ya se habían publicado en otros libros. Lamentamos profundamente no contar en este libro con su voz, que con tanta elocuencia promovió la tolerancia, la paz y la justicia.

«¡A ver qué puede hacer el hombre!»

Otto Frank nació en Fráncfort en 1889. Por el lado materno, su familia estaba radicada en Alemania desde el siglo XVI. Combatió en la Primera Guerra Mundial respondiendo al llamamiento de las autoridades a la población hebrea (*Patriotas judíos, luchad por vuestro país*) y ascendió a teniente gracias a su valentía en misiones de reconocimiento. Estuvo en las trincheras francesas durante la batalla del Somme, en la que hubo un millón y medio de muertos y heridos. En la guerra conoció la soledad, el aislamiento y el miedo. Quizá por eso en 1917 le escribió a su hermana que el amor y la familia debían ser lo prioritario en la vida humana.[1]

Quienes conocían a Otto contaban que era un hombre de carácter alegre, incluso jocoso, vitalista y lleno de energía, pero también muy discreto y reservado. Conoció a su esposa, también judía, en Alemania y allí nacieron sus dos hijas. No era un observante estricto de los preceptos de su religión. Su apego a Alemania era tan fuerte como su apego a su herencia judía.

Poco después de la derrota de Alemania en 1918, los judíos se convirtieron en el chivo expiatorio de la humillación que había sufrido el país. Grupos de exaltados atacaban a judíos en las calles de Berlín culpándolos de la carestía de alimentos, de la inflación y de la guerra que había iniciado la propia Alemania. Y en 1924, mientras estaba encarcelado, un joven comenzó a escribir un libro titulado *Mein Kampf.* Entre sus opiniones se encuentran estas:

> *El descubrimiento del virus judío es una de las grandes revoluciones que han tenido lugar en el mundo (...) Si, con la ayuda de su credo marxista, el judío llega a alzarse victorioso sobre el resto de las naciones del mundo, su galardón será la corona fúnebre de la humanidad y este planeta volverá a rotar desierto en el éter (...) Al defenderme del judío, lucho por la obra del Señor.*[2]

Quienes asumen teorías conspirativas, con todos sus superlativos, siempre proclaman que la supervivencia de la humanidad está en juego. Y siempre hay un enemigo; aquí, el judío bolchevique. En este caso, funcionó.

La persecución de los judíos dio comienzo tan pronto como Hitler accedió a la cancillería, en enero de 1933. Fue un proceso extremadamente burocrático, sistemático y retorcido. En marzo de ese año, las SS montaron en Dachau un primer campo para presos políticos. Cinco años después, se convertiría en el primer campo de concentración de la Segunda Guerra Mundial. La maquinaria propagandística se encargó de difundir teorías de higiene racial que afirmaban que los judíos eran portadores de una lacra genética. Al poco tiempo comenzaron los despidos de judíos y la confiscación de sus bienes.

Para Otto Frank, el decreto que segregaba a los niños judíos y a los gentiles en las escuelas y que obligó a su hija mayor, Margot, a sentarse apartada de sus compañeros, fue la gota que colmó el vaso. No educaría a sus hijas, dijo, «como caballos con anteojeras, ajenas al paisaje social de fuera de su pequeño círculo».[3] Quería que estuvieran integradas en la sociedad, no aisladas como seres inferiores, como parias, y, por extensión, deseaba que su país estuviera integrado en el mundo, no aislado por un grotesco sentido de la superioridad aria.

Tenía cuarenta y cuatro años y era alemán por los cuatro costados —su temple prusiano hacía sonreír a sus amigos—, pero además poseía el don de la clarividencia. En enero de 1933, su esposa y él estaban cenando con unos amigos alemanes cuando la radio dio la noticia del nombramiento de Hitler como canciller. Edith y él se miraron espantados cuando sus amigos comentaron: «¡A ver qué puede hacer el hombre!».[4] Para esos amigos, Hitler era el hombre fuerte que pondría orden en Alemania y haría que el país recuperara su grandeza tras la terrible depresión. Creían que sus «excentricidades» podían soslayarse.

Esa misma noche, Otto y Edith hablaron de marcharse de Alemania. Él había observado atentamente el ascenso del nacionalismo y sabía lo peligroso que podía llegar a ser. Le preocupaba cómo mantener a su familia, dado que la huida equivaldría a abandonarlo todo. ¿Adónde podían ir? Gran parte de su familia extensa ya se había exiliado. Su hermano Herbert había huido en 1932 a París, donde su primo Jean-Michel Frank se había labrado un nombre como diseñador de talento y colaboraba con artistas de la talla de Salvador Dalí. Su hermano Robert y la esposa de este, Lottie, emigraron a Inglaterra en el verano de 1933 y abrieron una tienda de arte en un sótano de St. James Street, en Londres. Su hermana Leni y su cuñado, Erich Elias, vivían en Basilea (Suiza), donde él era socio fundador de Opekta, una filial de Pomosin Werke, empresa de Fráncfort dedicada a la producción de pectina, el gelificante que se empleaba en la elaboración de mermeladas. En 1933, Alice Frank, la madre de Otto, se marchó también a Basilea para reunirse con su hija.

Al pensar dónde podían exiliarse, Otto descartó Inglaterra y Estados Unidos. No hablaba suficiente inglés, se decía. ¿Cómo iba a ganarse la vida allí? Sabía que sus hermanos le echarían una mano en lo que pudieran, pero también tenían dificultades para salir adelante y no quería ser una carga más para ellos. Pensó que en Francia podía irles bien. Pero su cuñado Erich le escribió contándole que su empresa quería abrirse al mercado internacional y le propuso abrir una filial de Opekta en Ámsterdam.

Otto había pasado una temporada en la capital holandesa en 1923 montando una sucursal del banco de su padre, Michael Frank e Hijos. Lamentablemente, la empresa se fue a pique en menos de un año, cuando la familia se vio obligada a afrontar la bancarrota, y Otto tuvo que regresar a Alemania. Pero la ciudad le había gustado y los holandeses eran famosos por su tolerancia. ¿Acaso no habían permanecido neutrales durante la Primera Guerra Mundial? A principios de agosto de 1933, Otto Frank se convirtió en refugiado. Metió su país en la maleta junto con sus zapatos y abandonó Alemania para siempre junto a su mujer y sus hijas.

La suerte no le sonrió. Hablar del destino implica asumir la existencia de una fuerza externa o superior que controla las cosas. Fue más bien el azar lo que llevó a Otto y a su familia por esos derroteros, mientras le iban arrebatando poco a poco la capacidad para controlar su propia existencia.

Otto no podía preverlo, desde luego, pero al final de la Segunda Guerra Mundial los Países Bajos tendrían el mayor porcentaje de judíos asesinados de toda Europa occidental: murió el 73 por ciento de la población judía holandesa, frente al 40 por ciento de Bélgica, el 25 por ciento de Francia, el 6 por ciento de Dinamarca y el 8 por ciento de la Italia fascista.[5] Se calcula que en los Países Bajos se escondieron entre 25 000 y 27 000 judíos. Un tercio de ellos fueron víctimas de delación, debido en parte al sofisticado sistema nazi de recompensas económicas, que servían de aliciente para que agentes de policía y civiles denunciaran a los escondidos.

Esta fue una de las cuestiones que desde el principio impulsó a Pieter van Twisk a unirse a la investigación. Quería llegar a entender por qué las cifras eran tan elevadas en los Países Bajos. Según una teoría asentada desde hacía tiempo, se debía a que la estructura de la sociedad neerlandesa (es decir, su división en grupos según la confesión religiosa o el ideario político) no favorecía la protección de la población hebrea. Los holandeses denominaban *pilarización* a esta forma de organización social. Había cuatro *pilares* fundamentales: católicos, protestantes, socialistas y liberales. Cada pilar (*zuil*, en neerlandés) tenía sus propios sindicatos, bancos, hospitales, escuelas, universidades, clubes deportivos, periódicos, etcétera. Esta segregación propiciaba el que la gente estuviera muy unida dentro de su propio círculo y tuviera poco o ningún contacto personal con miembros de otros pilares. Aun así, Pieter opina que esta explicación es demasiado simplista. Según él, la pilarización es una noción demasiado vaga y genérica para explicar la actuación de los Países Bajos durante la guerra.

Los historiadores Pim Griffioen y Ron Zeller plantean una explicación más compleja. Señalan que el método holandés de registro civil favoreció a los nazis. Las tarjetas del padrón municipal incluían el nombre y apellido, el lugar y la fecha de nacimiento, la nacionalidad, la religión, el nombre y las fechas de nacimiento del cónyuge y los hijos, la fecha de matrimonio, la de defunción, las señas del domicilio dentro del municipio y la fecha de inicio y final de empadronamiento, así como si la persona en cuestión tenía pasaporte o documento de identidad. Se consignaba oficialmente la religión porque los distintos grupos confesionales recibían fondos estatales en función de su número de miembros. A los judíos se los identificaba por las iniciales NI: neerlandés israelita. Así pues, cuando comenzaron las detenciones en el verano de 1942, los nazis lo tuvieron muy fácil para identificar a los judíos holandeses. Dada la situación geográfica del país, huir no era nada fácil. Al este se hallaba la larga frontera con Alemania; al sur, la Bélgica ocupada; al oeste y al norte, el mar, cerrado a la navegación. Prácticamente no había escapatoria.[6]

También es cierto que las condiciones que se vivieron en el país durante la guerra fueron distintas a las de otros países. La Holanda ocupada era, a todos los efectos, un estado policial. Mientras que Bélgica y Francia, por ejemplo, estaban gobernadas por la Wehrmacht y Dinamarca quedó bajo el control de la Armada alemana, Holanda estuvo en principio regida por un gobierno civil encabezado por el abogado austriaco Arthur Seyss-Inquart, al que Hitler nombró *reichskommissar* (comisario del Reich). Se desató a continuación una lucha de poder: por un lado, Seyss-Inquart y el Movimiento Nacionalsocialista de los Países Bajos (Nationaal-Socialistische Beweging in Nederland, NSB), que se hallaba bajo la férula de Hermann Göring, comandante en jefe de la Luftwaffe; y, por otro, el comandante de policía Hanns Albin Rauter, jefe de las SS en los Países Bajos, que respondía directamente ante Heinrich Himmler, comandante supremo de las SS. A medida que mermaba el poder de Göring y aumentaba el de Himmler, Rauter vio crecer su influencia. Fue él quien se encargó de dirigir la deportación de los 107000 judíos residentes en Holanda, la represión de la resistencia y las represalias por los ataques contra los nazis. En un principio, por cada nazi muerto se ejecutaba a un par de holandeses, pero esta proporción no dejó de aumentar en el transcurso de la ocupación.

Los holandeses sufrían, además, la represión brutal de cualquier muestra de disidencia del dogma nacionalsocialista. La huelga nacional convocada por el Partido Comunista en Ámsterdam el 25 de febrero de 1941 en respuesta a las razias o detenciones masivas de judíos se considera la primera protesta pública contra los nazis en la Europa ocupada y la única manifestación multitudinaria contra las deportaciones organizada por personas no judías. En la huelga participaron, como mínimo, trescientos mil trabajadores de Ámsterdam y alrededores.[7] La represión alemana fue inmediata e implacable. Los organizadores de la huelga fueron detenidos y ejecutados. La resistencia tardó mucho tiempo en recuperarse. «No volvió a haber otra huelga hasta la primavera de 1943, pero (...) la protesta llegaba demasiado tarde para la inmensa mayoría de los judíos, que ya habían sido deportados» a los campos de exterminio.[8]

Había, aun así, numerosas organizaciones y particulares que prestaban apoyo a los judíos. Había cuatro redes dedicadas al rescate de niños judíos. Henriëtte (Hetty) Voûte, una joven estudiante de biología, se unió a un grupo que se hacía llamar Comité de los Niños de Utrecht, dedicado a encontrar escondite para varios cientos de niños judíos que habían sido separados de sus padres. Hetty recorría el campo en bicicleta, llamando literalmente a las puertas.

Es imposible calcular el número exacto de personas que ayudaron a judíos a esconderse, pero se estima que fueron, como mínimo, veintiocho mil; seguramente más. Una cifra extraordinaria, si se tiene en cuenta que esas personas ponían en peligro su vida y posiblemente también la de su familia, a menudo para salvar a desconocidos.

Un paréntesis de tranquilidad

En diciembre de 1933, Otto Frank encontró piso para su familia en el número 37 de Merwedeplein, en el Rivierenbuurt (el Barrio de los Ríos) de Ámsterdam. Era un piso modesto de tres habitaciones, en la segunda planta de un bloque construido en torno a 1920, en una hilera de edificios idénticos.* En el Barrio de los Ríos vivían por entonces centenares de refugiados judíos huidos de la Alemania nazi. Los judíos holandeses, más pobres en general, envidiaban sus comodidades de clase media y advertían a los recién llegados de que no hablaran alemán en público para que no los identificaran como inmigrantes. Otto pensó que había encontrado un refugio seguro

---

* Actualmente se puede visitar la vivienda de los Frank. En 2004, la Casa de Ana Frank compró el piso y lo convirtió en residencia para escritores. Se puso mucho cuidado en amueblarlo al estilo de los años treinta, conforme a las fotografías familiares de los Frank. Sobre el escritorio de caoba de tapa plegable del cuarto de Ana hay una fotografía en la que se la ve sentada ante uno idéntico.

para su familia. A Ana le encantaba el barrio y llamaba «la Alegre» a la plaza de Merwedeplein. Durante los primeros cinco o seis años, los Frank se encontraron a gusto en Ámsterdam; las niñas se integraron pronto en el colegio, hablaban holandés y tenían amigos. Lo que sucedía en Alemania era trágico pero quedaba muy lejos.

En la Holanda de aquella época el antisemitismo no se expresaba abiertamente y, cuando se hacía, solía ser en forma de agresiones verbales. Estaba surgiendo, no obstante, otro tipo de intolerancia. A medida que llegaban más y más refugiados huidos de Alemania, y luego de Austria y el este de Europa, la xenofobia fue aumentando poco a poco entre los holandeses. Los refugiados llegaron en tres grandes oleadas al país: en 1933, al ascender Hitler al poder; en 1935, con la promulgación de las Leyes de Núremberg; y en 1938, tras los sucesos de la Kristallnacht, la Noche de los Cristales Rotos, cuando se saquearon los establecimientos judíos, se detuvo a unos 30 000 judíos y cerca de 600 resultaron heridos de gravedad. Se les acusó, por último, de incitación a la violencia y se los condenó a pagar multas por valor de varios millones de marcos. Cuando la verdad podía retorcerse hasta ese punto, había llegado el momento de huir. Se calcula que entre 1933 y 1940 llegaron 33 000 refugiados a los Países Bajos.

El Gobierno holandés votó a favor de tratar a los refugiados como «elementos indeseables».[1] En 1939 se creó el campo de Westerbork para albergar a los refugiados judíos tanto legales como ilegales, y se obligó a las asociaciones judías holandesas a sufragar su mantenimiento. Ubicado en un paraje rural muy apartado, al noreste del país (la reina Guillermina impidió que se construyera en una zona más céntrica, por estar demasiado cerca de uno de los palacios de la familia real), el campo se componía de toscos barracones y casetas. En principio fue un campamento abierto en el que presuntamente se preparaba a los refugiados para su emigración. Pero, cuando algún tiempo después se produjo la ocupación, todo estaba listo para que los alemanes convirtieran Westerbork en campo de tránsito para los judíos que iban camino de los campos de concentración del este.

En medio de todo esto, Otto Frank consiguió montar la filial de Opekta gracias a un préstamo de su cuñado, Erich Elias. Obtenía escasos beneficios, pero en 1938 creó otra empresa, Pectacon, especializada en hierbas aromáticas, especias y condimentos que vendía a carniceros y otros comerciantes. De ese modo, podía seguir haciendo negocio durante los meses de invierno, cuando escaseaba la fruta para fabricar mermeladas. En octubre de 1937 viajó a Londres y Bristol con idea de fundar una filial en Inglaterra, lo que naturalmente habría supuesto la emigración de la familia al Reino Unido y su libertad, pero el proyecto no salió adelante.

Al hacer balance de aquellos primeros años de la familia en Holanda, Otto podía afirmar que, después de la espantosa situación que se vivía en Alemania, habían recobrado la libertad y llevaban una existencia apacible. En verano, Edith y las niñas solían viajar a la ciudad balneario alemana de Aquisgrán, muy cerca de la frontera entre los dos países, donde la familia de Edith tenía alquilada una casona desde 1932. Fue allí donde se alojaron durante cuatro meses mientras Otto buscaba casa en Ámsterdam. Otto también llevaba a sus hijas a Basilea a visitar a su madre, Alice, a su hermana Leni y a sus numerosos primos.

La relación de Otto con sus empleados da la medida de su talante como empresario y como persona. Cuesta imaginar trabajadores a los que se pidieran mayores sacrificios y que estuvieran tan dispuestos a prestar apoyo a su jefe como las cuatro personas que trabajaban para Otto Frank: Johannes Kleiman, Victor Kugler, Miep Gies y Bep Voskuijl.

Otto conocía a Johannes Kleiman desde 1923, cuando estuvo en

Ámsterdam tratando de montar una sucursal del banco Michael Frank e Hijos. Kleiman gozaba de su total confianza. Cuando en 1941 se prohibió a los judíos tener negocios en propiedad, Otto dejó a Kleiman al frente de Pectacon para impedir que los alemanes confiscaran la empresa o la liquidasen. Con el tiempo, la empresa pasaría a llamarse Gies & Co. para darle un aire más holandés. Después de que Otto y su familia se escondieran, Kleiman amañaba los libros de cuentas a fin de ocultar el dinero que apartaba para Otto, que seguía siendo el verdadero presidente de la compañía.

Victor Kugler combatió en la Primera Guerra Mundial con la Armada austrohúngara y resultó herido. Se instaló en los Países Bajos en 1920 y fue uno de los primeros empleados de Otto: entró a trabajar en Opekta en 1933. Kugler, que compartía las opiniones políticas de Otto, le contó que se había marchado de Austria en 1920 porque «le asqueaban el fascismo y el antisemitismo que vio con frecuencia en el ejército imperial austriaco durante la guerra».[2] Tenía treinta y tres años y estaba casado con una mujer aquejada de una enfermedad grave. Miep Gies lo describía como un hombre bien parecido, de pelo moreno y carácter huraño y meticuloso. Era, según decía, muy serio; no bromeaba nunca y se mostraba siempre muy educado y formal.[3] Lo que ella no sabía era que Kugler había tenido una infancia difícil: era hijo de madre soltera en un pueblecito en el que podía resultar muy penoso que te tacharan de ilegítimo, lo que quizá explique su reserva.

Miep Gies, nacida en 1909, también era austriaca. Después de la Primera Guerra Mundial, en su país natal había tal escasez de alimentos que muchos niños, como la propia Miep, sufrían desnutrición aguda. Al empeorar su estado de salud, sus padres la inscribieron en un programa de ayuda a través del cual se enviaba a niños desnutridos a los Países Bajos para que se recuperaran. Los niños viajaban solos en tren, con una tarjeta con su nombre colgada del cuello. Miep recordaba que el tren se detuvo en la ciudad holandesa de Leiden cuando ya era noche cerrada. Un hombre la agarró de la mano y salieron de la estación y del pueblo. De pronto apareció una casa. Se abrió una puerta y una mujer le dio la bienvenida y le ofreció leche caliente. Unos niños la miraban con asombro. La llevaron a la cama y se quedó dormida al instante. Miep forjó un vínculo muy estrecho con la familia Nieuwenburg, con la que permaneció cinco años. A los dieciséis, estando de visita en Viena, pidió autorización a sus padres biológicos para quedarse definitivamente con su familia de acogida.[4] Debido a esa vivencia personal, sentía una profunda compasión por los refugiados.

Otto la contrató en 1933, cuando ella tenía veinticuatro años. En cierta ocasión, Miep lo describió como un hombre de pocas palabras, principios elevados y un sentido del humor marcado por la ironía.[5] El que pronto sería su marido, Jan Gies, trabajaba para los Servicios Sociales y desde 1943 colaboró activamente con el Fondo Nacional de Apoyo (Nationaal Steun Fonds, NSF), la organización clandestina encargada de procurar financiación a las distintas ramas de la resistencia holandesa, financiación que procedía en gran medida del Gobierno holandés exiliado en Londres.[6] Era una labor peligrosa. Durante esos años, más de veinte mil holandeses ayudaron a esconder a judíos y otras personas que necesitaban ocultarse. Miep contaba que ella había hecho de buen grado lo que pudo por ayudar, igual que su marido. Y que, sin embargo, no fue suficiente.[7] Jan y ella se hicieron íntimos amigos de los Frank. Cenaban juntos casi todas las semanas.

Elisabeth Voskuijl, llamada Bep, tenía dieciocho años cuando empezó a trabajar en Opekta, a principios del verano de 1937. Diez años menor que Miep, parecía terriblemente tímida pero poseía un coraje extraordinario. Hablaba con elocuencia de su jefe. Otto era, según ella, «cariñoso, muy exigente consigo mismo y extremadamente sensible. Una palabra suave surtía siempre más efecto que un grito».[8] El padre de Bep, Johannes, también entró a trabajar en la empresa como jefe de almacén. Contrario a los nazis por principio, fue él quien construyó la estantería que camuflaba la entrada a la Casa de atrás.

Estas cinco personas ocultaron a la familia Frank, le salvaron la vida a Otto y fueron partícipes de su tragedia. No eran simples empleados; eran amigos que, al igual que Otto, veían claramente la amenaza que representaban los nazis. Después de la guerra, al echar la vista atrás, Otto diría que para él Ámsterdam era un lugar cargado de ambigüedad. Por un lado, lo identificaba con la amistad hasta la muerte. Y, por otro, con la traición.

En 1938, su sentimiento de seguridad empezó a resquebrajarse; sobre todo, tras la anexión de Austria por parte de Hitler. ¿De verdad estaban a salvo en los Países Bajos? Si los nazis habían invadido Austria y la habían declarado parte de la Gran Alemania, ¿por qué no iban a hacer lo mismo con Holanda? Según la ideología nazi, los holandeses eran un pueblo germánico que hablaba una variante del alto alemán. Esa primavera, Otto fue al consulado estadounidense en Róterdam para solicitar un visado con intención de emigrar a América. No fue el único. A principios de 1939, los consulados estadounidenses en Europa habían recibido ya 300 000 solicitudes de visado. Y la cuota anual de visados reservados para ciudadanos alemanes y austriacos era de apenas 27 000.[9]

Si a Otto se le pasó por la cabeza reunirse con su madre y su hermana en Suiza, pronto descartó la idea. Ya antes de que empezara la guerra, los suizos se habían negado a aceptar a refugiados o inmigrantes judíos. No querían enemistarse con Hitler ni ver comprometida su neutralidad. Los únicos judíos a los que se admitía en el país eran aquellos que, como los judíos palestinos, podían demostrar que se hallaban en tránsito, camino de otro país. Otto sabía que, si intentaba cruzar la frontera suiza con su familia, era casi seguro que los devolverían a Holanda y acabarían detenidos, puesto que los judíos tenían prohibido abandonar el país sin el correspondiente visado.

Otto se aferró a la esperanza de que Alemania respetara la neutralidad holandesa, como había ocurrido en la Primera Guerra Mundial. Pero, ante todo, trataba de poner al mal tiempo buena cara. Era consciente de que su familia y él se hallaban de nuevo en peligro. Su prima Milly Stanfield, de Londres, recordaba la correspondencia que mantuvo con él durante la primavera de 1940: «Recibí una carta suya en la que me contaba lo horriblemente desgraciado que se sentía porque estaba seguro de que Alemania iba a atacar». Decía que casi no podía ni pensar en lo que sería de las niñas. Milly le propuso que las mandara a Londres. Allí estarían más seguras. Otto le contestó que Edith y él no concebían la idea de separarse de ellas, a pesar de que Milly era la única persona a la que le habría confiado la vida de sus hijas.

Es probable que esta fuera una de las decisiones de las que Otto se arrepintió después amargamente, pero entonces no podía prever lo que sucedería. Si Hitler había invadido Holanda, ¿por qué no iba intentar invadir también el Reino Unido? ¿Y qué garantía había de que este fuera a resistir? Sus hijas podían hallarse solas en un Londres ocupado, y él jamás se lo perdonaría.

En marzo de 1939, Rosa, la madre de Edith, llegó de Aquisgrán para instalarse en el número 37 de Merwedeplein. Más adelante, en el verano de 1940, los hermanos de Edith, Walter y Julius, pudieron por fin emigrar a Estados Unidos y prometieron conseguir visados para todos. De nuevo había esperanzas de encontrar una salida.

La embestida

Era el viernes 10 de mayo de 1940. Miep recordaba que se agolpa-
ron todos en torno a la radio, en el despacho de Otto. Reinaba una
atmósfera de horror y desolación. El locutor informó de que tropas
y aviones alemanes habían cruzado la frontera holandesa al ama-
necer. Se decía que parte de esas tropas vestían uniforme holandés,
que iban disfrazadas de tripulantes de ambulancia o montadas en
bicicleta. ¿Sería cierto? ¿Era solo un rumor? Esa misma mañana,
cuando la reina Guillermina habló por la radio instando a la población a conservar la calma, quedó claro que había comenzado la
invasión alemana. Tres días más tarde, la reina huyó a Inglaterra.
Cuatro días después, los alemanes bombardearon el centro de la
ciudad portuaria de Róterdam, destruyéndolo casi por completo.
Mataron a entre seiscientas y novecientas personas, mientras en
paralelo se negociaban los términos de la rendición. Adolf Hitler
achacó a un problema de las comunicaciones por radio el no haber
detenido a tiempo el bombardeo. Pero al día siguiente de destruir
Róterdam amenazó con bombardear también Utrecht si los holandeses no se rendían. Los Países Bajos capitularon el día 15. La

«guerra» duró cinco días en total. La falta de previsión del Gobierno holandés, que había confiado en que Alemania respetaría su neutralidad, se evidenció de manera espectacular.

Al principio, la ocupación alemana pareció casi benigna. Los nazis trataban a los holandeses como a primos de una rama menor y daban por sentado que asumirían fácilmente los principios del nacionalsocialismo. La demanda alemana de bienes holandeses generó una suerte de *boom* económico y la política de guante de seda que aplicó Arthur Seyss-Inquart hizo que algunos holandeses vieran con buenos ojos la ocupación.

Las cosas, sin embargo, fueron cambiando paulatinamente. El 10 de enero de 1941, el Decreto 6/1941 ordenó que se elaborara un registro de toda la población judía. En todos los ayuntamientos se habilitaron oficinas municipales para garantizar el cumplimiento del decreto. Los judíos debían ir a registrarse en persona y pagar una tasa de un florín por cabeza. Cuando no estaba clara la adscripción hebrea de alguna persona, se derivaba su caso a la oficina del *generalkommissar* en La Haya, dirigida por Hans-Georg Calmeyer, abogado alemán y jefe del Departamento de Administración Interior de las fuerzas de ocupación, bajo cuyos auspicios se estaba elaborando el registro.

La inmensa mayoría de los judíos holandeses acudieron a registrarse, pensando que de todos modos su nombre y su dirección ya figuraban en los padrones municipales y los archivos de las sinagogas. No registrarse se castigaba con una pena de hasta cinco años de prisión.[1] Además, les habían hecho creer falsamente que registrarse en la Oficina Central de Emigración Judía (Zentralstelle für Jüdische Auswanderung o JA) les facilitaría el emigrar a países de fuera de Europa.

Miep Gies decía que los nazis holandeses salieron «como ratas» de sus agujeros para darles la bienvenida entre vítores.[2] El NSB

(Nationaal-Socialistische Beweging, NSB), el partido nazi holandés fundado en 1932, había sido ilegalizado en 1935, pero tras la ocupación resurgió con nuevos bríos. En 1943 tenía 101 000 afiliados. Conforme a las directrices marcadas por Seyss-Inquart, se organizó un brazo paramilitar dentro del movimiento: la llamada Sección de Defensa (Weerbaarheidsafdeling, WA), que actuaba como fuerza policial complementaria.

En febrero de 1941, el odio hacia los judíos ya se dejaba sentir en las calles, y las bandas de matones del NSB patrullaban por los barrios de Ámsterdam sembrando el terror. Rompían ventanas y escaparates, y echaban a los judíos de los tranvías a empellones. El dueño del café-cabaré Alcazar fue uno de los que se resistieron hasta el último momento a colgar el cartel de *Prohibida la entrada a judíos.* Siguió permitiendo que artistas judíos actuasen en su establecimiento hasta que el domingo 9 de febrero, a media tarde, un grupo de unos cincuenta militantes del WA atacaron el Alcazar lanzando una bicicleta contra su escaparate. Mostraban así su indignación porque el propietario hubiera permitido actuar la noche anterior a Clara de Vries, una artista judía. Golpearon a los clientes del cabaré —judíos y no judíos— y destrozaron el mobiliario. Mientras tanto, la Grüne Polizei montó guardia fuera para impedir que interviniera la policía holandesa y permitió de buen grado que los actos vandálicos continuaran y se extendieran a otros establecimientos.[3]

La política de guante de seda de Seyss-Inquart sedujo a los holandeses haciéndoles creer que la ocupación alemana sería amistosa y comedida, pero ese sueño llegó bruscamente a su fin cuando el 11 de febrero de 1941 un grupo de unos cuarenta nazis holandeses irrumpió en el mercadillo de Waterlooplein, en el centro de Ámsterdam —una zona comercial en la que predominaban los comerciantes judíos—, entonando consignas antisemitas. Entraron por la fuerza en los almacenes y se armaron con objetos contundentes. Se produjo entonces un violento altercado entre los agitadores nazis y un reducido grupo de jóvenes judíos que se habían organizado para defenderse. Algunos vecinos, en su mayoría comunistas, prestaron ayuda a los judíos. Al acabar el enfrentamiento, se halló inconsciente a Hendrik Koot, un miembro de la WA. Murió tres días después. El «martirio» de Koot se convirtió en una herramienta propagandística de primer orden para el NSB. El 17 de febrero, más de dos mil miembros uniformados del partido acompañaron el féretro de Koot por las calles de Ámsterdam.

El 12 de febrero de 1941, agentes de la policía alemana y local cortaron las vías y puentes de acceso al barrio judío de la ciudad. Se prohibió entrar y salir de la zona a todos los ciudadanos. El 12 de marzo, durante un discurso ante la sección holandesa del NSDAP (el Partido Nazi alemán) en el Concertgebouw de Ámsterdam, el comisario Seyss-Inquart declaró: «Atacaremos a los judíos allí donde los encontremos y quien se solidarice con ellos tendrá que afrontar las consecuencias».[4] En junio de ese mismo año, los nazis purgaron el Concertgebouw de músicos judíos. En su última actuación al completo, la orquesta tocó la *Novena sinfonía* de Beethoven con intención de avergonzar a los nazis cuando el coro cantara el verso *Alle Menschen werden Brüder* («los hombres se vuelven hermanos») de la *Oda a la alegría*. En 1942, se eliminaron los nombres de compositores judíos grabados en las paredes del auditorio.[5]

Los nazis habían dado ya con una fórmula magistral para engañar, controlar y destruir lentamente a toda una comunidad. En 1939, en los países recién ocupados y los guetos judíos, crearon consejos judíos (en neerlandés, *Joodse Raden*) para que sirvieran de intermediarios entre las autoridades nazis y la población judía. Los alemanes imponían normas y el Consejo Judío se encargaba de llevarlas a efecto. El Consejo Judío de los Países Bajos disponía de su propio periódico, *Het Joodsche Weekblad*, donde se publicaba cada nuevo decreto antisemita a espaldas del público en general. Si dichos decretos se hubieran publicado en un diario generalista, los alemanes se habrían arriesgado a una reacción adversa de la población no judía.

En su primera reunión, el 13 de febrero de 1941, el Consejo Judío holandés respondió a los incidentes violentos que acababan de ocurrir en el barrio judío instando a sus habitantes a entregar todas las armas que tuvieran en su poder. Esto equivalía a admitir que los judíos tenían parte de responsabilidad en los estallidos de violencia provocados por los matones nazis, cuando de hecho solo estaban defendiéndose.[6] Evidentemente, el Consejo estaba plegándose a las órdenes de los alemanes, lo que sentó un precedente catastrófico.

El alto mando alemán recurría continuamente al chantaje: si el Consejo se resistía a poner en práctica una medida, los nazis amenazaban con hacerlo por su cuenta recurriendo a la violencia. La verdadera autoridad entre bastidores era la Zentralstelle, la Oficina Central de Emigración Judía, cuyo nombre era extremadamente engañoso, pues daba a entender que los judíos tenían posibilidad real de emigrar. Se diría que, al menos en un principio, los dirigentes del Consejo Judío creyeron que los alemanes no tenían intención de deportar a toda la población judía de los Países Bajos y que el papel del Consejo consistía en proteger a aquellos que corrían más peligro. En los primeros tiempos de la ocupación, a pesar de que llegaban noticias espantosas sobre campos de concentración en Polonia y Alemania, los judíos holandeses seguían convencidos de que los alemanes no se atreverían a hacer en los Países Bajos lo que estaban haciendo en la Europa del Este.

Cuando empezaron las deportaciones, la Zentralstelle creó un sistema de Sperren o exenciones temporales de deportación y permitió al Consejo Judío hacer recomendaciones. Los integrantes del Consejo y sus allegados se beneficiaron automáticamente de estas exenciones, y las personas que seleccionaba el Consejo estuvieron a salvo durante un tiempo. Sin embargo, este sistema propiciaba los abusos, y la línea que separaba cooperación y colaboración fue haciéndose cada vez más fina.[7]

Mientras tanto, en Ámsterdam continuaban los disturbios. El 22 de febrero de 1941, sábado por la tarde (*sabbat*, por tanto), seiscientos agentes de la Ordnungpolizei alemana armados hasta los dientes irrumpieron en camiones en el barrio judío de la ciudad, que estaba acordonado, y detuvieron al azar a 427 varones judíos de entre veinte y treinta y cinco años.[8] Los mandaron primero a Kamp Schoorl, en los Países Bajos. De ellos, treinta y ocho pudieron regresar a Ámsterdam debido a su mala salud. Los otros 389 fueron enviados al campo de concentración de Mauthausen, en Austria, y algunos posteriormente al de Buchenwald. Solo dos sobrevivieron.

Tres días después, el 25 de febrero, tuvo lugar una huelga masiva organizada por obreros holandeses en protesta por las detenciones. La huelga, a la que se sumaron 300 000 personas, duró dos días. La respuesta de los nazis fue implacable: pidieron la intervención de las Waffen SS, a las que se dio permiso para disparar contra los huelguistas. Murieron nueve personas y otras veinticuatro resultaron heridas de gravedad. Se detuvo a los líderes de la huelga y al menos una veintena fueron ejecutados. Se fotografió a detenidos del barrio judío empuñando armas de fuego y las fotografías se publicaron en la prensa holandesa como prueba de que las autoridades alemanas se enfrentaban a un «estallido de terrorismo».[9] Si quedaban holandeses que aún se hacían ilusiones sobre lo que podía suponer la ocupación alemana, esto acabó de desengañarlos.

Los judíos alemanes, por su parte, no albergaban tales ilusiones. Otto Frank conocía bien las prácticas de los nazis: la exclusión de los judíos de los refugios antiaéreos; la prohibición de que tuvieran un empleo remunerado; la *arianización* de los negocios; los registros de judíos, obligados a llevar siempre a la vista la estrella amarilla; la confiscación de bienes y propiedades; las detenciones masivas; los campos de tránsito; y, por último, las deportaciones al este, donde aún no estaba claro qué destino les aguardaba. A partir de entonces, Otto luchó con todas sus fuerzas por salvar a su familia. Sabía que tenía que poner a salvo su empresa y abandonar los Países Bajos.

Intentó de nuevo emigrar a Estados Unidos. Los hermanos de su mujer, Julius y Walter Holländer, habían tardado casi un año en encontrar empleo. Por fin, Walter consiguió entrar a trabajar como obrero en la fábrica que la E. F. Dodge Paper Box Company tenía a las afueras de Boston, y pudo enviar un aval de sostén económico a los Países Bajos para respaldar la solicitud de visado de su madre, Rosa, Otto y Edith. Es de señalar que su jefe, Jacob Hiatt, y un amigo firmaron sendas declaraciones juradas a favor de Ana y Margot, lo que debería haber facilitado mucho las cosas. Lo malo era que se exigía una fianza de cinco mil dólares por cada inmigrante como garantía de que no se encontrarían en la indigencia al llegar allí.[10] Y ni Otto ni sus cuñados disponían de esa cantidad de dinero.

En abril de 1941, Otto escribió a su adinerado amigo norteamericano Nathan Straus Jr., cuya familia era la propietaria de los grandes almacenes Macy's y que había sido compañero suyo de residencia en la Universidad de Heidelberg. Aunque debió de ser humillante para él, le pidió una carta de recomendación y la fianza, recordándole que tenía dos hijas y que era sobre todo por ellas por lo que recurría a su ayuda. Straus se puso en contacto con el Servicio Nacional de Refugiados y, aunque se ofreció a proporcionar las referencias necesarias, dio a entender que, teniendo en cuenta su influencia, no era necesario que depositara la fianza de cinco mil dólares (equivalentes a unos 91 000 dólares actuales). En noviembre de 1941, cuando se habían agotado los visados disponibles, Straus se ofreció por fin a correr con todos los gastos, pero para entonces era ya demasiado tarde.

Un informe interno del subsecretario de Estado Breckinridge Long a sus compañeros de departamento, fechado en junio de 1940, revelaba cuál era la postura de la administración estadounidense. Su estrategia para controlar la inmigración (tachando a los refugiados de espías, comunistas y elementos indeseables) consistía en «poner todos los obstáculos posibles y exigir pruebas adicionales para posponer indefinidamente la concesión de visados».[2] El consulado estadounidense en Róterdam, donde Otto pidió el visado en 1938, resultó destruido en el bombardeo de 1940 y los solicitantes tuvieron que volver a iniciar los trámites, pues los documentos originales se habían perdido. Finalmente, en junio de 1941 el Gobierno de Estados Unidos cerró la mayoría de sus embajadas y consulados en los territorios ocupados por los nazis, alegando el peligro de espionaje. A partir de ese momento, Otto tendría que solicitar personalmente los visados en un consulado norteamericano situado en algún país presuntamente «no beligerante», como España o la Francia no ocupada. Pero no podía abandonar los Países Bajos sin un permiso de salida, que no podía conseguir a menos que tuviera un visado para trasladarse a ese otro país. El sistema en su conjunto era, premeditadamente, un círculo vicioso. Otto había quedado atrapado en la pesadilla inacabable de la burocracia de guerra.[3]

Nunca cejó, aun así, en su empeño de salvar a su familia. En fecha tan tardía como octubre de 1941 trató de conseguir un visado para Cuba, un intento arriesgado y costoso que a menudo resultaba ser una estafa. En septiembre escribió a un amigo diciéndole que Edith le estaba presionando para que se marchara, bien solo, bien con las niñas. Quizá, una vez fuera del país, pudiera comprar la libertad de toda la familia. Por fin, el 1 de diciembre, consiguió un visado cubano, pero diez días más tarde, el 11, cuatro días después del ataque japonés a Pearl Harbor, Alemania e Italia declararon la guerra a Estados Unidos, y el Gobierno cubano canceló los visados.[4]

Su último intento fue apelar a la Sección de Inmigración del Concejo Judío de Ámsterdam, el 20 de enero de 1942. En los archivos de la Anne Frank Stichting de Ámsterdam se conservan cuatro formularios (uno por cada miembro de la familia) solicitando visados de salida. Nunca llegaron a tramitarse.

Los nazis fueron muy eficientes a la hora de «limpiar» Ámsterdam de judíos. En 1940 había unos ochenta mil judíos en la ciudad, en torno a un diez por ciento de su población total. En septiembre de 1943, la ciudad sería declarada libre de judíos.

Prinsengracht 263

El 1 de diciembre de 1940, siete meses después de la invasión alemana, Otto Frank trasladó sus empresas a una nueva sede en el número 263 de Prinsengracht. Opekta y Pectacon se estaban consolidando y las ventas marchaban bien. Escogió un edificio del siglo XVII cuya fachada daba al canal, a la vuelta de la esquina de la Westerkerk, la imponente iglesia en la que está enterrado Rembrandt van Rijn. La calle estaba flanqueada por pequeños negocios, almacenes y modestos talleres fabriles, a menudo con viviendas en las plantas de arriba.

El número 263 era un típico edificio de Ámsterdam, con una zona de almacén en la planta baja y oficinas y cuartos trasteros en los tres pisos superiores. Como muchas casas de ese periodo, tenía un anexo de cuatro plantas en la parte de atrás. El almacén abarcaba todos los bajos del edificio (incluidos los del anexo trasero) y tenía un portón a pie de calle que daba a Prinsengracht y un acceso trasero a través de un patio. El anexo, invisible desde la fachada delantera del edificio, podía verse desde la parte de atrás, que daba a un patio interior ajardinado muy espacioso. Decenas de vecinos de los otros tres lados de dicho patio tenían a la vista el anexo.

Unas cinco semanas antes del traslado a esta nueva ubicación, el 22 de octubre de 1940, los alemanes decretaron que todas las sociedades comerciales e industriales que fueran parcial o totalmente propiedad de judíos tenían que inscribirse en un registro especial de la Wirtschaftprüfstelle, la Agencia de Inspección Económica. El incumplimiento de esta norma se castigaba con una cuantiosa multa y cinco años de prisión. Otto comprendió que era el primer paso de la «desjudeización» y la expropiación de sus empresas. Eludió la normativa nombrando respectivamente a Victor Kugler y al marido de Miep, Jan, director gerente y supervisor de Pectacon, que quedó «arianizada» al pasar a llamarse Gies & Co, un nombre completamente holandés. De haber seguido siendo judía, la empresa se habría liquidado bajo la dirección de una empresa fiduciaria alemana y el dinero de la liquidación se habría depositado en el banco Lippmann, Rosenthal & Co. Pero la empresa de Otto no llegó a sufrir este expolio. Pasó a ser holandesa.

Los nazis eran expertos en utilizar subterfugios para mantener una apariencia de legalidad. Para granjearse la confianza de los judíos, a principios de 1941 tomaron el control del Lippmann-Rosenthal, un banco judío de larga tradición, y lo convirtieron en el lugar en que depositar el botín de sus saqueos. Los judíos se veían obligados a entregar sus bienes y todos sus objetos de valor. Podían conservar únicamente «alianzas de boda, relojes de plata de pulsera y bolsillo y un juego de cubiertos consistente en un cuchillo, un tenedor, una cuchara sopera y una de postre».[1] Se entregaban recibos a los clientes y en algunos casos se pagaron intereses, pero aun así se trataba de un banco fantasma. En realidad, los nazis estaban haciendo acopio de capital judío para pagar las posteriores deportaciones y el mantenimiento del trabajo esclavo y los campos de concentración.

Las deportaciones comenzaron en el verano de 1942. Los judíos a los que se seleccionaba para su deportación debían entregar las llaves de sus casas a la policía holandesa junto con un listado de sus enseres domésticos. Se confiscaba todo, desde los muebles a las obras de arte. Los nazis eran maestros del eufemismo. Llamaban oficialmente *sicherstellung*, «salvaguarda», al expolio de obras de arte.[2]

Tras las primeras deportaciones, la resistencia holandesa puso en circulación un folleto de protesta que explicaba la situación con toda claridad:

> *Todas las medidas impuestas por los alemanes con anterioridad tenían por objeto aislar a los judíos del resto de los holandeses, imposibilitar el contacto y aniquilar nuestros sentimientos de convivencia y solidaridad. Lo han conseguido en grado mucho más alto de lo que somos conscientes y posiblemente de lo que estamos dispuestos a admitir. Hay que matar a los judíos en secreto y nosotros, los testigos, debemos permanecer sordos, ciegos y mudos (...) Dios y la historia nos condenarán y nos responsabilizarán en parte de esta masacre si guardamos silencio y nos limitamos a mirar.*[3]

Otto Frank no pasó por alto ninguno de estos acontecimientos. Al principio, las restricciones parecían grotescas y pasajeras. Al ir y volver del trabajo cada día, se encontraba con que tenía prohibido tomar el tranvía o sentarse en la terraza de un café a descansar los pies. Procuraba refrenar su rabia, pero cuando en junio de 1942 la BBC informó de que habían muerto 700 000 judíos en Alemania y los territorios ocupados,[4] comprendió que no se trataba de simple segregación, sino de escapar al exterminio. Era imposible conseguir visados de salida para su familia. Supo que el siguiente paso era esconderse.

El escondite

Hay dos versiones sobre cómo acabó escondida la familia Frank en la Casa de atrás. Según el escritor y periodista radiofónico alemán Ernst Schnable en su libro de 1958 *The Footsteps of Anne Frank*, Kleiman y Kugler le dijeron a Otto que era hora de pensar en esconderse y le propusieron el anexo trasero de Prinsengracht 263 como refugio.[1] Melissa Müller, en su biografía de Ana Frank, coincidía en que fue Kleiman quien, ya en el verano de 1941, propuso las habitaciones desocupadas del anexo como escondite más idóneo, porque a nadie se le ocurriría que Frank se ocultaba en la sede de su empresa.[2] A Joop, el hijo de Bep, su madre le contó que Kleiman sugirió el anexo y que más tarde se incluyó a Kugler en el plan.[3] Pero Otto llevaba desde diciembre de 1940 pensando en esconderse y es posible que arrendara el número 263 de Prinsengracht con esa idea ya en mente.[4]

Más adelante contaría que fue él quien les planteó a sus empleados la posibilidad de esconderse; primero a Kleiman y después, sucesivamente, a Kugler, Miep y Bep. Miep así lo confirmó:

> *La iniciativa de esconderse, de encontrar un escondite, de orga-*
> *nizarlo todo, fue de Otto Frank. Lo tenía todo pensado (...) y ya*
> *había repartido las distintas tareas entre los miembros de su*
> *personal cuando les pidió que lo ayudaran a él y a su familia a*
> *esconderse.*[5]

Fuera de quien fuese la idea, Otto se vio en una situación muy penosa. Tuvo que formular una pregunta tremenda: ¿estarías dispuesto a salvarme, a salvar a mi familia? Los alemanes habían amenazado con encarcelar a cualquier ciudadano holandés que prestara ayuda a judíos. Habría sido típico de él preguntar a cada uno de los interesados por separado y hacer hincapié en lo que supondría para esa persona aceptar ayudarle. ¡Qué difícil, poner a sus empleados en ese apuro! Igual de difícil que depositar en ellos esa confianza y dejar en sus manos el destino de toda su familia.

Miep se acordaba de la mañana en que Otto le pidió ayuda. Llegó a la oficina llevando la estrella amarilla prendida al abrigo. Los demás hicieron como que no se daban cuenta. Ella recordaba las palabras exactas que empleó: «¿Estarías dispuesta a asumir la responsabilidad de cuidar de nosotros mientras estemos escondidos?». En un sentido práctico, aquello suponía hacer la compra para la familia, conseguir tarjetas de racionamiento falsas o comprarlas en el mercado negro y buscar alimentos. «Por supuesto», contestó sin más. Y añadía que en ese momento Otto y ella cambiaron una mirada de esas que solo se dan una o dos veces en la vida, una mirada imposible de describir con palabras. Ella no hizo más preguntas. No tenía curiosidad. Le había dado su palabra y con eso bastaba.[6]

Los judíos tenían prohibido sacar muebles de su casa o transportar enseres por la calle. El hermano de Johannes Kleiman, Willy, tenía una empresa de control de plagas llamada Cimex y, al saber que Otto planeaba esconderse, ofreció su camión para transportar las pertenencias de los Frank —muebles, alfombras, latas de comida, camas y ropa— al piso de su hermano, desde el que las irían llevando a la Casa de atrás. Solo podían hacerlo discretamente, claro está, un sábado o un domingo a última hora de la tarde o por la noche, de modo que tardaron meses en trasladarlo todo.[7] Muy pocas personas sabían lo que estaba pasando; las niñas, desde luego, no lo sabían. Les dijeron que estaban mandado los muebles a reparar, lo que a algunas visitas les pareció un lujo absurdo en tiempos de guerra.

El 5 de julio de 1942 llegó a casa de los Frank una notificación oficial con el membrete de la esvástica nazi. Era una orden para que Margot Frank, que tenía entonces dieciséis años, se incorporara al Arbeitseinsatz, el servicio de trabajo obligatorio en Alemania. Se le aconsejaba que llevara una maleta con ropa de invierno. Para Miep, obligar a una joven de dieciséis años a hacer trabajos forzados era una muestra más de la barbarie antisemita de los nazis.[8] En realidad, se trataba de un subterfugio. Para una adolescente judía, aquel viaje tenía como destino la muerte. Con ayuda de Miep y su marido, Jan, Otto puso en marcha de inmediato su plan de huida. A la mañana siguiente, la familia se marchó a la Casa de atrás.

Cinco meses antes, el 29 de enero, la madre de Edith, que vivía con ellos, había muerto de cáncer tras meses de sufrimiento. Su muerte los afectó profundamente, pero ahora suponía también un alivio. ¿Cómo habría podido esconderse Rosa Holländer, enferma como estaba? Edith y Otto no habrían podido abandonarla, sin duda, pero, si Edith hubiera decidido quedarse con ella, las habrían deportado a ambas y habrían sufrido horrores inimaginables. Los alemanes denominaban *emigración* y *reasentamiento* a las deportaciones, y hacían que judíos holandeses ya deportados escribieran postales a sus familias contando cosas positivas de los campos. La gente, sin embargo, se las ingeniaba para hacer llegar mensajes secretos a sus allegados. Una despedida como *Saluda de mi parte a Ellen de Groot*, que empleaba un nombre holandés corriente, pasaba la criba de los censores. Pero en neerlandés *ellende* significa «miseria» y *groot*, «grande».[9]

Tres meses antes de esconderse, Otto le había alquilado la habitación grande del altillo de su piso a Werner Goldschmidt, un refugiado alemán que había llegado a los Países Bajos en 1936. Su presencia en la casa era fortuita, aunque es posible que, teniendo en cuenta el carácter previsor de Otto, formara parte de su plan para esconder a la familia. Cuando salieron de casa por última vez, dejó, como por descuido, un trozo de papel con unas señas que daban la impresión de que la familia había huido a Suiza. Poco después, gracias en parte a Goldschmidt, se difundió por el vecindario el rumor de que los Frank habían logrado escapar.

Otras cuatro personas se unieron a la familia Frank. Los primeros en llegar fueron los Van Pels, una familia formada por tres personas. Hermann van Pels trabajaba para Otto desde 1938 como especiero. Vivían justo detrás del piso de los Frank, en el Rivierenbuurt, y se habían hecho buenos amigos. Otto decía que en su opinión compartir la Casa de atrás con los Van Pels les haría más llevadero el encierro. Algún tiempo después, el dentista Fritz Pfeffer habló con Miep un día que ella fue a su consulta y le preguntó si conocía algún sitio seguro donde esconderse. Miep habló con Otto y él —pensando quizá que era Miep quien se lo preguntaba— contestó simplemente que donde cabían siete cabían ocho, aunque sin duda era consciente de que ello multiplicaba el riesgo que corrían.[10] Conseguir comida e intentar no hacer ruido sería aún más difícil si eran ocho. Pero la mayor complicación sería reorganizar las camas para hacerle un hueco a Pfeffer. Otto y Edith debieron de discutirlo.

No podían permitir que Margot, a sus dieciséis años, compartiera habitación con un hombre mayor. De modo que, cuando Pfeffer se instaló en la Casa de atrás el 16 de noviembre, Margot se trasladó al cuarto de sus padres y Ana, que tenía trece años, tuvo que compartir habitación con el recién llegado.

Es impensable que Edith y Otto se sintieran cómodos con este arreglo, pero su existencia había dado un vuelco radical; ya apenas conservaban el control sobre su vida. Otto se enfrentaba siempre a la misma disyuntiva entre la vida y la muerte. ¿Cómo iba a negarse a salvar a Pfeffer? Si alguna vez se arrepintió de haber invitado a los demás a compartir su escondite aumentando así el riesgo para su familia, no ha quedado constancia de ello.

Cuando llegó la hora de que los Frank se ocultasen, ninguno de sus cuatro empleados vaciló. ¿Qué hizo posible que estas cuatro personas se pusieran en peligro para proteger a un grupo de judíos? Miep lo expresó perfectamente en nombre de todos ellos. Ni siquiera se le pasó por la cabeza negarse.[11]

Llegados a este punto, ocho personas como mínimo conocían el secreto de la Casa de atrás: los cuatro empleados de Otto, Jan —marido de Miep—, Johannes —padre de Bep—, la esposa de Kleiman, Johanna, y su hermano Willy, que se convirtió en el encargado de mantenimiento de la Casa de atrás. A Otto se le ocurrió la idea de tapar la puerta de acceso al escondite poniendo delante una estantería con ruedas que podía desplazarse. Johannes Voskuijl, que era buen carpintero, construyó la estantería en su casa y, para no llamar la atención, la llevó por partes a la Casa de atrás y la montó allí mismo.[12]

Miep y Margot fueron en bicicleta a la Casa de atrás la mañana del 6 de julio. Otto, Edith y Ana llegaron poco después a pie. La caminata desde su piso en el número 37 de Merwedeplein, en el Rivierenbuurt, hasta Prinsengracht, en el centro de Ámsterdam, fue agotadora, sobre todo porque llevaban encima varias capas de ropa. Que un judío llevara maletas despertaría sospechas. Por suerte, sin embargo, esa mañana llovía a mares, lo que fue un consuelo, porque con aquel tiempo los nazis no estarían patrullando las calles en busca de judíos.

Miep contaba que, cuando dejó a los Frank en la Casa de atrás para que se instalaran y cerró la puerta del escondite, no quería ni imaginar lo que estarían sintiendo al abandonar todo lo que tenían: su hogar, las cosas de toda una vida, incluso a Moortje, el gato de Ana. Los recuerdos del pasado, y a sus amigos. Cerraron sin más la puerta de su vida anterior y desaparecieron. La expresión de la señora Frank lo decía todo, Miep los dejó allí y se marchó a toda prisa.[13]

Te lo pedían y decías que sí

En su diario, Ana Frank hace una descripción conmovedora de la vida en la Casa de atrás, una vida que era, de hecho, una forma de encarcelamiento. Sonidos temibles atravesaban las paredes. A veces oía resonar con ritmo siniestro el ruido de las botas en el pavimento cuando pasaban soldados alemanes. En cierto momento cuenta que se asoma por entre las cortinas de la oficina, cuando el personal ya se ha marchado, y ve pasar a toda prisa a unos judíos atemorizados. Al avanzar la guerra, los aviones de la RAF sobrevolaban de noche los Países Bajos camino de Alemania y el zumbido de sus motores y el estruendo de las baterías antiaéreas era espeluznante.* A menudo, los cazas Mustang de la USAF —la Fuerza Aérea estadounidense— arrojaban bidones de combustible

---

* En 1943, un bombardero Halifax británico fue derribado y se estrelló contra el hotel Carlton, que los alemanes utilizaban como cuartel general. Murieron trece personas. En 1944, un ataque aliado contra el cuartel del SD en Euterpstraat destruyó numerosos edificios de viviendas cercanos. Al acabar la guerra, habían muerto miles de civiles como consecuencia de los bombardeos.

vacíos sobre la ciudad para soltar lastre y ganar en maniobrabilidad, y el ruido inesperado que hacían los proyectiles que no habían estallado y la metralla al caer desde lo alto y estrellarse contra el suelo era continuo.

En las calles de Ámsterdam reinaba un miedo distinto. Miep recordaba que en esa época la Policía Verde y las SS solían hacer redadas por sorpresa en pleno día. Era el mejor momento para sorprender en casa a los judíos más vulnerables: a los ancianos, a los enfermos y a los niños pequeños. De ahí que muchos se echaran a la calle para no estar en casa si los alemanes iban en su busca. Solían preguntar a los transeúntes si habían visto patrullas alemanas o soldados y dónde.

No era difícil ver lo que estaba pasando, pero tras la brutal represión alemana de la huelga de febrero de 1941 el miedo lo había invadido todo. La mayoría de la gente miraba para otro lado. Sabían que tenían que ser prudentes. Por más que quisieran ayudar, se metían en sus casas y cerraban la puerta.[1]

Miep ofrece uno de los testimonios más elocuentes acerca de cómo era la vida fuera de la Casa de atrás, pero su pena y su sentimiento de fracaso eran tan agudos que durante cuarenta y dos años se resistió a hablar de estos acontecimientos. Según su hijo, era una herida que no podía restañarse.

Recordaba, por ejemplo, que en los primeros tiempos de la ocupación, antes de que la familia Frank se escondiera, Otto se vio obligado no solo a arianizar sus empresas, sino también a despedir a Esther, su única empleada judía.

Recuerdo cuando Esther nos dijo adiós. Tuvo que marcharse porque era judía. La despidieron. Sí, así eran las cosas. No volvió, creo. No sobrevivió a la guerra. Todavía estaba el día de mi boda (...) Me regaló un estuche con un espejo, un peine y un ce-

pillo que era de su familia (...) No podía quedárselo (...) Era todo
tan doloroso... Nos enteramos de su despido, pero no hablamos
más de ello. No sabías lo que iba a pasar. Cedías, tenías que
aceptarlo. Los alemanes eran los que mandaban y tú tenías
miedo, un miedo atroz.[2]

Los ánimos cambiaron gradualmente durante la ocupación. Cuando Otto pidió ayuda a sus empleados, estos aceptaron por un motivo muy sencillo: Otto era su amigo. Tenían que ayudarle. Y así aprendieron a vivir en mundos separados, a dividirse en distintos planos: eran de una manera en la Casa de atrás, de otra con sus amigos y de otra delante de los funcionarios.[3] Como explicaba Miep, uno aprendía muy pronto qué era lo que podía decir y lo que no. «Ya no guardábamos silencio. Habíamos perdido la costumbre de hablar. ¿Entiendes la diferencia?».[4]

Jan siguió trabajando para los Servicios Sociales, pero pronto empezó a colaborar con un grupo de la resistencia, el NSF, aunque después de que acabara la guerra rara vez hablaba de ello. Explicaba, eso sí, sus motivos cuando se lo pedían. No era el heroísmo, decía, lo que impulsaba a una persona a pasar de la pasividad a la acción. Era algo más sencillo. Te lo pedían y decías que sí. El problema entonces pasaba a ser en quién confiar. «Nunca sabías con toda seguridad de quién podías fiarte (…) [pero] aun así, de algún modo, lo sabías».

Sabíamos, por ejemplo, que esa gente del otro lado de la calle
era buena gente. ¿Por qué? Es difícil decirlo. Se ven cosas... Se
oyen cosas. Oyes a la gente hablar y así deduces el talante de
ciertos individuos. No es una regla infalible al cien por cien, pero
a mí en general me funcionaba. Tuve suerte (...) Tenías que limi-

tar mucho tus contactos. No hablar con todo el vecindario. Y luego, claro, hacía falta también un poco de suerte. Pero yo tenía muchísima con lo que decía, porque nunca podías estar seguro del todo. Y la verdad es que nunca me he equivocado con la gente.[5]

Más o menos en esta época, Miep y Jan acogieron en casa a un estudiante holandés, Kuno van der Horst. En realidad, el piso en el que vivían se lo habían subarrendado a la madre de Kuno, que vivía en Hilversum, al sureste de Ámsterdam. Daban cobijo a Kuno a cambio de que su madre ocultara a un conocido suyo que era judío. Nunca se lo contaron a Otto. Era otro compartimento estanco de su vida.

Miep contaba que para ellos era «lógico» y «evidente» que tenían que ayudar. «Podías hacer algo y ayudar a esas personas. Estaban indefensas (…) Eso es todo, no hay más misterio».[6]

Y añadía: «Sí (…), a veces te angustiabas. Pensabas, "¿Cómo puede continuar esto?" (…) Pero la preocupación por esas personas y la compasión por lo que estaban pasando eran más fuertes. Se imponían».[7]

El miedo, sin embargo, no desaparecía: «Yo no intentaba disuadir a mi marido. Tenía muchísimo miedo por él, porque lo quiero. Si no lo hubiera querido, quizá no habría podido soportar preguntarme aterrorizada cada día si iba a volver».[8]

Los ocho habitantes de la Casa de atrás dependían por completo de los de fuera para su sustento físico y moral. Estaban siempre deseosos de saber qué ocurría en el mundo exterior, y Miep, Jan, Bep y los demás sabían que no podían endulzarles la verdad. Miep contaba que era consciente de sus ansias de noticias y que les hablaba de las redadas que hacían los nazis en distintos barrios de la ciudad; del último edicto que ordenaba desconectar las líneas telefónicas de titularidad judía; o de los precios que alcanzaban los documentos falsos. Cada vez que apartaba la estantería para entrar en el anexo secreto, tenía que componer una sonrisa y aparentar un buen humor que ya era imposible sentir en la ciudad ocupada. Para no preocupar a sus amigos, se esforzaba por disimular su angustia.[9]

Johannes Kleiman llevaba a su mujer de visita de vez en cuando, los fines de semana. Después de la guerra, recordaba la curiosidad insaciable de Ana:

Procurábamos, claro, acordarnos de lo duro que era para la chiquilla (...) Echaba muchísimo de menos el mundo exterior, convivir con niños de su edad y, cuando venía mi mujer, Ana la recibía con una curiosidad casi molesta. Le preguntaba por Corrie, nuestra hija. Quería saber lo que hacía, qué amigos tenía, qué pasaba en el club de hockey, si Corrie se había enamorado... Y, mientras te preguntaba, se quedaba allí parada, delgada, con su ropa descolorida de tanto lavarla y la cara blanca como la nieve porque llevaban mucho tiempo sin que les diera el aire. Mi esposa siempre le llevaba algo, un par de sandalias o algo de ropa, pero los cupones escaseaban y no teníamos dinero para comprar en el mercado negro. Habría sido estupendo poder llevarle una carta de Corrie de vez en cuando, pero Corrie no podía saber que los Frank no estaban en el extranjero, como pensaba todo el mundo, sino en Ámsterdam. No queríamos que tuviera que cargar con ese secreto casi insoportable.[10]

Los de fuera, los encargados de cuidar de los Frank, se repartieron entre todos la tarea de conseguir alimentos. Kleiman llegó a un acuerdo con W. J. Siemons, un amigo suyo dueño de una cadena de panaderías, para que les llevara pan a la oficina dos o tres veces por semana. Para comprar comida durante la ocupación, hacía falta tener dinero y cupones de racionamiento, que supuestamente garantizaban el reparto equitativo de los alimentos. Al principio, Jan conseguía las cupones en el mercado negro y luego, desde mediados de 1943, a través de sus contactos en la clandestinidad.[11] Cuando ya no bastaba con los cupones, el panadero aceptó que le pagaran en metálico después de la guerra. El pan para alimentar a ocho personas podía pasar por el suministro normal para los empleados de la empresa, que eran nueve en total. Pero, como es lógico, los trabajadores que no estaban enterados de lo que ocurría se preguntaban dónde iba a parar todo aquel pan.

Miep compraba para la gente de la Casa de atrás y para Jan y ella. Para no levantar sospechas, tenía que visitar varias tiendas. Según contaba, era una especie de teatrillo:

Ibas a todas las tiendas y tanteabas un poco al tendero. Para ver hasta dónde podías llegar, qué podías pedir... Hasta qué punto podías mostrar compasión. En qué medida podías fingir estar en una situación desesperada. Sí, era un poco como hacer teatro. Por lo menos así lo sentía yo.[12]

Hermann van Pels la mandó a una carnicería cerca de Rozengracht de la que era propietario un buen amigo suyo, Piet Scholte. Hermann había insistido en que Miep lo acompañara a la tienda antes de esconderse, para que el carnicero supiera quién era. En aquel momento la sorprendió su insistencia, pero después lo entendió todo. Van Pels le dijo que fuera a ver a Scholte y le diera una lista que había preparado. Le aseguró que no haría falta que dijera nada, que el carnicero le daría lo que necesitaban sin necesidad de más explicaciones. Y así fue, en efecto: no hizo falta que cruzaran una sola palabra.[13]

Bep se encargaba de la leche, que les llevaban a diario. Supuestamente, el personal de la empresa la bebía en gran cantidad. El lechero no hacía preguntas. Pero al recrudecerse la escasez de alimentos —los alemanas mandaban muchos productos de primera necesidad a su país—, Bep empezó a ir en bicicleta a las granjas de los alrededores de la ciudad, a ver qué podía encontrar.

Cierto día que volvía a Ámsterdam con las pocas patatas y verduras que había conseguido comprar, la paró una patrulla de las SS. Chapurreando alemán, le dijo al joven agente que la interrogó que en su familia había muchas bocas que alimentar. La dejó marchar, pero se quedó con la mitad de las verduras. Después, el coche patrulla volvió a alcanzarla y el agente le devolvió la comida.

Bep adivinó que era una trampa. En lugar de dirigirse al escondite, se fue a casa. El coche la siguió. Miró a los alemanes poniendo cara de inocencia y entró apresuradamente. La patrulla se marchó por fin.[14]

Bep y Miep llegaron a estar muy unidas a Ana, como queda claro en el diario. Cuando la joven se empeñó en que se quedaran a pasar la noche, ambas cedieron a sus ruegos. Bep describió la noche que pasó en la Casa de atrás como «absolutamente aterradora». Tendida en el colchón, junto a Ana, oía los tañidos de las campanas de la Westerkerk, que cada quince minutos rompían el silencio de las habitaciones.

Crujía una viga o una puerta, y luego se oía algún ruido fuera, en el canal, una racha de viento que movía un árbol, o un coche que se acercaba (...) Cada chirrido y cada crujido (...) te hacía pensar «me han delatado» o «ahora seguro que me han oído».[15]

El miedo era casi insoportable.

Miep también se quedó alguna vez a pasar la noche, con su marido. Después de colocar los paneles de oscurecimiento que sellaban la Casa de atrás como una prisión cerrada por dentro, Miep y Jan se acostaron en la habitación de Ana. Miep contó tiempo después que esa noche oyó las campanadas del reloj de la Westertoren hora tras hora. No logró conciliar el sueño. En medio del silencio sobrecogedor del anexo, oía la lluvia y el viento que arreciaban fuera. El temor que reinaba en aquella casa era tan sofocante que ni siquiera pudo cerrar los ojos. Supo así lo que se sentía siendo un judío escondido.[16]

Un incidente angustioso

Ocho personas escondidas en un espacio reducido durante veinticinco meses: es asombroso que aguantaran tanto. Como decía Bep:
«Ocho personas son ocho individuos. Aunque cada uno metiera la
pata solo una vez al año, ya serían dieciséis motivos de crispación».[1]
A veces estallaban riñas familiares durante las horas de oficina.
Bep, que reconocía las voces, subía enseguida a avisar a los escondidos de que se los oía abajo. Una vez en que su padre, que era el encargado del almacén, oyó voces, se puso a echarle la bronca a un
empleado para tapar el ruido mientras ella subía corriendo a poner
orden. El pobre trabajador no entendía qué había hecho.[2] Era todo
muy angustioso.

El mundo había enloquecido, pero Otto logró mantener la
calma hasta cierto punto. Miep advirtió un cambio en él. Parecía
tener más aplomo y, a pesar de que siempre había sido un hombre
nervioso, daba la sensación de ser absolutamente dueño de sí
mismo. Transmitía una sensación de paz y seguridad. Miep se daba
cuenta de que trataba de dar ejemplo a los demás.[3]

Mantener la calma era imprescindible. Hasta marzo de 1943, el padre de Bep se ocupó de todo. Tiraba la basura tomando todo tipo de precauciones y se encargaba de disimular cualquier indicio de que había personas escondidas en el anexo trasero. En junio de ese año, sin embargo, le diagnosticaron un cáncer. Siguió trabajando unos días, pero, como anotó Ana en su diario, el 15 de junio le operaron y tuvo que dejar el trabajo para poder recuperarse.

Al no encontrar sustituto por su cuenta, Kleiman recurrió a la oficina pública de empleo, que le mandó a un tal Willem van Maaren. Era muy arriesgado incluir a un perfecto desconocido en el mundo hermético de la Casa de atrás, y Kleiman pronto se arrepentiría de su decisión. Van Maaren mostraba una curiosidad sospechosa, y los protectores de los Frank llegaron a la conclusión de que robaba provisiones del almacén para venderlas en el mercado negro.

El cambio del jefe de almacén fue seguramente el mayor peligro que corrieron los habitantes de la Casa de atrás desde que se escondieron, pero había muchas otras cosas de las que sus protectores tenían que preocuparse cotidianamente: conseguir cupones de comida a través de la resistencia (según contaba Miep, Jan tuvo que llevar el documento de identidad de todos los escondidos al grupo clandestino con el que colaboraba para demostrar que estaba alimentando a ocho personas); buscar dinero extra para comprar comida; y, a medida que aumentaba el racionamiento, encontrar alimentos.

Por si eso fuera poco, los robos en los establecimientos de Ámsterdam eran muy frecuentes. En Prinsengracht 263 hubo al menos tres intentos de robo entre 1943 y 1944. El 16 de julio de 1943, Peter bajó al almacén antes de que llegara el personal, como tenía por costumbre, y se encontró las puertas abiertas. Los ladrones habían forzado con una palanca la puerta del almacén y la de la calle. Curiosamente, en la Casa de atrás nadie se había despertado. Los intrusos habían subido al segundo piso y robado una pequeña cantidad de dinero, cheques en blanco y, lo peor de todo, cupones de racionamiento equivalentes a toda la asignación de azúcar de los escondidos.

El 1 de marzo de 1944, Peter volvió a encontrarse abierta de par en par la puerta delantera —la que llevaba a los despachos— y descubrió que faltaban el maletín nuevo del señor Kugler y un proyector. Pero lo más preocupante era que no había indicios de que el ladrón hubiera forzado la entrada. Parecía tener un duplicado de la llave, lo que significaba que debía de ser uno de los empleados del almacén. Pero ¿cuál de ellos?

El incidente más inquietante tuvo lugar un mes después, el 9 de abril, apenas cuatro meses antes de la redada en la Casa de atrás y la detención de sus ocupantes.[4] Se oyeron ruidos en el almacén después de la hora de cierre y Peter, su padre, Fritz y Otto bajaron a ver qué pasaba. Peter vio que faltaba un panel grande de la puerta del almacén. Entraron los cuatro en el almacén y entrevieron a los ladrones. En ese momento, Van Pels gritó «¡Policía!» y los intrusos huyeron. Pero mientras los escondidos trataban de tapar el hueco de la puerta, alguien lanzó una patada desde la calle y el tablón salió disparado. La audacia de los ladrones los dejó estupefactos. Lo intentaron otra vez y, de nuevo, arrancaron el panel de una patada desde fuera. Pasado un momento, un hombre y una mujer alumbraron el hueco con una linterna.

Los ocupantes de la Casa de atrás corrieron a esconderse arriba. Un rato después, oyeron un zarandeo en la estantería que ocultaba la puerta. Ana dice en su diario que no encuentra palabras para describir el horror de ese instante. Oyeron pasos que se alejaban; después, todo quedó en silencio. Se retiraron los ocho al piso de arriba, donde pasaron la noche en vela esperando a la Gestapo.

Al día siguiente, Jan Gies se enteró de lo que había ocurrido. Martin Sleegers, el sereno, que recorría el barrio en su bicicleta acompañado por sus perros, había visto el agujero en la puerta y había alertado a la policía. Sleegers y un agente llamado Cornelis den Boef, militante del NSB, registraron el edificio entero, incluido el rincón en el que se encontraba la entrada al anexo trasero. Fueron ellos quienes zarandearon la estantería.[5]

Ese mismo día, cuando volvía al edificio, Jan se encontró por la calle con Hendrik van Hoeve, el tendero que les vendía las verduras, y le contó que habían intentado robar en el almacén. Van Hoeve contestó que ya lo sabía: su esposa y él habían pasado la víspera por delante del edificio y habían visto el hueco de la puerta. Él había alumbrado hacia el interior con una linterna y creía que había asustado a los ladrones y que estos habían huido. Pensó en llamar a la policía, pero decidió no hacerlo. Añadió que tenía sus sospechas sobre lo que pasaba en el anexo trasero y no quería causar problemas.[6] Van Hoeve dio a entender claramente a Jan que sabía que allí había gente escondida. Willy, el hermano de Kleiman, fue enseguida a reparar la puerta.

A principios de 1944, un tal Lammert Hartog entró a trabajar en la empresa como ayudante de Van Maaren, el nuevo encargado del almacén. Venía recomendado por Petrus Genot, que trabajaba con el hermano de Kleiman en su empresa de control de plagas. La esposa de Hartog, Lena, que limpiaba de vez en cuando las oficinas de Opekta, también medió para que le dieran el trabajo a su marido.

A finales de junio, Genot advirtió a Kleiman de que la mujer de Hartog le había preguntado a la suya si era cierto que había judíos escondidos en Prinsengracht 263. Anna Genot se quedó horrorizada. ¿Cómo podía Lena difundir tales chismorreos con los tiempos que corrían? La advirtió de que tuviera mucho cuidado con lo que iba diciendo por ahí. Lena, aun así, le hizo el mismo comentario a Bep, que también le dijo que no debía hablar tan a la ligera de esas cosas.[7]

Angustiada, Bep habló con Kugler y Kleiman. ¿Qué debían hacer? Si Hartog y su esposa, Lena, y quizá incluso Van Maaren, sospechaban que había judíos escondidos en la Casa de atrás, pronto se extendería el rumor. ¿Debían avisar a Otto? ¿Había llegado el momento de intentar trasladar a los ocho escondidos a otro lugar? Tal vez Ana y Margot pudieran permanecer juntas, pero ¿cómo iban a encontrar escondite para siete personas? ¿Aceptarían los Frank separarse? Era verano. La gente se quedaba en la calle hasta más tarde. ¿Podrían salir ocho personas del edificio a hurtadillas sin llamar la atención? Al final, no hicieron nada. Este era uno de los recuerdos más dolorosos que tuvieron que asumir: el sentimiento de culpa por no haber avisado a Otto. La redada en la Casa de atrás se produjo dos meses después. Si sus protectores los hubieran trasladado entonces, ¿se habrían salvado Otto Frank y su familia, los Van Pels y Fritz Pfeffer?

Anatomía de una redada

Kleiman recordaba que el viernes 4 de agosto de 1944 el día amaneció caluroso y despejado.

> *Hacía sol. Estábamos trabajando en el despacho grande (...) Abajo, en el almacén, se oía el traqueteo de los molinos de especias. Cuando brillaba el sol, los árboles de la orilla del canal y el agua proyectaban destellos en el techo y las paredes de la oficina, ondas de luz que temblaban y bailaban. Era un efecto extraño, pero así sabíamos que fuera hacía bueno.*[1]

Ese día, sin embargo, ocurrió lo inimaginable. Una unidad del IV B4 compuesta por un suboficial alemán del SD y al menos tres agentes de policía holandeses se presentaron en el número 263 de Prinsengracht. Los habían informado de que había judíos escondidos en el inmueble.

Karl Silberbauer, Otto, sus cuatros protectores y los dos trabajadores del almacén ofrecieron posteriormente versiones ligeramente distintas de cómo fue la redada. Sus respectivos relatos fueron cambiando con los años, lo que no debe extrañarnos. Los recuerdos son fluidos e inevitablemente se alteran con el paso del tiempo. Las declaraciones oficiales sobre la redada se recogieron entre cuatro y diecinueve años después de los hechos.

Dentro del Proyecto Seguimiento de Detenciones, Vince y el equipo elaboraron una cronología detallada de la redada basándose en declaraciones de testigos, informes policiales, entrevistas de prensa y correspondencia privada:

09:00 horas. El personal de oficina de Opekta/Gies & Co. (Miep, Bep, Kugler y Kleiman) llega al edificio para dar comienzo a la jornada laboral.

09:10 horas. Miep sube a la Casa de atrás a recoger la lista de la compra diaria.[2]

10:00 horas. Se recibe una llamada «anónima» en la IV B4 –la Unidad de «Caza de Judíos», ubicada en el cuartel del SD, en el número 99 de Euterpestraat, Ámsterdam–, denunciando que hay judíos escondidos en el anexo trasero de un edificio de Prinsengracht, número 263. El teniente de las SS Julius Dettmann atiende la llamada y a continuación ordena al agente del SD Karl Silberbauer que se persone en esa dirección.

Las declaraciones de Silberbauer varían en cuanto al número de judíos que le dijeron que encontraría allí. En su primera declaración[3] ante las autoridades austriacas y en su entrevista con el periodista holandés Jules Huf,[4] se limitó a indicar que había judíos, sin dar un número concreto. En su segunda declaración ante las autoridades austriacas, indicó que había entre seis y ocho judíos y, en la última, afirmó que eran ocho.[5]

Dettman se pone en contacto con el sargento Abraham Kaper, asignado a la unidad IV B4, para que mande a agentes holandeses del SD de Ámsterdam a la dirección de la denuncia.

10:30 horas. Otto está en el cuarto de Peter dándole clase de inglés.[6]

10:30-10:55 horas. La patrulla del SD holandés llega al número 263 de Prinsengracht en un coche del ejército alemán, con Silberbauer al frente. Según otra versión, este llega por su cuenta en bicicleta. Las puertas del almacén están abiertas de par en par y la patrulla entra sin más. Willem van Maaren y Lammert Hartog, que están dentro, ven llegar el vehículo. Un inspector holandés vestido de paisano entra y habla con Van Maaren.[7] Un agente del SD holandés se queda en el almacén mientras los demás suben a la zona de oficinas.[8]

10:30-11:00 horas. Miep y Bep están en sus mesas en la oficina. Kugler se encuentra en su despacho y Kleiman puede que no estuviera en su puesto, sino en la oficina, con Miep y Bep. Según Miep, ella levanta la vista y ve que un individuo grueso (probablemente uno de los inspectores) asoma la cabeza por la puerta y les grita en neerlandés a Kleiman, Bep y ella: «¡Quietos! Quédense donde están».[9] En una declaración hecha en 1974, afirmó que un hombre alto y delgado los amenaza además con un arma de fuego[10]. A continuación, ese hombre se dirige al despacho trasero en el que está trabajando Kugler.[11] Kleiman declaró después que lo primero que vio fue la cabeza del hombre gordo.[12]

En ese momento, Kugler oye pasos y ve pasar unas sombras detrás del cristal de la puerta del despacho. Abre la puerta y ve a Karl Silberbauer, el sargento del SD.[13] Los agentes entran en el despacho y le interrogan. Kugler afirmó posteriormente que la patrulla de detención estaba formada por un alemán del SD (Silberbauer) y tres inspectores holandeses de paisano.[14]

Bep y Kleiman oyen hablar al gordo y a otro hombre en el despacho de Kugler. El gordo le pregunta en alemán: «¿Dónde están los judíos?».[15] El gordo entró entonces en la oficina grande y se apostó allí. Bep confirmó después que, como mínimo, participaron tres agentes holandeses en la detención.

11:15 horas. *Bep, Miep y Kleiman permanecen en la oficina. Silberbauer se saca de la chaqueta una pistola (una Browning) y ordena a Kugler que suba las escaleras. Varios agentes holandeses los siguen empuñando armas de fuego.[16]*

Para subir a la planta siguiente, hay dos opciones:

—Una, torcer de inmediato a la derecha al salir del despacho de Kugler y subir luego por una escalera curva que lleva al cuartito donde se encuentra la estantería. (Es probable que Kugler y la patrulla de detención tomaran este camino, por ser el más lógico).

—Dos, volver a bajar al almacén, salir a la calle y entrar en el edificio por una de las puertas exteriores, que da a una escalera larga, de dos descansillos, y conduce al piso donde se encuentra la entrada al anexo trasero.*

Lo que hicieron a continuación es importante. ¿Se dirigieron de inmediato a la estantería porque tenían información previa? ¿Los condujo hasta ella Kugler a punta de pistola? ¿O la encontraron por su cuenta al registrar la habitación? Se trata de una cuestión clave para determinar si la persona que denunció a los escondidos era alguien de dentro que sabía exactamente dónde estaba la estantería o alguien que solo conocía de oídas que allí había judíos escondidos.

Kugler cuenta que los agentes estuvieron tirando de la estantería hasta que consiguieron arrancarla.[17] El mueble, bastante pesado, se

---

* Gertjan Broek, de la Casa de Ana Frank, opina que los agentes que efectuaron la detención pudieron seguir ese camino.

movía sobre una rueda de apoyo situada en su base. Durante los más de dos años que transcurrieron desde que el padre de Bep construyó la estantería, esta rueda tuvo que dejar una marca en el suelo, lo que en investigación policial se conoce como «marca testigo». Las unidades de caza de judíos del SD estaban acostumbradas a registrar casas en busca de escondites ingeniosos. Es posible que no tuvieran conocimiento previo de que había una puerta escondida detrás de la librería. Puede que simplemente se fijaran en las marcas del suelo que indicaban que el mueble se desplazaba y que ocultaba algo.

11:20-11:40 horas. La patrulla irrumpe en el anexo y se encara con los ocupantes. Otto está en el cuarto de Peter cuando entra un desconocido vestido de civil. Les registra los bolsillos en busca de armas. Después, los conduce a ambos abajo, donde los Van Pels aguardan con los brazos en alto delante de otro hombre vestido de paisano y armado con una pistola. Bajan después a la planta inferior, donde vive la familia de Otto. Su esposa, sus hijas y Kugler esperan también con las manos en alto. Hay allí un hombre de uniforme verde, armado con una pistola, que resulta ser Silberbauer.[18]

Este agarra el maletín de Otto y lo vacía, desparramando por el suelo los papeles que contiene, incluido el diario de Ana. Requisa el dinero, las joyas y el oro de dentista de Pfeffer.

Se fija en el baúl de la Primera Guerra Mundial de Otto y le pregunta si sirvió en el ejército alemán. Otto le cuenta entonces que llevan veinticinco meses escondidos. Ante la incredulidad de Silberbauer, le enseña las marcas de lápiz en la pared que indican cuánto han crecido sus hijas en ese tiempo. Después de esto, Silberbauer les dice que recojan sus cosas tranquilamente.[19]

Mientras los ocupantes de la Casa de atrás recogen sus pertenencias, Kugler le pregunta a Silberbauer si puede ir a buscar su almuerzo. *Confía en poder huir del edificio. Llega al almacén de abajo, cuyas puertas están abiertas, y está a punto de salir a la calle cuando ve a otro policía y da media vuelta.*[20]

11:50-12:00 horas. *Mientras la patrulla está todavía en la Casa de atrás, Bep Voskuijl sale de Opekta llevándose la cartera de Kleiman. Él le ha encargado que vaya a la farmacia de Leliegracht, cuyo propietario es amigo suyo y le permitirá telefonear a su esposa.*[21] *Bep sale a todo correr del edificio, temiendo que le disparen en cualquier momento, y espera un rato en la farmacia antes de telefonear y regresar a la oficina.*[22]

11:50-12:00 horas. *Jan Gies llega a las oficinas de Opekta para comer con Miep, como de costumbre. Ella sale a su encuentro en el umbral de la oficina, le avisa en voz baja de que está allí la Gestapo y le entrega su bolso, que, aparte de su almuerzo, contiene cartillas de racionamiento ilegales y dinero. Él comprende enseguida lo que ocurre. Sale a toda prisa del edificio y se va a su oficina, a siete minutos de allí, donde esconde las cosas que le ha entregado Miep.*[23]

12:05 horas. *Miep vuelve a entrar en la oficina. Otro agente de la patrulla de detención cruza la puerta y ordena a Kleiman, que sigue sentado con ella, que vaya al despacho de Kugler. Pasado un rato, Miep oye que la puerta del despacho de Kugler se abre y aparece Kleiman y, detrás de él, Silberbauer. Este ordena a Kleiman que le dé las llaves del almacén a Miep y ambos vuelven al despacho de Kugler y cierran la puerta.*[24]

12:20 horas. *Unos minutos después, vuelve el holandés que entró primero en la oficina armado con una pistola, se sienta a la mesa de Bep y telefonea al cuartel del SD en Euterpestraat pidiendo que les manden un camión.*[25]

12:25 horas. *Silberbauer entra en la oficina principal y se dirige a Miep. Le quita las llaves que Kleiman le ha entregado unos* *minutos antes. Miep reconoce su acento vienés y le dice que ella también es de Viena. Tras reprocharle que haya prestado ayuda a unos judíos, la advierte de que no huya, porque piensa volver para tenerla controlada. Se marcha y cierra la puerta, dejándola sola en la oficina. Ella, perpleja porque no la haya detenido, lo achaca al hecho de que son los dos austriacos.[26]*

12:45 horas. *Los diez detenidos son conducidos abajo.[27] Apenas hablan. No hay despedidas emotivas entre los detenidos y sus protectores.*

13:00 horas. *Cuando los detenidos salen del edificio, los dos empleados del almacén están en la entrada delantera.[28] Los ocho ocupantes de la Casa de atrás, junto con Kugler y Kleiman, suben a un camión verde oscuro, cerrado, que espera en Prinsengracht. Jan –marido de Miep– y el hermano de Kleiman, al que ha avisado Jan, observan la escena desde el otro lado del canal.[29] Silberbauer se marcha en bicicleta.[30]*

13:15-13:30 horas. *El furgón llega al cuartel del SD en Euterpestraat y los detenidos son trasladados a celdas. Comienzan los interrogatorios. Silberbauer pregunta a Otto el nombre y la dirección de otros judíos escondidos, pero Otto dice no saber nada. Lleva fuera de la circulación veinticinco meses. Kleiman y Kugler se niegan a hablar de la ayuda que han prestado a los escondidos. Ni Otto ni los demás sufren malos tratos.[31]*

Kleiman recordaba que, antes de que los separaran, Otto le comentó: «Y pensar que estás aquí, con nosotros, y que la culpa es nuestra», a lo que él contestó: «Fue decisión mía y no me arrepiento».[32] Tras pasar cuatro noches encarcelados en el centro de la ciudad, los ocho escondidos son trasladados al campo de tránsito de Westerbork. Kugler y Kleiman son enviados al campo de trabajo holandés de Amersfoort.

El sargento del SD y sus colaboradores holandeses encontraron a judíos escondidos en Prinsengracht 263. Y esconderse era un delito, según los nazis. Al detenerlos, Silberbauer y sus hombres sabían cuál sería su destino más probable. Para entonces ya conocían la existencia de los campos de exterminio. Pero estaban cumpliendo órdenes. Puede que sea esa capacidad humana de cosificar al otro abdicando de toda responsabilidad por su destino mortal lo que hace posible que matar sea tan fácil.

El campo de Westerbork

El mismo día de la detención, a última hora de la tarde, Miep entró en la Casa de atrás con su marido y el jefe de almacén, Willem van Maaren. La sombra de Karl Silberbauer, el sargento del SD, lo oscurecía todo. Le había advertido que no desapareciera porque pensaba volver. En una entrevista que concedió años después, Miep recordaba que, pese al miedo que sentía, había necesitado volver a entrar en la Casa de atrás para convencerse de que las personas que habían permanecido 761 días escondidas allí ya no estaban. Los cajones estaban abiertos y había cosas tiradas por todas partes.[1] En medio de aquel desorden, vio tirado en el suelo un objeto que conocía bien: el diario de cuadros rojos y blancos, con cierre metálico, en el que tantas veces había visto escribir a Ana. Cuando acabó de llenar sus páginas con su letra apretada y alguna que otra fotografía, Ana le pidió que le llevara otro, pero en todo Ámsterdam no se encontraban diarios a la venta. Así que Miep le llevó varios cuadernos y, cuando llenó los cuadernos, Bep le daba hojas azules de la oficina para escribir. Miep se agachó y recogió el diario de Ana y un par de cuadernos, se los llevó a la oficina y los guardó en un cajón sin cerradura de su mesa. Un cajón cerrado con llave habría despertado sospechas. Era arriesgado guardar el diario, pero Miep quería dárselo a Ana cuando volviera. Por suerte, no lo leyó. De haberlo leído, habría descubierto que Ana utilizaba nombres reales en sus escritos y, para proteger a todos los implicados, habría tenido que destruirlo.[2]

Bep también estuvo allí, algo más tarde, acompañada de su novio. Según le dijo a su hermana pequeña, Diny, necesitaba ver con sus propios ojos que se habían llevado a los escondidos.[3] «Cuando has cuidado de esas personas durante años y de repente se las llevan por la fuerza, ¿qué se puede decir?».[4]

Como era habitual en el caso de judíos deportados, en algún momento entre el 5 y el 10 de agosto los operarios de Abraham Puls, la empresa que tenía la contrata de recogida de los bienes confiscados a los judíos, fue a llevarse los enseres de los escondidos. Los holandeses llamaban *gepulst* («pulsado») a esta requisa y a veces hasta se quedaban en la calle mirando el espectáculo. Se confiscaban muebles, ropa de cama, comida y efectos personales que luego se vendían, o bien se mandaban por tren a Alemania y al este de Europa para suplir las necesidades de ciudadanos alemanes cuyas viviendas habían quedado dañadas por los bombardeos aliados. El expolio de bienes judíos dio lugar a una extensa corrupción. Con frecuencia, los objetos que se sacaban de las casas desaparecían y numerosos «pulsadores» sin escrúpulos se hicieron ricos gracias a este procedimiento.

Bep y Miep se atrevieron a subir al anexo después de que lo vaciaran y descubrieron que los hombres de Puls habían dejado gran cantidad de papeles y libros desparramados por el suelo del desván, al considerar que no tenían ningún valor. Bep reconoció las hojas azules que le había dado a Ana para que escribiera y rescató un fajo de ellas atado con un cordel. Era la revisión del diario original en la que estuvo trabajando Ana durante las diez últimas semanas de encierro. La joven confiaba en poder publicarlo cuando acabara la guerra con el título *La Casa de atrás*. Creía que podía ser como una novela de misterio de las que mantienen la intriga hasta el final.[5]

Tras pasar cuatro días en las celdas de detención de la célebre cárcel de Weteringschans, los ocho detenidos fueron trasladados en camión a la estación de Muiderpoort y de allí, en tren, al campo de Westerbork, a 130 kilómetros de Ámsterdam. Entre los presos que viajaban con ellos había dos hermanas, Rebekka —llamada Lin— y Marianne —Janny— Brilleslijper, detenidas por militar en la resistencia. Janny se fijó de inmediato en los Frank: un padre al que se veía muy preocupado, una madre nerviosa y dos chicas vestidas con ropa de tipo deportivo y mochilas.[6] Nadie hablaba, solo contemplaban las casas de la ciudad, que iban desapareciendo a lo lejos mientras a ellos se los llevaban, arrancándolos de la civilización. Las hermanas Brilleslijper serían de las últimas personas en ver a Ana Frank con vida.

Trece años después, Otto le describió aquel viaje al escritor Ernst Schnabel. Su relato de cómo disfrutaba Ana de la naturaleza, de la que llevaba apartada tanto tiempo, es conmovedor.

Íbamos en un tren de pasajeros corriente. No nos importaba demasiado que la puerta tuviera el cerrojo echado. Estábamos juntos otra vez y nos habían dado un poco de comida para el trayecto. Sabíamos adónde nos llevaban, pero a pesar de eso era casi como si estuviéramos otra vez de viaje o haciendo una excursión, y la verdad es que estábamos contentos. Contentos, por lo menos, si comparo ese viaje con el siguiente que hicimos. En el fondo sabíamos, claro, que quizá no nos quedaríamos en Westerbork hasta el final. A fin de cuentas, habíamos oído hablar de las deportaciones a Polonia. Y sabíamos también lo que estaba pasando en Auschwitz, Treblinka y Majdanek. Pero ¿acaso no estaban ya los rusos en Polonia? La guerra estaba tan avanzada que podíamos depositar un poquito de esperanza en la suerte. Mientras íbamos hacia Westerbork, confiábamos en que la suerte estuviera de nuestro lado. Ana no apartaba los ojos de la ventanilla. Fuera era verano. Se veían pasar los prados, los campos de rastrojos y los pueblos. El tendido telefónico, que discurría a lo largo de la vía, subía y bajaba a lo largo de las ventanillas. Era como volver a ser libres. ¿Me entiende?[7]

Cada vez que un nuevo transporte llegaba a Westerbork, la noticia se difundía rápidamente por el campo, llevando esperanza y desesperación a partes iguales: la esperanza de que no hubiera parientes o amigos que hubieran sido traicionados y cuya presencia redoblara el propio dolor, y la desesperación de que aún siguieran llegando con regularidad transportes de Ámsterdam y de que, pese al avance de los Aliados, la guerra no hubiera terminado aún.

Una mujer llamada Rosa —Rootje— de Winter asistió a la llegada de los nuevos reclusos junto a su hija de quince años. De pronto gritó: «¡Mira, Judy!». Había ocho personas esperando en la larga fila a que los funcionarios anotaran su nombre en el registro. La señora De Winter se fijó en lo pálidos que estaban. «Saltaba a la vista que habían estado escondidos y que hacía años que no les daba el aire».[8] Una de esas personas era Ana Frank. La hija de la señora De Winter y Ana se harían posteriormente amigas en aquel lugar desolado.

Lo que sucedía a la llegada de los presos seguía siempre el mismo patrón: primero pasaban a los barracones de cuarentena, donde un empleado del banco Lippmann-Rosenthal se incautaba de cualquier objeto de valor que llevaran los detenidos; luego, se los asignaba al barracón de castigo, el número 67, destinado a los delincuentes, puesto que esconderse se consideraba un delito. En cada barracón vivían trescientas personas. Se entregaba a los recién llegados un uniforme azul con peto rojo y unos zuecos de madera. A los hombres se les rapaba la cabeza; a las mujeres se les cortaba el pelo casi al cero.

En su diario, Ana cuenta que su única vanidad era lo bonito que tenía el cabello. Pero los alemanes necesitaban pelo para las correas de transmisión y las juntas de las tuberías de los submarinos.[9] El mundo se había vuelto loco: el cabello de las personas cuya existencia estaban aniquilando los nazis se utilizaba para la fabricación de armas de guerra.

El campo de Westerbork estaba situado en una zona de turberas que todo lo empapaban de humedad. No era muy grande: unos quinientos metros cuadrados. Lo dirigían en parte prisioneros judíos alemanes, miembros del Servicio de Orden (Ordedienst, OD) que hacían las veces de fuerza policial. Eran refugiados alemanes a los que las autoridades holandesas habían confinado en el campo en 1939, cuando los Países Bajos aún eran un país neutral. Más adelante, engrosaron sus filas también judíos holandeses. Las autoridades alemanas aseguraban a los integrantes del OD que, si hacían cumplir las normas dentro del campo, se librarían de ser deportados «al este». Su número variaba —entre cuarenta y sesenta hombres—, y respondían directamente ante los comandantes del campo.[10]

Westerbork, paradójicamente, brindó a Ana una especie de libertad tras el encierro en la Casa de atrás. La señora De Winter recordaba que «Ana estaba feliz; era como si se sintiera liberada porque podía ver gente nueva y hablar con ella, y reír». Podía respirar y sentir el sol en la cara. «Aunque no estuviéramos a salvo ni se hubieran acabado nuestros padecimientos», añadía De Winter.[11]

El 25 de agosto de 1944, los Aliados liberaron París. El 3 de septiembre cayó Bruselas y el 4, Amberes. Los estadounidenses estaban ya a medio camino de la península itálica. La guerra estaba llegando a su fin. Pese a todo, el domingo 3 de septiembre, 1.019 personas fueron deportadas a Auschwitz. Tres días y dos noches de viaje, entre 60 y 75 personas por vagón de ganado: 498 mujeres, 442 hombres y 79 menores; entre ellos, la familia Frank, los Van Pels y Fritz Pfeffer.[12] Fue el último transporte que salió de Westerbork con destino al campo de concentración de Auschwitz, en Polonia.

Otto había tenido la esperanza de que la suerte les sonriera. No fue así.

El regreso

De las ocho personas que se escondieron en la Casa de atrás, solo sobrevivió Otto Frank. Gracias a que se encontraba ingresado en la enfermería del campo cuando los mandos nazis evacuaron Auschwitz, se salvó de una marcha forzada que sin duda habría acabado con su vida y fue liberado por los rusos. Fue el 27 de enero de 1945. Dos días antes, se hallaba en una fila, esperando su ejecución, cuando aparecieron unos soldados rusos y el pelotón de fusilamiento de las SS se desbandó y corrió a buscar refugio. Otto contó una vez que guardaba en la retina la imagen de los rusos con sus «abrigos blancos de nieve» avanzando por el paisaje blanco: para él, esa era la imagen de la libertad.[1]

El 22 de febrero, casi un mes después, mientras los reclusos recuperaban fuerzas, los alrededores del campo quedaron sitiados. Otto y sus compañeros pasaron toda la noche oyendo el estruendo de la artillería. Los alemanas habían regresado y los rusos parecían estar perdiendo terreno. Tras sobrevivir a tantos sufrimientos, era impensable que ahora todo se torciera. Finalmente, sin embargo, el 23 de febrero unos cuantos oficiales rusos reunieron a los supervivientes en la explanada principal del campo y una docena de camiones los trasladó más allá del frente, a zona segura.

Llegaron a Katowice, la capital de la Alta Silesia (Polonia), donde los alojaron primero en un edificio público y posteriormente en un colegio, en el centro de la ciudad. Otto preguntaba a todo el que se encontraba si había visto a su mujer y sus hijas entre los reclusos. El 18 de marzo escribió a su madre diciéndole que aún no se sentía con fuerzas para contarle por lo que había pasado pero que al menos estaba vivo. Añadía que le atormentaba no haber encontrado a Edith y a las niñas, pero que no había perdido la esperanza. Pensaba mucho en Kugler y Kleiman y se preguntaba si habrían sobrevivido a los campos de concentración. Ese mismo día, escribió a su prima Milly diciéndole que se sentía como un indigente: lo había perdido todo. No tenía ni siquiera una carta o una foto de sus hijas.[2]

El 22 de marzo, estaba sentado a solas a una mesa, en el colegio desierto. Rootje de Winter, a la que había conocido en Westerbork, se acercó a él. Le contó que había estado recluida en el mismo barracón de Auschwitz que su esposa y sus hijas y que el 30 de octubre Ana y Margot habían sido «seleccionadas» para su traslado a Bergen-Belsen. Su madre, en cambio, había permanecido en Auschwitz. De Winter no podía darle más noticias de las niñas. No había vuelto a verlas.

Le aseguró a Otto, aun así, que Ana aún «conservaba su cara», lo que quería decir, en la jerga de los campos de concentración, que la inhumanidad que la rodeaba no había conseguido destruirla por completo. Le contó que su belleza se concentraba ahora en sus enormes ojos y que aún era capaz de compadecerse del sufrimiento ajeno. Los que «perdían la cara» hacía mucho tiempo que habían dejado de sentir. «Algo nos protegía, nos impedía ver». Ana, en cambio, afirmó De Winter, carecía de ese «escudo». Fue «la que vio hasta el final lo que estaba pasando a nuestro alrededor».[3]

En diciembre de 1944, De Winter cayó enferma y la mandaron al pabellón del hospital, donde se encontró con la señora Frank. Le contó a Otto que Edith deliraba, que ya no comía. Cuando le daban comida, la escondía debajo de la manta y decía que la estaba guardando para su marido. Al final, la comida se estropeaba.[4] Edith le dijo a Otto que su esposa había muerto de inanición el 6 de enero de 1945. A Otto tuvo que rompérsele el corazón al oír la noticia.

En una de las frecuentes paradas que hacía el tren que los llevaba a Chernivtsí (Ucrania), entre los centenares de personas que pululaban por el andén, se acercó a Otto una chica que solía jugar con Ana en Merwedeplein, en Ámsterdam. La chica le presentó a su madre, que al instante le preguntó si había visto a su hijo y a su marido, que seguían desaparecidos. La mujer se llamaba Elfriede —Fritzi— Geiringer.

El 5 de marzo, al llegar a Chernivtsí, Otto subió a bordo de un tren militar ruso que se dirigía a Odessa. Era el único modo de volver a Ámsterdam, donde confiaba en reencontrarse con sus hijas. Fritzi Geiringer y él se despidieron sin apenas haberse conocido, lo que no impidió que ocho años después se casaran. Hasta ese punto estaban dominadas sus vidas por el azar.

Otto tardó tres meses en llegar a Ámsterdam. El 3 de junio se presentó en el piso de Miep y Jan Gies. Miep recordaba que se miraron un momento sin decir nada y que luego él le dijo en voz baja que Edith no iba a volver, pero que confiaba en encontrar a Ana y a Margot con vida.[5] Los Gies le invitaron a vivir con ellos. Él aceptó.

Esa noche, le contaron que Kleiman y Kugler habían sobrevivido. Kleiman había sufrido una hemorragia gástrica en el campo de Amersfoort. La Cruz Roja de los Países Bajos intercedió por él alegando razones humanitarias y el 18 de septiembre de 1944 fue puesto en libertad. Una apelación semejante solo podía dar resultado en el caso de un ciudadano holandés no judío y únicamente cuando la perspectiva de perder la guerra volvió más complacientes a las autoridades alemanas. Poco tiempo después los alemanes empezarían a arrasar con *bulldozers* los campos de exterminio para ocultar pruebas.

Kugler había pasado de un campo de trabajo a otro. El 28 de marzo de 1945, durante una marcha forzada hacia Alemania, los Spitfires británicos atacaron la columna de cerca de seiscientos hombres en la que iba Kugler, en las inmediaciones de la frontera alemana. En medio del caos, Kugler consiguió escapar con otro prisionero y pudo regresar a Ámsterdam gracias a la ayuda de varios granjeros holandeses. En aquel momento los alemanes se hallaban inmersos en una retirada masiva hacia su patria y estaban demasiado ocupados tratando de ponerse a salvo como para pensar en perseguir a un par de prófugos holandeses.[6]

El lunes 4 de junio, Otto anotó en su agenda que había regresado a Prinsengracht 263. Tuvo que ser terriblemente doloroso para él ver en la pared el mapa en el que había ido marcando el avance aliado; las marcas cerca de la puerta que medían cuánto habían crecido sus hijas; las fotografías de bebés, de estrellas de cine y de la familia real holandesa que Ana tenía colgadas en la pared de su habitación. Todo estaba igual. Y todo había cambiado. Cinco días después de su regreso, le dijo a su madre en una carta que seguía sin recuperarse. Que tenía la sensación de moverse en una especie de trance y de no ser capaz de mantener el equilibrio.[7]

Su esposa había muerto. Había visto a Hermann van Pels caminar hacia la cámara de gas en Auschwitz el octubre anterior. No sabía nada de sus hijas ni de Peter, Fritz o la señora Van Pels. Pero seguía teniendo esperanzas. Sus hijas podían estar en los territorios alemanes ocupados por los rusos, con los que la comunicación era extremadamente lenta. Y todavía seguían volviendo supervivientes a Holanda.

Entonces llegó la noticia. Otto recibió una carta oficial de una enfermera de Róterdam informándole de que sus hijas habían fallecido. No pudo aceptarlo así como así, sin embargo. Necesitaba que se lo confirmase un testigo presencial. El 18 de julio, con ayuda de la Cruz Roja, consiguió dar con Janny Brilleslijper, que tenía entonces veintiocho años. Sabía que Janny había estado prisionera con sus hijas en Bergen-Belsen. Ella lo recordaba así:

> En el verano de 1945, un hombre alto, delgado y distinguido se paró en la acera. Miró por nuestra ventana (...) Era Otto Frank. Me preguntó si sabía qué había sido de sus dos hijas. Yo lo sabía, pero me costó mucho decirlo en voz alta (...) Tuve que decirle que sus hijas ya no estaban.[8]

Más o menos en esta época llegaron también noticias del destino que habían corrido los demás. Fritz Pfeffer murió el 20 de diciembre de 1944 en el campo de concentración de Neuengamme, en Alemania. En cuanto a Peter van Pels, aunque Otto trató de convencerlo de que se quedara con él en la enfermería de Auschwitz, el joven creyó que tendrían más oportunidades de sobrevivir a la marcha de la muerte ordenada por los nazis para evacuar el campo el 19 de enero, ante el avance del ejército ruso. Sobrevivió a la marcha, que duró una semana, pero falleció en la enfermería de Mauthausen el 5 de mayo, dos días antes de la rendición incondicional de Alemania.[9] Según una testigo presencial que declaró ante la Cruz Roja, unos soldados nazis habían arrojado a su madre, Auguste, bajo un tren durante un traslado al campo de Theresienstadt.[10]

A Otto le decían que tenía suerte por haber sobrevivido. Pero ¿de verdad la tenía? Lo había perdido todo. Mantuvo la cordura tratando de reconstruir su negocio de especias —lo que resultó imposible porque ya no podían conseguirse especias de Indonesia— y ayudando a reunir a niños huérfanos con sus familiares.

Le contó a su madre por carta que había ido a visitar a Jetteke Frijda, una amiga de Margot. Habían asistido juntas al Liceo Judío desde que a los niños judíos se les prohibió acudir a escuelas públicas holandesas. Jetteke estaba completamente sola. Su padre y su hermano habían muerto. Su madre estaba en Suiza.[11] Había una necesidad tan abrumadora que a veces resultaba imposible de soportar. Y sin embargo Otto hacía lo que podía.

«De allí en adelante se convirtió en mi padre; se encargaba de todo», contaba de él Hanneli Goslar, otra huérfana.[12] Sus padres habían sido amigos de los Frank en Ámsterdam y ella era una de las mejores amigas de Ana en la escuela. Su madre había fallecido de parto en 1942, y su padre y sus abuelos maternos habían muerto en Bergen-Belsen.

Hanneli se había encontrado varias veces con Ana en Bergen-Belsen. Creyendo que su padre había muerto en la cámara de gas, Ana había llorado junto a la valla de alambre de espino que las separaba. «Me he quedado sin mis padres», le dijo. Perdieron el contacto cuando a Hanneli la trasladaron junto a su hermana pequeña a Theresienstadt. Figuraban en la lista de judíos palestinos de la Cruz Roja, es decir, que estaban disponibles —presuntamente— para su canje por prisioneros de guerra alemanes. Nunca llegaron a Theresienstadt. Por suerte, los rusos liberaron su tren durante el trayecto.[13]

Otto vio el nombre de las hermanas Goslar en una lista de supervivientes de la Cruz Roja y fue en su busca a Maastricht, donde Hanneli estaba hospitalizada. Emocionada al ver que Otto estaba vivo, nada más verlo exclamó: «¡Señor Frank! Su hija está viva».[14] Otto le contó entonces la terrible verdad. A Hanneli se le pasó por la cabeza que, si Ana hubiera sabido que Otto estaba vivo, tal vez hubiera encontrado fuerzas para sobrevivir.

Otto tomó a las niñas bajo su ala. Se encargó de trasladar a Hanneli a un hospital de Ámsterdam y arregló los papeles necesarios para que su hermana y ella pudieran marcharse a Suiza a vivir con un tío suyo. Incluso las acompañó al aeropuerto. Podía imaginarse el abismo horrendo que se abría a los pies de dos huérfanas que se hallaban solas en el mundo.[15]

La última imagen que tenemos de Ana Frank procede precisamente de Hanneli Goslar. Vio a su amiga a través de la valla de alambre de espino de Bergen-Belsen. «No era la Ana de siempre. Estaba destrozada. Yo también, seguramente, pero era tan terrible...».[16] Era febrero. Hacía frío. Ana había tirado su ropa porque ya no soportaba los piojos. Estaba desnuda, salvo por una manta que llevaba echada sobre los hombros. Su madre y su hermana habían muerto. Ella creía que su padre también. Deliraba por el tifus. Murió pocos días después.[17]

Otra superviviente de Bergen-Belsen, una chica que también conoció a Ana, comentaba: «Hacía falta un esfuerzo sobrehumano para mantenerse con vida. El tifus y la debilidad... Sí, claro. Pero estoy convencida de que fue la muerte de su hermana lo que acabó con Ana. Morir es tan horriblemente fácil para quien se queda solo en un campo de concentración...».[18]

Los colaboracionistas

Al acabar la guerra había, como mínimo, once millones de desplazados. Se esperaba que unos doscientos cincuenta mil trabajadores forzados holandeses regresaran a los Países Bajos, y a esa cifra había que sumar la de refugiados extranjeros que buscaban asilo. El Gobierno holandés en el exilio llevaba desde 1943 preparándose para recibir a 600 000 personas; entre ellas, a unos 70 000 judíos. Habría que asegurar las fronteras e idear sistemas para el control de los retornados, que tendrían que obtener un salvoconducto sanitario, de seguridad y aduanero para entrar en el país. Existía el temor de que se colaran comunistas que contribuyeran a desestabilizarlo.[1]

Resultó, sin embargo, que las autoridades habían sobrestimado enormemente el número de retornados judíos. Solo 5200 judíos holandeses sobrevivieron a los campos y regresaron a los Países Bajos. Por desgracia, se les trató muy mal a su regreso. Se les negaron los subsidios públicos y se les instó a solicitar ayuda económica a las organizaciones internacionales judías. Tras las últimas deportaciones, en septiembre de 1944, en el campo de Westerbork quedaron medio millar de judíos. Durante los meses de invierno, no obstante, esa cifra aumentó hasta los 896 prisioneros. Aunque las tropas canadienses liberaron el campo el 12 de abril de 1945, esas personas siguieron recluidas y tuvieron que compartir las instalaciones con los cerca de 10 000 detenidos del NSB —el partido nazi holandés— que antes habían sido sus perseguidores.[2] Hasta el 23 de junio, las autoridades militares holandesas no permitieron marcharse a los exprisioneros.

Las supervivientes de los campos de concentración que tenían la cabeza rapada sufrieron a menudo humillaciones públicas al confundírselas con colaboracionistas. Los judíos retornados descubrían que su casa había sido saqueada y que en ella vivían otras personas, y algunos hasta recibieron requerimientos de pago de impuestos por los años que habían pasado en los campos. Todo esto se achacó al caos de la posguerra, pero lo cierto es que supuso un nuevo trauma.

Conviene señalar que las autoridades holandesas no fueron las únicas en reaccionar así. Cuando un comité intergubernamental estadounidense encargó un informe sobre los campos de desplazados bajo control norteamericano, se puso de manifiesto que también en ellos los supervivientes del Holocausto se hallaban en condiciones infrahumanas, desnutridos y sometidos a vigilancia armada.

El Gobierno holandés en el exilio derogó la legislación nazi que impedía a los judíos dedicarse a cualquier actividad empresarial. Esto habría sido una buena noticia para Otto, de no ser porque se le clasificó como ciudadano alemán y sus negocios quedaron sujetos a las disposiciones del Decreto de Bienes Enemigos. Se vio obligado a demostrar que nunca había incurrido en actividades antiholandesas. En febrero de 1947, transcurridos veintiún meses desde su regreso de Auschwitz, le informaron de que ya no se le consideraba «sujeto hostil».[3] Al menos tenía a Miep y a Jan, que le abrieron las puertas de su casa, y a diversos amigos que le proporcionaron cartas de recomendación. Tal y como le contó a su hermano Robert en una carta, hubo supervivientes que, al no poder demostrar que contaban con medios de subsistencia, acabaron en campos de desplazados y no fueron readmitidos en el país.

La población civil holandesa tampoco acogió a los judíos retornados con los brazos abiertos. Había sufrido lo suyo. El último invierno de la guerra, el llamado Invierno del Hambre, fue atroz. El Gobierno holandés en el exilio ordenó a los trabajadores ferroviarios que se pusieran en huelga en apoyo de los Aliados. Como represalia, los alemanes cortaron por completo el suministro de alimentos y calefacción. Ese invierno murieron de hambre entre veinte y veinticinco mil holandeses. Al retirarse, el ejército alemán abrió los diques, inundando así el 8 por ciento de las tierras, y su saqueo sistemático hizo que los estragos económicos de la guerra se dejaran sentir en Holanda más que en cualquier otro país de la Europa occidental.[4] Había muchos holandeses que opinaban que las historias que se contaban sobre los campos de exterminio nazis del este de Europa eran exageraciones. Lo cierto es que, al menos en aquella época, muchos no creían que hubiera habido un Holocausto. Miep Gies lo achacaba a las penalidades de la guerra: habían sufrido todos tanto que nadie se interesaba mucho por el sufrimiento ajeno.[5]

Entretanto, el Gobierno holandés en el exilio centraba casi toda su atención en los colaboracionistas. En previsión de que se produjeran actos de represalia contra quienes habían prestado apoyo a los nazis, las autoridades se propusieron identificar a los colaboracionistas a fin de procesarlos legalmente. En 1943 el Gobierno redactó el Decreto de Justicia Extraordinaria (Besluit Buitengewone Rechtspleging) y, desde mayo de 1945, estableció una serie de tribunales y juzgados especiales en diversos puntos del país. Tras la liberación de los Países Bajos, el Servicio de Investigación Política (POD) se ocupó de cientos de miles de casos.*

Se crearon más de 150 comisarías de policía para recoger pruebas —cartas, fotografías, declaraciones de testigos, carnés de afiliación— acerca de la actividad de los colaboracionistas y se reinstauró la pena de muerte, que estaba abolida en los Países Bajos desde 1870.

Se instruyeron infinidad de sumarios que, andando el tiempo, conformaron el CABR, el Archivo Central de Justicia Extraordinaria de La Haya. Este corpus documental, que se conserva en el Archivo Nacional, tiene más de cuatro kilómetros de longitud y contiene más de 450000 expedientes. Los sumarios, protegidos por las leyes de privacidad, incluyen información acerca de colaboracionistas condenados, personas acusadas injustamente, indultados, víctimas y testigos. Puede haber decenas de expedientes sobre una misma persona, puesto que un mismo individuo podía ser investigado por diversos cuerpos policiales y procesado por múltiples delitos. Contienen fotografías, certificados de afiliación al NSB, informes psicológicos, extractos bancarios, transcripciones de juicios, declaraciones de otros colaboracionistas y de judíos supervivientes, etcétera. De estos sumarios, unos 200000 llegaron a la Fiscalía. Era un caos, como cabe suponer, y aunque las cifras sean algo imprecisas, se calcula que se detuvo a 150000 ciudadanos holandeses. (También se enjuició y envió a prisión a un reducido número de funcionarios alemanes en los Países Bajos). De la cifra total de detenidos, 90000 fueron puestos en libertad y «eximidos condicionalmente de procesamiento judicial». Se dictaron 14000 sentencias en total. Ciento cuarenta y cinco personas fueron condenadas a muerte, de las cuales se ejecutó a cuarenta y dos.[6]

---

* En 1946, el POD pasó a llamarse Politieke Recherche Afdeling (PRA, Departamento de Investigación Política) y quedó adscrito a la Fiscalía.

Entre los «cazadores de judíos», había un grupo de nazis holandeses especialmente agresivo que trabajaba en la brigada de investigación del Departamento de Registro de Enseres Domésticos (Abteilung Hausraterfassung), el organismo encargado de localizar y requisar bienes judíos. Una de sus cuatro subdivisiones o *kolonnen* era la Columna Henneicke, llamada así por su cabecilla, Wim Henneicke. Hombre sin escrúpulos, Henneicke era ya con anterioridad una figura destacada de los bajos fondos. Había dirigido un servicio de taxis ilegales y aprovechó sus contactos en ese mundillo para favorecer a los alemanes.[7] En octubre de 1942, la columna empezó a buscar a judíos escondidos. Cuando se disolvió un año después, sus integrantes habían entregado a entre 8000 y 9000 judíos a los nazis.[8]

En su interesantísimo libro *Hitler's Bounty Hunters*, Ad van Liempt aporta pruebas exhaustivas de la existencia del Kopgeld, la recompensa pecuniaria que recibían los «cazadores de judíos» por cada persona a la que entregaban. Entre otras pruebas, recoge el testimonio de Karel Weeling, un agente de policía holandés destinado a la Zentralstelle für Jüdische Auswanderung en 1943. En un informe policial de 1948, Weeling afirmaba: «Era de común conocimiento que el personal de la Columna Henneicke recibía una bonificación por cada persona judía que traía a la Zentralstelle». Weeling estuvo presente varias veces cuando Henneicke pagó a sus hombres, siempre a final de mes. Al principio, al menos, la recompensa que se pagaba era de 7,50 florines (47,50 dólares actuales) por detenido. Weeling afirmaba, además: «Vi que el personal firmaba después varios recibos. Creo que eran tres en total (…) También vi a Henneicke pagar sumas de entre 300 y 450 florines por barba. En mi opinión, esas sumas eran mucho más altas que el salario de esas personas».[9]

Un miembro de la columna podía recibir una bonificación total de entre 1850 y 2790 dólares (actuales), lo que probablemente explica el «afán incansable» con que estos holandeses perseguían a sus presas. Cada judío capturado equivalía a una recompensa. Y lo que es aún más siniestro: el dinero para pagar a los secuestradores procedía de los bienes judíos expoliados. El 8 de diciembre de 1944, la resistencia holandesa asesinó a Henneicke.

No van a volver

Miep nunca pudo olvidar aquel día de julio de 1945 en que Otto Frank se presentó en su oficina llevando en la mano una carta de una enfermera de Róterdam. Con un hilo de voz, le dijo que Margot y Ana no iban a volver.

Se quedaron los dos en silencio, mirándose el uno al otro, rotos de dolor. Luego, Otto dijo que estaría en su despacho y se marchó.[1] Miep fue a su mesa y abrió el cajón donde había guardado el pequeño diario de cuadros rojos, los cuadernos y las hojas sueltas de Ana en espera de su regreso. Los llevó al despacho de Otto y se los entregó. Al reconocer el diario, él lo acarició con la yema de los dedos. Miep se lo puso todo en las manos y se marchó.

Cuando Miep y Jan lo invitaron a vivir en su casa, Otto les dijo que prefería quedarse con ellos porque así podía hablar de su familia. Pero durante los primeros tiempos apenas hablaba de su mujer y sus hijas. Miep comprendía que no hacía falta decir nada. Otto podía hablar de su familia, si quería. Y, si no quería hablar, sabía que ellos compartían su pena y sus recuerdos.[2]

Luego, poco a poco, empezó a salir de su mutismo. Se puso a

traducir al alemán pasajes del diario de Ana y los incluía en las cartas que le mandaba a su madre a Basilea. Algunas tardes salía de su habitación con el diario en la mano y le decía entusiasmado que tendría que leer tal o cual pasaje en el que Ana demostraba tener una imaginación sorprendente.[3]

Al principio solo podía leer un par de páginas al día, abrumado como estaba por el dolor. Pero luego empezó a leerles pasajes a sus amigos, estos quedaron en su mayoría muy impresionados, aunque unos pocos opinaban que las anotaciones eran demasiado íntimas. En diciembre de 1945, Otto decidió publicar el diario. Sabía que Ana quería publicarlo y estaba decidido a enseñarle al mundo entero que podía salir algo positivo de aquel sufrimiento. Le hizo llegar la copia mecanografiada que había hecho a su amigo Werner Cahn, que trabajaba en una editorial holandesa. El diario llegó así a manos de un historiador muy respetado, Jan Romein, quien el 13 de abril de 1946 publicó en la portada del diario *Het Parool* un artículo sobre los escritos de Ana titulado «Kinderstem» (La voz de una niña). En aquella época estaban saliendo a la luz numerosos diarios de guerra, pero Romain comentaba: «Me sorprendería muchísimo que hubiera otro tan lúcido, tan inteligente y al mismo tiempo tan natural».[4] Esto despertó de inmediato el interés de las editoriales. El diario se publicó el 12 de junio de 1947 bajo el título que había elegido la propia Ana: *La Casa de atrás. Cartas a mi diario, 14 de junio de 1942-1 de agosto de 1944*. Se vendieron 3036 ejemplares de la primera tirada. La segunda edición, en diciembre de 1947, vendió 6830 ejemplares y la tercera, en 1948, 10 500. En la primavera de 1952 el diario se publicó en Estados Unidos y el Reino Unido con un prólogo de Eleanor Roosevelt.

El año 1952 fue importante para Otto Frank. Fue entonces cuando decidió mudarse a Basilea (Suiza), donde aún tenía familia. Vivir en Ámsterdam se había vuelto demasiado doloroso. El goteo constante de lectores del diario que se presentaban en Prinsengracht 263 queriendo hablar con él había empezado a resultarle agobiante. Al menos, si estaba en Basilea, los lectores tendrían que escribirle cartas, a las que él contestaba concienzudamente. En una entrevista para la revista *Life*, años después, explicaba que había llegado a un punto en que ya no soportaba pasar más de tres días seguidos en Ámsterdam. Solía ir a visitar la Casa de atrás, donde todo seguía igual.[5]

Al año siguiente, el 10 de noviembre, a la edad de sesenta y cuatro años, volvió a casarse. Su segunda esposa era la mujer a la que había conocido ocho años antes en aquella parada del tren en Chernivtsí (Ucrania) durante el viaje desde Auschwitz.

Elfriede —Fritzi— Geiringer había vivido en el mismo barrio que él en Ámsterdam, pero allí nunca habían coincidido. Tanto su familia como la de Otto se escondieron en julio de 1942. Fritzi y su hija Eva encontraron refugio en Ámsterdam; su marido y su hijo se escondieron en el campo. A ambas familias las denunciaron.

Después de la liberación, Otto visitó a Fritzi y Eva en su antiguo piso del número 46 de Merwedeplein. El 18 de julio de 1945, supo que sus dos hijas habían fallecido. El 8 de agosto de ese mismo año, la Cruz Roja informó a Fritzi de que su marido, Erich, y su hijo Heinz también habían muerto.[6]

Entre 1947 y 1949, Otto ayudó a Fritzi a sobrellevar el arduo proceso judicial contra los delatores de su marido y su hijo. Asistir a las vistas la dejaba destrozada. Otto, entretanto, trataba de averiguar la identidad de la persona que había denunciado a su familia, y asistir al dolor y a la frustración de Fritzi durante el proceso judicial —que, en definitiva, exoneró a los responsables— tuvo que ser igual de doloroso para él que para ella.

La relación entre Otto Frank y Fritzi Geiringer les brindó consuelo a ambos dentro de una tragedia de dimensiones inimaginables, un hondo alivio basado en el dolor compartido. Otto dijo una vez que se entendían perfectamente el uno al otro porque ambos habían sobrevivido a los campos de concentración y habían perdido a su pareja y sus hijos. Mantener una relación sentimental con alguien que no compartiera ese sufrimiento habría sido imposible.[7]

Eva, la hija de Fritzi, ofrece un retrato conmovedor del hombre que se convirtió en su padrastro:

Otto había vivido algún tiempo en Merwedeplein con mi madre, pero a ambos los atosigaban los recuerdos (...) Aunque estaba completamente decidido a conseguir que se publicara el diario de Ana y que obtuviera el reconocimiento que merecía, Otto había sufrido un deterioro emocional y mental terrible con la guerra y la pérdida de su familia.[8]

Lo cierto era que Otto necesitaba estar junto a la poca familia que le quedaba. Fritzi y él comenzaron la siguiente fase de sus vidas en Suiza. En Basilea, se instalaron en casa de la hermana de Otto, Leni, y de su marido, Elías, que tenían dos hijos varones. Estuvieron allí casi siete años, hasta que se trasladaron a un modesto apartamento en Birsfelden, a las afueras de la ciudad. Para Otto, el vínculo con su familia era ahora lo más importante de todo, junto con el legado de Ana. Con el paso de los años, entabló una relación muy estrecha con Eva, su marido y sus tres hijas, que vivían en Londres. Fritzi y él iban a visitarlos siempre que podían. También estaba muy unido a su madre, que seguía viviendo en Basilea.

El 21 de marzo de 1953, estaba en Londres con Fritzi cuando le llamó su hermano Robert para decirle que su madre había fallecido la víspera a causa de una apoplejía. Dos meses después, Robert sufrió un ataque al corazón; murió el 23 de mayo. Al mismo tiempo, Otto tenía que lidiar con el propietario de Prinsengracht 263, que quería vender la finca. Psicológicamente, sentía que renunciar al edificio equivalía a ver borrada su propia historia. Había perdido a su madre, a su hermano y su vida pasada. Quería convertir la casa en algo significativo, en un símbolo y un recuerdo constantes de lo que no debía volver a ocurrir.

Trabajar en el libro y la obra de teatro basados en el diario de Ana le proporcionó un objetivo, pero al mismo tiempo tuvo que ser muy doloroso para él revivir esos años de encierro. Les dijo a sus amigos que se sentía frágil y que tenía que cuidarse los nervios.[9] En octubre de 1954 sufrió una crisis nerviosa y estuvo hospitalizado, pero se recuperó al poco tiempo.[10] Por suerte, contaba con el cariño de Fritzi.

A pesar de que habían pasado casi quince años desde el final de la guerra, las agresiones antisemitas continuaban. Un alemán le escribió en 1959: *Me horroriza que, como padre, haya publicado tal cosa. Pero es típico de los judíos. Busca llenarse los bolsillos con el cadáver putrefacto de su hija. Fue una bendición para la humanidad que Hitler aniquilara a esos seres.*[11] Hacía falta mucho valor para exponerse a tanta vileza. En 1959, Otto y sus editores interpusieron una serie de demandas contra quienes cuestionaban la autenticidad del diario. Su amigo el sacerdote John Neiman dijo: «Las historias sobre la falsedad del diario herían a Otto en lo más vivo y, aunque combatir a esa gente tuvo para él un coste enorme en lo personal y lo económico, lo hizo en nombre de todas las víctimas del nazismo».[12] Las calumnias no cesaron en ningún momento mientras vivió Otto. Quizá fuera hasta cierto punto un consuelo que poco antes de su muerte, en 1980, el Tribunal Supremo de Alemania Occidental dictaminara que la negación del Holocausto era un delito.[13]

SEGUNDA PARTE

LA INVESTIGACIÓN DEL CASO

La investigación

En abril de 2017, Vince Pankoke viajó a Ámsterdam para conocer en persona al Equipo Caso Archivado. Hasta ese momento solo habían hablado por Skype. Thijs Bayens quería lanzar la investigación con un vídeo piloto, para valorar el interés de los medios de comunicación en el proyecto. Empezó por grabar a Vince mientras el equipo recreaba testimonios de la investigación sirviéndose de actores holandeses.

Vince aprovechó los días que pasó con Thijs, Pieter van Twisk y Jean Hellwig para visitar el Archivo Municipal de Ámsterdam, el NIOD (Instituto de Estudios sobre la Guerra, el Holocausto y el Genocidio) y la Casa de Ana Frank. Esta última pudieron recorrerla a solas a primera hora de la mañana, antes de que se llenara de visitantes. Para Vince, que ya se había empapado de la historia de Ana, evocar lo que había sucedido entre esas cuatro paredes fue una experiencia sobrecogedora. De esta fase preliminar del proyecto destaca también su encuentro con los científicos de Xomnia, un empresa de datos con sede en Ámsterdam que se había ofrecido a proporcionarles los fundamentos del programa de inteligencia artificial (IA) que

Microsoft accedió posteriormente a desarrollar para la investigación. Todos eran conscientes de que el uso de la IA daría un vuelco a la investigación porque permitiría al equipo recabar y organizar los millones de datos que rodeaban el caso y establecer nexos entre personas y acontecimientos que antes se habían pasado por alto.

Al embarcarse en el proyecto, en 2016, Vince comprendió que no se enfrentaba a un caso más sin resolver, sino al caso sin resolver por antonomasia. Por su propia naturaleza, los casos pendientes de resolución como el de Ana Frank siguen sin resolverse debido a la falta de pruebas materiales o a que se han obviado o malinterpretado las pruebas disponibles. Así pues, el equipo tenía que idear un plan de actuación que aunara la metodología propia de la investigación policial de casos no resueltos y la de la investigación histórica, puesto que su principal fuente de información serían los documentos de archivo. Al sumarse al equipo, Vince se puso en contacto con el doctor Roger Depue, un excompañero de trabajo ya jubilado, especializado en ciencias de la conducta. Depue, que había dirigido la Unidad de Ciencias del Comportamiento del FBI, era toda una leyenda en su campo de estudio, del que había sido pionero. Se reunieron en numerosas ocasiones en Manassas, Virginia, en los alrededores de Washington capital, y hablaron largo y tendido acerca de cómo abordar la investigación. Los dos sabían que Vince solo iba a tener una oportunidad de resolver el caso y tenía que hacerlo bien.

El equipo sabía desde el principio que solo se habían efectuado dos investigaciones oficiales para averiguar quién denunció a Ana Frank. La primera la realizó entre 1947 y 1948 el PRA (el Departamento de Investigación Política) y la segunda la policía holandesa entre 1963 y 1964. Aparte de estas dos, no se había llevado a cabo ninguna otra investigación oficial del caso.

Pese a todo, nunca dejó de haber especulaciones e incluso, en ocasiones, pesquisas serias en torno a la redada. Durante las décadas anteriores, muchas personas habían apuntado hipótesis al respecto y, todavía hoy, según cuenta una empleada de la Casa de Ana Frank, es la pregunta que más formulan los visitantes: ¿quién denunció a Ana Frank?

En 1998 Melissa Müller publicó el libro *Ana Frank: la biografía*. Sus investigaciones la llevaron a concluir que probablemente la traidora fue Lena Hartog, la esposa de Lammert Hartog, el ayudante del jefe de almacén Willem van Maaren. Cuatro años más tarde, Carol Ann Lee publicó *The Hidden Life of Otto Frank*, donde afirmaba que un turbio personaje llamado Anton —Tonny— Ahlers podía ser el culpable. Naturalmente, las dos teorías no podían ser correctas y, ante el interés cada vez mayor de la opinión pública, David Barnouw y Gerrold van der Stroom, del NIOD, decidieron volver a investigar el caso desde el principio. Centraron sus pesquisas en tres individuos (Willem van Maaren, Lena Hartog y Tonny Ahlers) y solo se interesaron superficialmente por otras hipótesis.

En 2015 se publicó la biografía de una de las protectoras de los Frank, Bep Voskuijl, a cargo de su hijo, Joop van Wijk, y de un joven escritor belga, Jeroen de Bruyn. Durante el proceso de documentación, los autores descubrieron que una de las hermanas de Bep había causado grandes preocupaciones a la familia por su relación con un joven nazi austriaco y, posteriormente, por su trabajo en la Francia ocupada. La tensión familiar llegó a tal extremo que la joven se marchó de casa. El hijo de Bep creía que podía haber sido su tía quien desveló a las autoridades alemanas el secreto de la Casa de atrás.

En 2017, la Casa de Ana Frank hizo pública su propia teoría, basada en las investigaciones del historiador Gertjan Broek, quien concluyó que, aunque se diera por sentado que la redada fue fruto de una delación, cabía la posibilidad de que las SS encontraran a los escondidos por casualidad mientras buscaban bienes de contrabando y armas. Esto dio al caso un enfoque completamente nuevo. Cada una de estas hipótesis tenía que ser sometida a un análisis minucioso para evaluar su credibilidad.

Vince siguió visitando Ámsterdam, como investigador principal del equipo. En septiembre de 2017 pasó un par de semanas investigando en los archivos de la ciudad y a principios de 2018 volvió varias veces para intentar localizar documentos extraviados. En octubre de ese año se instaló en la capital holandesa para una larga temporada. El equipo abrió una pequeña oficina en Herengracht y posteriormente se trasladó a su espaciosa sede en el norte de Ámsterdam, a la que Vince iba en bicicleta, lo que, según cuenta, hacía que casi se sintiera holandés.

Vince era muy consciente de que tenían por delante una tarea monumental y sabía que debía definir una estrategia para organizar la investigación. Lo primero era revisar y evaluar todos los hallazgos, las declaraciones de testigos y las teorías anteriores. Concretamente, los sumarios de la investigación llevada a cabo por el PRA en 1947-1948 y por el Departamento Estatal de Investigación Criminal en 1963-1964.

Se llevó una sorpresa al descubrir que no había un archivo donde estuvieran centralizados los expedientes de las investigaciones policiales. La mayoría de los sumarios del PRA se hallaban en diversas ubicaciones del CABR, en el Archivo Nacional de los Países Bajos; algunos de ellos eran copias y otros originales, sin orden aparente. Los archivos del Departamento de Investigación Criminal se encontraban principalmente en el NIOD y estaban ordenados de un modo más lógico. En ambos casos, el equipo llegó casi de inmediato a un punto muerto al informarlos los funcionarios de los archivos de que no podían hacer copias de los documentos debido a la Ley de Protección de Datos que acababa de entrar en vigor en la Unión Europea. Vince se quedó atónito al enterarse, acostumbrado como estaba a la capacidad de maniobra que permitía la Ley de Libertad de Información estadounidense. Paradójicamente, el equipo podía leer y transcribir a mano los documentos, pero no fotocopiarlos. Por suerte, muchos de los investigadores con los que Thijs y Pieter habían contactado les facilitaron copias de la documentación hechas antes de la entrada en vigor de la nueva legislación. El avance de la investigación se vio también retrasado en parte por la necesidad de traducir todos los documentos en holandés o alemán para que Vince y los miembros de habla inglesa del equipo pudieran leerlos.

Cuando dispusieron por fin de todos los archivos disponibles del caso —o eso creían ellos, aunque se equivocaban, como se verá más adelante—, llegó el momento de buscar pruebas nuevas o que se hubieran pasado por alto con anterioridad. Calculaban que la mayoría de los documentos se encontraban en los Países Bajos o Alemania, pero en eso también se equivocaban. Debido a las circunstancias, a los contendientes y al resultado de la Segunda Guerra Mundial, numerosos registros y crónicas personales relevantes (diarios, declaraciones de testigos, informes militares, etcétera) estaban diseminados por varios continentes. Las migraciones de posguerra, la confiscación de documentos por parte de los Aliados y la creación de archivos relacionados con el Holocausto tuvieron como consecuencia una enorme dispersión de la documentación y los testimonios coetáneos. El equipo acabó recorriendo el globo, y finalmente encontró documentación en Austria, Canadá, Alemania, Reino Unido, Israel, Rusia, Estados Unidos y, cómo no, también en los Países Bajos.

«Consultamos veintinueve archivos», explica Vince, «desde el Wiener Wiesenthal Institut für Holocaust Studien, en Austria, a la Biblioteca y Archivo de Canadá, pasando por el Archivo Federal alemán y el Archivo Nacional del Reino Unido en Kew. No fue un viaje abstracto. Desde el punto de vista emocional, fue muy costoso enfrentarse a la historia trágica que guardaban esos archivos».

Vince afirma que hubo muchas personas que se brindaron a ayudarles y que eso le alentaba a seguir adelante. «Cuando llamábamos a alguna institución o a un testigo, solían comentarnos que habían oído hablar o habían leído algo acerca de nuestra investigación, y que querían echarnos una mano y estaban deseando que resolviéramos el caso». El único organismo que no se brindó a colaborar con ellos fue la fundación Anne Frank Fonds de Basilea. Jan van Kooten acertó al advertirlos de que iban a adentrarse en un laberinto en el que era muy difícil maniobrar, el día que les hizo aquel croquis sobre relaciones entre las diversas partes interesadas en el legado de Ana Frank.

Al final, la búsqueda de pruebas desconocidas o pasadas por alto no se limitó a los sótanos mohosos y las cámaras abovedadas de archivos y museos. El equipo se puso a buscar también personas a las que entrevistar.

No tenían, claro está, muchas esperanzas de encontrar a testigos directos, pero sí lograron dar con gente que había tenido una relación tangencial con la redada en la Casa de atrás. Vince recuerda en especial la entrevista a un superviviente del Holocausto, ya muy anciano, cuyos padres y hermana se habían escondido en una casa de Prinsengracht y a los que alguien denunció unos meses antes que a los ocupantes de la Casa de atrás. En su caso, la redada fue consecuencia directa de la información proporcionada por una conocida informante, Ann —Ans— van Dijk. Uno de los policías de esa redada participó también en la del número 263 de Prinsengracht, y fue muy útil descubrir similitudes entre ambas intervenciones.

Vince explica que el equipo buscó a testigos secundarios (como familiares, amigos o vecinos) que podían haber mantenido conversaciones o contacto de primera mano con testigos directos o sospechosos. De ahí salió una lista de treinta personas. Ampliando los criterios de búsqueda, elaboraron otra lista con casi setenta testigos informativos —como los llama Vince— a los que había que entrevistar. Eran personas que o bien habían investigado el caso, o habían escrito para alguna publicación sobre el tema o estaban especializadas en un campo concreto relacionado con la investigación. Este procedimiento pone de manifiesto la mentalidad, la práctica y la metodología del agente del FBI.

Cuando comenzó a fluir la información y se acumularon los hallazgos, llegó el momento de aplicar técnicas policiales modernas que no existían en la época en que se investigó por primera vez el caso, como la ciencia del comportamiento (es decir, la elaboración de perfiles psicológicos), los análisis forenses y la inteligencia artificial, entendida esta como un sistema informático capaz de ejecutar, por ejemplo, tareas de percepción visual, reconocimiento del habla, traducción entre idiomas o toma de decisiones.

Cuando Vince se reunió con los científicos de Xomnia, estos le dijeron que, dado que el equipo estaba trabajando en un caso muy antiguo del que se habían perdido numerosos datos, casi podían dar por sentado que nunca llegarían a completar el rompecabezas de la redada del 4 de agosto de 1944. Aun así, en algún momento los algoritmos del programa debían ser capaces de predecir qué había desencadenado la detención o quién era el sospechoso más probable.

Para ordenar la enorme cantidad de datos recogidos en documentos y entrevistas, Vince abrió una serie de vías de investigación. Las llamó Proyecto Residentes, Proyecto Declaraciones, Proyecto Medios de Comunicación, Proyecto Mapeo y Proyecto Seguimiento de Detenciones.* Estas iniciativas requirieron centenares de horas de

---

* Véase el glosario.

trabajo humano que asumió casi en su totalidad un grupo de investigadores comprometidos con el proyecto, muchos de ellos voluntarios y estudiantes. Sus edades eran muy variadas: desde una jovencísima estudiante italiana que traducía artículos de prensa a una documentalista holandesa jubilada de más de setenta años.

Además de los documentos y los libros escaneados, la función de reconocimiento de habla del programa de IA de Microsoft podía reconvertir en texto grabaciones de audio y vídeo, lo que facilitaba la búsqueda de palabras clave y la traducción al inglés. Como esperaba el equipo, el programa comenzó de inmediato a mostrar vínculos entre personas, direcciones y fechas. Evidentemente, estas coincidencias —policías que participaban en las mismas redadas, informantes que trabajaban codo con codo— estaban ahí desde el principio, pero nadie había reparado en ellas. Ahora, estos nexos empezaban a conformar un relato.

Al tener como base Internet, el programa de IA podía utilizarse en cualquier parte. Pieter explica lo emocionante que era utilizarlo en el Archivo Nacional: «Si, por ejemplo, aparecía una dirección de interés en un documento que estabas examinando, podías cotejarlo de inmediato con la base de datos. Introduciendo la dirección en el programa, obtenías todos los documentos relevantes y otras fuentes en las que figuraba esa misma dirección, dentro del almacén de datos. Las fuentes en las que más se mencionaba aparecían en primer lugar. También podías generar una gráfica de cómo se relacionaba esa dirección con otros datos de interés; por ejemplo, las personas que tenían algún vínculo con esa dirección. Podías obtener un mapa de todos los nexos entre esa dirección y otras en el que se indicaba qué relaciones eran las más frecuentes, y una cronología de cuándo y dónde era más relevante esa dirección».

El equipo se puso en contacto con el psicólogo Bram van der Meer, que se ofreció a colaborar con ellos. Vince lo conocía porque trabajaba como psicólogo forense y experto en perfiles criminales en la Unidad de Análisis del Comportamiento de la Policía Nacional holandesa y actuaba, además, como perito y consultor dentro del sistema judicial holandés. El equipo le hizo llegar toda la información que habían recabado sobre testigos, víctimas y personas de interés y le pidió que la evaluase desde un enfoque conductual. Esto incluía información acerca del pasado, la vida familiar, las relaciones sociales y laborales, y, en especial, las reacciones de esas personas y su toma de decisiones en situaciones inusuales o en circunstancias muy concretas.

Con la esperanza de descubrir milagrosamente alguna prueba material desconocida, el equipo elaboró además un plan de análisis de pruebas con ayuda de la inspectora Carina van Leeuwen, investigadora forense de la Policía Nacional holandesa especializada en casos sin resolver. Puesto que la investigación no contaba con ningún respaldo oficial, Vince sabía que podía resultarles difícil acceder a laboratorios públicos para el análisis de pruebas materiales (ADN, huellas dactilares, datación por radiocarbono, etcétera), pero aun así era optimista. En los Países Bajos, decía, seguramente no hay ningún caso pendiente que haya calado tan hondo en el sentir colectivo como el de Ana Frank.

El equipo se sirvió además de una herramienta de investigación típica de *millennials*: el *crowdsourcing*. Desde el día en que presentaron el proyecto e hicieron un llamamiento público para que la gente aportara cualquier dato que estuviera relacionado con la redada en la Casa de atrás, comenzaron a recibir un flujo constante de información. Algunos de esos datos incluso conducían a nuevas hipótesis que había que investigar. Otros, en cambio, procedían de personas que decían ser la reencarnación de milicianos de la resistencia o que aseguraban que Ana Frank había sobrevivido a la guerra y vivía con otro nombre en algún lugar del mundo.

A pesar de que la investigación era tremendamente seria, también tuvo sus momentos cómicos. Vince recuerda, por ejemplo, la gracia que le hizo que un estudiante muy joven que estaba haciendo prácticas en la oficina del equipo le diera una valiosa lección. Vince le pidió que confirmara la dirección y el número de teléfono de ciertos testigos buscándolos en una guía telefónica de 1963. Le dio los nombres y las señas y le explicó lo que estaba buscando. Luego pidió al chico que repitiera las instrucciones que le había dado, cosa que hizo a la perfección.

—¿Alguna pregunta? —dijo Vince.

—Solo una —contestó el estudiante—. ¿Qué es una guía telefónica?

Moraleja: nunca des nada por sentado.

Al final, entre las teorías previas, las desarrolladas por el propio equipo y las que aportaba el público, los investigadores acabaron teniendo una treintena de hipótesis distintas acerca de por qué se produjo la redada. Varias de estas hipótesis ya se habían investigado en profundidad, pero aun así el protocolo de la investigación exigía que se revisara exhaustivamente el material, se comprobaran las fuentes de información para valorar su credibilidad y se evaluaran cuidadosamente las conclusiones.

Una de esas hipótesis la aportó un psiquiatra holandés. Una paciente le había hablado de un recuerdo de juventud, según el cual la detención de un matrimonio judío escondido en Utrecht condujo en última instancia a la redada en la Casa de atrás. La pareja, que conocía a la familia Frank, salía de su escondite una vez al mes para trasladarse a Ámsterdam en busca de comida. Durante uno de esos viajes, los detuvo en la estación ferroviaria de Utrecht un conocido inspector del SD holandés. Mientras se hallaban detenidos, fueron víctimas de una estratagema cruel por parte de una *V-Frau* (una informante) llamada Ans van Dijk, quien, haciéndose pasar por una detenida, les pidió que le dijeran dónde estaban escondidos otros judíos a los que pudiera avisar de que cambiaran de escondite, por si acaso la pareja revelaba su dirección bajo tortura.

Esto suscitó el interés del equipo debido a un detalle concreto: al parecer, una de las cosas que traía la pareja de sus viajes mensuales a Ámsterdam eran bolsas de especias molidas. La empresa de Otto se dedicaba a la molienda y la venta de especias. ¿Era posible que hubiera algún vínculo? Pero, cuando el equipo localizó los informes y constató la detención del matrimonio, descubrió que esta tuvo lugar a mediados de agosto de 1944, es decir, semanas después de la redada en la Casa de atrás. Además, en los documentos no se mencionaba la intervención de ninguna informante. Situaron, por tanto, esta hipótesis en la categoría de las muy improbables.

Para Vince, algunas teorías eran como madrigueras de conejo: te metías de cabeza en un túnel que daba vueltas y más vueltas y que no parecía tener fin, sin tener ni idea de dónde irías a parar. Aun así, un buen investigador se lanza de cabeza, de todos modos. «La mayoría de las investigaciones son así», afirma. Por fin, redujeron la lista a unas treinta hipótesis plausibles, algunas de las cuales refundieron luego, por presentar temas o vínculos comunes. Al aplicar el axioma policial «conocimiento, motivo y oportunidad» al resto de las teorías, eliminaron algunas más. Explicado en pocas palabras, si los investigadores no podían demostrar que un sospechoso tenía conocimientos suficientes para cometer el delito y motivos y oportunidad para cometerlo, convenía descartar a esa persona como sospechosa.

En otoño de 2018, el equipo estaba ya formado en su totalidad y se había puesto a trabajar de firme (hasta entonces, la investigación había avanzado gracias al trabajo de los voluntarios). En la primavera de 2019, el equipo había reducido las treinta teorías de partida a ocho hipótesis plausibles, que incluían a una informante muy conocida, a un empresario local y a un familiar de una de las personas que protegía a los ocupantes de la Casa de atrás. Tardarían un año más en dar con la hipótesis más probable de todas. En total, la investigación duró unos cinco años.

Los Hombres Documento

Antes de llegar a Ámsterdam en la primavera de 2017, Vince ya había empezado a investigar el caso en el Archivo Nacional de Estados Unidos, en College Park, Maryland. Sabía que en el NARA (Archivos Nacionales y Administración de Documentos) se conservaban millones de documentos alemanes confiscados durante la guerra y relacionados con esta. Al ir liberando países de la ocupación alemana, el ejército estadounidense creó una unidad especial dedicada a la búsqueda de documentos que pudieran tener utilidad estratégica (relativos, por ejemplo, a efectivos militares, arsenales o planes de batalla). Los soldados que integraban esta unidad recibieron instrucciones de no pasar por alto edificios quemados o bombardeados en su búsqueda de documentación.

En 1945, los documentos que había recabado la unidad fueron embalados y enviados a Estados Unidos, donde se almacenaron en diversas instalaciones militares. A mediados de la década de 1950, la Alemania Federal solicitó su devolución, a lo que el Gobierno norteamericano accedió, pero no antes de haber identificado los documentos que podían ser de interés para futuras investigaciones.

Esos documentos de interés se microfilmaron en una antigua fábrica de torpedos de Alexandria, Virginia. El llamado Proyecto Alexandria tardó más de una década en completarse. En marzo de 1968, el ejército estadounidense había devuelto a Alemania treinta y cinco cargamentos de documentos confiscados durante la guerra.[1]

La mayoría de los registros estuvieron disponibles durante medio siglo (aunque algunos documentos solo se desclasificaron en 1999, por imperativo legal). Se trata de un corpus tan vasto que Vince tenía esperanzas de descubrir en él información útil que hubiera pasado desapercibida para otros investigadores. Empezó a llamar Documents Men («Hombres Documento») a los soldados que habían rescatado aquellos archivos, por la película *The Monuments Men*, que cuenta la historia de la unidad del ejército a la que el presidente Franklin D. Roosevelt encargó el rescate de obras maestras de la historia del arte en zonas de conflicto durante la Segunda Guerra Mundial.

Siempre le sorprendía que la sala de investigación del Archivo Nacional, donde los usuarios disponían de lectores de microfilm, estuviera invariablemente llena. Cuando miraba las pantallas al pasar, veía que algunas personas estaban consultando documentos del ejército americano y otras viendo registros alemanes, italianos o japoneses capturados durante la contienda. En varias de sus visitas, se fijó en un veterano de la Segunda Guerra Mundial que pedía ayuda en el mostrador. Basándose en sus preguntas y en los documentos que pedía, y que versaban sobre prisioneros de guerra, llegó a la conclusión de que debía de haber estado preso en algún campo alemán. Eso le hizo pensar en su padre durante la guerra. Al final de su vida, su padre —que también se llamaba Vince— hablaba de vez en cuando de una batalla en la que había disparado con un mortero a un soldado alemán que había quedado atrapado en campo abierto. El soldado corría hacia un bosque cercano intentando resguardarse, pero en cierto momento desapareció entre la nube de polvo y tierra que levantaban las explosiones. «En aquel entonces, claro, la cuestión era matar o que te mataran», contaba el padre de Vince. «Ahora me gustaría saber si aquel tipo consiguió llegar al bosque. Ojalá que sí».

Para Vince, como para todas las personas involucradas en el proyecto, su labor no era una investigación histórica abstracta. Los estragos de la guerra eran muy visibles. La gente era de carne y hueso; las frustraciones y los hallazgos, palpables. Las tragedias, dolorosas.

Vince centró su búsqueda en los documentos procedentes de los Países Bajos. Algunos tenían muy poca o ninguna importancia estratégica: eran solicitudes de permiso, autorizaciones para contraer matrimonio (una de ellas, de Karl Silberbauer), felicitaciones de cumpleaños… Pero, sorprendentemente, también había archivos rescatados del SD alemán y la Gestapo.

En una de las guías de búsqueda del NARA figuraba una miscelánea de recibos de pago procedente de los Países Bajos. Al consultar el rollo de microfilm, Vince vio que se trataba de formularios rellenos a mano o mecanografiados y firmados a pie de página. Estaban ordenados alfabéticamente por el apellido del beneficiario. Al ojear las 956 fichas microfilmadas, Vince reconoció el apellido de algunos policías que habían trabajado asiduamente para el SD en Ámsterdam y se acordó del libro de Ad van Liempt *Hitler's Bounty Hunters*, que cuenta con detalle cómo los miembros de la Columna Henneicke recibían Kopgeld, es decir, una recompensa por cada judío que entregaban al SD. Comprendió entonces que los documentos que estaba viendo eran recibos de esos pagos.

En muchos de ellos figuraba el nombre del detenido y una

recompensa de 7,5 florines (47 dólares estadounidenses actuales) en concepto de «gastos» o «investigación», otro eufemismo. Únicamente en dos de los 956 recibos se hablaba expresamente de «recompensa».

Vince buscó en los recibos el apellido de los policías de Ámsterdam que participaron en la detención de las ocho personas escondidas en la Casa de atrás y enseguida descubrió varios recibos a nombre del inspector W. Grootendorst. Fue un «momento eureka». Vince exclamó «¡Sí!» tan fuerte que la gente que estaba a su alrededor se volvió para mirarlo.

Luego llegó la decepción. Tras introducir los datos de los recibos en una hoja de cálculo, descubrió que el más antiguo databa del 28 de febrero de 1942 y el más reciente, del 16 de agosto de 1943. No abarcaban, por tanto, el periodo en que se produjo la redada en la Casa de atrás y, al parecer, los pagos a Grootendorst eran por otros trabajos.

Hasta que Vince encontró estos 956 recibos de Kopgeld, que arrojaban luz sobre el funcionamiento de este sistema de recompensas, sobre sus integrantes y objetivos, se conocían menos de diez documentos semejantes. La noche del 16 de noviembre de 1944, bombarderos británicos atacaron el cuartel del SD en Euterpestraat, en Ámsterdam. Se suponía que iba a ser un bombardeo de precisión, pero el cuartel alemán apenas sufrió daños. Murieron sesenta y nueve civiles holandeses y solo cuatro alemanes. El edificio del otro lado de la calle, que albergaba registros administrativos, quedó en cambio completamente destruido. Se daba por sentado que todos los documentos que contenía se habían perdido en el bombardeo.

El equipo buscó en archivos alemanes recibos de Kopgeld posteriores a mediados de agosto de 1943, pero no encontró ninguno. Pensando que podía haber más información en alguna otra parte, Vince contactó con Rinsophie Vellinga, profesora de Lengua y

Cultura Neerlandesas de la Universidad Estatal de Moscú, que se ofreció a ir al Archivo Estatal Militar ruso, por si los documentos habían sido requisados en su momento por soldados rusos. La embajada holandesa la puso en contacto con el Museo Judío y Centro para la Tolerancia de Moscú, que le facilitó el acceso al archivo. Desafortunadamente, Rinsophie tampoco encontró nada. Aun así, teniendo en cuenta la obsesión alemana por guardar registro documental de todo, el tamaño de los archivos existentes y lo enormemente dispersa y a menudo mal clasificada que estaba la información, Vince seguía teniendo esperanzas de que en algún lugar aparecieran los recibos de Kopgeld correspondientes al verano de 1944, incluido el pago por la detención de los ocho ocupantes de la Casa de atrás.

La otra estantería

Desde el principio, el equipo de investigación consiguió reunir una enorme cantidad de papeles, fotografías, material fílmico y otros documentos, pero toda esta información estaba desordenada, sin catalogar ni sistematizar para poder archivarla. Cuando Monique Koemans se incorporó al proyecto en octubre de 2018, decidió que necesitaban un sistema digital de archivos a fin de ordenar el inmenso caudal de información que habían recogido. Le pidió a un informático que creara un programa capaz de gestionar el volumen y el tipo de archivos y documentos que manejaban y diseñó lo que acabarían llamando la Estantería.

Al finalizar la investigación, esta Estantería virtual contenía más de 66 GB de datos organizados en más de 7500 carpetas. Cada carpeta llevaba el nombre de una persona de interés para la investigación y podía incluir fotografías, certificados personales, documentos oficiales, transcripción de entrevistas, sumarios del CABR, diarios escaneados, informes y atestados de investigación y, posteriormente, también hipótesis de trabajo y muchas más cosas.

Cada semana, Monique reunía ante el tablero de pruebas a los jóvenes investigadores que trabajaban a sus órdenes. Había montado tres paneles: uno para identificar el problema a resolver; otro para asignar un documentalista a la investigación de cada tema; y un tercero para señalar las tareas ya acabadas. Cada dos semanas se reunían para debatir si debían introducir cambios en las hipótesis y criterios de investigación conforme a la información recién recogida. Monique tenía un estilo de trabajo muy colaborativo. Solo al echar la vista atrás se hacía evidente cómo asignaba las distintas tareas a fin de garantizar la independencia de cada investigador. Porque, en definitiva, esas tareas eran como piezas de un rompecabezas que, al final, formaban un cuadro completo.

Todos los lunes celebraban una reunión plenaria encabezada por Vince para hablar de los avances que habían hecho durante la semana anterior, poner en común la información y debatir estrategias. De vez en cuando contaban con la presencia de algún experto, como el psicólogo forense Bram van der Meer, lo que daba lugar a fructíferos debates.

El Archivo Municipal de Ámsterdam se convirtió en una de sus principales fuentes de información y llegó a ser casi un segundo hogar para los investigadores que se dedicaban al proyecto a tiempo completo. El archivero jefe, Peter Kroesen, trabajaba allí desde hacía veinticinco años y con frecuencia solicitaban su ayuda personas que trataban de averiguar quién había denunciado a sus familiares. Cada vez que Vince o Pieter iban a verlo, Kroesen les contaba nuevas historias que tenían un valor inmenso para el equipo, porque daban textura a la vida cotidiana durante la guerra.

A veces, Kroesen conseguía resolver un caso en muy poco tiempo, como el de un hombre que se presentó un día en el archivo con intención de descubrir quién denunció a sus padres. Como el hombre conocía la dirección donde se habían escondido estos, Kroesen solo tuvo que comprobar quién estaba oficialmente empadronado en el inmueble en aquel momento. Se trataba de una mujer que había vivido allí con su sobrino desde los años treinta. Dos meses después de que alguien denunciara a los padres del hombre, esa mujer se trasladó a una casa más grande; en concreto, a una casa que pertenecía a los detenidos. Mientras tanto, su sobrino cambiaba de dirección de empadronamiento cada dos meses, lo que era típico de los colaboracionistas, que temían que la resistencia diera con ellos. Kroesen no tardó en encontrar el historial laboral del sobrino. Había estudiado en la escuela alemana de espionaje de Amberes y posteriormente había trabajado para el SD, así como para el Einsatzstab Reichsleiter Rosenberg (ER), el organismo nazi que se encargaba de la requisa de bienes culturales. A Kroesen no le fue difícil deducir que tenía que haber sido el sobrino quien denunció a los padres de aquel hombre, que ignoraban que los estaba escondiendo la tía de un militante nazi holandés.

En cuanto el equipo tuvo montada su oficina en el norte de Ámsterdam, empezaron a llegar las visitas. Para Thijs, puede que la más importante fuera la de Menachem Sebbag, coronel de la policía militar holandesa y rabino castrense de las Fuerzas Armadas de los Países Bajos. Lo había conocido a través del comandante del cuartel de la Armada Real cuando estaba buscando una nueva oficina y habían congeniado de inmediato.

Thijs le preguntó a Sebbag qué supondría que el equipo descubriera quién denunció a Ana Frank. ¿Le preocupaba, como rabino, que ello removiera sentimientos que era preferible no tocar? ¿Y si el traidor era un judío? ¿Sería preferible dejar las cosas como estaban?

El rabino fue muy claro al respecto. «Pocas cosas hay más importantes que la verdad», dijo. «Si el denunciante resulta ser judío, qué se le va a hacer». Le recordó a Thijs que los nazis se esforzaban por deshumanizar al pueblo judío. «La verdad es», añadió, «que los judíos somos humanos a todos los niveles. Y, si hay seres humanos capaces de traicionarse unos a otros, también habrá judíos entre ellos».

El equipo guardaba en la oficina un grueso archivador con las copias de los recibos de Kopgeld que había encontrado Vince en el Archivo Nacional de College Park, Maryland. Cada uno de esos 956 talones es una prueba forense del pago recibido a cambio de la denuncia de una o más personas. En todos ellos figuran, con precisión burocrática, el sello, la firma, la cantidad de florines y el nombre del beneficiario. Unas veces se cita también el nombre de la persona denunciada y otras solo aparece el número de hombres, mujeres y niños detenidos.

El rabino Sebbag sabía de la existencia del Kopgeld, pero nunca había visto recibos de ese tipo. Cuando Thijs le enseñó el archivador, no quiso tocarlo. Se puso rígido. Tantos hombres, mujeres y niños condenados a muerte… Su ausencia se hizo palpable en la profunda tristeza que llenó la sala.

La primera traición

Mientras duró la investigación, había siempre varios investigadores centrados en distintas hipótesis y continuamente llegaban nuevos datos. Vince visualizaba la investigación no como un eje cronológico, sino más bien como un arco que empezaba con una denuncia muy anterior a la llamada telefónica al SD en agosto de 1944.

A finales de 1934, Opekta empezaba a prosperar y Otto alquiló un local más espacioso en el número 400 de Singel. Como suele ocurrir cuando un negocio está en sus comienzos, Otto desempeñaba numerosas labores dentro de la empresa; entre ellas, la de comercial, visitando a amas de casa y comerciantes por todo el país. El negocio siguió floreciendo en 1935, gracias a que Otto consiguió convencer a unos cuantos pequeños mayoristas de que compraran pectina en gran cantidad. Por fin pudo emplear a más personal y contrató a una secretaria, Isadora —Isa— Monas, y a dos viajantes, como mínimo.

Una de ellas era una tal Jetje Jansen-Bremer, cuyo trabajo consistía en asistir a ferias comerciales para explicar el uso de la pectina. Al mismo tiempo, Otto empleó a tiempo parcial al marido de Jetje, Josephus —Job— Marinus Jansen, y a su hijo mayor, Martinus. A Job, para que construyera vitrinas de madera y a Martinus para que ayudara a embalar y a despachar en el almacén.

Después de la guerra, Job Jansen fue acusado de colaboracionismo. El equipo consiguió localizar el expediente de la investigación y la ficha policial de Jansen en los archivos CABR del NIOD. También había material sobre él en el Archivo Nacional de los Países Bajos. Jansen, al parecer, tenía un pasado turbulento. Educado en un ambiente de catolicismo estricto, ingresó en el seminario de los Hermanos de la Inmaculada Concepción de María (Broeders van de Onbevlekte Ontvangenis van Maria) con intención de profesar como sacerdote. Al no conseguirlo, se casó a la edad de veinte años y se puso a trabajar en un teatro haciendo labores de administración y publicidad y, de vez en cuando, también de actor. Su matrimonio se deshizo tras ocho años y medio, y su esposa y sus dos hijos le dejaron. Incapaz de afrontar la situación, Jansen intentó suicidarse de un disparo, hiriéndose en un pulmón. Durante la convalecencia conoció a Jetje Bremer, que trabajaba en el Hollandsche Schouwburg, el Teatro Holandés. Se casaron y tuvieron seis hijos. En 1935, los ingresos que obtenía Jansen trabajando en el teatro no bastaban para mantener a la familia, de ahí que Jetje abriera una floristería en Ámsterdam y se pusiera a trabajar a tiempo parcial para Otto.

Por lo visto, la independencia económica de Jetje molestaba a su marido, y su vida conyugal fue deteriorándose. La paranoia y la impotencia que sentía Jansen le llevaron a creer que su esposa tenía una aventura extramatrimonial con Otto. (Más adelante se disculparía por haber «complicado» al señor Frank en su acusación de adulterio y haber «manchado» su buen nombre).[1] La tensión hizo que Otto cortara toda relación con los Jansen.

Cuando se produjo la invasión alemana, Jansen volvió a afiliarse de inmediato al partido nazi holandés, que para entonces mostraba ya un antisemitismo violento (había estado ya afiliado a mediados de los años treinta). A su esposa, que era judía, la vida conyugal se le hizo insoportable. Finalmente, Job le permitió irse a vivir con una viuda que también era simpatizante del NSB.

Job Jansen era un militante de base típico del NSB. Cuando Vince le pidió al doctor Roger Depue —el experto en ciencias del comportamiento que asesoraba al equipo— que echara un vistazo al material biográfico que habían reunido sobre él, Depue dictaminó que estaba claro que pertenecer al Movimiento Nacionalsocialista Holandés proporcionaba a Jansen una sensación de autoridad y acceso al poder. En realidad, no era más que un matón de tres al cuarto que desahogaba sus frustraciones arremetiendo contra el prójimo y, especialmente, contra el grupo social al que se había señalado como chivo expiatorio.

Así lo demuestra una anécdota incluida en el sumario de Jansen. Durante la procesión del funeral de Hendrik Koot, el militante del NSB muerto en los enfrentamientos entre nazis holandeses y jóvenes judíos en febrero de 1941, Jansen y un compañero suyo, Martinus J. Martinus, también miembro del NSB, increparon a un judío por sortear las vallas del desfile y cruzar la calle. Llevaron a Isidore Rudelsheim por la fuerza a una comisaría cercana y le denunciaron por faltar al respeto a la procesión —a pesar de que esta no había comenzado aún—, exigiendo que se le encerrara.

En marzo de 1941, Jansen y Otto Frank se encontraron por casualidad en el Rokin, una de las grandes arterias del centro de Ámsterdam. A pesar de que no le tenía ninguna simpatía a Jansen, Otto se detuvo a hablar con él un momento. Jansen le preguntó con una mezcla de sorna y condescendencia si, siendo judío, seguía pudiendo importar mercancías de Alemania. Otto respondió que sí, que las recibía sin problema. Jansen comentó entonces que la guerra acabaría pronto, a lo que Otto contestó que no estaba nada convencido de eso y añadió que los alemanes estaban «pasando un mal rato». Un comentario de esa índole, dando a entender que Alemania iba a perder la guerra, podía ser muy peligroso en aquellos tiempos.

Una semanas después, el 18 de abril de 1941, un joven se presentó sin previo aviso en Opekta y pidió ver a Otto Frank. Cuando le hicieron pasar a su despacho, le explicó a Otto que trabajaba como mensajero entre el NSB y el SD alemán y le preguntó si conocía a un tal Jansen. Se sacó sin prisa una carta del bolsillo y se la entregó. Iba dirigida al NSB.

Otto miró la firma: Job Jansen, número de afiliado 29 992. Era una denuncia contra Otto por «difamar públicamente a la Wehrmacht» y «tratar de influir en él». Jansen pedía que se informara a las SS y que se procediera a detener al judío Frank. Otto dedujo al instante que Jansen lo había denunciado por el comentario que había hecho sobre el ejército alemán durante su breve encuentro en el Rokin. Comprendiendo la situación, entregó al joven todo el dinero que llevaba encima —unos veinte florines— y le dio las gracias por haber interceptado la carta. En aquel momento, estaba convencido de que el muchacho le había salvado la vida.[2]

Posteriormente, le contó a la policía que le mostró la carta a Miep y le entregó el original a su abogado para que le echara un vistazo. Tras hacer algunas anotaciones, el abogado la destruyó con permiso de Otto, juzgando que era demasiado peligroso conservarla.[3]

Después de la guerra, cuando buscaba a la persona responsable de la redada en la Casa de atrás, Otto no olvidó la deslealtad de este exempleado suyo. En un gesto que parece impropio de él, el 21 de agosto de 1945 escribió una carta virulenta a las autoridades de Ámsterdam preguntando si tenían detenido a

Jansen. Afirmaba que este había cometido actos de traición contra él. Ponía mucho cuidado en señalar que la esposa de Jansen, que era judía, no estaba involucrada en absoluto, pero añadía que quizá ella pudiera ayudarlos a localizar a su marido, si es que Jansen no estaba ya en prisión.[4] Puede que fuera la deslealtad de Jansen la que hirió tan vivamente a Otto. Le había ayudado dándoles trabajo a él y a su familia en momentos de necesidad y Jansen le había traicionado. Si su carta hubiera llegado al cuartel del SD en Euterpestraat, no hay duda de que Otto habría sido detenido y, como mínimo, enviado a un campo de concentración.

Puesto que Otto había sospechado en un principio que Job Jansen podía ser el responsable de la redada en la Casa de atrás, Vince pensó que lo más lógico era empezar la investigación por él. El equipo localizó a Eric Bremer, un familiar de Jetje, la esposa de Jansen, y Vince se entrevistó con él el 23 de abril de 2017 en el restaurante Tolhuistuin de Amsterdam-Noord. Bremer no sabía nada acerca de la detención de Otto y los ocupantes del anexo, pero le contó que corría el rumor en la familia de que Jansen había denunciado a sus propios hijos a los nazis.[5] Como cabe suponer, este era un dato muy relevante para el equipo. Alguien capaz de semejante vileza no dudaría en denunciar a su exjefe judío, al que guardaba rencor.

El equipo encontró en los sumarios del CABR el testimonio de Jetje acerca de la detención de sus hijos.

En septiembre de 1941, a las cuatro de la madrugada, dos agentes de policía holandeses detuvieron a dos de sus hijos [de Jansen], los sacaron de la cama y los llevaron a la comisaría de Overtoom. Mi marido no estaba presente en ese momento porque vivía en otro domicilio. Después del arresto de mis dos hijos, le dije a mi marido: «¿Qué te parece? Han detenido a dos de tus hijos y tú eres del NSB». Y me contestó: «Bueno, en una guerra tiene que haber bajas».[6]

Es una declaración estremecedora. ¿Qué clase de padre reacciona así a la detención de sus hijos? ¿Era acaso una forma de disimular su sentimiento de culpa?

El testimonio de Jetje resulta aún más espeluznante teniendo en cuenta la suerte que corrieron sus hijos. Uno de ellos murió abatido a tiros en el campo de concentración de Neuengamme el 18 de agosto de 1942 mientras caminaba hacia la valla electrificada, diciendo que ya había sufrido bastante. El otro padeció los horrores de Auschwitz y Dachau, pero sobrevivió a la guerra.

Con todo, el equipo no tardó en encontrar una declaración del 10 de septiembre de 1947 —posterior a la guerra, por tanto— firmada por Josephus, el hijo que sobrevivió, en la que este afirmaba que a su hermano y a él los había denunciado un cartero que tenía la lista de todos los integrantes del grupo de la resistencia al que pertenecían. (Al parecer, el hombre estaba de permiso, se emborrachó y se puso a presumir de la lista que tenía en su poder). Según Josephus, su padre intentó mediar para que los alemanes los liberaran.

Este testimonio sirvió de advertencia a los investigadores de que no podían tomarse nada al pie de la letra. Las palabras llenas de amargura de una esposa había que contrastarlas con los hechos. Además, el aceptar un testimonio y descartar otro conllevaba de por sí una interpretación. ¿La primera declaración reflejaba simplemente la hostilidad entre los dos cónyuges? ¿O quizá estaba encubriendo el hijo a su padre? Al final, lo decisivo son los hechos fehacientes. Y se descubrió que el cartero había denunciado, en efecto, a otras personas, además de a los hijos de Jansen.

Aun así, esto no despejaba por completo la duda del equipo:

¿tenía Otto razón al sospechar que pudo ser Jansen quien los denunció a las SS? Vince estaba empezando a aplicar el axioma policial «conocimientos, motivo y oportunidad» para examinar cada caso particular.*

En el expediente de Jansen encontraron una evaluación psicológica firmada por el doctor W. Ploegsma, escrita en 1948 y encargada, evidentemente, por la policía de Ámsterdam, en la que se describe a Jansen como un narcisista que adoptaba el papel de víctima y se regodeaba en la autocompasión. «Rencores, exceso de culpa, comportamiento impulsivo, inhibición, servilismo, un sentido de la dignidad exacerbado, ansia de poder; todos estos rasgos pueden encontrarse en él».[7] Jansen envidiaba a Otto Frank porque «se ganaba bien la vida». Se afilió por primera vez al NSB en 1934, pero lo dejó al cabo de dos años porque no podía permitirse pagar la cuota. Volvió a afiliarse más adelante porque, como le dijo al psicólogo, «quería demostrar que era un hombre».

Esto parece indicar que Jansen tenía motivos suficientes para denunciar a los ocupantes de la Casa de atrás. O puede que fuera aún más sencillo. Si ya denunció a Otto una vez, ¿por qué no iba a hacerlo una segunda? La verdadera cuestión era saber si dispuso de conocimientos y oportunidad para cometer el crimen de denunciar a los judíos.

Confirmar que Jansen tenía conocimiento de que Otto se escondía en el anexo trasero era muy difícil y quizá solo fuera posible hacerlo indirectamente, mediante conjeturas. Aunque Jansen vivía separado de Jetje mientras la Casa de atrás estuvo ocupada —o al menos parte de ese tiempo—, ¿podía darse por sentado que seguía en

---

* La máxima policial es en realidad: «medios, motivo y oportunidad». El Equipo Caso Archivado creó un híbrido: «conocimientos, motivo y oportunidad».

contacto con ella? Al estar oficialmente casada con un gentil, Jetje estaba exenta de «emigración» y siguió trabajando en su floristería. ¿Cabía la posibilidad de que se enterara de que Otto y los demás estaban escondidos en la Casa de atrás y se lo contara a Job? ¿O acaso él o su nueva pareja, también simpatizante del NSB, tenían contacto con alguien que vivía en el vecindario o que suministraba comida a los protectores de los ocupantes del anexo? El equipo se esforzó en vano por encontrar información que diera respuesta definitiva a estas cuestiones.

Quedaba por saber, además, si Jansen tuvo oportunidad de traicionar a los habitantes de la Casa de atrás. El examen detallado de su expediente en el CABR reveló que en 1944 Jansen trabajaba para una compañía teatral holandesa que actuaba en Alemania y tenía su sede en Winterswijk, cerca de la frontera alemana. El 15 de agosto, once días después de la redada en la Casa de atrás, Jansen fue detenido por robo en la localidad de Munster, en Alemania.[8] ¿Se las había ingeniado en aquellos once días transcurridos entre la redada y su detención para regresar a Ámsterdam, descubrir de algún modo que había judíos escondidos en el anexo, denunciarlos y regresar a la otra punta del país en una época en la que viajar era muy complicado? Parece muy improbable, pero no puede descartarse del todo teniendo en cuenta que Jansen ya había intentado vengarse de Otto anteriormente.

El argumento más convincente en contra de la culpabilidad de Jansen es que, de haber hecho él la presunta llamada anónima, no tenía los contactos necesarios para que le pasaran directamente con el jefe de la unidad, el teniente Julius Dettmann. En todo caso, le habrían puesto con su subalterno, el sargento Abraham Kaper, de la unidad IV B4, en la Oficina de Asuntos Judíos.

En 1946, Jansen fue condenado por prestar apoyo al enemigo en tiempos de guerra. Una de las imputaciones en su contra fue la denuncia de Otto Frank, Durante el juicio por colaboracionismo, se defendió a sí mismo recurriendo a su inventiva. Afirmó que se había afiliado al NSB en 1940 a fin de proteger a su esposa judía y que se había integrado en las SS de los Países Bajos para poder ayudar a sus hijos, apresados por los alemanes.[9] No fue difícil desmontar sus mentiras. El tribunal lo condenó a cuatro años y medio de cárcel. Como se hallaba en prisión preventiva desde el 31 de marzo de 1945, acabó de cumplir condena el 30 de septiembre de 1949.

¿Había en la historia de Job Jansen algún otro punto de interés? El equipo localizó a un nieto suyo que vivía en Australia. Tras conseguir su número de teléfono, Vince intentó hablar con él sobre sus recuerdos de Job. El nieto escuchó atentamente mientras Vince le explicaba lo que intentaba hacer el equipo, pero se negó a hablar sobre su abuelo alegando que estaba haciendo averiguaciones por su cuenta. De su tono se desprendía claramente que la familia aún se avergonzaba de la colaboración del patriarca con los nazis.

Esta hipótesis, como muchas otras que investigó el equipo, acabó por descartarse, pero resultó especialmente interesante porque tenía ciertas concomitancias con otra teoría que barajaba el equipo. Dicha teoría tenía como protagonista a un hombre al que Otto Frank le estuvo muy agradecido en un principio, un hombre cuya historia pasó desapercibida durante más de sesenta años, hasta que la autora británica Carol Ann Lee le mencionó en su libro *The Hidden Life of Otto Frank*. Se trataba del joven que se presentó un buen día en el despacho de Otto llevando la carta de denuncia de Jansen. Se llamaba Anton —Tonny— Ahlers.

El chantajista

«Aquel desconocido me dijo: "Puede quedarse con la carta. O puede que sea mejor que la rompa. La he sacado del archivador de denuncias entrantes"».[1]

Eso le dijo Ahlers a Otto Frank al entregarle un sobre en su despacho de Opekta, el 18 de abril de 1941. La primera noticia que se publicó sobre este incidente se encuentra en el libro de Ernst Schnabel *The Footsteps of Anne Frank*. Otto le confesó a Schnabel que en ese momento sintió «muy cerca el peligro». Se refirió a Job Jansen como a un simple «conocido» que le paró por la calle y a Tonny Ahlers como a un «desconocido» que se presentó en su oficina. No llamó por su nombre a ninguno de los dos. Es un momento estremecedor, porque Otto le cuenta a Schnabel cómo escapó del peligro aquella vez y cómo sobrevivió luego a los campos de concentración, a diferencia de su familia. «Pero no me gusta hablar de un ángel de la guarda. ¿Qué ángel salvaría a un hombre solo, sin su familia?».[2]

Vince se puso en contacto con la biógrafa Carol Ann Lee, que fue la primera en identificar a Tonny Ahlers como el mensajero del NSB, y el 8 de noviembre de 2018 viajó a Inglaterra para entrevistarse con ella en su casa cerca de Yorkshire. Una de las primeras cosas que le preguntó fue por qué se había decidido a escribir una biografía de Otto Frank. Lee le explicó que sentía curiosidad por su vida y quería saber cómo era, al margen del diario de su hija. Más adelante, Vince le preguntó cómo había dado con Tonny Ahlers. Lee le dijo que era una larga historia. Comenzó cuando se puso en contacto con el sobrino de Otto, Buddy Elias, que presidía la fundación Anne Frank Fonds y había heredado la casa de su tío en Basilea tras el fallecimiento de Otto y Fritzi. Le explicó que estaba escribiendo una biografía de Otto Frank y él la invitó a visitarlo.

Descubrió entonces que Otto había dejado una colección inmensa de documentos. La buhardilla y el sótano de su casa albergaban una cantidad ingente de fotografías y papeles, incluidas muchas cartas que había escrito y recibido a lo largo de los años. Lee tuvo la impresión de que Elias desconocía su importancia.

En cierto momento, Elias le mostró un escritorio de madera lleno de papeles. Al hojearlos, Lee se topó con una carta de Otto que hacía referencia a un tal A. C. Ahlers. Iba dirigida a las autoridades holandesas, a las que informaba de que dicho individuo había ido a su oficina y le había entregado una carta de denuncia escrita por J. Jansen e interceptada por el propio Ahlers. Según afirmaba, aquel hombre le había salvado la vida. Lee comprendió que se trataba de la historia que Otto le había contado a Schnabel, aunque en aquel momento no hubiera mencionado ningún nombre. Dado que Anton —Tonny— Ahlers no aparecía en ninguna investigación previa, Lee decidió indagar un poco más.

Partiendo de sus averiguaciones acerca del encuentro entre Otto Frank y Tonny Ahlers en 1941, planteó una de las teorías más elaboradas acerca de quién traicionó a Ana Frank. Argumentaba que, tras aquella primera conversación, Ahlers vio la oportunidad de seguir chantajeando a Otto.

Vince enumera las conjeturas en las que se apoya la teoría de Lee. En primer lugar, Ahlers tenía que estar al corriente de que la familia Frank se escondía en la Casa de atrás. Según Lee, lo sabía porque el anexo del número 263 de Prinsengracht era muy parecido al que tenía la vivienda de su madre, en el número 253 de la misma calle, donde Ahlers pasó una temporada en 1937.[3] En segundo lugar, Ahlers se habría reservado esa información hasta que, en el verano de 1944, cuando su negocio empezó a hacer aguas, tuvo necesidad de dinero y la recompensa que podía obtener por denunciar a judíos resultó demasiado tentadora.[4] Tras la denuncia de Ahlers, el 4 de agosto de 1944 una unidad de agentes del SD irrumpió en las oficinas de Opekta y exigió saber dónde se escondían los judíos. Ni el chantajista ni la denuncia se hicieron públicos tras la guerra porque Ahlers seguía pudiendo chantajear a Otto Frank. Tenía, según afirma Lee, un as en la manga: sabía que la empresa de Otto había proporcionado mercancías a la Wehrmacht durante la guerra.[5]

Por interesantes que fueran las deducciones de Lee, el equipo tenía que comprobarlas. Monique montó un tablero de pruebas en la oficina y asignó a cada uno de sus investigadores una sección de las conclusiones de Lee. La primera pregunta era: ¿qué habría impulsado a Ahlers a llevarle la carta de Jansen a Otto? ¿Cuál era su motivación? ¿El chantaje? Ahlers hizo, en efecto, una segunda visita a Prinsengracht 263 durante la cual Otto le entregó unos cuantos florines más. Pero, si se trataba de una extorsión, hasta Otto daba a entender que Ahlers podría haberle sacado mucho más dinero. En la carta que Otto envió después de la guerra a la BNV (Bureau Nationale Veiligheid, Oficina de Seguridad Nacional) queda claro que Ahlers no volvió a cruzarse en su camino antes de que la familia Frank se escondiera.[6] Otto afirmaba que se sentía agradecido y en deuda con Ahlers por haberle salvado la vida, lo que era absurdo, desde luego: Ahlers era un nazi sin escrúpulos y un ladrón de poca monta. Pero eso Otto no lo sabía.

Su expediente del CABR contiene declaraciones de testigos que afirmaban que Ahlers trabajaba para el SD. Trabajaba de recadero llevando cartas entre los nazis holandeses y el SD, cartas que seguramente no tenía reparos en abrir. Se sabía que guardaba una lista de nombres y direcciones de judíos escondidos y que denunciaba a personas a las que sorprendía escuchando la BBC en aparatos de radio ilegales, que a veces confiscaba y revendía. Había pruebas de que denunció a mucha gente, incluidos el nuevo marido de su madre, al que enviaron al campo de Vught, y un carnicero y un frutero que eran amigos de la familia. Se decía, además, que era ya un antisemita feroz antes de que empezara la guerra.[7]

Ahlers no era, por tanto, el tipo de persona que habría actuado movida por la compasión o la generosidad hacia Otto Frank. Es más probable que viera una buena oportunidad de sacar provecho de la situación y que pensara regresar por tercera vez a por más dinero, pero que para entonces Otto ya hubiera desaparecido.

En el momento de su primer encuentro, Ahlers tenía veinticuatro años. En su foto de identificación parece bastante guapo, con los pómulos afilados, el mentón cuadrado, la frente ancha y el pelo oscuro engominado y repeinado hacia atrás, como se estilaba en la época. También podría decirse, no obstante, que tenía los rasgos agresivos de sus compañeros fascistas holandeses: esa expresión arrogante, casi chulesca, de la boca y la mirada. Era un oportunista engreído que se aprovechaba de su colaboración con el SD para conseguir dinero y poder.

Vince y su equipo analizaron la infancia de Ahlers basándose en la información que contenía su expediente del CABR. Nacido en Ámsterdam en 1917, de familia obrera, en sus primeros años de vida contrajo la poliomielitis y pasó nueve meses en un sanatorio.

Le quedó una leve cojera en una pierna. Sus padres se divorciaron cuando él tenía once años y ambos perdieron la custodia de sus hijos. Sus cinco hermanos y él acabaron en un hogar del Ejército de Salvación y posteriormente fueron enviados a Vereeniging Nora, una residencia para niños abandonados.[8] Cuando tenía veintiún años, Ahlers intentó ahogarse, al parecer debido a un desengaño amoroso.

Su vida laboral fue inestable. Empezó siendo aprendiz de peluquero y más tarde trabajó en una fábrica en Francia. Su expediente del Archivo Municipal de Ámsterdam indica que vivió con su madre tres meses en el número 253 de Prinsengracht, a escasa distancia del 263, pero que su madre cambió de domicilio mucho antes de que Otto trasladara allí su empresa. Aparte de saber que los dos edificios tenían anexos similares, ¿qué otra cosa podría haber deducido Ahlers de esto?

En 1938 ya estaba afiliado al NSB y, según su expediente en el CABR, poco después estuvo implicado en una agresión contra el personal y los clientes de los grandes almacenes Bijenkork, de propiedad judía. En marzo de 1939, junto a un grupo que se hacía llamar De IJzeren Garde (La Guardia de Hierro), atacó las oficinas del Comité de Refugiados Judíos de Ámsterdam (Comité voor Joodsche Vluchtelingen, CJV) y de resultas de ello pasó nueve meses en prisión en la provincia de Frisia, al norte del país.[9]

Los investigadores del Equipo Caso Archivado recabaron abundante información que confirmaba que Ahlers no era como creía Otto Frank. Tras la invasión alemana, se alineó de inmediato con el enemigo. Actuó como fotógrafo oficial en diversas agresiones y redadas llevadas a cabo por el WA (Weerbaarheidsafdeling), el brazo paramilitar uniformado de los fascistas holandeses. Se dejaba ver a menudo en el café Trip de Rembrandtplein y otros locales donde se reunían los simpatizantes nazis, y se jactaba de tener contactos entre los mandos alemanes.[10] En el número del 18 de febrero de 1941 del diario *De Telegraaf*, que informaba del entierro de Hendrik Koot —fallecido tras el asalto al barrio judío de Ámsterdam por parte de un grupo de nazis holandeses—, hay una fotografía en la que aparece Ahlers posando orgullosamente junto a funcionarios alemanes de alto rango.[11] Viste gabardina blanca con cinturón y parece poner pose de detective. Aquel mismo día, poco antes del entierro de Koot, Job Jansen, el autor de la nota de denuncia, y Martinus J. Martinus detuvieron ilegalmente a un judío por cruzar irrespetuosamente la calle delante del cortejo fúnebre. Aunque el equipo de investigación no pudo confirmar que Jansen y Ahlers se trataran, sí comprobó que tanto Martinus como Ahlers estuvieron implicados en la detención de un hombre que se hacía pasar por miembro de la Gestapo y las SS en noviembre de 1940. Está claro que Ahlers y Jansen se movían en los mismos círculos políticos.

En noviembre de 1943, gracias a los servicios que prestaba al SD, Ahlers se mudó a una casa elegante en la que antes había vivido una familia judía. Entre sus vecinos se encontraba Kurt Döring, *sturmführer* (jefe de asalto) del SD, encargado de localizar células de resistencia y militantes comunistas. El expediente de Ahlers en el CABR señala que después de la guerra, al ser interrogado en la cárcel de Ámsterdam, Döring admitió que conocía bien a Ahlers. Como lo consideraba «demasiado estúpido» para cumplir cualquier labor de importancia, lo mandó a la fábrica de aviones Fokker para informar sobre la propaganda comunista. Y añadió: «Más adelante le hice *V-Mann* (informante a sueldo). Nunca hizo nada importante». Döring reconoció, no obstante, que Ahlers era un hombre peligroso.[12]

Tras la liberación de los Países Bajos en abril de 1945, Tonny Ahlers fue una de las primeras personas a las que detuvo el Servicio de Investigación Política (Politieke Opsporingsdienst, POD) del

Cuerpo Nacional de Policía holandés. Se le acusó, entre otras cosas, de actuar como informante para el SD y fue encarcelado en La Haya. En medio del caos de aquellos primeros meses, Ahlers logró escapar varias veces, pero volvieron a apresarlo al poco tiempo.[13] Cabe preguntarse si no se ponía, quizá, poco empeño en mantener encarcelados a los detenidos. En diciembre de 1945, el rotativo holandés *De Waarheid* informaba de que cada mes escapaban entre 100 y 150 presos.[14] Ahlers fue puesto en libertad el 3 de octubre de 1949, tras pasar cuatro años en prisión. Se le confiscaron sus bienes y perdió la nacionalidad holandesa.

Cuando Otto Frank volvió de Auschwitz, no buscaba venganza por los crímenes que se habían cometido contra su familia y él mismo. Quería que se asumieran responsabilidades. Era casi como si creyera que podía restablecerse la justicia. Por eso escribió al POD denunciando a Jon Jansen por su carta difamatoria. En noviembre ya había conseguido localizar a dos de los policías holandeses que participaron en la redada en el anexo, con la esperanza de averiguar quién era el denunciante. Buscó, además, a Tonny Ahlers.

El 21 de agosto de 1945, escribió a la Oficina de Seguridad Nacional (BNV) diciendo que tenía entendido que Tonny Ahlers estaba preso.[15] Quería prestar declaración para dejar constancia de que aquel hombre le había salvado la vida. Sin embargo, cuando finalmente se personó en su sede ese mes de diciembre, los funcionarios de la BNV lo sacaron de su error. Como explicó luego sucintamente: «Fui al Comité y les dije: "Ese hombre me salvó la vida". Pero me enseñaron los documentos que tenían sobre él y vi que yo era la única persona a la que había salvado. A muchos otros los había denunciado».[16] En la BNV le mostraron un boletín clandestino de 1944 titulado *Signalementenblad* (Hoja de avisos) que publicaba la resistencia para advertir a los ciudadanos contra delatores y agentes provocadores. El nombre de Tonny Ahlers figuraba en la lista de los individuos más peligrosos.[17]

Como explica Vince, la cuestión a la que se enfrentaba el equipo era saber si las acusaciones de Carol Ann Lee tenían algún fundamento. La autora aseguraba que Ahlers siguió chantajeando a Otto incluso después de que la familia se escondiera.

Sin embargo, para que esto sucediera el personal de la oficina tendría que haber estado al tanto de las visitas de Ahlers e incluso haberse ocupado de pagarle. Parecía una hipótesis insostenible. Si el personal de la oficina hubiera tenido algún indicio de que Ahlers estaba extorsionando a Otto, no habría vacilado en denunciarlo a las autoridades después de la guerra.

Lee argumentaba que la mala situación económica de Ahlers no le dejó otra alternativa que delatar a Otto Frank para obtener el Kopgeld, la recompensa. Al igual que ella, el equipo pensó al principio que una persona podía obtener un sobresueldo interesante denunciando a judíos escondidos a algún policía holandés del SD. Pero los recibos de Kopgeld descubiertos por Vince en el Archivo Nacional de Maryland dejaban claro que la recompensa no se pagaba al informante, sino a los agentes holandeses que efectuaban la detención. Estos podían, a discreción, pagar una pequeña parte al delator. Probablemente, los soplos que recibían de civiles procedían en su mayor parte de gente que cometía robos o pequeñas infracciones, como olvidarse de colocar las cortinas de oscurecimiento por la noche, por si había ataques aéreos.

En cualquier caso, ¿habría sabido Ahlers que Otto y los demás se escondían en el anexo? El equipo no encontró ninguna prueba de ello. Más o menos un mes después de que Ahlers entregara a Otto la carta de Jansen, entró en vigor la legislación nazi que prohibía a los judíos ser titulares de negocios, y el nombre de la empresa sita en el número 263 de Prinsengracht se arianizó: de Opekta, pasó a llamarse Gies & Co. El cambio de nombre indicaba, para cualquiera que no estuviera ya al corriente, que Otto se había esfumado. Teniendo en cuenta que Ahlers visitó por primera vez la oficina en 1941 y que la redada se produjo casi cuarenta meses después, parece improbable que, si sabía que había allí judíos escondidos, Ahlers se guardase tanto tiempo esa información.

Lee afirma en su libro que, según contaba su familia, a Ahlers le gustaba jactarse de que era él quien había denunciado a los ya famosos ocupantes de la Casa de atrás.[18] Es una psicosis curiosa, aunque por desgracia frecuente, esa de querer hacerse famoso arrogándose el papel de villano. Pero ni siquiera su familia creía a Ahlers.

Para completar sus pesquisas, Vince encargó al equipo que tratara de corroborar la afirmación de Lee de que Ahlers había seguido extorsionando a Otto después de la guerra sirviéndose de sus presuntos tratos comerciales con Alemania. Gracias a que la Casa de Ana Frank les concedió acceso especial a sus archivos, pudieron indagar en los libros de pedido de Opekta y Gies & Co y descubrieron que, en efecto, Opekta recibía pectina de su empresa matriz en Fráncfort y que, en última instancia, suministraba mercancías a los alemanes. Pero lo mismo hacían muchas otras empresas holandesas.

El libro de pedidos de 1940 indica que la empresa suministró pimienta y nuez moscada a la Wehrmacht en La Haya. Pero en los libros de cuentas de Gies & Co de 1942, 1943 y 1944 no figura ninguna entrega directa a la Wehrmacht. Después de la guerra, el NBI (Nederlandse Beheersinstituut, Instituto Neerlandés de Administración), encargado de revisar el comercio con el enemigo en tiempos de guerra, informó de que no le preocupaban los pequeños negocios, siempre y cuando no hubieran buscado activamente hacer negocios con los alemanes. Si la empresa de Otto llegó a comerciar

con ellos, fue a escala muy pequeña, tan pequeña que indudable
mente no podía servir de base a un chantaje. Otto Frank no se había beneficiado económicamente de la guerra.[19]

Vince es una especie de *bulldog*. Cuando encuentra un rastro, lo
sigue en línea recta, incansablemente. «Cuando era investigador
del FBI», cuenta, «no permitía que nada se interpusiera en mi camino. De hecho, cuando enseñaba a agentes noveles cómo abordar
la investigación de un caso importante, les decía que, cuando se
toparan con barreras administrativas, mi consejo era que, si no podían sortearlas, las atravesaran». Su tesón es digno de admiración.

En este caso, el equipo puso de manifiesto otro aspecto de la
sociedad holandesa bajo la ocupación alemana. Tonny Ahlers y Job
Jansen eran oportunistas resentidos para los que las atrocidades de
los nazis no eran más que un sistema neutral del que obtener beneficios. Carecían por completo de escrúpulos morales respecto al
asesinato de judíos, de sinti y roma (es decir, de gitanos),* de rehe-
nes y de combatientes de la resistencia. Si alguna vez pensaban en
ellos, los veían como enemigos que se merecían la suerte que corrían. Aunque proclives a la violencia, personalmente no cometieron asesinatos. Pero los justificaban.

---

* Se calcula que los nazis mataron a medio millón de gitanos.

El barrio

El número 263 de Prinsengracht está en el límite del distrito de Jordaan, en el casco viejo de Ámsterdam, donde las casas, con vistas al canal, se apretujan unas contra otras. El barrio era relativamente pobre en tiempos de la guerra. La gente se hacinaba en pisitos y había mucha vida callejera: los adultos iban andando a las tiendas y se reunían a lo largo del canal, y los niños salían a jugar. Todos los vecinos se conocían.

En su libro *The Phenomenon of Anne Frank*, el exinvestigador del NIOD David Barnouw planteaba la posibilidad de que el delator hubiera vivido en el barrio, dado que probablemente los vecinos de la zona, que vivían en una proximidad tan estrecha, sabrían que había judíos escondidos allí cerca. Afirmaba, además, que no solo hay infinidad de ventanas de viviendas de las calles adyacentes —Keizersgracht y Westermarkt— que son visibles desde el anexo, sino que este puede verse desde las ventanas de la parte de atrás de los edificios que dan al patio.

Si la redada había sido, en efecto, consecuencia de la denuncia de algún vecino, el equipo tenía que averiguar quién vivía en aquellas casas. De ahí que Vince ideara el Proyecto Residentes. Encargó a tres documentalistas que localizaran y compilaran toda la información disponible sobre las personas que habían trabajado y residido en el vecindario entre 1940 y 1945. Para ello fue necesario localizar y recuperar miles de documentos de cinco archivos, en tres países.

En Ámsterdam, cada vez que una persona se mudaba tenía que notificar su cambio de domicilio al Ayuntamiento. El Archivo Municipal de la ciudad concedió al equipo una autorización especial para acceder a los registros de empadronamiento, donde se consignaba la fecha en la que un vecino se instalaba en la ciudad y sus sucesivos cambios de residencia. En las tarjetas del padrón figuraban el lugar y la fecha de nacimiento de la persona; el nombre de sus padres, de su cónyuge y sus hijos; y todos los lugares donde había residido. Había además un apartado que recogía su afiliación religiosa. Los investigadores descubrieron que en algunas tarjetas estaban tachadas las siglas *NI* que identificaban a los israelitas de los Países Bajos, lo que significaba que esas personas habían logrado de algún modo «arianizarse», sustrayéndose así de las listas de deportación.

Tras elaborar la lista de residentes y la de quienes trabajaban en los negocios del barrio, el siguiente paso fue determinar cuáles de esas personas eran miembros del NSB, colaboracionistas, informantes o posibles delatores.

El equipo recurrió en primer lugar al Yad Vashem de Israel, dado que el archivo de esta institución guardaba los archivos, recuperados después de la guerra, de todos los afiliados al NSB holandés. En el NIOD y el Archivo Municipal de Ámsterdam se conservaban copias del *Signalementenblad*, el boletín de sospechosos que elaboraba y actualizaba con regularidad la resistencia holandesa y que contenía información extremadamente detallada de colaboracionistas y su manera de operar, e incluso, en ocasiones, fotografías de los sujetos en cuestión. (Como decíamos más arriba, Tonny Ahlers aparecía en estas listas). Vince localizó además una lista de informantes del SD en el NARA de Maryland, dentro de la misma colección de documentos donde encontró los recibos de Kopgeld.

Debería haber sumarios policiales (*proces-verbalen*) que proporcionaran información relevante acerca de los colaboracionistas, pero, según el archivero de la policía Jan Out, toda la documentación procedente de ese periodo se había destruido (con extraño sentido de la oportunidad, podría pensarse) debido a la falta de espacio y presupuesto. Solo se conservaban los libros de registro diario de las comisarías de la ciudad. En ellos se anotaba el nombre de cualquier persona que era detenida o que se veía implicada en algún incidente que requería la intervención de la policía, o incluso que acudía a comisaría para presentar una denuncia. A menudo figuraba también el nombre del agente o agentes involucrados. El nombre de Ana Frank aparece, de hecho, en uno de estos libros, con fecha 13 de abril de 1942, cuando, apenas tres meses antes de que su familia se escondiera, fue a denunciar el robo de su bicicleta.

A mediados de la década de 1990, el archivero Peter Kroesen descubrió unos cuantos libros de registro diario de la policía del periodo 1940-1945 entre una enorme remesa de documentos que estaba a punto de destruirse. Salvó los libros llevándolos a escondidas a un lugar seguro. (Estos documentos, que pueden verse pero no escanearse, están actualmente entre los más consultados del Archivo Municipal de Ámsterdam). El Equipo Caso Archivado los revisó minuciosamente en busca de incidentes y avisos localizados en las inmediaciones de la Casa de atrás, tratando de hallar pistas que arrojaran luz sobre qué o quién desencadenó la redada.

Los investigadores asignados a las distintas secciones del Proyecto Residentes introdujeron la información en una base de datos y cargaron esta en la plataforma de IA. De este modo podían cotejar los nombres de las tarjetas de empadronamiento, de las listas de afiliados del NSB, de informantes del SD y de delatores (*V-Männer* y *V-Frauen*), de los libros de registro diario de las comisarías, así como de los archivos de purgas y de los registros de los servicios sociales, centrándose en Prinsengracht y en las calles aledañas de Leliegracht, Keizergracht y Westermarkt.

Los ingenieros de Xomnia proporcionaron la base para el programa de IA de Microsoft, que creó una imagen virtual de dónde residían esas personas dentro del barrio. Muchas calles de Ámsterdam habían cambiado de nombre desde la guerra, lo que complicaba el proceso. Aun así, los informáticos lograron escribir un programa que convertía los nombres de las calles de un plano actual a un plano de la época de la guerra, y que permitía geolocalizar las direcciones de los residentes y de posibles delatores.[1]

Xomnia tiene sus oficinas en un edificio histórico próximo a Prinsengracht, cinco manzanas al sur de la Casa de Ana Frank. Se invitó al Equipo Caso Archivado a una demostración. Los investigadores cuentan que se quedaron sin habla cuando vieron aparecer el mapa del barrio en un gran monitor adosado a la pared. Los puntos de colores que representaban las distintas categorías de posibles delatores —miembros del NSB (azul), colaboracionistas/confidentes (rojo) e informantes del SD (amarillo)— aparecían tan apelotonados que formaban un gran amasijo sobre el distrito de Jordaan. Cuando se aumentaba la imagen para enfocar las calles contiguas al anexo, la densidad de los puntos disminuía, pero el número de posibles amenazas seguía siendo asombroso: un informante del SD, un tal Schuster, tenía una tienda de bicicletas a manzana y media de la empresa de Otto; un colaboracionista llamado Dekker, camarero de profesión, cuyo nombre encontró el equipo en la lista de personas más buscadas de la resistencia, vivía solo unas puertas más allá del anexo; y

numerosos afiliados al NSB residían en los edificios que flanqueaban el patio de atrás.

Tras la presentación del proyecto Caso Archivado a finales de
septiembre de 2017, Kelly Cobiella, periodista del programa *Today* de la cadena estadounidense NBC, viajó a Ámsterdam para entrevistar al equipo. Vince le mostró la imagen digital de la
acumulación de posibles amenazas que rodeaba la Casa de atrás y le
comentó que, en lugar de preguntarse qué había desencadenado la
redada, quizá habría que preguntarse cómo fue posible que sus ocupantes aguantaran más de dos años escondidos antes de que los
apresaran.

Para que la teoría de David Barnouw fuera válida, no bastaba
con que los vecinos del barrio fueran fervientes militantes del NSB,
también tenían que estar al corriente de que había judíos escondidos en el anexo. El equipo descubrió que algunos vecinos parecían
saber que la Casa de atrás estaba ocupada; entre ellos, los de los
negocios de los dos edificios que flanqueaban el número 263 de
Prinsengracht: Elhoek, un taller de tapicería sito en el 261, y Keg,
un negocio de venta de té y café, en el 265.

Bep contaba que un empleado de Keg le preguntó al personal de
Opekta/Gies & Co por las cañerías del inmueble. Quería saber «si
vivía gente en el edificio». Solía quedarse trabajando hasta tarde
por la noche y oía correr agua por las tuberías cuando ya se había
ido todo el personal. Y un empleado de Elhoek comentó que a veces
almorzaba en el ancho badén entre el 261 y el 263 y que de vez en
cuando oía voces procedentes del anexo.[2] Como cuenta Ana en el
diario, los ocupantes de la Casa de atrás se descuidaban a veces y se
asomaban por las ventanas u olvidaban cerrar las cortinas.

Pero, aunque algunos vecinos sospecharan, no tenían por qué
llegar automáticamente a la conclusión de que los allí escondidos
eran judíos. En agosto de 1944 había gran número de holandeses

no judíos (se calcula que más de 300 000) escondidos para evitar que los enviasen a Alemania como mano de obra esclava o que se habían convertido en prófugos al escapar de los campos de trabajo. Las voces que se oían de vez en cuando, el sonido de las cañerías o el humo de la chimenea del anexo podían ser igualmente indicio de que allí se escondían holandeses no judíos. Teniendo en cuenta la propaganda antisemita nazi de la época, es evidente que había personas dispuestas a delatar a judíos; de hecho, un tercio de los judíos que se escondieron fueron víctimas de denuncia. En cambio, la gente estaba menos dispuesta a denunciar a ciudadanos holandeses no judíos que se negaban a ir a trabajar al país enemigo para que la guerra continuase, una guerra que, en el verano de 1944, los alemanes iban perdiendo a todas luces.

Para el Equipo Caso Archivado era importante determinar qué se veía y se oía desde los edificios cuyas ventanas traseras daban al patio compartido, un espacio de unos sesenta metros de largo (aproximadamente dos tercios de la longitud de un campo de fútbol). Vince quería hacer un escáner 3D de láser y audio del patio, pero había tantos edificios que habría resultado tremendamente caro. Al final, él y Brendan Rook, el exinvestigador del Tribunal Penal Internacional de La Haya, utilizaron un método detectivesco más tradicional.

Solicitaron a la Casa de Ana Frank que les permitiera acceder a la azotea del edificio donde se encuentran el museo y las oficinas de administración, en la esquina de la calle, al lado de Prinsengracht 263. No les pusieron ningún impedimento y les indicaron las escaleras que llevaban a la azotea. Por suerte, los edificios que rodean el patio prácticamente no han cambiado desde tiempos de la guerra (una de las pocas excepciones es, precisamente, el inmueble en el que se encontraban). Desde allí podían observar a vista de pájaro todo el patio, pero en cambio solo veían de costado la Casa de atrás. Enseguida les quedó claro que desde los edificios de Prinsengracht situados a derecha e izquierda del anexo no se ven las ventanas traseras de este. Solo desde algunas ventanas de los edificios de Westermarkt, Keizersgracht y Leliegracht podía verse el anexo.

La vista desde algunas de esas ventanas, además, quedaría tapada en parte por el enorme castaño que antes se levantaba detrás del anexo y al que Ana se refiere en ocasiones en el diario. (En 2010, el viento derribó el árbol casi centenario, que sin embargo aún vive hoy en día: se sembraron sus castañas y los retoños que nacieron de ellas se plantaron luego por todo el mundo en recuerdo de Ana). Las fotografías aéreas del patio en verano que se conservan de esa época dejan claro que la copa del árbol tapaba casi por completo la vista del anexo desde la mayoría de los edificios del lado de Keizersgracht.

Puesto que desde la azotea no alcanzaban a ver las ventanas del anexo, Vince y Brendan buscaron otro lugar. Un edificio que ahora es una tienda de cómics muy conocida, situado justo enfrente, en Keizersgracht, al otro lado del patio, parecía ser el que tenía mejores vistas del anexo. Cuando le explicaron al dueño lo que querían hacer, se ofreció de inmediato a colaborar. Les contó que había heredado el inmueble de su abuelo y que vivía en los pisos de arriba, y los invitó a subir a ver qué alcanzaba a distinguirse desde las ventanas superiores. Cuando estaban a punto de subir las escaleras, añadió con cierta vergüenza que varios miembros de su familia habían sido partidarios de los nazis durante la guerra.

Vince y Brendan se colocaron delante de la ventana del dormitorio del dueño y observaron la Casa de atrás desde el otro lado del patio, tratando de determinar qué podía haberse visto y oído cuando estaba ocupada por los escondidos. Actualmente, todas las ventanas del anexo están tapadas con persianas, salvo la del desván al que solían subir Ana, Margot y Peter para escapar de sus padres. Desde donde se encontraban, los dos investigadores alcanzaban a ver el campanario de la Westerkerk, que seguía dando la hora estrepitosamente cada quince minutos, igual que durante la guerra. También se veía el tocón del castaño. El patio estaba casi vacío de gente; solo había un par de vecinos regando las plantas y varios obreros que estaban reformando un patio en un extremo.

Brendan y Vince extrajeron varias conclusiones del rato que pasaron observando el patio desde allí. En primer lugar, aunque la gente que podía ver sin impedimentos la parte de atrás del anexo hubiera distinguido algún movimiento dentro, habría sido muy difícil identificar si se trataba de trabajadores o residentes, de judíos o gentiles; sobre todo, de noche, cuando las cortinas y paneles de oscurecimiento tapaban las ventanas. Además, dado que el patio está rodeado de edificios que son en su mayoría de ladrillo y cemento, los sonidos tenían que rebotar de un lado a otro y habría sido difícil que el oyente distinguiera con claridad de dónde procedían.

De vez en cuando, se ponían en contacto con el equipo personas que aportaban teorías novedosas sobre el delator relacionadas con el vecindario. Una de las más interesantes fue la de Arnold Penners, un fisioterapeuta jubilado de la zona de Amsterdam-Noord. Penners les contó que en 1985 tuvo una paciente ya anciana —no recordaba su nombre, solo que empezaba por B— que aseguraba que había vivido en Prinsengracht, solo unas puertas más allá del número 263, y que había presenciado la detención. El equipo se llevó una alegría al saberlo porque aquel podía ser el único testimonio conocido acerca del arresto que no procedía de los protectores de los Frank, de Jan Gies o de Willy Kleiman.

Según la paciente de Penners, aquel día hizo muy buen tiempo. Ella estaba asomada a la ventana de su casa, mirando la calle, cuando vio venir un camión por la parte de Rozengracht. El vehículo se detuvo delante del número 263 y de la cabina se bajaron un agente alemán y un hombre al que reconoció como Lammert Hartog, uno de los mozos de almacén de Gies & Co. De la parte de atrás se apearon varios soldados alemanes y policías holandeses. Acto seguido, los soldados cortaron la calle en ambas direcciones. Hartog señaló la parte de arriba del número 263 y los demás entraron en el edificio. Un rato después, ella los vio salir con los detenidos de la Casa de atrás. Lammert Hartog cruzó a pie al otro lado del canal y les gritó un improperio antisemita. Cuando el camión arrancó, la mujer se fijó en un grupito de vecinas que había en la calle y distinguió entre ellas a la esposa de Lammert, Lena, que también increpó a los judíos y golpeó un lado del camión cuando este pasó por su lado.

La paciente de Penners aseguraba que informó de lo que había visto al inspector que dirigió la investigación del caso en 1947, pero que, como no se hizo nada al respecto, dejó correr el asunto.

Su relato era, de hecho, un invención ingeniosa que se contradice con todas las declaraciones de los testigos presenciales, los sospechosos y las víctimas de la redada. El grupo de agentes que efectuó las detenciones no llegó en camión; los soldados no cortaron la calle; ninguno de los protectores de los Frank mencionó nunca que los Hartog hubieran hecho comentarios antisemitas; Jan Gies y Willy Kleiman estaban mirando desde el otro lado del canal y no oyeron ninguno. Lo único que puede decirse al respecto es que es curioso cuánta gente ansía formar parte de la historia de Ana Frank.

La niñera

Aunque Vince confiaba en que se pusiera en contacto con ellos gente que tuviera información sobre el caso, le dejó asombrado la cantidad de cartas que recibieron. El programa estadounidense *Today* fue el primero en responder al comunicado de prensa que publicó el equipo a finales de septiembre de 2017, pero muchos otros medios de comunicación —de países como Reino Unido, Canadá, Australia, Colombia, Rusia, Francia, Estados Unidos, los Países Bajos, Alemania, Israel, Italia y mucho otros— se interesaron después por entrevistarlos. A esto hay que sumar la publicación de un artículo sobre la investigación en el diario holandés *Het Parool* que animó a numerosas personas a aportar nuevas pistas sobre el caso.[1]

Una de las primeras pistas procedía de una señora de ochenta y dos años que se había criado en el distrito de Jordaan, a pocas manzanas de Prinsengracht 263. Jansje Teunissen* vive actualmente en

---

* Se le ha dado un nombre falso para proteger su intimidad. Jansje ignoraba que su padre trabajó para el Nationalsozialistisches Kraftfahrkorps

un pueblecito agrícola a unas dos horas al sur de Ámsterdam. Christine Hoste se encargó de organizar la visita y Monique, Vince y ella fueron a entrevistarla. Christine conocía bien la zona porque había pasado su niñez entre aquellas granjas y su familia sigue residiendo allí. Jansje vivía cerca de la carretera comarcal, en una casita modesta de un solo piso, decorada con fotografías familiares y bonitas vitrinas. La entrevista se realizó en holandés (Monique hizo de intérprete para Vince) y fue grabada.

Saltaba a la vista que Jansje estaba nerviosa, pero pasado un rato se relajó y les contó numerosas anécdotas sobre el Jordaan. Era una narradora maravillosa. Hablaba en largos soliloquios y recordaba a la perfección la primera parte de la guerra. Les describió el ruido aterrador de las sirenas antiaéreas y cómo la agarraba su padre de la mano para correr al refugio. Al principio de la guerra aún no escaseaba la comida, podían hacerse todavía llamadas telefónicas y su familia tenía la suerte de contar con un teléfono en casa, lo que en aquellos tiempos era un lujo reservado a empresas o a quienes se hallaban en buenos términos con los ocupantes alemanes. En el verano de 1944 a Jansje la mandaron a vivir a un internado en la pequeña localidad de Noordwijkerhout, donde estaría más segura que en la capital.

Según les contó a Vince y a Monique, su infancia no fue fácil. Su padre pertenecía al NSB, aunque ella solo entendió con posterioridad lo que eso suponía. Tenía problemas con la bebida. A veces ganaba algún dinero tocando el piano en los bares de la zona, pero luego se bebía sus ganancias. Jansje se quedaba a menudo sola en casa porque su madre tenía que mantener a la familia trabajando en

---

(NSKK, Cuerpo Motorizado Nacionalsocialista) y se llevó una sorpresa al descubrir que su madre también había estado afiliada al NSB y que ambos habían perdido la nacionalidad holandesa.

una pescadería cercana, y en algún momento sus padres decidieron que pasase el día en casa de una niñera.

Para llegar hasta allí, Jansje tenía que recorrer un corto trecho a pie hasta Prinsengracht, enfrente de la empresa de Otto Frank. Luego cruzaba el canal, llegaba a la iglesia de Westerkerk y salía a Westermarkt. La casa de su niñera, sita en el número 18 de esa calle, era fácil de distinguir porque tenía un cartel del partido nazi holandés colgado a plena vista en la ventana delantera.

La niñera, Berdina van Kampen (a la que se conocía también por el apodo de Tante Kanjer, «Tía Grandona»), no tenía hijos y vivía con su marido. Jansje la tuvo siempre por una mujer amable y generosa que le daba golosinas, galletas y abrazos, lo que no recibía con frecuencia en su casa. Su marido, el tío Niek, era un compositor holandés que había conseguido cierta notoriedad escribiendo canciones populares. Jansje contaba que el tío Niek le daba miedo y que Tante Kanjer le inspiraba compasión.

Tenía prohibido entrar en la cocina de la casa, pero, como era, según ella misma decía, una niña «traviesa y muy curiosa», una vez entró, se subió a la encimera y vio un cesto con una cuerda y una polea escondido detrás de una cortina. Solo años después cayó en la cuenta de que la casa lindaba con el anexo y se preguntó si su niñera no estaría usando la cuerda y la cesta para bajar comida a la gente allí escondida. Desde la ventana de la cocina se veía el patio con el árbol que describía Ana en su diario y, detrás de él, claramente, la Casa de atrás.

A Vince y al equipo, la historia de Jansje los sedujo de inmediato: un militante del NSB cuya esposa proporcionaba presuntamente comida a los escondidos y que además vivía tan cerca del anexo merecía, no había duda, una investigación. El equipo se puso a examinar los pormenores de la historia cotejando en su inmensa base de datos los diversos nombres y direcciones que les había proporcionado Jansje. Los resultados mostraron que la niñera, Berdina van Kampen-Lafeber, y su marido, Jacobus van Kampen, vivieron en efecto en el número 18 de Westermarkt entre mayo de 1940 y febrero de 1945. Al tío Niek se le identificaba como compositor de profesión.

Este lapso de tiempo era de por sí interesante: el matrimonio vivió en Westermarkt 18 desde el comienzo de la invasión alemana y se marchó justo en el momento en que quedó claro que los alemanes habían perdido la guerra, cuando los colaboracionistas empezaron a huir de Ámsterdam. Su expediente en el CABR confirmó que, efectivamente, el tío Niek había sido colaborador del NSB. Lo que no esperaba descubrir el equipo era que la bondadosa niñera de Jansje tenía también el carné del NSB y alquilaba habitaciones a jóvenes militantes del partido. Quizá, en vez de ayudar a la gente de la Casa de atrás, hubiera tenido algo que ver con su delación.

Aunque era improbable que una afiliada al NSB procurara alimento a judíos escondidos, Vince y Monique contemplaron la posibilidad de que la niñera estuviera en el fondo en contra de los alemanes y solo se hubiera afiliado para complacer a su marido. Pero ¿vivía lo bastante cerca como para hacerles llegar comida sin que la vieran?

Lamentablemente, el edificio del número 18 de Westermarkt había sido demolido y en su lugar se habían construido apartamentos modernos. Las fotografías de tiempos de la guerra demuestran que la parte de atrás daba al lateral del anexo y que desde allí no eran visibles las ventanas traseras de este, como creía recordar Jansje. Además, debido a la distancia que había entre los dos edificios, para que su hipótesis fuera válida y la niñera hubiera bajado comida a los escondidos, habría sido necesario que sus protectores salieran del anexo por la parte de atrás del almacén y recorrieran una veintena de metros para recoger las vituallas. Indudablemente, tales maniobras habrían sido muy peligrosas para todos los implicados. Por otra parte, si las cosas hubieran sido como imaginaba Jansje, habría quedado alguna constancia de su ayuda en la documentación, ya sea en el diario de Ana o en los testimonios de sus protectores. En cuanto al hecho de que la niñera tuviera un cesto con una cuerda y una polea, este era un método muy común en Ámsterdam en aquella época para subir y bajar mercancías, debido a que muchos edificios de los canales tenían pasillos estrechos y escaleras empinadas y retorcidas.

Las pruebas que contenía el expediente del tío Niek en el CABR demostraban que había sido un militante muy activo del NSB. Varios testigos declararon que a veces se paseaba por la calle con el uniforme de la Landwacht* y dos pistolas y que los días de fiesta solía colgar la bandera del NSB en su casa. Evidentemente, se aferró a sus creencias radicales hasta el final mismo de la guerra, puesto que diversos testigos declararon haberle visto dar un discurso proalemán en la calle la víspera de la liberación. Esos mismos testigos declararon que su esposa, la buena niñera, estaba con él, apoyándole, en esa ocasión. Es posible que los recuerdos hayan trastocado la fecha de ese discurso, dado que al parecer la pareja cambió de domicilio en febrero, pero esta anécdota ilustra la animadversión que despertaba el tío Niek entre sus vecinos.

Sin embargo, por más que el tío Niek fuera un vehemente partidario del nazismo, el equipo no encontró ninguna prueba de que se le hubiera acusado de delación. Después de la guerra se le procesó por encabezar una sección de barrio del NSB y por escribir canciones propagandísticas a favor de los nazis que vendía a una

---

* Grupo paramilitar formado a partir del verano de 1943 por militantes del NSB (todos ellos varones) con el fin de ayudar a las autoridades alemanas a controlar a la población civil.

emisora de radio con mucha audiencia. Fue condenado a veintidós meses de prisión por colaboracionismo.[2]

Por último, un dato enterrado en su expediente resultó crucial para que el equipo descartara la hipótesis de que él era el delator. Durante 1944, el tío Niek no estuvo en Ámsterdam, sino en la lejana ciudad de Arnhem, al este del país. Puede que tuviera motivación para denunciar a los escondidos, teniendo en cuenta su afiliación al NSB y su militancia ultraderechista, pero no tuvo oportunidad. Por otra parte, el equipo tampoco encontró indicios de que, pese a haber vivido muy cerca del anexo, tuviera conocimiento de que este estaba ocupado.

Normalmente, esta hipótesis se habría descartado sin más, pero el equipo encontró las tarjetas del padrón de los padres de Jansje en el Archivo Municipal de Ámsterdam y descubrió que ambos habían perdido la nacionalidad holandesa después de la guerra. Solo por estar afiliado al NSB no se despojaba a nadie de la ciudadanía holandesa; para que eso sucediera, hacía falta algo más que profesar una ideología perversa. El equipo encontró en el CABR el expediente del padre, que indicaba que había pertenecido también al NSKK (el Cuerpo Motorizado Nacionalsocialista) y había trabajado en Alemania entre 1942 y 1944. El NSKK era una organización paramilitar que surtía de mecánicos y chóferes a las distintas ramas del ejército alemán. Era probable que el padre hubiera perdido la nacionalidad debido a su pertenencia a este grupo. Sus actividades colaboracionistas podrían explicar el hecho de que la familia tuviera un teléfono en casa a esas alturas de la guerra. Más sorprendente aún resultó comprobar que también la madre de Jansje estaba afiliada al NSB. Su nombre figuraba en la lista que el Yad Vashem le proporcionó a Vince al inicio de la investigación. Ella también perdió la nacionalidad, lo que impresionó a Jansje, que ignoraba hasta qué punto habían colaborado sus padres con el nazismo.

El equipo descubrió además que su madre había sido detenida el

3 de agosto de 1944 a las diez y diez de la noche, apenas doce horas antes de la redada en Prinsengracht 263. El hecho de que solo le pusieran una multa y la soltaran enseguida despertó las sospechas del equipo, porque una puesta en libertad tan rápida solía indicar que el detenido había entregado información a cambio de que le dejaran marchar.[3] ¿Podía la madre de Jansje haberse enterado de algún modo de que había judíos escondidos en el anexo, muy cerca de donde vivía su niñera, y haber informado a la policía en el momento de su detención?

Era una hipótesis interesante, pero no se sostenía. La documentación demostraba que la detuvieron por saltarse el toque de queda, que empezaba a las ocho de la tarde. Sin embargo, en esa época todavía era de día hasta las nueve y media, de modo que seguramente no había nada de sospechoso en que estuviera en la calle a esa hora, y ella no parecía representar ningún peligro. Además, en esa fase final de la guerra, cuando todo el mundo sabía ya que los alemanes estaban contra las cuerdas, seguramente un agente de policía corriente no se habría molestado en cooperar con los inspectores de la temida unidad de Caza de Judíos del SD holandés. Cuando acabara la guerra, todo el mundo quería estar del lado de los vencedores.

Otra teoría

En 2018 llegó a la oficina un mensaje de un señor mayor, holandés, que afirmaba que Vince y sus colaboradores estaban perdiendo el tiempo tratando de dilucidar la detención de los ocupantes de la Casa de atrás, porque él ya sabía lo que había ocurrido. Tras varios correos electrónicos, Pieter habló por teléfono con Gerard Kremer, que de niño había vivido en el número 2 de la calle Westermarkt, un edificio señorial que durante la guerra había albergado oficinas de la Wehrmacht en dos de sus plantas, situado a la vuelta de la esquina de la tienda de cómics desde cuya buhardilla Vince y Brendan habían observado el patio interior y la parte de atrás del anexo.

Como era típico de aquel barrio, el número 2 de Westermarkt estaba ocupado por varios negocios y viviendas. El padre de Kremer, Gerardus, era el conserje de la finca y vivía con su esposa e hijo en la sexta planta. La tercera y la cuarta estaban ocupadas por una unidad de la Wehrmacht que se encargaba de recoger bienes confiscados en los Países Bajos para su traslado a Alemania. Los alemanes se habían adueñado también de parte del sótano, que utilizaban para almacenar comida y equipamiento sanitario.

En mayo de 2018, Kremer publicó un libro titulado *De achtertuin van het achterhuis* («El patio de la Casa de atrás») que, pese a que fue acogido con escepticismo, causó cierto revuelo. Kremer lo escribió como homenaje a sus padres y a la labor de estos en la resistencia. Aseguraba que sus padres sustraían a escondidas comida del sótano del número 2 de Westermarkt y, con ayuda de un tal doctor Lam —un médico que tenía consulta en un edificio vecino—, repartían paquetes de alimentos entre la resistencia. Tras sustraer los productos —tales como queso y alimentos secos—, los bajaban con un polipasto y una cuerda desde el número 2 al pequeño patio de la vivienda del doctor Lam en Keizersgracht. La resistencia repartía luego los artículos robados, entre otras personas a los ocupantes de la Casa de atrás. Cuando Pieter le preguntó cómo sabía su padre que había gente escondida allí, Kremer le repitió una historia que contaba Gerardus: al parecer, había visto y oído a las niñas de la Casa de atrás jugando alrededor del castaño del patio.[1] Además de ayudar a los ocupantes del anexo proporcionándoles comida, al parecer el doctor Lam también les procuraba asistencia médica.

Encontrar a un nuevo proveedor de comida de la Casa de atrás suscitó la curiosidad del equipo, pero Pieter tenía sobre todo interés en oír la versión de Kremer acerca de la redada. Este aseguraba que su padre sabía que la tristemente célebre *V-Frau* judía Anna —Ans— van Dijk visitaba con frecuencia su edificio. Utilizando un nombre falso —Ans de Jong—, iba a menudo a tomar café con las secretarias de las oficinas de la Wehrmacht. Gerardus la saludó una vez y le comentó que la conocía de vista, de cuando ella trabajaba en la sombrerería Maison Evany, antes de la guerra. La mujer, sin embargo, insistió en que se equivocaba y se marchó.

Al describir la redada en el anexo, Kremer afirmaba que a

principios de agosto de 1944 su padre oyó por casualidad una llamada telefónica que hizo Ans van Dijk al SD informando de que había oído voces de niños procedentes de una casa de Prinsengracht. Esta habría sido la llamada que desencadenó la redada.

Gerardus le contó esta extraordinaria historia a su nuera —la esposa de Kremer— justo antes de fallecer, en 1978, a modo de confesión en su lecho de muerte. Curiosamente, ella no se lo contó a su marido hasta mucho tiempo después, y Kremer se guardó para sí esta revelación varios años, hasta que decidió publicarla como parte su libro en 2018.[2]

A Gerardus lo detuvieron algo más de un mes después de la redada en la Casa de atrás. Según contaba Kremer, su padre estaba convencido que le había denunciado Ans van Dijk, aunque esto nunca llegó a demostrarse. La familia dio por sentado que lo habían detenido por ayudar a judíos escondidos. Lo llevaron al cuartel del SD en Euterpestraat y lo torturaron. También detuvieron al doctor Lam, que quedó en libertad poco tiempo después. Gerardus, en cambio, acabó en la célebre prisión nazi de Weteringschans, pero por suerte un oficial alemán que vivía en el mismo edificio que la familia Kremer, en Westermarkt 2, intercedió a su favor. Salió de prisión el 23 de octubre de 1944, el mismo día que la resistencia asesinó al agente del SD Herbert Oelschläger. A la mañana siguiente, los alemanes escogieron a veintinueve presos de la cárcel en la que había estado internado Gerardus, los trasladaron al sur de la ciudad y los ejecutaron en represalia por el asesinato.

Tras la primera de muchas conversaciones telefónicas (a veces acaloradas) con Kremer, el equipo comenzó a analizar aquel nuevo dato. Indudablemente, la versión de Kremer coincidía en muchos puntos con la teoría del investigador del NIOD David Barnouw, según la cual alguien del vecindario vio o escuchó algo y avisó al SD. Implicaba, además, a una conocida *V-Frau* que ya se hallaba en el radar del equipo porque se sabía que operaba en aquella zona de Ámsterdam.

Lo primero que hicieron los investigadores fue tratar de confirmar la información que aportaba Kremer sobre su padre, el doctor Lam y la ubicación de las oficinas de la Wehrmacht. Gracias al Proyecto Residentes, bastó con pulsar algunas teclas del ordenador para comprobar que Kremer y sus padres habían vivido, efectivamente, en aquella dirección durante la guerra y que su padre era el conserje de la finca. El equipo confirmó también que el doctor Lam tenía su consulta y su domicilio particular en el edificio vecino, doblando la esquina, en el 196 de Keizersgracht. El médico se instaló allí con su esposa en marzo de 1942, apenas cuatro meses antes de que los Frank se escondieran en el anexo. Comprobar que la Wehrmacht ocupaba dos plantas del edificio resultó más difícil, en cambio. Las únicas oficinas de carácter administrativo que figuraban en los archivos eran las del Departamento de Asuntos Sociales del Ministerio de Salud Pública. Pero eran tiempos de guerra. Es muy posible que la Wehrmacht se apoderara de dos plantas de la finca sin que llegara a quedar constancia de ello en los registros municipales.

El equipo se centró a continuación en la afirmación de Kremer de que su padre suministraba alimentos a la Casa de atrás. En su libro *Mis recuerdos de Ana Frank*, Miep Gies habla con gran detalle de cómo le compraba las verduras y hortalizas a Hendrik van Hoeve, un tendero con el que tenía buena relación y cuyo establecimiento se hallaba en Leliegracht, a unos doscientos metros del anexo.[3] Un amigo de Kleiman, W. J. Siemons, dueño de varias panaderías, les llevaba pan a la oficina dos o tres veces por semana. Y estaba, además, la carnicería de Piet Scholte, cuyo dueño tenía un acuerdo con Hermann van Pels para proporcionarles carne. (Ana menciona esta tienda en el menú que confeccionó para la cena del aniversario de boda de Miep y Jan en la Casa de atrás). Bep Voskuijl compartía con Miep la tarea de conseguir alimentos, y a menudo tenía que ir en bicicleta a granjas de las afueras de la ciudad, con gran riesgo para ella, o trasladarse hasta la zona de Halfweg para conseguir leche.[4]

Los protectores de la Casa de atrás les estaban muy agradecidos a sus proveedores de alimentos y no hay razón para pensar que no habrían reconocido la labor de Gerardus si este hubiera puesto en peligro su vida por ayudarlos. El equipo no encontró ningún indicio que corroborara la afirmación de Kremer de que su padre proporcionaba alimentos al anexo trasero, lo que no significa que Gerardus no ayudara a la resistencia repartiendo alimentos a otras personas escondidas. Del mismo modo, si el doctor Lam hubiera atendido a los ocupantes del anexo en su calidad de médico, como aseguró Kremer en una de sus frecuentes llamadas telefónicas, es muy probable que Ana lo hubiera mencionado en el diario o que Otto Frank y sus protectores lo hubieran dicho. Cabe la posibilidad, desde luego, de que el doctor Lam atendiera a personas escondidas, pero no a las de la Casa de atrás.

Para comprobar la veracidad del resto de las afirmaciones de Kremer, Pieter y Christine Hoste se propusieron determinar si era posible que se oyeran voces procedentes de la Casa de atrás. El número 2 de Westermarkt ha cambiado poco desde la guerra. Es un edificio de seis plantas con fachada de ladrillo visto y grandes ventanales que dan a la calle. El portal, muy ornamentado, se conserva en su estado original, de modo que a Pieter y Christine no les costó imaginar cómo era el edificio en tiempos de la guerra. Hablando con varios vecinos de la finca averiguaron que, tal y como aseguraba Kremer, el edificio tenía un sótano muy espacioso donde podrían haberse almacenado bienes confiscados.

Al inspeccionar la fachada trasera vieron que no tenía ventanas, y las fotografías de la época demostraron que no las había tenido nunca. La gente que trabajaba en aquellas oficinas no podía ver el anexo desde allí. Incluso con las ventanas laterales abiertas, habría sido muy difícil que se oyeran voces provenientes de la Casa de atrás, y más aún distinguir su origen. Respecto a lo que contaba Gerardus de que había visto a las niñas jugando en el patio, es posible que viera a niños, pero no, indudablemente, a las hermanas Frank. Ana deja claro en el diario que ninguno de sus ocupantes salió del anexo en más de dos años.

Vince y el equipo descartaron la teoría de Kremer porque se basaba, de oídas, en lo que Gerardus le contó en su lecho de muerte a su nuera, quien solo años después se lo reveló a su marido. Sencillamente, no había ninguna declaración o documento que refrendara este relato.

Los «cazadores de judíos»

¿Quiénes eran los hombres (y algunas mujeres) que se ganaban la vida dando caza a judíos? ¿Quién era capaz de entregar a un judío sencillamente por el «delito» de serlo, a cambio de la espléndida recompensa de siete florines y medio, o sea, cuarenta y siete dólares actuales? (Si el judío en cuestión había cometido lo que los nazis consideraban un delito —por ejemplo, tener una radio—, se añadían quince florines a la recompensa). Al empezar a indagar en la documentación del CABR, el Equipo Caso Archivado descubrió que algunos de estos «cazadores de judíos» pertenecían al Referat IV B4, que dirigía Adolf Eichmann desde Berlín. Esta sección de la Oficina Central de Seguridad del Reich, presente en todos los países ocupados, se encargaba de supervisar la categorización de los judíos, la legislación antisemita y, llegado el momento, las deportaciones masivas a campos de exterminio. La unidad del IV B4 en Ámsterdam —en la que trabajaban también policías holandeses— se hallaba bajo el mando del Sicherheitsdienst, el Servicio de Seguridad alemán (SD).

A finales de 1941, los nazis comenzaron a apretar el nudo que habían echado al cuello de la población judía holandesa. La norma tiva antisemita se hacía más estricta cada día. El 5 de diciembre, se ordenó a todos los judíos no holandeses personarse en la Zentralstelle für Jüdische Auswanderung (la Oficina Central de Emigración Judía, conocida comúnmente como la Zentralstelle a secas) para inscribirse como «emigrantes voluntarios». Los nazis disponían ya de los registros de empadronamiento de todos los judíos holandeses. A continuación, se exigió a los 40000 judíos del país —tanto holandeses como extranjeros— que se incorporaran al Arbeitseinsatz, el servicio obligatorio de trabajo en Alemania. Esto sucedió el 5 de julio de 1942, el mismo día en que Margot Frank recibió la notificación. En 1943, la maquinaria bien engrasada del nazismo iba camino de alcanzar los objetivos de «emigración» que se había marcado. Los nazis se limitaron a sumar la cantidad total de judíos que había en los Países Bajos y a restarle a aquellos que ya estaban «tramitados» o exentos porque trabajaban para el Consejo Judío. No hacía falta un estadístico para calcular que había gran número de judíos —en torno a 25000— de los que no se tenía noticia. Se daba por sentado que la mayoría de ellos estaban escondidos.

Para alcanzar su meta de convertir Holanda en un país *judenfrei*, libre de judíos, los nazis se propusieron encontrar a esas 25000 personas. En un interrogatorio posterior a la guerra, Willy Lages, jefe del SD en Ámsterdam, reconoció que estuvo presente en una reunión celebrada en el cuartel del SD de La Haya en la que se tomó la decisión de incentivar la búsqueda de los judíos desaparecidos ofreciendo una recompensa. Esta bonificación se pagaría a policías holandeses, principalmente a los agentes locales adscritos a la Oficina de Asuntos Judíos de Ámsterdam. La brigada de investigación de la propia Zentralstelle, conocida como Columna Henneicke, estaba formada por civiles contratados.[1]

Compuesta casi en su totalidad por holandeses afiliados al NSB, la Columna Henneicke era un grupo ecléctico cuyos miembros procedían de muy diversas profesiones: un 20 por ciento eran viajantes de comercio; otro 20 por ciento, oficinistas; un 15 por ciento trabajaban en el sector automovilístico, y un 8 por ciento eran propietarios de pequeños negocios. Algunos de sus miembros más prominentes, como el propio Henneicke o Joop den Ouden, eran mecánicos. Den Ouden había trabajado para Lippman, Rosenthal & Co y era conocido por la brutalidad con que se apropiaba de bienes judíos. Eduard Moesbergen, radiotelegrafista de oficio, era además un contable experto y se encargaba de los asuntos administrativos del grupo encabezado por Henneicke.

Tras la disolución de la columna, el 1 de octubre de 1943, la caza de judíos recayó en las autoridades policiales, es decir, en la brigada de Asuntos Judíos del SD conocida como unidad IV B4. La cadena de mando culminaba en el teniente de las SS Julius Dettmann, alemán de nacimiento, al que seguía otro alemán, Otto Kempin, a cargo de los inspectores holandeses del SD. Ambos ocupaban sus puestos ya en 1942, pero el equipo descubrió que Kempin fue trasladado a otro destino apenas unos días antes de la redada en la Casa de atrás. Su ausencia fue seguramente el motivo de que la llamada relativa al anexo la atendiera Dettmann. El agente del SD Karl Silberbauer, que dirigió la redada, tenía a Kempin como superior directo, pero puesto que este ya no se encontraba allí, Silberbauer recibía órdenes directas de Dettmann.

Al acabar la guerra, todos los agentes holandeses del IV B4 fueron acusados de colaboracionismo, de ahí que haya un expediente sobre cada uno de ellos en el CABR, dentro del Archivo Nacional de los Países Bajos. Algunos integrantes extranjeros de la unidad fueron procesados por crímenes de guerra: así, Otto Kempin fue sentenciado a diez años de prisión y Dettmann fue detenido, pero se suicidó en la cárcel antes de que llegaran a imputarlo. Otros, en cambio, como Silberbauer, ya habían huido de los Países Bajos.

Los archivos ponen de manifiesto que los inspectores holandeses del IV B4 dependían en gran medida de la información que les suministraban confidentes civiles acerca de judíos escondidos. Estos hombres y mujeres V (*V-Männer* y *V-Frauen*) podían ser judíos o gentiles. La mayoría había hecho algo que les hacía temer por su vida si no delataban a otras personas. A cambio de su cooperación, los confidentes podían seguir en libertad, aunque bajo la atenta vigilancia de sus superiores, que sacaban enorme provecho de su trabajo. A veces se les pagaban los gastos y se les proporcionaba un lugar donde vivir. Podían incluso, en ocasiones, recibir alguna bonificación en especie, como ropa o alimentos, pero el botín obtenido y la recompensa del Kopgeld iban a parar al bolsillo de los agentes que los controlaban.

La conocida *V-Frau* Ans van Dijk identificó posteriormente a Gerrit Mozer y Pieter Schaap —dos de los agentes que controlaban a mayor número de informantes— como los inspectores a los que proporcionaba información. Eduard Moesbergen, que se incorporó al IV B4 tras la disolución de la Columna Henneicke, tenía a su cargo a una *V-Frau* muy productiva llamada Elisa Greta de Leeuw, alias Beppie. Estos confidentes engañaban a judíos desprevenidos para conseguir que confiaran en ellos. Los inspectores e informantes procuraban enterarse de lo que necesitaban los judíos escondidos (un escondite nuevo, documentación falsa o comida, por ejemplo) y luego hacían saber en los círculos adecuados que los informantes podían proporcionárselo. Tenían pisos conocidos como «trampas para judíos» que ofrecían como refugio seguro a judíos desesperados y crédulos. Esta fue la estratagema que se empleó el 10 de mayo de 1944 para capturar al marido y al hijo de la segunda esposa de

Otto, Fritzi Geiringer, y que llevó a la detención de esta y de su hija Eva al día siguiente (casualmente, el cumpleaños de Eva).[2]

Otro truco del que se servían los agentes del SD era colocar a confidentes en cárceles o campos para que sonsacaran información a los presos sobre los lugares donde se escondían otros judíos o donde se guardaban objetos de valor. Durante su interrogatorio, después de la guerra, Schaap reconoció que había mandado a un *V-Mann* llamado Leopold de Jong a Westerbork para sonsacar direcciones a presos recién llegados al campo. De Jong se convirtió en sospechoso potencial de la denuncia que condujo a la redada en la Casa de atrás.

Los nazis utilizaban también a confidentes no judíos, pero estos esperaban algún tipo de pago por sus servicios o, como mínimo, el perdón de algún delito previo; un hurto, por ejemplo. A las personas a las que se descubría escondiendo a judíos se les daba la oportunidad de escapar a su destino convirtiéndose en confidentes y desvelando información sobre el paradero de otros judíos o sus contactos en la resistencia. Después de la guerra se juzgó, por ejemplo, a un hombre que regentaba una pensión en la calle Weteringschans de Ámsterdam y acogía a judíos. Tras cobrar por adelantado el alquiler, avisaba a las autoridades para que fueran a detener a los judíos. En el transcurso de su interrogatorio, el hombre identificó al inspector del SD Frederick Cool como el agente que le había ordenado avisarlos cuando llegaran nuevos inquilinos. El hombre aseguraba que había cumplido sus órdenes porque temía que, si no, también lo detendrían a él. Así que avisaba…, pero solo después de cobrar el alquiler y depositarlo en el banco.

Con el tiempo, los hombres del IV B4 empezaron a percibir menos ingresos debido a que cada vez era más difícil encontrar a judíos escondidos. Si efectuaban menos detenciones, ingresaban menos dinero a final de mes en concepto de recompensa. Para compensar esta pérdida de ingresos, los cazadores de judíos acostumbraban a robar cualquier objeto de valor que tuvieran los judíos o quienes les daban cobijo. El policía holandés Pieter Schaap, de la Oficina de Asuntos Judíos, no era inmune a esta práctica y solía apropiarse parte del botín. Los agentes que efectuaron su detención después de la guerra encontraron en su domicilio abrigos de piel, cuadros, joyas y otros bienes de valor que habían llegado allí de manera sospechosa. Varios testigos declararon que habían visto a menudo a su esposa luciendo pieles y joyas por la ciudad.

En uno de los documentos del NIOD se citaba al inspector holandés Willem Grootendorst, lo que interesó especialmente a Vince, no solo porque era uno de los policías que participó en la redada de la Casa de atrás, sino porque su nombre aparecía también en varios recibos de Kopgeld. Al otro policía que participó en la redada, Gezinus Gringhuis, lo denunciaron por extorsionar a una holandesa que acogía a un judío. Gringhuis le exigió quinientos florines por «olvidarse del asunto». La mujer acudió a la policía local y lo denunció. Cuando Gringhuis volvió a su casa para recoger los quinientos florines, el agente de policía Hendrik Blonk estaba esperando detrás de las cortinas para detenerlo. Por desgracia, una ráfaga de viento movió las cortinas dejando ver a Blonk, lo que dio al traste con la emboscada. Cuando Blonk acudió al sargento Kaper para denunciar a Gringhuis, Kaper le dijo en presencia de sus subalternos que, si volvía a entrometerse en sus asuntos, daría permiso a sus hombres para dispararle.[3] Tal era el grado de corrupción policial.

Con el fin de averiguar qué inspectores del SD trabajaban codo con codo, Vince ideó el Proyecto Seguimiento de Detenciones, una iniciativa que llevó al equipo a investigar todas las detenciones de judíos efectuadas en 1943 y 1944. Con ello se pretendía esclarecer el procedimiento que seguían los cazadores de judíos: quién trabajaba con quién, qué métodos empleaban, cómo obtenían información, etcétera.

Al cotejar la documentación de los archivos del CABR con los libros de registro diario de la policía de Ámsterdam, los recibos de Kopgeld y otras fuentes, el equipo comprobó que la redada en la Casa de atrás no se ajustaba a la pauta habitual al menos en un aspecto: ese día fue el primero en que el sargento Karl Silberbauer y los inspectores holandeses del SD Gringhuis y Grootendorst trabajaron juntos. (Hay pruebas de que Silberbauer y Grootendorst participaron en detenciones previas desde junio 1944, pero en ellas no estuvo presente Gringhuis). Aunque nunca se había llegado a identificar con certeza al tercer inspector del SD que acompañaba a Silberbauer y a los otros agentes ese día, Vince y su equipo se convencieron de que podía ser Pieter Schaap. Gracias a Nienke Filius —una joven y brillante informática holandesa que se encargó de escribir el programa de análisis de datos del Proyecto Seguimiento de Detenciones—, descubrieron que Schaap y Silberbauer trabajaron juntos en agosto de 1944.

A menudo, la documentación de los sumarios CABR contenía testimonios atenuantes sobre la conducta de los agentes del IV B4 en tiempos de guerra. Normalmente, estos testimonios de «buen comportamiento» podían datarse a partir de finales de 1943, cuando posiblemente hasta el SD sospechaba que Alemania iba a perder la guerra. Impulsados por su instinto de supervivencia —todo el mundo sabía que después de la guerra habría que rendir cuentas—, los inspectores holandeses del SD empezaron a ayudar a gente de vez en cuando o a dejar libres a «sospechosos». Acabada la guerra, de las prisiones salieron gran cantidad de mensajes pidiendo a judíos y otras personas que intercedieran a favor de los detenidos por colaboracionismo. En su expediente, Eduard Moesbergen aseguraba haber ayudado a un miembro importante del Consejo Judío yendo a su casa a avisarle de que estaban a punto de detenerlo. El consejero, notario de profesión, no estaba en casa. Al volver un par de días después y comprobar que el notario seguía ausente, Moesbergen dio por sentado que se había escondido.[*] Lógicamente, fue imposible localizar a la mayoría de las personas a las que los agentes del IV B4 no prestaron ayuda. Esas personas no pudieron testificar ni en un sentido ni en otro acerca del trato que recibieron de los cazadores de judíos porque no sobrevivieron a la guerra.

Durante el periodo de posguerra, los tribunales especiales tuvieron muy en cuenta los atropellos cometidos por los miembros del IV B4, así como la conducta de los informantes y «personas de confianza» que trabajaban para ellos, lo que se reflejó en sus sentencias. Se condenó a la pena capital a casi un cuarto de los integrantes del IV B4 a los que se juzgó, aunque finalmente se conmutaron la mayoría de las penas. El sargento Abraham Kaper, Pieter Schaap, Maarten Kuiper (un agente de policía adscrito al SD y especializado en seguir la pista y detener a miembros de la resistencia) y Ans van Dijk fueron ejecutados. Puesto que solo se ejecutó a los culpables de los crímenes más atroces, el equipo decidió examinar exhaustivamente los expedientes que sobre ellos se conservaban en el CABR para valorar qué papel podían haber desempeñado, si es que habían desempeñado alguno, en la denuncia de los ocupantes de la Casa de atrás.

La *V-frau*

Anna —Ans— van Dijk nació en Ámsterdam en 1905. Sus padres eran judíos laicos de clase media baja. Tenía un hermano. Cuando contaba catorce años murió su madre, y su padre volvió a casarse al poco tiempo. Contrajo matrimonio a los veintidós años, pero se separó ocho años después. En 1938, después de que su padre ingresara en un hospital psiquiátrico donde murió tiempo después, Van Dijk se divorció oficialmente de su marido.

Su historia no tendría nada de particular de no ser porque, al cumplir treinta y tres años, como declararía más tarde en el juicio, se enamoró de la enfermera que la cuidó durante una convalecencia.

Van Dijk trabajaba en la sombrerería Maison Evany, cuya propietaria era Eva de Vries-Harschel, también judía. (Aquí era donde Gerardus Kremer recordaba haberla visto). Cuando se prohibió a los judíos regentar negocios, la tienda fue requisada y Van Dijk perdió su empleo. Poco después inició una relación amorosa con una mujer llamada Miep Stodel. Stodel, que también era judía, la dejó en 1942 para buscar asilo en Suiza. Sin duda, la vida de Van Dijk habría sido muy distinta si hubiera logrado escapar con ella.

Durante su proceso por colaboracionismo después de la guerra, entre 1946 y 1948, Ans van Dijk declaró que desde el principio de la invasión se opuso a los ocupantes alemanes y se negó a llevar la estrella amarilla y a obedecer las leyes discriminatorias contra los judíos. Afirmó que trabajaba para un grupo de la resistencia formado en su mayoría por jóvenes judíos que se reunía clandestinamente en Tweede Jan Steenstraat (la mayoría de esos jóvenes fueron apresados y no sobrevivieron a la guerra). Según contaba, utilizando papeles falsos a nombre de Alphonsia Maria —Annie— de Jong, distribuía documentación falsificada y consiguió encontrar escondite para numerosos judíos. Afirmaba, además, que había trabajado para el órgano de la resistencia Vrij Nederland.[1]

El Equipo Caso Archivado no encontró en los archivos ningún documento que corroborara estas afirmaciones, lo que no quiere decir necesariamente que sean falsas, puesto que los miembros de la resistencia operaban en pequeñas células y rara vez se revelaban entre sí su verdadera identidad, ni desde luego guardaban registro escrito de sus actividades. Cuanto menos supieran, menos podrían revelar bajo tortura, en caso de que los detuviesen. Si un grupo estaba formado principalmente por judíos, las probabilidades de que sus integrantes hubieran sobrevivido para declarar a favor de alguien eran muy escasas.[2] Habría sido muy fácil, aun así, que durante su juicio, que la prensa siguió de forma obsesiva, se presentara algún testigo que desmintiera sus afirmaciones de que había colaborado con la resistencia. Nadie lo hizo, pero tampoco se presentó nadie que apoyara su testimonio.

Van Dijk aseguraba que había trabajado para la resistencia casi dos años, pero que, al empeorar la situación, decidió esconderse en Marco Polostraat. Por desgracia, calculó mal y las personas que tenían que acogerla —una mujer llamada Arnoldina Alsemgeest y su hija— la delataron.[3]

El 25 de abril de 1943, domingo de Pascua, la detuvo Pieter Schaap, un agente holandés conocido por su crueldad que trabajaba para la unidad IV B4. Schaap empezó su carrera policial antes de la guerra, en la unidad canina. Al acabar la contienda, tenía sobre sus espaldas la denuncia y ejecución de centenares de judíos y combatientes de la resistencia. Schaap dio a Van Dijk el ultimátum habitual: o cooperaba o le esperaba una muerte segura en un campo de concentración del este. Van Dijk declaró que, al tercer día de encarcelamiento, accedió a cooperar. Desde entonces se convirtió en una de las *V-Frauen* más activas de los Países Bajos.

Pieter Schaap tenía numerosos confidentes a su servicio y veía las ventajas de emparejar a colaboracionistas para que trabajaran juntos. A Van Dijk la ayudaba en su «cometido» Branca Simons, una costurera judía que dejó de estar exenta de deportación cuando a su marido, Wim Houthuijs, que era cristiano, lo detuvieron por un robo. Cuando empezó a trabajar para Schaap, su piso en el número 25 de Kerkstraat se convirtió en una trampa para judíos.[4] Sirviéndose de falsas promesas de seguridad y cupones de racionamiento, Van Dijk y Simons atraían a personas que necesitaban esconderse. Pasadas unas horas o unos días, aparecía el SD para efectuar la detención.

Es difícil imaginar que alguien pueda pasar de trabajar para la resistencia salvando vidas a convertirse en una colaboracionista que traiciona a sus semejantes. Sin embargo, cuando tienes treinta y ocho años y te enfrentas a una muerte segura, elegir la vida sería la opción de muchos. Van Dijk alegó en su defensa que Schaap le causaba terror y que la amenazó a punta de pistola con deportarla a Mauthausen.

A finales de los años treinta, cuando Ans van Dijk le confesó a su amiga que era lesbiana, la homosexualidad no era delito. Había bares de gais y lesbianas en Ámsterdam. Las personas con más mundo conocían la existencia de la homosexualidad y las menos sofisticadas fingían que no existía. A los hombres que vivían juntos se los llamaba «solteros» y a las mujeres, «solteronas». Con todo, uno no podía arriesgarse, desde luego, a ser abiertamente homosexual en público.* Era común que la policía acosara a los homosexuales y que pusiera en evidencia su orientación sexual, con las graves consecuencias sociales que eso tenía. En el expediente de Van Dijk del CABR, el equipo encontró declaraciones de numerosos testigos —incluida la hija de su pareja— que dejaban constancia del rechazo que les producía su forma de vida. Van Dijk era una marginada y una paria.

En 1934, Heinrich Himmler creó una división dentro de la Gestapo denominada Oficina Central del Reich contra la Homosexualidad y el Aborto (Reichszentrale zur Bekämpfunf der Homosexualität und der Abtreibung). Ambas prácticas se consideraban un peligro para la expansión de la raza superior. Se encarceló a numerosos varones homosexuales, a menudo en campos de concentración donde a veces se los sometía a experimentos científicos, sobre todo con el fin de curar la homosexualidad. Curiosamente, las lesbianas no fueron objeto de persecución sistemática.[5] Al parecer, la sexualidad femenina se consideraba pasiva e inofensiva, y el lesbianismo, aunque no se tolerara, al menos sí se pasaba por alto. Así era también en los Países Bajos. A sus superiores en el SD, la orientación sexual de Van Dijk no parecía

---

* Artículo 248 bis del Wetboek van Strafrecht (código penal). La homosexualidad no era delito en los Países Bajos desde 1811. Las relaciones homosexuales entre adultos y menores (la mayoría de edad estaba fijada en los veintiún años) se prohibieron en 1911.

interesarles. Eran pragmáticos y toleraban su lesbianismo porque Van Dijk les resultaba útil.

Dos meses después de empezar a trabajar para Pieter Schaap, Van Dijk conoció en un café a la que sería su nueva pareja, Johanna Maria —Mies— de Regt, y se trasladó a su piso en el número 54-2 de Nieuwe Prinsengracht, una calle flanqueada por casas elegantes con vistas al canal. Trabajaban las dos como *V-Frauen* y su casa se convirtió pronto en una trampa para judíos a la que atraían a personas necesitadas de escondite con la promesa de ofrecerles cobijo. De Regt declararía posteriormente que Van Dijk y ella solían asistir a fiestas en locales nocturnos donde se codeaban con las autoridades alemanas y abundaban la comida y el buen vino, mientras la mayoría de la población subsistía a base de cupones de racionamiento.[6] Por primera vez en su vida Van Dijk formaba parte de la élite social, y el dinero que ganaba de manera tan despiadada le permitía vivir con cierto lujo. Evidentemente, no le costó dejarse seducir por la posición que había conseguido y volverse indiferente al precio que otros tenían que pagar como consecuencia de sus actos. La guerra, aunque produzca héroes, nunca es el mejor contexto para afinar la conciencia.

La frialdad criminal con que actuaban estas *V-Frauen* resulta estremecedora. Van Dijk contó ante el tribunal que la juzgaba cómo dieron por casualidad con la familia de un tal Salomon Stodel cuando estaban buscando a otras personas.

Como no teníamos las señas de Klepman [del que se habían enterado que tenía dinero escondido en la chimenea], preguntamos por la familia en una lechería cercana. Nos hicimos pasar por miembros de la resistencia. Nos dijeron que a la familia Klepman ya la habían detenido los alemanes y que en su casa vivían otras personas. Como fingíamos ser buenas holandesas,

la mujer de la lechería nos dijo que cerca de allí vivían otros ju-
dios que estaban pasando apuros y necesitaban ayuda.[7]

Las *V-Frauen* avisaron a Schaap para que fuera a detener a la familia Stodel. Otra testigo, Ronnie Goldstein-van Cleef, recordaba el trato que tuvo con Van Dijk. Formaba parte de una familia judía muy liberal de La Haya y para ella lo más natural fue pasar a la clandestinidad y unirse a la resistencia: «Las circunstancias y las peticiones de los amigos te forzaban a actuar». Su familia tenía una prensa de la resistencia escondida debajo del suelo, en su domicilio. Su tía Dora solía esconder a gente en casa y además había encontrado un escondite perfecto para *onderduikers* en un piso condenado, cerca de su vivienda. Goldstein-van Cleef recordaba que fue allí donde conoció a Van Dijk.

Yo tenía que llevar a un niño a Twente. Mi tía Dora conocía a Ans van Dijk desde que era pequeña y la consideraba comple-
tamente de fiar. Ans van Dijk preguntó si podía llevarme tam-
bién a otra niña. Me dio una fotografía de la niña y yo le conseguí un carné de identidad. Luego me dijo: «Si estás en la Estación Central a tal hora tal día con ese niño, yo voy con la niña y te llevas a los dos». Quedamos en eso. En la Estación Central, le di mi bolso al niño para que me lo sujetara porque tenía que sacar los billetes en la taquilla. Cuando me di la vuelta, vi que estaban deteniendo al niño y, llevando solo las monedas que tenía en la mano, salí de la estación todo lo de-
prisa que pude, me subí de un salto a un tranvía y volví a casa de mi tía Dora, donde rompí a llorar. Estaba muy angustiada. Luego le dije: «Esa Ans van Dijk no es trigo limpio, no es trigo limpio». Y resultó que así era.[8]

A Goldstein-van Cleef la atormentaba aquel suceso. La víctima era un niño y ella tuvo que abandonarlo a su suerte. Finalmente, a ella también la delataron en junio de 1944 y acabó en Westerbork, donde conoció a la familia Frank. Sobrevivió a la guerra.

Una táctica que solía emplear Ans van Dijk para obtener información era el llamado «espionaje de celda». La encerraban en una celda con otros presos de los que se sospechaba que conocían el paradero de judíos escondidos. Les contaba a sus compañeros de celda que la habían torturado salvajemente durante el interrogatorio; luego los convencía de que el SD iba a soltarla y se ofrecía a avisar a sus amigos o familiares de que cambiaran de escondite, argumentando que siempre cabía el riesgo de que los presos desvelaran información si la tortura se les hacía insoportable.[9]

Como todos los confidentes, Ans van Dijk empleaba una mezcla de azar, oportunidad y delación para hacer su trabajo. Vince cuenta una historia extraordinaria acerca de ella que supo por Louis de Groot, un superviviente del Holocausto al que entrevistó en su piso de Washington en mayo de 2018.[10]

De Groot le explicó que sus padres regentaban una tienda de electrodomésticos en Arnhem. Su padre, Meijer de Groot, estaba en buenas relaciones con los agentes de la policía local, que prometieron avisarle si se enteraban de que iba a haber una redada nazi. Su familia se escondió el 17 de noviembre de 1942, después de que los advirtieran de una redada inminente. Tuvieron que separarse y buscar refugio en distintos lugares de Ámsterdam. De Groot y sus padres se escondieron en una casa del número 825 de Prinsengracht, pero en diciembre de 1943 él pudo marcharse al campo gracias a un inspector holandés al que conocía su padre. Su hermana mayor, Rachel, estaba escondida en otro sitio, en la capital.

La tarde del 8 de abril de 1944, víspera de Pascua, Ans van

Dijk, Branca Simons y el marido de esta, Wim Houthuijs, iban paseando por el barrio de Prinsengracht, donde estaban escondidos los padres de Louis de Groot. Van Dijk reconoció a Israel de Groot, tío de Louis, al verlo caminar solo por la calle. Se acercó a él y le dijo que ella podía facilitarle la huida a España. Israel le dijo que no necesitaba su ayuda y siguió andando.

Van Dijk, Simons y Houthuijs le siguieron y le vieron entrar en el número 825 de Prinsengracht. Van Dijk llamó entonces a la Zentralstelle desde un bar cercano y le dio el soplo al teniente de las SS Otto Kempin, quien ordenó a Grootendorst y varios agentes holandeses del SD que se personaran en aquella dirección. Los confidentes esperaron allí cerca y les indicaron el lugar exacto.

Israel de Groot abandonó el edificio justo antes de la llegada de los hombres del SD. Por desgracia, Rachel, la hermana de Louis, estaba en ese momento visitando a sus padres, y los nazis se los llevaron a los tres. Louis, que seguía en su escondite, se enteró de que sus padres y su hermana habían sido capturados, pero solo después de la guerra supo que habían muerto en los campos de concentración. Su tío Israel, que formaba parte de la resistencia, nunca fue apresado y sobrevivió a la guerra.

Louis descubrió que su madre, Sophia, y su hermana estuvieron presas en La Haya. Aunque no pudiera demostrarlo, sospechaba que tras la detención de su familia los nazis introdujeron a Van Dijk en la celda de su hermana para que le sonsacase información sobre otros judíos escondidos. A su padre lo mandaron a una prisión de Ámsterdam. Dio la casualidad de que conocía a uno de los guardias y pudo convencerlo de que le permitiera escribir una nota a su hermano Israel contándole cómo había sucedido el arresto. El carcelero se encargó de que la nota llegara a su destino y así fue como Louis se enteró después de quién había estado implicado en la denuncia y detención de su familia. Por la nota supo también que su padre, Meijer, conocía a Grootendorst, el agente que los detuvo: solían jugar juntos a las canicas de niños.

En otoño de 1944, cuando ya era evidente que los Aliados habían ganado la guerra, Van Dijk pidió ayuda a Otto Kempin para conseguir un visado que le permitiera pasar a Alemania. Kempin se negó a ayudarla. No iba a hacerle ese favor, pese a la lealtad que había demostrado como confidente.[11] Van Dijk se mudó entonces con su pareja, Mies de Regt, a La Haya, donde empezó a ganarse la vida traficando en el mercado negro.

Tras la liberación, fue detenida y juzgada por el Tribunal Especial de Justicia. Se le imputaron veintidós cargos de traición que afectaban a sesenta y ocho personas y fue condenada a muerte. Su sumario en el CABR es enorme y de él se desprende que las personas a las que delató fueron muchas más —seguramente cerca de doscientas—, pero muchos cargos no pudieron demostrarse debido a que habían sobrevivido muy pocos testigos.

Su abogado apeló y pidió una evaluación psicológica, argumentando que los padres de Van Dijk sufrían ambos una enfermedad mental en el momento de su muerte. Sus intentos de demostrar que la conducta de su representada se derivaba de una enfermedad hereditaria no convencieron a los jueces. El 14 de enero de 1948, Ans van Dijk fue ejecutada en Fort Bijlmer, al día siguiente de convertirse al catolicismo y ser bautizada.

Fue la única mujer condenada a muerte y ejecutada en los Países Bajos. Las otras dos mujeres con las que trabajaba estrechamente, Miep Braams y Branca Simons, también fueron sentenciadas a muerte, pero se les conmutó la pena por cadena perpetua. Se ha dicho que el hecho de que Van Dijk fuera ejecutada se debió en parte a que era abiertamente lesbiana.

De no haber sido por los nazis, es probable que su vida no hubiera tenido nada de excepcional. En 1940 era una mujer de treinta y cinco que trabajaba en una sombrerería y mantenía una relación amorosa con otra mujer. Por su condición de lesbiana, sería una marginada, lo que evidentemente la indignaba, aunque no hay ningún indicio de que actuara movida por la ira. Es posible que al principio ese hecho incluso le diera valor. En los primeros tiempos de la ocupación, se negó a plegarse a las imposiciones de los nazis y presuntamente ayudó a algunos judíos a encontrar escondite. Sin embargo, durante los dos últimos años de la guerra, entre abril de 1943 y abril de 1945, se convirtió en un monstruo grotesco capaz de denunciar a varios cientos de personas. El temor a morir pudo llevarla a convertirse en *V-Frau*, pero lo que ocurrió después, según su superior, Pieter Schaap, fue que se aficionó al trabajo y acabó convirtiéndose en una de sus confidentes más eficaces.

Su pareja, Mies de Regt, declaró que, a su modo de ver, Van Dijk se había dejado seducir por la «emoción irresistible de la caza».[12] ¡La emoción de la caza! ¡Qué expresión tan pavorosa! Coaccionada primero por el miedo a morir y luego seducida por el poder... Quizá una conclusión que pueda extraerse del caso de Ans van Dijk es que los regímenes totalitarios consiguen el poder no solo mediante la represión, sino mediante la seducción del tráfico de información, que convierte a la gente en indignos y cobardes delatores. Creen que se codean con la élite hasta que, como le ocurrió a Van Dijk, el poder se vuelve contra ellos y los expulsa sin contemplaciones.

Durante un tiempo, Van Dijk pareció ser una sospechosa probable de la redada de Prinsengracht 263. Su nombre aparecía una y otra vez en el Proyecto Seguimiento de Detenciones. Estaba claro que, trabajando como *V-Frau*, tenía un motivo. Pero ¿tenía además los conocimientos necesarios? Operaba habitualmente en la zona de Prinsengracht y sus alrededores y, al menos según Gerard Kremer, se la veía a menudo por allí. ¿Podía haber oído algo sobre los escondidos en el anexo trasero? ¿Podía haber sospechado y haber vigilado el edificio, observando el ir y venir de personas que llevaban cantidades de comida que a todas luces eran excesivas? ¿Tuvo, por otro lado, oportunidad? ¿Dónde estaba durante los días anteriores al 4 de agosto y con quién estuvo en contacto? Esas eran las preguntas a las que el Equipo Caso Archivado aún tenía que dar respuesta.

Sin pruebas concluyentes, primera parte

Desde que inició su labor, el Equipo Caso Archivado recabó gran cantidad de información vinculada a la investigación policial de 1947-1948, la primera que se hizo para esclarecer la redada en la Casa de atrás. Este material incluía múltiples sumarios del CABR, correspondencia oficial y privada y actas judiciales, así como el informe de nueve páginas que elaboró la policía de Ámsterdam. Según Vince, una cosa estaba clara: según los criterios actuales, la calidad y la minuciosidad de la investigación dejaban mucho que desear. Ello se debía, en buena medida, a que en la inmediata posguerra la policía neerlandesa fue objeto de una severa purga para librarla de colaboracionistas. Como resultado de dicha purga, 2500 personas perdieron su puesto de trabajo y muchas otras fueron degradadas. Se suspendió en sus funciones y se investigó al 16 por ciento de los efectivos del cuerpo. De ahí que inspectores con poca experiencia y escaso personal a su disposición tuvieran que hacerse cargo de una abrumadora cantidad de casos de colaboracionismo, crímenes de guerra y delación.

Era evidente, además, que la investigación no se habría dado sin la insistencia de Otto y sus empleados de Opekta/Gies & Co. Johannes Kleiman y Victor Kugler tomaron la iniciativa de presionar a las autoridades de posguerra para que investigaran el caso. Al igual que Miep y Bep, habían llegado a la conclusión de que Willem van Maaren, el encargado del almacén de Opekta, era el traidor más probable. En el verano de 1945, Kleiman escribió al Servicio de Investigación Política (Politieke Opsporingsdienst, POD) exigiendo que se investigara a Van Maaren. Pero no se hizo nada al respecto.[1]

El 11 de noviembre de 1945, Otto le contó a su madre en una carta que había ido con Kleiman y Kugler a la BNV, la Oficina de Seguridad Nacional, a ver fotografías de los archivos policiales para intentar identificar a los agentes holandeses que los detuvieron. Según decía, habían identificado a dos, a los que tachaba de asesinos por considerarlos responsables de la muerte de su mujer y sus hijas. Confiaba en que esos agentes pudieran desvelar la identidad del traidor que los había denunciado al SD, aunque no era muy optimista al respecto, porque los individuos de esa catadura siempre alegaban que ellos solo estaban cumpliendo órdenes.[2] (En una carta fechada el 2 de mayo de 1958, Kugler recordaba que Kleiman y él acompañaron a Otto al BNV en 1945). Entre las fotografías que les mostró la policía, reconocieron a Willem Grootendorst y Gezinus Gringhuis, los agentes holandeses adscritos a la unidad IV B4, que en ese momento estaban cumpliendo pena por colaboracionismo en la prisión de Amstelveenseweg.

Días después, ese mismo mes de noviembre, Otto y Kugler visitaron la prisión para entrevistarse con Grootendorst y Gringhuis.

Ambos exagentes reconocieron haber intervenido en la redada en Prinsengracht 263, aunque después, al ser sometidos a interrogatorio oficial, olvidaron oportunamente haber participado en los hechos.[3] Dijeron que fue el sargento Abraham Kaper, de la Oficina de Asuntos Judíos, quien los convocó y afirmaron —y seguramente era cierto— que no sabían nada de la llamada anónima que recibió Julius Dettmann esa mañana informando de que había judíos escondidos en el inmueble. Con Dettman no pudieron hablar; se había ahorcado en su celda el 25 de julio (según se rumoreaba, con ayuda).

Otto hizo después otra visita a la prisión para hablar con Gezinus Gringhuis. Anotó la fecha en su agenda —el 6 de diciembre de 1945—, junto con un nombre, Ab. Es probable que se refiriera a su buen amigo Abraham Cauvern, al que llamaban Ab, y cuya esposa, Isa, era su secretaria.

Está claro que Otto confiaba en que el POD se hiciera cargo de su caso de inmediato, pero en 1945 él era uno más de los 5500 supervivientes que habían vuelto de los campos de concentración. No se hizo nada al respecto, y hasta el 11 de junio de 1947, casi dos años después, Otto no se personó de nuevo en las oficinas de la BNV. Tampoco entonces consiguió su propósito. Más tarde, el 16 de julio, tras hablar con Otto, Kleiman envió otra carta al Departamento de Investigación Política (Politieke Recherche Afdeling, PRA, como se denominó al POD desde marzo de 1946, después de que las fuerzas militares aliadas entregaran el poder a las autoridades civiles). Solicitaba, en nombre propio y en el de Otto Frank, que se «reconsiderara» el caso.[4]

El 12 de enero de 1948, tres años y medio después de la redada en la Casa de atrás, el suboficial de policía Jacob Meeboer abrió una investigación a fin de esclarecer la participación en los hechos de Willem van Maaren, el encargado del almacén, la única persona a la que se ha investigado oficialmente como posible delator. Meeboer interrogó a ocho personas: a los protectores de los ocupantes de la Casa de atrás Johannes Kleiman, Miep Gies y Viktor Kugler (aunque no a Bep Voskuijl)*; a Johannes Petrus van Erp y el doctor Petrus Hendrikus Bangert, conocidos de Van Maaren; al otro empleado del almacén, Lammert Hartog, y a su esposa, Lena; y, por último, al propio Van Maaren. Pese a que en su carta de julio Kleiman se mostró indignado porque nunca se hubiera interrogado en los Países Bajos a Karl Silberbauer, que había «desempeñado un papel importante en la detención de judíos y otros fugitivos»[5], el austriaco no fue llamado a declarar. Tampoco se convocó a Otto Frank, posiblemente porque ya le había explicado a la policía que su familia y él se escondieron en el anexo mucho antes de que Van Maaren —a quien no conocía en persona— entrara a trabajar en la empresa.

El informe oficial de Meeboer comienza con el testimonio de Kleiman, en el que este relata con detalle la redada y hace hincapié en las preguntas que hacía Van Maaren y en su conducta sospechosa. Poco después de que lo contrataran, Van Maaren preguntó al personal si alguien se había quedado en el almacén después de la hora de cierre. Al parecer, había encontrado encima de una mesa una cartera que Van Pels debió de dejarse olvidada durante una de sus incursiones nocturnas en el almacén. Van Maaren le mostró la cartera a Kugler y le preguntó si era suya. Kugler reaccionó deprisa y contestó que sí, que era suya, y que se la había olvidado la noche anterior. El contenido de la cartera estaba intacto; faltaba, eso sí, un billete de diez florines.

Según declaró Kleiman, era indudable que Van Maaren conocía la existencia del anexo trasero, que vio cuando Kugler le mandó

---

* No está claro por qué no tomó declaración a Bep. Puede que llegara a la conclusión de que ya tenía suficientes testimonios.

reparar una gotera en el tejado. Además, muchos edificios estrechos de esa zona contaban con anexos en la parte de atrás. Por si eso fuera poco, al fondo del almacén había una puerta que daba al patio y es probable que una persona tan curiosa como Van Maaren saliera a mirar y viera desde allí el anexo. Seguramente le extrañó que nadie le hubiera hablado de aquel «apéndice» tan espacioso que no se utilizaba para asuntos de la empresa. Es probable que se preguntara por dónde se accedía al anexo, dado que no había ninguna puerta visible. Y, puesto que no la había, es lógico que sospechara que existía una entrada secreta.

Kleiman le contó también al inspector Meeboer que a veces se encontraban lapiceros colocados al borde de un escritorio o harina dispersa por el suelo, que Van Maaren dejaba allí con la intención evidente de confirmar sus sospechas de que había gente en el edificio después de la hora de cierre. Van Maaren le preguntó una vez a Kleiman si el señor Frank había trabajado en el edificio, lo que parecía sugerir que estaba haciendo averiguaciones. Todo apunta a que Van Maaren estaba persuadido de que había gente viviendo en el anexo.

Tras la redada del 4 de agosto, según declaró Kleiman, el contable de Opekta, Johannes van Erp, visitó al médico homeópata Petrus Bangert y le contó que habían detenido a unos judíos que se escondían en Prinsengracht. El médico preguntó si había sido en el número 263. Según dijo, hacía cerca de un año que sabía que había judíos escondidos en esa dirección. Cuando Van Erp se lo contó a Kleiman, este respondió que esa información tenía que proceder de Van Maaren, que era paciente suyo.

Pero, al ser interrogado, el doctor Bangert insistió en que el contable de Opekta se equivocaba. Él nunca había dicho tal cosa, afirmó, y tras revisar los historiales de su consulta aseguró que Van Maaren solo lo había visitado una vez, el 25 de agosto de 1944, tres semanas después de la detención. ¿Decía la verdad o se trataba de una evasiva? Era ya 1948 y habían pasado tres años desde el final de la guerra. Todo el mundo quería lavarse las manos, desentenderse de la catástrofe y vivir en paz.

La parte más reveladora de la investigación del inspector Meeboer es el interrogatorio al propio Van Maaren respecto a si sabía que había judíos escondidos en el anexo. Van Maaren declaró que no tenía la certeza de que hubiera alguien escondido allí, aunque sospechara algo. Explicó que los lapiceros que dejaba al borde de las mesas y la harina esparcida por el suelo eran estratagemas para descubrir a ladrones que creía que estaban robando en Opekta. En cuanto a que preguntara por el señor Frank, lo achacó a que había oído hablar de «papá Frank» al personal de la oficina y a que Miep Gies y Kleiman le habían dicho que los antiguos propietarios —Frank y Van Pels— habían huido, presuntamente a Estados Unidos.[6]

Más condenatorio parece ser el hecho de que su ayudante, Lammert Hartog, asegurara que Van Maaren le dijo dos semanas antes de la redada que había judíos escondidos en Prinsengracht. Él, sin embargo, negó rotundamente que hubiera dicho tal cosa.

Van Maaren acabó reconociendo que cometía pequeños hurtos en Opekta/Gies & Co, pero también acusó a Miep y Bep de robar. Según dijo, ambas subieron al anexo tras la detención, antes de que los alemanes pudieran hacer inventario, y se llevaron «ropa, papeles y muchas otras cosas con las que se quedaron».[7] Van Maaren era un hombre amargado y reaccionó devolviendo la pelota a sus acusadores.

La investigación se dio por terminada el 22 de mayo de 1948. El informe concluía que no había pruebas de que el encargado del almacén fuera culpable.[8] Se concedió la libertad condicional a Van Maaren, que estaría sometido a la supervisión del Departamento de

Vigilancia de Delincuentes Políticos durante tres años, y se le despojó del derecho al voto por el plazo de una década.

Van Maaren, indignado porque se le hubiera puesto en libertad vigilada, apeló. Durante la vista, su abogado alegó que el hecho mismo de que hubiera apelado demostraba que era inocente. «Si el acusado sintiera el más mínimo asomo de culpa, no habría apelado la libertad condicional, teniendo en cuenta lo leves que son las restricciones que esta impone».[9] El 13 de agosto de 1949, un juzgado de distrito desestimó todos los cargos.

Probablemente, Van Maaren pensó que allí terminaba su calvario, pero quince años después volvió a plantearse la cuestión de quién traicionó a las personas escondidas en Prinsengracht 263 y él se vio de nuevo señalado como principal sospechoso. Todos los integrantes del Equipo Caso Archivado opinaban que la primera investigación había sido muy somera; el informe oficial solo ocupaba nueve páginas. Comenzaron entonces a recopilar toda la información relativa a la investigación de 1963-1964 con la esperanza de que esta hubiera tenido un enfoque más amplio y hubiera profundizado más en los sucesos que precipitaron la redada.

«¡Idos con vuestros judíos!»

El Equipo Caso Archivado no encontró pruebas concluyentes de que el delator de Ana Frank fuera alguien del barrio. Sus pesquisas, sin embargo, sacaron a la luz indicios desconcertantes respecto a un círculo de personas mucho más cercano: el de sus protectores. Según cuenta Vince, los investigadores se habían encariñado con los protectores de la familia Frank, pero tenían que procurar ser objetivos para no dañar la integridad de la investigación. Gracias al Proyecto Mapeo, descubrieron que el vecino de al lado de Johannes Kleiman no solo era un ferviente afiliado del NSB, sino que además trabajaba en la oficina del SD en Euterpestraat. Tanto la esposa de Kleiman como su hermano sabían que los Frank estaban escondidos y parece que su hija Corrie dedujo también, por un comentario descuidado de su padre, que seguían en Ámsterdam, aunque probablemente ignoraba que se ocultaban en el anexo.[1] El equipo averiguó, además, que tanto el hermano adoptivo de Miep como el cuñado de Kugler fueron acusados de colaboracionismo. ¿Cabía la posibilidad de que alguno de ellos hubiera delatado a los escondidos al hacer un comentario fortuito?

Empezaron por analizar la causa por colaboracionismo del cuñado de Kugler y descubrieron que su actividad «colaboracionista» se reducía a regentar un cine que había puesto películas proalemanas durante la ocupación. En cuanto a Miep, era fácil descartar cualquier duda sobre ella. Era una mujer extremadamente disciplinada y muy capaz de separar las distintas esferas de su vida; como ella misma decía, durante la guerra perdió la costumbre de hablar. Además, el equipo encontró documentos que indicaban que su hermano adoptivo, Laurens Nieuwenburg hijo, se marchó a Alemania en noviembre de 1943 y volvió a empadronarse en casa de sus padres en agosto de 1945; estaba, al parecer, en Alemania en el momento de la redada. Por último, el vecino de Kleiman también era un sospechoso muy improbable. De haber sabido lo que ocurría en Prinsengracht 263, no habría telefoneado al teniente de las SS Julius Dettman para informarle de ello. Como empleado del SD, tenía que saber que era el sargento Abraham Kaper, de la Oficina de Asuntos Judíos, quien se encargaba de esos asuntos. Kaper, que estaba al mando de la unidad de caza de judíos, podía ponerse muy desagradable si alguien se metía en su terreno o trataba de puentearle o de embolsarse las recompensas del Kopgeld.

La guerra genera conflictos entre países y entre desconocidos, pero también entre vecinos y familiares. El equipo descubrió que esos conflictos domésticos afectaron también a Prinsengracht 263. Había motivos fundados para creer que fue la hermana de Bep, Nelly Voskuijl, quien delató a los escondidos en el anexo. En su libro *Anne Frank: The Untold Story* (escrito junto a Jeroen de Bruyn), el hijo de Bep, Joop van Wijk, alegaba razones de peso para inculpar a su tía.

Vince contactó con Joop a través de las redes sociales y descubrió que estaría encantado de hablar con el Equipo Caso Archivado. Un gélido día de diciembre de 2018, su esposa y él se desplazaron desde su casa en el este de los Países Bajos hasta la oficina de Ámsterdam, donde esperaban Vince y Brendan para entrevistarlo.[2] Joop fue extremadamente sincero. Les dijo que había escrito el libro como muestra de cariño hacia su madre y para rendir homenaje a su abuelo, cuyos esfuerzos por ayudar a los escondidos nunca habían obtenido el reconocimiento que merecían. Añadió que, al escribirlo, no pudo evitar expresar su preocupación respecto al papel que pudo desempeñar su tía Nelly en la denuncia.

Empezó por explicarles su relación con su madre. Es el menor de cuatro hijos y tenía siete años cuando supo que Bep había ayudado a la familia de Ana Frank. Desde entonces, quedó fascinado por la historia de la Casa de atrás. Recordaba con cariño las visitas de Otto Frank, al que llamaba «tío Otto». Durante la entrevista, se emocionó al recordar un incidente que tuvo lugar en 1959, cuando tenía diez años. Oyó a su madre llorar en el cuarto de baño y, al abrir la puerta, vio que estaba tomando pastillas. Bep lo miró consternada y se detuvo. Sin duda, aquella interrupción le salvó la vida. Solo después comprendió Joop hasta qué punto estaba Bep traumatizada por la guerra. Ella misma le confesó que sentía que había fallado a las personas escondidas en el anexo.

Joop les habló también con detalle de Nelly. Era la cuarta de ocho hijos y tenía cuatro años menos que su hermana Bep, que era la mayor. La familia vivía en un barrio obrero del oeste de Ámsterdam, en una casa demasiado pequeña para diez personas, de ahí que las hermanas mayores vivieran fuera por temporadas. Al principio de la guerra, Nelly y su hermana Annie trabajaron como internas en casa de una familia rica que simpatizaba con la causa nazi. El chalé era frecuentado por soldados del ejército alemán. Uno de ellos era un joven austriaco llamado Siegfried del que Nelly, que por entonces tenía dieciocho años, se enamoró al poco tiempo.

El 1 de noviembre de 1941, Nelly fue detenida mientras paseaba por Nieuwendijk con Siegfried. El Equipo Caso Archivado encontró en el Archivo Municipal de Ámsterdam su expediente policial, que indicaba que solo la denunciaron por saltarse el toque de queda.[3] Como todavía era menor de edad, avisaron a su padre para que fuera a recogerla a la comisaría a la mañana siguiente y el señor Voskuijl se llevó un tremendo disgusto al saber que su hija estaba saliendo con un soldado enemigo. Johannes Voskuijl, que era profundamente antinazi, se empeñó en que rompiera con él.[4]

Parecía imposible, sin embargo, disuadir a Nelly. Su hermana menor, Diny, contó en una entrevista de 2011 para la Anne Frank Stichting que Nelly llevó a su novio austriaco a casa y pidió permiso a Johannes para salir con él. Mirando por una rendija de la puerta, Diny vio que el joven entrechocaba los talones de las botas y le decía a su padre: «*Herr Voskuij, heil Hitler!*».[5]

Según se contaba en la familia, Johannes trató de convencerla de que dejara de ver a Siegfried, pero no sirvió de nada. La tensión familiar se hizo insoportable y, en diciembre de 1942, Nelly solicitó el pasaporte holandés.[6] El Equipo Caso Archivado logró dar con su solicitud. Llevaba el sello *A.B.*, lo que significaba que la oficina de empleo de Ámsterdam la consideraba apta para trabajar en Alemania. Pero, añadía, «con consentimiento». Por ser menor de edad, Nelly necesitaba autorización paterna para viajar al extranjero y parece poco probable que su padre se la diera. Joop llegó a la conclusión de que su tía había mentido al afirmar en la solicitud que contaba con permiso paterno.

Joop le explicó al equipo que a su modo de ver la familia Voskuijl subestimó o bien ocultó premeditadamente que su tía tenía contacto estrecho con miembros del ejército alemán. En la familia se contaba que Nelly se fue vivir a Francia tras romper con Siegfried y que permaneció allí hasta que terminó la guerra. Pero, al hacer averiguaciones para escribir su libro, Joop descubrió que no fue así.

Según su hermana Diny, Nelly se fue en realidad a Austria a vivir con la hermana de Siegfried mientras él estaba en el frente. Estando allí, encontró una carta dirigida a él, de su prometida,[7] y regresó a Ámsterdam con el corazón destrozado. Pese a todo, siguió relacionándose con nazis. El novio que tenía Bep en aquel entonces, Bertus Hulsman, visitaba con frecuencia la casa de los Voskuijl. Bertus aseguraba que, a su regreso a Ámsterdam, Nelly siguió confraternizando con los ocupantes. Recordaba que frecuentaba el edificio del club de patinaje Veronica, enfrente del Concertgebouw. Los alemanes habían convertido el club en local de alterne, del tipo Wein, Weib und Gesang («vino, mujeres y canciones»), y celebraban allí fiestas.[8]

Joop averiguó que en mayo de 1943 su tía se trasladó al norte de Francia para trabajar en la base militar de la Wehrmacht en Laon. Era la secretaria del comandante. Esto podía considerarse un acto grave de colaboracionismo, dado que, por el puesto que desempeñaba, Nelly debía de conocer la planificación horaria de los ataques aéreos alemanes. Al parecer, estuvo allí un año. En mayo de 1944 decidió regresar a Ámsterdam.

Como no dejó de salir con alemanes, en casa las cosas fueron de mal en peor. Diny contaba que su padre le pegaba a veces. Una vez la golpeó con tal violencia que Nelly cayó al suelo del recibidor y su padre siguió dándole patadas. Impresionada por aquella escena, Diny le preguntó a su madre por qué se había puesto así Johannes, pero su madre se negó a contestar. Aunque recordaba que aquello sucedió en el verano de 1944, no sabía si había sido antes o después de la redada en la Casa de atrás.[9] Si fue después, es posible que el estallido de ira de Johannes obedeciera a su convicción de que Nelly había tenido algo que ver con la denuncia.

En este punto de la investigación acerca de Nelly, el Equipo Caso Archivado encontró una anomalía. En la edición del diario de

1947, supervisada por Otto Frank y publicada en todo el mundo, no se menciona en ningún momento a Nelly Vookuijl. Esto podía deberse al deseo de publicar un libro manejable, de trescientas treinta y cinco páginas: hubo que cortar mucho. Cuando el NIOD publicó su edición crítica del diario en 1986, se restauraron numerosos pasajes que se habían omitido anteriormente.

En una entrada misteriosa fechada el 6 de mayo de 1944, Ana comentaba que M. K. estaba en el norte de Francia, en una zona que recientemente había sufrido fuertes bombardeos aliados. Al parecer, estaba aterrorizada y ansiosa por regresar a Ámsterdam, y quería que su padre la perdonara por los disgustos que le había dado.

El Equipo Caso Archivado sabía que Nelly había trabajado como secretaria del comandante de un base aérea alemana en Laon, en el norte de Francia. Evidentemente, su nombre se había reemplazado por las iniciales M. K. En la edición crítica, esta entrada llevaba además una curiosa nota a pie de página.

En ella, los editores explicaban que, a petición de alguien a quien no se identificaba, habían ocultado el nombre de la persona a la que se refería Ana y lo habían sustituido por unas iniciales elegidas al azar. Señalaban asimismo que a instancias de esa misma persona se habían omitido veinticuatro palabras de la anotación del 6 de mayo, así como otros tres pasajes de los días 11 y 19 de mayo; noventa y dos palabras en total.

Como es lógico, para el equipo era imprescindible averiguar de dónde había partido esa petición y qué decían los pasajes omitidos. Cuando se pusieron en contacto con David Barnouw, uno de los responsables de la edición crítica, este les dijo que había sido la propia Nelly quien pidió que no se la mencionase. Al enterarse de que iba a publicarse la edición crítica del diario, solicitó al NIOD que se omitieran los pasajes que hacían referencia a ella.

El Instituto respondió que mantendría los pasajes, pero que ocultaría su nombre.

¿Qué contenían esos pasajes para que Nelly sintiera la necesidad de que se omitieran? ¿Daban acaso alguna pista de que podía ser ella quien había traicionado a los ocupantes de la Casa de atrás?

El Equipo Caso Archivado se puso en contacto con Jeroen de Bruyn, coautor del libro de Joop, que tuvo la amabilidad de enviarles la extensa colección de documentos y notas que había recabado a lo largo de su investigación. Uno de esos documentos contenía cuatro entradas del diario de Ana en las que se encontraban las palabras que Nelly había pedido a los editores que eliminaran.

Bep debía de contarle a Ana con detalle las discusiones entre su padre y su hermana por los devaneos de esta con alemanes, puesto que ese es el tema de la mayoría de las anotaciones del diario que se refieren a Nelly.[10] *

En el primer pasaje omitido, de veinticuatro palabras, Ana comenta que Nelly podría alegar la enfermedad de su padre para que le permitieran regresar a los Países Bajos, pero añade que esto solo funcionaría si Johannes falleciese. Las siguientes cuatro palabras eliminadas se refieren a las ansias que tenía Nelly de ver a su padre.[11]

El tercer párrafo eliminado, de veintiocho palabras, es igualmente inofensivo. Nelly debió de pedir permiso para marcharse y el comandante de la base se mostró muy contrariado porque le molestara antes de la cena. Ana cuenta que Nelly respondió que, si su padre fallecía antes de que pudiera verle, nunca se lo perdonaría a los alemanes. En la última anotación eliminada, Ana se refiere a la

---

* Lamentablemente, no hemos recibido autorización para citar estas entradas contenidas en la edición crítica del diario a cargo de David Barnouw y Gerrold van der Stroom, que en inglés publicó la editorial neoyorquina Doubleday en 2003.

tristeza de Johannes. El señor Voskuijl se estaba muriendo de cáncer y su hija, que había vuelto a casa, seguía dándole disgustos, pues no había dejado de confraternizar con los alemanes.[12]

Las anotaciones del 6 y el 19 de mayo dejan claro que Nelly había vuelto de Francia y mantenía una relación amorosa con un piloto alemán. Es posible que quisiera que se omitieran esos pasajes porque se sentía responsable del sufrimiento de su padre, al que contribuyó. Pero cuando se publicó la edición crítica del diario hacía ya mucho tiempo que el señor Voskuijl había fallecido. Es más probable que ello se debiera a que en 1986 el hecho de que te identificaran como colaboracionista todavía producía rechazo e indignación, a pesar de que habían transcurrido cuarenta años desde el final de la contienda. Y, obviamente, el diario de Ana había sacado a la luz que Nelly había colaborado con el enemigo. En cualquier caso, el equipo no encontró en los pasajes eliminados ningún indicio que reforzara la hipótesis de que ella era la delatora.

La única persona que había afirmado que Nelly podía saber que había judíos escondidos en la Casa de atrás era el exnovio de Bep, Bertus Hulsman.[13] En una entrevista con Dineke Stam, de la Anne Frank Stichting, en 2007, Bertus habló de una discusión que tuvo lugar en torno a la mesa de la casa familiar. Las hermanas de Nelly, dijo, «se metían con ella por tener trato con boches. Y una vez, nunca lo olvidaré, gritó en la mesa: "¡Idos con vuestros judíos!". No recuerdo cuándo fue exactamente».[14]

La entrevista duró más de dos horas y la conversación entre Nelly y su familia salió a relucir en varias ocasiones. En cierto momento, Hulsman explicaba ese comentario de Nelly diciendo: «En esa relación familiar siempre había mucha tensión. Con tantas chicas, ya se sabe… Y entonces (Nelly) dijo: "Idos con vuestros judíos"».[15]

En otro momento, Hulsman aclaraba que esas palabras debían tomarse como un comentario de carácter general: «Cuando le lanzaban alguna pulla, respondía diciendo: "Idos a ver a vuestros judíos"».[16]

Luego reflexionaba sobre su incertidumbre acerca del origen de esa información. «Pero ¿cómo es que sé lo de "Idos con vuestros judíos", que pasó hace sesenta años? Yo mismo lo dudo, sabe (…) Ojalá me equivoque, ojalá lo que estoy dando a entender no sea cierto».[17]

¿Era el comentario de Nelly, que en principio parece referirse a la Casa de atrás, una réplica genérica, más que una acusación concreta? «¡Idos con vuestros judíos y dejadme en paz!» podía ser simplemente su forma de responder cuando su padre o sus hermanas le gritaban que se fuera con sus «boches». ¿Pretendía Nelly dejar claro que sabía algo o solo estaba reaccionando a la compasión que sin duda expresaban su padre y su hermana Bep por la situación de los judíos en la Holanda ocupada?

Poco después de producirse la liberación en mayo de 1945, Nelly se fue a vivir a Groninga, no muy lejos de Ámsterdam. Según cuenta Melissa Müller, fue detenida el 26 de octubre. Pasó varios años en prisión y no pudo rehacer su vida hasta 1953.

El Equipo Caso Archivado buscó el expediente de Nelly en el CABR. En el Archivo Nacional de los Países Bajos se conserva el sumario de todas las causas abiertas por delitos políticos durante la posguerra. No hay, sin embargo, ningún dosier a nombre de Nelly Voskuijl. Vince se puso en contacto con Müller para preguntarle de dónde procedía la información acerca de la detención y condena de Nelly. Ella le recomendó que hablara con su documentalista.[18]

El documentalista tampoco recordaba la fuente concreta.[19] Sin embargo, durante las dos entrevistas que mantuvo con el equipo les explicó su teoría. Según él, Nelly Voskuijl estuvo primero detenida en un teatro de Groninga junto con otras jóvenes sospechosas de colaboracionismo. Posteriormente —siempre según el documentalista—, fue trasladada a prisión, donde permaneció más o menos un año. El equipo buscó en el archivo municipal de Groninga, pero no encontró ninguna prueba que confirmara esos datos. El documentalista opinaba que los papeles relativos a Nelly podían haberse destruido porque, al no ser mayor de edad en aquella época, la habría juzgado un tribunal de menores. Willy, otra de las hermanas Voskuijl, recordaba que a ella la habían interrogado justo después de la guerra, seguramente acerca de Nelly, aunque no recordaba los detalles concretos; su testimonio podía servir para corroborar la detención de Nelly.[20]

En aquel momento, en 1945, Nelly tenía, no obstante, más de veintiún años y por tanto no la habría juzgado un tribunal de menores. Para encontrar pruebas sobre esta teoría o cualquier otra información sobre el paradero de Nelly entre 1945 y 1953, el equipo indagó acerca de los campos de prisioneros de la posguerra, buscando en concreto datos sobre jóvenes presas en Groninga, y consultó los archivos sobre presos políticos que se conservan en el Ayuntamiento de dicha localidad.[21] No había ninguna noticia acerca de Nelly Voskuijl. El hecho de que no se conservara ningún expediente a su nombre en el CABR hacía sospechar al equipo que en realidad nunca fue detenida.

Un día, la investigadora del equipo Circe de Bruin llegó muy emocionada a la oficina. Había descubierto un documento que indicaba que Nelly se empadronó en el municipio de Groninga el 26 de octubre de 1945, el mismo día en el que, según Müller, la detuvieron.[22] Parece que el documentalista de Müller confundió su registro en el padrón municipal con un acta de detención.* Vince afirma que los altibajos anímicos entre la euforia y la decepción son típicos

---

* Posiblemente lo que ocurrió fue que el documentalista no visitó el archivo de Groninga, sino que delegó esa tarea en otra persona que vivía allí. Es la única explicación que encontramos para ese error.

de cualquier investigación, pero reconoce que se sintió algo desilusionado. De haber sido detenida Nelly, su sumario en el CABR les habría proporcionado una relación detallada de sus actividades y sus contactos con alemanes durante la guerra. Habría sido mucho más fácil aclarar si tuvo o no algo que ver con la denuncia de los ocupantes de la Casa de atrás.

Al huir de Ámsterdam, Nelly pasó desapercibida y evitó que la encarcelaran por los delitos de colaboracionismo que quizá cometiera. Escapó, como mínimo, al destino de las mujeres que habían mantenido relaciones sexuales con alemanes. Sacadas a rastras de sus casas, les rapaban la cabeza y las paseaban en carros por las calles, entre los gritos y los insultos de los transeúntes.

Tras décadas de silencio, en 1996 Joop van Wijk retomó el contacto con su tía. Nelly vivía entonces en la pequeña localidad de Koudum, en la provincia de Frisia, al norte de los Países Bajos, y seguía teniendo una relación muy estrecha con sus hermanas; sobre todo, con Diny y Willy. «Siempre era bien recibido en su casa», recordaba Joop, «hasta que saqué el tema de la guerra y de su comportamiento dentro de la familia Voskuijl».[23] Aunque Nelly sabía que estaba escribiendo un libro sobre Bep, Nelly le dijo que le resultaba muy difícil hablar de esa época y que se arrepentía profundamente de esa fase de su vida.

Joop les contó también algo sorprendente: al parecer, una de las últimas veces que la visitó, al mencionarle a Ana Frank y la redada en la Casa de atrás, su tía sufrió un desmayo.[24] Él se ofreció a llevarla al hospital, pero ella se negó y le dijo que seguramente el desmayo se debía a los golpes que le había dado su padre de joven. A Joop aquello le pareció sospechoso y empezó a creer que quizá fuera todo puro teatro, un ardid para ocultar su culpabilidad. Sin embargo —le dijo al equipo—, temiendo por la salud de Nelly, dejó de hacerle preguntas sobre la guerra.

Naturalmente, lo más chocante del relato de Joop es que pareciera que Nelly se desmayó al mencionarle él la Casa de atrás. ¿Podía ser de veras una estratagema para no tener que responder a las preguntas de su sobrino? Joop explicó, no obstante, que la había visto desmayarse tres veces con anterioridad, lo que indica que quizá tuviera una dolencia crónica. En su libro *Anne Frank: The Untold Story. The Hidden Truth about Elie Vossen, the Youngest Helper of the Secret Annex*, Joop aludía también al desmayo de Nelly, pero afirmaba que se debió a que le mencionó la guerra, no la redada en la Casa de atrás. El Equipo Caso Archivado no tuvo más remedio que preguntarse si los desmayos de Nelly y su negativa a hablar eran indicio de que ocultaba algo[25] o significaban más bien que Joop, persuadido ya de que su tía era culpable, veía solamente lo que quería ver. Tras la última visita de su sobrino, Nelly se fue a vivir a una residencia de ancianos, donde falleció en 2001. Joop recibió una última postal suya con un mensaje muy breve: *Un abrazo, Nel*.

Vince cuenta que, al haber pasado veintisiete años trabajando como agente encubierto del FBI, tuvo que aprender a conocer de manera intuitiva a los demás, por su propia seguridad. Y aunque apreciaba mucho a Joop, tenía al mismo tiempo la impresión de que estaba un poco obsesionado con demostrar la culpabilidad de Nelly. Vince le aconsejó que no se preocupara por la delación y que se centrara en el motivo que le había impulsado a escribir su libro, es decir, rendir tributo a su madre y a su abuelo.

Como era de esperar, Vince aplicó el axioma policial «conocimientos, motivo y oportunidad» a la hipótesis en torno a Nelly Voskuijl. ¿Tenía Nelly un motivo? Joop frecuentó a su tía cincuenta años después de que acabara la guerra, en un momento de su vida en el que Nelly parecía avergonzarse de las cosas que había hecho en aquella época, cuando era una joven rebelde, osada e irreflexiva a la que le gustaba coquetear con el enemigo. ¿Era posible que en un momento de rabia —tras una pelea con Johannes, por ejemplo—, le hubiera confesado a quien no debía el secreto que guardaban su padre y su hermana, y que esa persona, posiblemente uno de sus amigos alemanes, hubiera informado al SD?

¿Tenía, además, conocimientos suficientes? Aunque su padre y su hermana eran muy discretos, cabe la posibilidad de que Nelly los oyera hablar de la estantería que ocultaba la entrada al anexo. Puede que le extrañara, además, que Bep anduviera siempre recolectando cosas, a veces con ayuda de sus hermanas pequeñas. Pero ni siquiera la madre de Bep sabía que había gente escondida en la Casa de atrás. Cuando lo descubrió, después de la redada, se enfureció con su marido y su hija por haber puesto a la familia en semejante peligro.

De lo que no hay duda es de que Nelly tuvo oportunidad, puesto que regresó a Ámsterdam en mayo de 1944. Johannes se quejó en aquella época de que siguiera viéndose con sus amigos alemanes.

Pero, al descubrir que los pasajes que había pedido que se suprimieran del diario evidenciaban el cariño que le tenía a su padre, el equipo comenzó a dudar de que Nelly hubiera actuado con intenciones revanchistas hacia Johannes Voskuijl. Parecía mucho más probable que en 1986 no quisiera que saliera a la luz su pasado como simpatizante de los alemanes, que no solo podía perjudicarla a ella, sino dañar el recuerdo de su padre y de su hermana Bep, que gozaban ya de cierta fama como protectores de Ana Frank.

No parecía haber ninguna prueba sólida de que Nelly delatara a los residentes de la Casa de atrás, aunque fuera sin querer. Pero el Equipo Caso Archivado no podía descartar aún esa posibilidad.

Sondeando la memoria

Vince me recordó que cualquiera que confíe en las declaraciones de testigos presenciales como crónica exacta de un acontecimiento histórico descubre muy pronto que la memoria es fluida. La gente asegura con enorme certeza cosas que o bien son contradictorias o bien no pueden ser ciertas. No es que mientan; es que sus recuerdos han quedado mediatizados por las vivencias que han tenido después. El mismo acontecimiento pasado por el filtro de distintas emociones también puede variar el presunto relato objetivo de los hechos. Vince cuenta que el Equipo Caso Archivado debía tener esto muy presente cada vez que analizaba una hipótesis. Uno de los casos más fascinantes en este sentido era el de Victor Kugler.

Una de las veces que relató sus recuerdos de la redada, Kugler afirmó que esa mañana estaba trabajando cuando de pronto oyó pasos y vio pasar unas sombras por la ventana de la puerta de su despacho. Abrió la puerta y vio que un agente de la Gestapo subía las escaleras pistola en mano, seguido de otros.[1] Los agentes pasaron a la oficina, donde estaban trabajando Kleiman, Bep y Miep. Silberbauer dejó a un policía encargado de vigilarlos y ordenó a Kugler que subiera las escaleras delante de él hasta el siguiente piso del edificio. Kugler iba a solas con el nazi. Mientras subían, Silberbauer gritó: «¿Dónde están los judíos?».[2] Kugler lo condujo a la estantería.

En un artículo publicado por la revista *Life* en 1958, la versión que ofrece Kugler de los acontecimientos es ligeramente distinta. Contaba que los agentes lo llevaron al almacén delantero y estuvieron echando un vistazo por allí, hasta que pasado un rato sacaron las armas y lo condujeron a la estantería.[3] El relato de Kugler que figura en el libro de Ernst Schnabel *The Footsteps of Anne Frank* (1958) repite esa misma versión. Durante la investigación de 1963-1964, Kugler le explicó al inspector Arend Jacobus van Helden que, confiando en que los nazis solo estuvieran buscando armas o documentación falsificada, le enseñó primero a Silberbauer su despacho, abriendo armarios y estanterías. Luego lo condujo a la parte de atrás del inmueble y le enseñó el despacho de Kleiman, el aseo y la cocinita. Silberbauer le ordenó entonces que lo llevara a la planta de arriba. Fueron primero al pequeño almacén que había en la parte delantera del edificio y luego al pasillo que llevaba al anexo, en la parte de atrás. Al llegar a la estantería, Kugler notó que alguien —seguramente los policías holandeses— ya había registrado otra estantería y unas cajas que había allí cerca. Vio entonces que intentaban retirar la estantería basculante. Al principio no consiguieron moverla, pero luego descubrieron que había que retirar el gancho y la abrieron.[4]

Lo lógico, quizá, sería esperar que el relato de Kugler fuera el mismo diecinueve años después de la redada, pero al parecer se había visto alterado por una especie de revisionismo emocional.

1. *En la primera versión, Kugler desvela casi de inmediato dónde se encuentra la entrada secreta al anexo, amenazado de muerte por Silberbauer, que pregunta dónde están los judíos.*

2. *En las versiones posteriores, los agentes que realizaron la redada registran el edificio y llegan a la conclusión de que la estantería oculta algo, sospecha esta que parecen confirmar las marcas de ruedas en el suelo de madera. Retiran la estantería y descubren la puerta secreta. Kugler comprendió entonces, según contaba, que el policía verde «lo sabía todo».*[5]

La versión que tiene más visos de ser cierta es la primera. En opinión de Vince, la agresiva pregunta de Silberbauer era una táctica común que él conocía de las redadas del FBI: hacer creer al sospechoso que ya sabes lo que oculta. Por cómo transcurrió el resto de la redada, parece evidente que Silberbauer sabía de antemano que había judíos en el edificio, pero seguramente ignoraba dónde estaban escondidos. Kugler, aterrado y con una pistola apuntándole a la espalda, condujo a los agentes a la estantería que ocultaba la entrada secreta al anexo. Para un hombre de la integridad de Kugler, aquello tenía que ser muy doloroso. Había ocultado lealmente a ocho personas durante más de dos años, pese al enorme estrés que ello tuvo que suponerle, y ahora llevaba sobre sí la responsabilidad de haber desvelado su escondite. Tenía que sentirse terriblemente vulnerable y atenazado por un sentimiento de culpa que era, de hecho, irracional, porque no podía haber hecho nada por salvarlos. No es de extrañar, por lo tanto, que su relato de aquel día trágico se metamorfoseara con el paso de los años, y que en las versiones posteriores se muestre por un lado más astuto y capaz de engañar a Silberbauer y, por otro, más sereno.

Quizá su sentimiento de culpa se hubiera visto mitigado en parte de haber sabido que, según el inspector Van Helden, Otto afirmó en diciembre de 1963 que «si Silberbauer aseguraba que uno de los presentes le indicó la puerta [escondida detrás de la estantería], él [Otto] entendía que, tratándose de una redada armada del SD, no se podía guardar silencio mucho tiempo». No había culpa alguna. Otto sabía que, en cuanto Silberbauer y los policías holandeses entraron en el edificio, estaban condenados a que los descubrieran.[6]

Debido a las incongruencias del relato de Kugler, se ha sugerido que Silberbauer y sus hombres no estaban buscando judíos, en absoluto. Gertjan Broek, documentalista de la Casa de Ana Frank, planteó la posibilidad de que el SD anduviera buscando cartillas de racionamiento ilegales y documentos falsificados y diera por casualidad con los judíos escondidos. Quizá no hubo ningún delator. Monique Koemans consideraba esta hipótesis lo bastante interesante como para proponérsela a su equipo de documentalistas durante una de sus reuniones semanales de puesta en común y decidieron examinarla a fondo.

Al pasar revista a las posibles fuentes a las que podían recurrir, Monique resolvió empezar por Ernst Schnabel. Para escribir su libro *The Footsteps of Anne Frank*, Schnabel había hablado con Otto y con todos los protectores de la Casa de atrás, incluido Jan Gies. Comenzó el libro en 1957, pasados apenas doce años desde el final de la guerra, y había podido incluir en él el testimonio directo de cuarenta y dos personas relacionadas en mayor o menor medida con Ana Frank.

Monique averiguó que el manuscrito original del libro se hallaba depositado en el Archivo de Literatura Alemana de Marbach, cerca de Stuttgart, en Alemania. Al ponerse en contacto con el archivo, le dijeron que también podían consultarse las notas personales del autor y algunas cartas de Otto Frank. Schnabel no grabó las entrevistas y algunos críticos le acusaban de no haber sido muy preciso en sus anotaciones. Aun así, podía ser muy interesante examinarlas personalmente. Quizá Monique encontrara en ellas pruebas que apoyaran la afirmación de Kugler de que Silberbauer le preguntó dónde estaban los judíos, lo que indicaría inequívocamente que sabía de antemano que se ocultaban allí.

Monique viajó a Alemania con la documentalista Christine Hoste. Tras ocho horas de viaje en coche, en pleno diciembre, con viento, lluvia y una ligera nevada, llegaron a un hotel desierto, cerca del archivo. No había más huéspedes, lo que agudizó su sensación de estar adentrándose en territorio desconocido. Teniendo en cuenta lo estricta que es la burocracia alemana, no había sido fácil obtener permiso para consultar las notas, pero cuando llegaron al archivo a la mañana siguiente, tras algún que otro malentendido, los papeles estaban más o menos listos para que los examinaran. Las acompañaron hasta una salita con una pared de cristal (para que el archivero pudiera vigilar lo que hacían), una mesa de formica y unas lámparas de estilo retro.

Las notas de Schnabel estaban escritas en alemán, en letra cursiva y anticuada. Algunas eran fáciles de leer y otras parecían un rompecabezas, con palabras garabateadas en las esquinas (o bien el papel seguía siendo un bien escaso cuando Schnabel las escribió, o bien había conservado la costumbre de no malgastarlo, propia de tiempos de la guerra).

Monique y su compañera se pusieron a trabajar de firme. Monique cuenta que era muy extraño sentirse tan cerca de Otto, saber que había tenido en sus manos algunos de esos papeles y cartas. No se trataba ya solo de historia. Había algo de íntimo en la lectura de aquellas notas.

De pronto, Monique le dijo a Christine: «¡Aquí está la prueba!». Había encontrado dos anotaciones de Schnabel, procedentes de entrevistas distintas, en las que aparecía la frase *Wo sind die Juden?* («¿Dónde están los judíos?»). A juzgar por esas notas, los protectores de los Frank confirmaban la primera versión de Kugler, es decir, que los agentes encargados de la redada preguntaron expresamente dónde se escondían los judíos. Era emocionante, porque significaba que Silberbauer y los policías holandeses no estaban buscando cartillas de racionamiento o armas: no descubrieron a los escondidos por casualidad.

Entre los papeles de Schnabel había, además, una anotación misteriosa. Era el final de una frase: *y ella conocía al delator.* Nada más. Era probable que ese «ella» se refiriera a Miep; desde luego, no a Bep. Otto no tenía mucha confianza con Bep, y Miep era la única que había asegurado conocer el nombre del delator. ¿Le había contado Miep a Schnabel lo que sabía? Schnabel había muerto en Berlín en 1986. Si conocía el nombre del delator, nunca lo hizo público.

Quedaba aún una pieza más del rompecabezas que dilucidar. Si había un delator —y el Equipo Caso Archivado estaba ya convencido de que lo había—, tenían que averiguar si el soplo se había efectuado mediante una llamada telefónica, como se daba por descontado desde siempre. ¿Hasta qué punto era frecuente que hubiera teléfonos en casas particulares durante la guerra? Para averiguarlo, Vince y Brendan recurrieron a Jan Rijnders, historiador especializado en las telecomunicaciones de la Segunda Guerra Mundial en los Países Bajos, quien proporcionó al equipo un informe detallado sobre la empresa pública de telefonía (PTT) en tiempos de la guerra.

Cuatro días después de la rendición holandesa, el 15 de mayo de 1940, las autoridades alemanas nombraron a Werner Linnemeyer director del servicio telefónico municipal. Se incautaron enormes cantidades de cable y equipamiento para el ejército alemán, pero, según Rijnders, ello solo afectó hasta cierto punto a la red telefónica

holandesa, cuya calidad era excelente en aquella época. En 1944, solamente algunas casas particulares seguían disponiendo de teléfono,
puesto que se necesitaba un permiso especial para tenerlo. Aunque
se habían desmantelado las cabinas telefónicas públicas de las calles,
la mayoría de los negocios y empresas seguían teniendo teléfono. Los
documentalistas del equipo consiguieron encontrar una guía telefónica de 1943. No había edición de 1944, pero eso no demuestra que ya
no hubiera teléfonos particulares, sino, probablemente, que no había
papel para imprimir guías.

Desde septiembre de 1944, los alemanes sabían que la resistencia podía contactar por teléfono con la parte sur del país ya
liberada. Desconectaron, por tanto, la red de larga distancia, pero
por lo general pudieron seguir haciéndose llamadas locales, en
parte porque los alemanes querían seguir interviniendo las comunicaciones de las empresas holandesas, así como las de su propio
personal.[7]

La única noticia que se tenía de que la redada se había producido como consecuencia de una llamada telefónica procedía del testimonio de Silberbauer. En su declaración ante las autoridades
austriacas, afirmó que a las diez de la mañana del 4 de agosto, el
teniente de las SS Julius Dettmann, del Referat IV B4, recibió una
llamada y acto seguido ordenó a Silberbauer que llevara a cabo la
redada junto con algunos agentes elegidos por el sargento Kaper.

El equipo dudaba de que las cosas hubieran sido tan sencillas.
Como habían descubierto por el Proyecto Seguimiento de Detenciones, las redadas dirigidas por mandos del SD alemán como Silberbauer eran poco frecuentes, de modo que, si la redada en la Casa de
atrás se apartaba de la norma en ese aspecto, cabía la posibilidad
de que la llamada también se hubiera producido de forma atípica. Si
hubiera sido un soplo anónimo, indudablemente no lo habría recibido Dettman, que ocupaba un puesto demasiado alto en el

escalafón alemán como para atender la llamada de un informante sin identificar.

Los investigadores del Equipo Caso Archivado tendían a creer que la llamada había tenido a Dettman como destinatario, pero ¿había sido un «llamada interna», de dentro de la organización alemana? ¿Tal vez de alguien de su entorno inmediato, como Willy Lages o Ferdinand aus der Fünten, el jefe de la Zentralstelle? Y, en caso de que hubiera sido una llamada externa, ¿procedía de otra Zentralstelle, posiblemente de Groninga, Zwolle o La Haya, o quizá incluso del campo de internamiento de Westerbork? En cualquier caso, probablemente quien hizo la llamada era alguien a quien Dettman conocía y en quien confiaba.

Una declaración de Willy Lages hecha en 1964, cuando se encontraba preso en Breda, parece confirmar esta hipótesis:

Así que, en resumen, me están preguntando si es lógico que, después de recibir una llamada telefónica sobre unos judíos escondidos en tal y tal dirección, uno se presentara inmediatamente en esas señas para detener a los judíos que hubiera allí. Yo les diría que es ilógico. En mi opinión, primero se comprobaría la validez de esa información, a no ser que el soplo procediera de alguien que contaba con la confianza de nuestro departamento. Si la historia de Silberbauer acerca de que se recibió un soplo por teléfono es cierta y se tomaron medidas inmediatas ese mismo día, mi conclusión es que conocíamos a la persona que dio el soplo y que ya antes nos había proporcionado información válida.[8]

Evidentemente, si la persona que llamó era un informante bien situado, muchas de las teorías que había barajado el equipo podían descartarse. Alguien como Willem van Maaren, por ejemplo, no tenía influencia suficiente como para hablar directamente por teléfono con un mando alemán como Dettmann.

Solo había dos personas que podían saber con toda certeza quién era el denunciante misterioso: el propio denunciante y Dettmann, que recibió la llamada. El equipo pensaba, no obstante, que tal vez, al llamar a Abraham Kaper para ordenarle que efectuara la redada, Dettmann pudo decirle también de dónde había obtenido la información. ¿Habría alguna referencia a esto en los archivos de Kaper? ¿Y dónde estarían dichos archivos, después de tanto tiempo?

Vince cuenta que, durante sus años de servicio como investigador, había aprendido mucho sobre policías. Era muy posible que Kaper conservara en su casa copias de todos los archivos que consideraba importantes. Aunque el equipo sabía que sería muy difícil encontrar a algún descendiente de Kaper (que fue ejecutado por colaboracionismo en 1949) y aún más difícil que alguno de ellos supiera qué había sido de sus papeles personales, Pieter se puso a hacer averiguaciones.

Según los documentos del Archivo Municipal de Ámsterdam, la familia Kaper era originaria de una región al norte de la capital holandesa. Pieter encontró varias personas con el apellido Kaper en la guía telefónica de esa zona del país y no tardó en centrar sus pesquisas en un hombre que parecía ser el nieto de Abraham Kaper. Sin embargo, cada vez que llamaba, contestaba una mujer que negaba que su marido tuviera algo que ver con el célebre colaboracionista. Ser el nieto de uno de los criminales de guerra más notorios de los Países Bajos no debía de ser fácil. Durante su juicio, tras la guerra, numerosos testigos declararon acerca de la brutalidad con que trataba Kaper a los detenidos judíos y a los militantes de la resistencia apresados, muy pocos de los cuales sobrevivieron a sus interrogatorios.

Tras la contienda, los colaboracionistas y sus familiares concitaban un intenso rechazo social. La mayoría perdieron su trabajo y tenían que recurrir a los servicios sociales de su localidad para solicitar ayuda. Los funcionarios que se encargaban de estas solicitudes solían preguntar a los vecinos si el solicitante estaba trabajando bajo cuerda o si incumplía de alguna otra forma la normativa. Todas estas actas se conservan en el archivo de los Servicios Sociales del Ayuntamiento de Ámsterdam.

En el expediente relativo a Kaper, Pieter descubrió que su esposa se llamaba Grietje Potman y que tenían una hija y dos hijos. De los informes de los inspectores que hicieron averiguaciones sobre él en el vecindario durante la inmediata posguerra, se desprende claramente que la mayoría de sus vecinos detestaba a Abraham Kaper pero tenía buena opinión de su esposa.

Como estaba casi seguro de que había encontrado al nieto de Kaper, Pieter decidió presentarse en su casa, a ver qué ocurría. Un soleado día de junio de 2019, provisto de un pastel que había comprado por el camino, llegó en coche al edificio de pisos donde vivía Kaper, entró en el portal aprovechando que alguien salía y llamó a su puerta.

Abrió el propio Kaper. Pieter le dio el pastel y le contó que tenía información interesante sobre su familia. Kaper, que tenía más de ochenta años, resultó ser muy amable, igual que su esposa, y no puso ningún reparo en hablarle de su abuelo, aunque apenas le recordaba, pues él era muy niño durante la guerra.

Abraham —que así se llamaba también— tenía asumido que su abuelo había sido un criminal de guerra, pero se consolaba pensando en lo que le habían contado sus vecinos, los Van Parreren, acerca de su abuela. Al parecer, Grietje trabajaba secretamente en contra de su marido recogiendo las notas anónimas de denuncia que la gente metía por el buzón de su puerta o que ella encontraba registrando los bolsillos de Kaper. Copiaba los nombres y se los daba a los Van Parreren para que avisaran a esas personas. (También estaba orgulloso de que su tío Jan hubiera servido en la Marina aliada y su tía Johanna hubiera trabajado para la resistencia).

Abraham pudo confirmar, además, otra suposición del equipo: le dijo a Pieter que su abuelo guardaba, en efecto, archivos y documentos en una caja de cartón en su casa, y que él sabía incluso dónde los tenía guardados. Pieter se entusiasmó al oírlo. Tenía la sensación de estar a punto de descubrir una mina de oro. Abraham le contó, sin embargo, que todos esos documentos quedaron destruidos en 1960, al inundarse la zona rural donde vivían sus abuelos. Se habían perdido en su totalidad.

Fue, como cabe suponer, una enorme decepción.

«El hombre que detuvo a la familia Frank, descubierto en Viena»

En 1957, durante el estreno en Austria de la obra teatral *El diario de Ana Frank* en la ciudad de Linz, un grupo de jóvenes manifestantes irrumpió en el teatro en plena función gritando que era todo un fraude. Este incidente llegó a oídos del superviviente del Holocausto Simon Wiesenthal, muy conocido ya entonces por dedicarse a perseguir a criminales de guerra nazis huidos. En su libro de memorias *Los asesinos entre nosotros*, el propio Wiesenthal lo relata así:

A las nueve y media de una noche de octubre de 1958*, un amigo llamó muy excitado a mi piso de Linz. ¿Podía yo acudir inmediatamente al Landestheater?

Una representación de El diario de Ana Frank acababa de ser interrumpida por demostraciones antisemitas. Grupos de jóve-

---

* Wiesenthal recordaba mal la fecha. La obra se estrenó en 1957.

nes entre los quince y los diecisiete años gritaban: «¡Traidores! ¡Lameculos! ¡Timadores!». Las luces se apagaron. Desde las localidades altas los jóvenes alborotadores lanzaron octavillas sobre el patio de butacas, en las que se leía:

«Esta obra es un gran timo, pues Ana Frank no existió jamás. Los judíos han inventado toda la historia porque quieren obtener más dinero de restitución. ¡No creáis una palabra! ¡Es una patraña!».

(...) Allí, en Linz, donde Hitler había ido al colegio y Eichmann se había formado, se les enseñaba a creer en mentiras y odio, prejuicio y nihilismo.[1]

Dos noches después, Wiesenthal tomó café con un amigo en una cafetería de Linz. Todo el mundo hablaba de la protesta. Su amigo le pidió a un joven conocido suyo que se acercara y le preguntó qué opinaba al respecto. El joven contestó que era muy emocionante; que el diario podía ser una falsificación muy bien hecha y que, desde luego, no demostraba que Ana Frank hubiera existido. Wiesenthal repuso que estaba enterrada en una fosa común en Bergen-Belsen. El chico se encogió de hombros: «No hay ninguna prueba», dijo. Si él conseguía demostrar que Ana Frank había existido, si localizaba al agente de la Gestapo que la detuvo, ¿sería prueba suficiente?, preguntó Wiesenthal. «Sí», contestó el joven. «Si el hombre en cuestión lo reconoce».[2]

Aquella conversación fue el acicate que impulsó a Wiesenthal a seguir el rastro del agente del SD que dirigió la redada en la Casa de atrás. La principal pista que tenía para iniciar su investigación era el nombre del agente, que él pensaba que era Silbernagel. Recordaba también que Miep había dicho que tenía acento vienés, lo que no era muy útil teniendo en cuenta que más de 950 000 austriacos lucharon en el bando alemán durante la Segunda Guerra

Mundial. A través de diversas fuentes, Wiesenthal pudo localizar a ocho individuos apellidados Silbernagel que habían sido miembros del Partido Nazi. Sin embargo, ninguno de ellos había estado destinado en el SD de Ámsterdam. Seguramente había algún error.

En sus memorias, Wiesenthal reconoce que no se puso en contacto con Otto Frank para que le confirmara el apellido del hombre del SD. Él, que también había sobrevivido al Holocausto, no quería disgustar a Otto obligándole a revivir aquel día aciago. Le preocupaba, además, que, como muchos otros supervivientes con los que había hablado, Otto no quisiera que se localizara al agente del SD. Wiesenthal se había encontrado con gente que le decía: «¿De qué va a servir? No puede ya devolver la vida a los muertos. Solo va a causar nuevos sufrimientos a los que han quedado con vida».[3] Él sentía, sin embargo, que era su deber hacerlo: si conseguía localizar al agente del SD y que este reconociera que había participado en la detención, demostraría que Ana Frank había existido y que su diario era auténtico. Y lo que era más importante: de ese modo, los alemanes y los austriacos que a finales de la década de 1950 empezaban a hablar de nuevo con nostalgia de su «pasado glorioso» tendrían ante sí una prueba palmaria de la realidad del Holocausto.

Al Equipo Caso Archivado le parecía crucial que Otto, aun sabiendo que Wiesenthal se había propuesto identificar y localizar al hombre del SD, no se ofreciera a ayudarle pese a que conocía el verdadero apellido de Silberbauer. En 1985, en el transcurso de una entrevista, Miep explicó que Otto le pidió que cambiara el apellido del sargento del SD porque no quería que la familia de este sufriera ningún tipo de acoso, y a ella se le ocurrió el de Silberthaler.[4] Según Wiesenthal, fue Victor Kugler quien mencionó el apellido Silvernagl.[5] Con anterioridad a la aparición del libro de Ernst Schnabel *The Footsteps of Anne Frank*, nunca se había hablado públicamente del agente que dirigió la redada en el anexo. La estratagema de

darle a Silberbauer un apellido falso tuvo que empezar con las entrevistas que Schnabel les hizo a Miep, Otto y los demás protectores de
los ocupantes de la Casa de atrás en 1957. Vince se acordó de repente
de que durante la visita que había hecho con Pieter y Thijs a la sede
de la Anne Frank Fonds en Basilea, el presidente de la fundación,
John Goldsmith, le llevó a un aparte y le dijo: «Ya sabe que Otto
mintió a Wiesenthal al decirle que no conocía la identidad de Silberbauer. ¿Por qué cree que lo hizo?». Súbitamente, comprendió
que la clave de la investigación estaba en dar respuesta a esa pregunta de Goldsmith.

Durante un viaje a Ámsterdam en la primavera de 1963, unos
amigos holandeses le dijeron a Wiesenthal que no tenía que buscar
por el apellido Silbernagel, sino por Silberthaler, el apellido inventado por Miep. Luego, Wiesenthal mantuvo una reunión informal
con Ynze Taconis, el director del Departamento de Investigación
Criminal de los Países Bajos (Rijskrecherche), acerca de su investigación. Cuando Wiesenthal ya se disponía a marcharse, Taconis le entregó lo que denominó un «librito para entretenerse durante el
viaje». Era una copia fotostática de un directorio de 1943 del SD en
los Países Bajos que contenía unos trescientos nombres. Durante el
vuelo de regreso a Viena, Wiesenthal se puso a hojearlo buscando el
apellido Silberthaler. No lo encontró, pero al seguir con el dedo la
lista de los miembros del IV B4, que incluía unos cuarenta nombres,
dio con el apellido Silberbauer, también bastante común en Austria.
Pensó, entusiasmado, que por fin había dado con él, o al menos con
su apellido, puesto que la guía no incluía nombres de pila.[6]

Hacía ya nada menos que seis años que se había propuesto localizar al hombre del SD. Conocido por su búsqueda de Josef Men-
gele y por haber dado con el paradero de Adolf Eichmann,
Wiesenthal habría sido el primero en reconocer que Silberbauer no
tenía ninguna relevancia dentro de la jerarquía nazi. Su meta no era

tanto llevarlo ante la justicia como conseguir que Silberbauer reconociera que había detenido a Ana Frank y a su familia. A principios de junio de 1963, le entregó la información que había reunido sobre Silberbauer al doctor Josef Wiesinger, su contacto en el Ministerio Federal del Interior de Austria y principal responsable de la investigación de los crímenes de guerra en el país centroeuropeo.

En aquel momento, no estaba claro que Silberbauer hubiera sobrevivido a la guerra. Durante los cinco meses siguientes, Wiesenthal mantuvo contactos regulares con Wiesinger para saber si se había hecho algún progreso en la investigación para identificar y localizar a Silberbauer. Siempre obtenía la misma respuesta: «Estamos en ello». La última vez fue en octubre de 1963. Lo que Wiesenthal ignoraba —y descubrió el Equipo Caso Archivado en un informe del Ministerio del Interior con fecha 21 de agosto de 1963— era que las autoridades austriacas ya habían identificado, localizado e interrogado a Silberbauer. Simplemente, no habían informado de ello a Wiesenthal.

El equipo descubrió gracias a dicho informe que el inspector Karl Josef Silberbauer, funcionario de la policía de Viena, fue llamado a declarar ante una comisión del Ministerio del Interior sin que el asunto se hiciera público. Durante la sesión, Silberbauer reconoció que había estado destinado en el SD de Ámsterdam entre noviembre de 1943 y octubre de 1944, cuando resultó herido en un accidente de motocicleta. Confirmó que había trabajado a las órdenes de Willy Lages y Julius Dettmann y que había recibido pagos en concepto de recompensa por la captura de judíos escondidos. Reconoció asimismo que nunca había llegado a dominar el idioma neerlandés y que necesitaba un intérprete para efectuar los interrogatorios. Y, lo que era más importante, confesó que había estado presente durante la detención de Ana Frank y su familia.

Al investigar a Silberbauer, el equipo descubrió que tras la guerra, en abril de 1945, regresó a su Austria natal, donde acabó cumpliendo una condena de catorce meses de prisión por un delito de uso excesivo de la fuerza contra prisioneros comunistas, anterior a su destino en Ámsterdam. Tras su puesta en libertad, fue reclutado por el Servicio Federal de Inteligencia de Alemania Occidental (BND) y, según un reportaje de *Der Spiegel*, trabajó como agente secreto. Su antigua afiliación a las SS le servía para ganarse la confianza de neonazis a los que se estaba investigando.[7] Después de su paso por el BND, entró a trabajar en la policía de Viena, donde alcanzó el rango de inspector.

El 11 de noviembre de 1963, casi tres meses después de la primera declaración oficial de Silberbauer, Wiesenthal leyó en el periódico austriaco *Volksstimme* una noticia que llevaba el siguiente titular: *El hombre que detuvo a la familia Frank, descubierto en Viena*.[8] Al parecer, alguien de la policía vienesa había filtrado la noticia. Periodistas de todo el mundo acudieron a la capital austriaca. Pidieron de inmediato a Otto, Miep, Bep, Kugler e incluso a Willem van Maaren, el primer sospechoso, que comentaran la noticia. Muchos seguidores de la historia de Ana —e incluso sus protagonistas— pensaron que, tras localizarse al agente del SD que dirigió la redada, se conocería por fin el nombre del delator.

Wiesenthal, probablemente indignado y dolido, escribió enseguida al doctor Wiesinger recordándole que era él quien le había proporcionado el nombre de Silberbauer y pidiéndole una fotografía de este para mandársela a Otto Frank, a fin de que lo identificara.[9] Para salvar su amistad, Wiesinger le confesó que sus superiores le habían ordenado no informarle de que habían hallado e interrogado a Silberbauer.

Por lo que se desprende de su carta, Wiesenthal ignoraba aún que Otto y los demás testigos de la redada conocían ya el verdadero apellido de Silberbauer. Es probable que lo descubriera una semana después. En una de las entrevistas que concedió tras la publicación de la noticia, Otto reconoció ante el periódico holandés *Het Vrije Volk* que sabía desde el principio que Silberbauer era quien había dirigido la redada. Y añadía: «Nunca he mantenido contactos con el señor Wiesenthal en Viena. El motivo por el que quería localizar a Silberbauer en concreto se me escapa».[10] Miep confirmó también en otra entrevista que conocía el nombre de Silberbauer y que no lo había relevado porque Otto le pidió expresamente que empleara un nombre falso.[11]

Así pues, ¿Otto había pedido a las personas que conocían el verdadero nombre de Silberbauer que lo ocultaran? ¿Qué le impulsó a hacer algo así?

Cor Suijk, exdirector de la Casa de Ana Frank y amigo personal de Otto, aventuró años después que quizá Otto se compadeció de Silberbauer porque este se mostró respetuoso con él, como militar alemán, en el momento de la detención. Según él, Otto habría querido proteger a la familia de Silberbauer de la atención mediática, a pesar de que el austriaco no tenía hijos.[12]

Parece una explicación sentimental y algo trillada. Y Otto no era un sentimental. Con sus actos, Silberbauer había llevado a una muerte espantosa a su mujer y sus hijas. En el momento de la redada, el nazi le recriminó a gritos a Miep, lleno de rabia, que hubiera ayudado a esa «basura judía».[13] Y durante su interrogatorio en el cuartel del SD, les dijo a Kugler y Kleiman: *Mitgefangen, mitgehangen*, «Capturados juntos, colgados juntos».[14] Silberbauer no merecía compasión, y menos aún de Otto. Tenía que haber algún otro motivo que explicara esa ocultación premeditada.

Miep también había ocultado la identidad de Silberbauer, y la noticia inesperada de su aparición en Viena la puso hasta cierto en un aprieto. Cinco meses antes, el 3 de mayo de 1963, un inspector del Departamento Nacional de Investigación Criminal se había puesto en contacto con ella repentinamente para interrogarla acerca de la redada en la Casa de atrás. Durante esa entrevista, Miep dijo desconocer el nombre del agente que dirigió la detención, a pesar de que lo había dado anteriormente, durante la investigación del PRA en 1947-1948.[15] También recomendó al inspector que hablara con Otto Frank, dándole a entender que tal vez él supiera algo más.

Mientras tanto, tal vez como revancha contra las autoridades austriacas por no haberle informado de que habían identificado a Silberbauer, Wiesenthal le pasó la dirección del domicilio particular de este a un estudiante de periodismo holandés, Jules Huf. El 20 de noviembre de 1963, el ambicioso Huf se presentó en casa de Silberbauer sin previo aviso, llamó a la puerta y solicitó una entrevista. La esposa de Silberbauer se negó en redondo, pero su marido gritó desde dentro de la casa que le dejara pasar. Huf pasó varias horas hablando con él sobre sus recuerdos de la redada. Tratando de inspirar compasión, Silberbauer se quejó de que después de prestar declaración ante las autoridades austriacas había tenido que entregar su arma reglamentaria, su insignia y su pase del tranvía. «De repente tenía que pagar el billete. Imagínese cómo me miró el conductor». Su esposa intervenía de vez en cuando para quejarse de que a su marido le habían recortado la paga de horas extras: «Hemos tenido que comprar los muebles a plazos». Al final, la noticia bomba que debería haber encabezado las ediciones de toda la prensa internacional era que, según afirmaba Silberbauer, fue la llamada de un empleado del almacén de Otto al SD la que desencadenó la redada.[16] Pero la entrevista, muy expurgada, apareció en el periódico austriaco *Kurier* el 22 de noviembre y no tuvo ninguna repercusión, ya fuera por la escasa circulación del periódico o porque el asesinato del presidente norteamericano John F. Kennedy copó los titulares durante esos días.

Aun así, a las autoridades austriacas no les pasó desapercibida, y es probable que se indignaran, dado que Silberbauer había recibido orden de mantener la boca cerrada.[17] Apenas tres días después de que se publicara la entrevista, Silberbauer fue llamado de nuevo a declarar. Su segundo testimonio difiere bastante de la versión que aparecía en el artículo de Huf.

> *Quiero dejar claro que nunca he sabido quién denunció a la familia Frank. No se me informó de si fue un holandés o un alemán. Yo, por ser el único alemán y el único mando policial, fui a dicha casa con el equipo que efectuó la detención. En el almacén de la planta baja había un hombre que andaba por allí, pero que no parecía estar esperándonos. Los agentes holandeses le hicieron unas preguntas y él señaló con la mano hacia la planta de arriba.*[18]

El Equipo Caso Archivado no se explicaba por qué Silberbauer cambió la versión de los hechos que le había contado a Huf. Lo que estaba claro era que en ninguna de las tres declaraciones oficiales que hizo ante las autoridades austriacas (en agosto de 1963, noviembre de 1963 y marzo de 1964) había afirmado que la llamada la hiciera un empleado del almacén. De hecho, aseguró que en ningún momento se le informó de quién había denunciado a la familia Frank, ni de si el denunciante era holandés o alemán, hombre o mujer. Esa contradicción con el artículo de Huf planteó un pequeño dilema al equipo: ¿quién era más digno de crédito, Huf o Silberbauer?

¿Podía ser cierto lo que decía Huf que le había contado Silberbauer? Jeroen de Bruyn y Joop van Wijk aportaban en su libro un dato clave para aclarar esta cuestión: la afirmación de Silberbauer de que la denuncia telefónica se produjo media hora antes de la redada elimina como sospechoso al jefe del almacén, Willem van Maaren. El análisis de todos los datos disponibles efectuado por el equipo indica que la redada tuvo lugar aproximadamente a las diez y media de la mañana. Van Maaren llegaba al trabajo a las nueve. Por orden de los alemanes, hacía varios años que se habían retirado de las calles todas las cabinas telefónicas. El único teléfono que podía haber usado Van Maaren se encontraba en la oficina delantera, pero Bep, Miep y Kleiman llevaban allí toda la mañana.[19] La única alternativa es que llamara desde el teléfono de algún negocio vecino. El equipo daba por sentado que, de haber sido así y teniendo en cuenta la notoriedad del caso, alguien de dicho negocio lo habría desvelado en algún momento.

La entrevista a Silberbauer no se publicó en su totalidad hasta veintitrés años después, en 1986, cuando apareció en el semanario holandés *De Groene Amsterdammer.*[20] Era interesante, pero no daba respuesta a la cuestión fundamental: ¿se enteró Silberbauer por su superior, el teniente de las SS Julius Dettmann, de quién hizo la denuncia o solo se estaba dando importancia delante del joven periodista, en un último intento de alcanzar notoriedad?

Lo que sabía Miep

Es difícil no sentir predilección por Miep Gies entre los protectores de la Casa de atrás. Fue ella quien salvó el diario de Ana con intención de devolvérselo cuando regresara al terminar la guerra; Otto convivió con ella y con su marido siete años a su regreso de Auschwitz y fue Miep quien guardó sus secretos después de la guerra. Tras la muerte de Otto en 1980, se convirtió en la portavoz de facto de la historia de Ana Frank. Concedió decenas de entrevistas a medios de todo el mundo y recibía invitaciones para dar charlas y conferencias en diversos países.

Vince organizó el llamado Proyecto Declaraciones: el Equipo Caso Archivado debía reunir todas las declaraciones relativas a la delación hechas por los testigos presenciales a lo largo de los años, tanto impresas como en medios audiovisuales. Después, ordenarían los datos en un eje temporal a fin de identificar contradicciones y corroboraciones.

Como parte de este proyecto, el equipo recabó todo el material disponible, tanto impreso como de audio y de vídeo, relativo a Miep.

Un día de 2019, mientras estaba revisando la grabación de una de sus conferencias en el extranjero, Vince se topó con algo totalmente inesperado. En 1994, Miep dio una charla en la Universidad de Michigan, acompañada por el profesor Rolf Wolfswinkel, que hacía las veces de moderador y la ayudaba cuando, de tanto en tanto, ella no encontraba una palabra o una expresión en inglés.[1] Tumbado en su sofá, escuchando la charla con los auriculares puestos, Vince estuvo a punto de quedarse dormido. Era básicamente el mismo discurso que le había oído dar en la mayoría de las grabaciones que había revisado. Pero, al final de la charla, cuando Wolfswinkel animó al público a intervenir, un joven preguntó: «¿Qué fue lo que delató a los Frank?». En su respuesta, Miep hacía una afirmación sorprendente: «Pasados quince años (…) nos pusimos otra vez a buscar al delator. Pero era ya 1960 y a esas alturas había muerto». Y concluía diciendo: «Así que tenemos que resignarnos a no saber nunca quién fue». Vince se incorporó, atónito. Las dos cosas no podían ser ciertas. Si Miep sabía que el delator estaba muerto en 1960, forzosamente tenía que saber quién era.

Vince consultó los escritos del psicólogo Art Markman, de la Universidad de Texas en Austin, buscando explicar esta incoherencia. En un artículo de Drake Baer para *The Cut* titulado «La verdadera razón por la que es tan difícil guardar secretos, según un psicólogo», Markman explicaba que la capacidad para procesar información de nuestra mente es limitada, y que llevar la cuenta de lo que es secreto y de lo que puede divulgarse es una maniobra cognitiva extremadamente compleja. A veces, se tiene la tentación de descargarse de ese peso revelando parte del secreto.[2] Vince creía que esto era lo que le ocurrió a Miep en aquella ocasión. Reconoció que sabía quién era el delator y dejó una pista: que esa persona había fallecido ya en 1960. Pero ¿qué más sabía?

Aunque estaba claro que conocía la identidad del delator, nunca la divulgó. Cuando su amigo Cor Suijk le preguntó directamente si conocía el nombre de la persona que denunció a los Frank, Miep le dijo: «Cor, ¿puedes guardar un secreto?». Él contestó, muy serio: «Sí, Miep, claro que puedo». Entonces, ella sonrió y dijo: «Yo también».[3]

Vince decidió contactar con el padre John Neiman, que había sido íntimo amigo tanto de Otto como de Miep. Neiman acompañó en 1996 a Miep a la gala de los Óscar, a la que la había invitado Leslie Gold, coautora de su libro *Mis recuerdos de Ana Frank*. El documental inspirado en el libro ganó el Óscar en la categoría de Mejor Documental. Neiman recordaba que estaba hablando en privado con Miep cuando, de repente, ella le dijo que Otto Frank sabía quién era el delator y que este había muerto. No le quedó claro si se refería a que Otto lo conocía personalmente o a que conocía su identidad. «Se habría oído caer un alfiler». Le preguntó si ella también sabía quién era. Miep le dijo que sí y ahí terminó la conversación.[4]

Joop, el hijo de Bep, cuenta que su madre le dijo a finales de la década de 1950 que los protectores de los Frank y Otto habían llegado a un «acuerdo espontáneo». De allí en adelante, Otto sería el portavoz y se encargaría de hablar con los medios. «Los protectores evitarían en la medida de lo posible dar información sobre el papel que habían desempeñado en la ocultación».[5]

Los ataques de neonazis y negacionistas del Holocausto y la manipulación de los periodistas que escribían sobre la historia de la Casa de atrás eran motivos sobrados para que Otto quisiera controlar el discurso. Bep, Miep y Jan Gies, hartos de los errores en los que incurría la prensa, no pusieron ningún reparo.[6] Parece, no obstante, que en el caso de Otto había en juego algo de mayor calado, y el equipo estaba decidido a sondear ese misterio.

Vince resolvió contactar a continuación con Rolf Wolfswinkel, pensando que tal vez hubiera hablado con Miep confidencialmente acerca de la redada. Tras algunas búsquedas en Internet, le localizó en la Universidad de Nueva York, donde era profesor de Historia Moderna. Vince solicitó su ayuda y mantuvo una larga conversación con él en torno al proyecto del Equipo Caso Archivado y a su relación personal con Miep. Resultó que habían sido buenos amigos. Wolfswinkel acompañaba a menudo a Miep en sus conferencias y le servía de intérprete.

Le contó a Vince que su padre, Gerrit, que había sido policía en Ámsterdam durante la guerra, aseguraba que había acompañado al SD en unos cuantos arrestos, pero que se limitaba a quedarse fuera del edificio, montando guardia en la puerta. Por estas actividades le declararon culpable de colaboracionismo y cumplió pena de prisión. Su madre se divorció de él mientras estaba en la cárcel, y después de aquello Rolf vio muy poco a su padre.

Años después retomó el contacto con él y le preguntó por sus actividades durante la guerra. Curiosamente, su padre, que antes había profesado el cristianismo más convencional, le dijo que se había hecho testigo de Jehová y que solo podía confesarle a Dios lo que había hecho durante la contienda. En aquel momento, Vince no dio importancia a este comentario de Rolf sobre el súbito cambio de confesión religiosa de su padre y, como no parecía saber mucho más sobre Miep, no volvió a pensar mucho en Rolf.

Pero Wolfswinkel es un apellido difícil de olvidar y Vince tenía la sensación de haberlo visto con anterioridad en otra parte. No conseguía olvidarse del nombre de Gerrit Wolfswinkel. Antes de disponer del programa de IA de Microsoft, el Equipo Caso Archivado utilizaba documentos impresos y hojas de cálculo corrientes para hacer el seguimiento de la información. Vince abrió la hoja de cálculo que contenía los datos de los cerca de mil recibos de Kopgeld que había encontrado y buscó en ella el apellido Wolfswinkel. Y allí, en blanco y negro, apareció el padre del profesor Wolfswinkel. No había sido simplemente un policía que montaba guardia en la puerta durante una redada; era uno de los miembros de la unidad de caza de judíos del IV B4. Vince se preguntó si Rolf sabía esto. ¿No era increíble que un buen amigo de Miep Gies fuera también hijo de un miembro del IV B4, la unidad del SD que llevó a cabo la redada en la Casa de atrás? «¡Qué cosa más extraña!», pensó Vince en aquel momento.

Pero la cosa no acababa ahí. Al examinar los recibos de Kopgeld que detallaban las actividades de Wolfswinkel padre, Vince descubrió uno que no hacía referencia a la detención de judíos. Era un recibo con fecha 15 de marzo de 1942 que demostraba que recibió una prima de 3,75 florines por la detención de un testigo de Jehová. ¿Se sentía Gerrit Wolfswinkel tan culpable por esta detención que posteriormente se había convertido a la religión de su víctima? ¿O más bien le convenía convertirse, puesto que los testigos de Jehová solo pueden confesarse ante Dios?

La última de aquellas extraordinarias coincidencias fue que Rolf también le había contado a Vince que era pariente lejano de Tonny Ahlers, el joven que chantajeó a Otto Frank en 1941 sirviéndose de la nota de Jansen. La abuela de Rolf se había casado varias veces y uno de sus maridos era el padre de Ahlers. Wolfswinkel tenía la alianza de boda de su abuela, que llevaba grabada por dentro la inscripción *ACA 1925*.

Sin pruebas concluyentes, segunda parte

Vince llegó a la conclusión de que había llegado el momento de que el Equipo Caso Archivado se centrara en la segunda investigación de la redada en la Casa de atrás, que había dirigido Arend Jacobus van Helden, un inspector veterano de la policía holandesa. La primera cuestión que se plantearon fue por qué de repente, en 1963-1964, el Gobierno holandés autorizó dicha investigación. No parecía que obedeciera a la aparición de nuevas pistas. Casi con toda probabilidad, fue consecuencia del enorme interés que despertó entre la prensa internacional la búsqueda de Silberbauer por parte de Simon Wiesenthal. Los holandeses querían recuperar el control del caso.

En opinión de Vince, esta segunda investigación se llevó a cabo de una manera más profesional que la de 1947-1948, aunque también tenía sus puntos flacos. No solo se habían difuminado los recuerdos en los veinte años transcurridos desde los hechos, sino que se habían perdido pruebas materiales y habían fallecido testigos clave, como Johannes Kleiman (el 30 de enero de 1959), Lammert Hartog (el 6 de marzo de 1959) y su esposa Lena (el 10 de junio de 1963).

El principal defecto de la segunda investigación era que también fue muy limitada. Se puso de nuevo el foco de atención en Willem van Maaren, debido en parte a lo que había dicho Silberbauer en Viena: que quien hizo la llamada al SD fue un empleado del almacén de Otto Frank. Aunque más tarde se retractaría, Silberbauer aseguró que, cuando él llegó al edificio, vio que un agente holandés le preguntaba al encargado del almacén dónde estaban los judíos. El hombre señaló al piso de arriba, lo que llevó a Silberbauer a concluir que Van Maaren había telefoneado para denunciar a los escondidos y estaba esperando la llegada de la policía.

El inspector Van Helden era muy metódico. Localizó e interrogó a los dos policías holandeses —Willem Grootendorst y Gezinus Gringhuis— que ayudaron a Silberbauer en la redada. Grootendorst salió de prisión en 1955, al cumplirse el décimo aniversario de la liberación de los Países Bajos, y Gringhuis, cuya condena a muerte fue conmutada por cadena perpetua, salió en libertad en 1958. Ambos dijeron no recordar haber participado en la redada en la Casa de atrás. Gringhuis fue incluso más allá y, recurriendo a un subterfugio, aseguró que no había podido participar en los hechos porque, de lo contrario, se acordaría de la detención de ocho judíos.[1]

Van Helden interrogó además a un compañero de Van Maaren, Johannes de Kok, que trabajó en la empresa como mozo de almacén durante unos meses en la segunda mitad de 1943. De Kok reconoció que había ayudado a Van Maaren a vender en el mercado negro las cosas que robaba en Opekta/Gies & Co, pero añadió que Van Maaren nunca mostró simpatías hacia los nazis.

Al indagar en el pasado de Van Maaren, el inspector Van Helden descubrió una serie de negocios fallidos, bancarrotas, años de desempleo y denuncias por hurto. Pero, aparte de todo esto, Van Maaren parecía contrario a los nazis. Poco antes de la guerra, había recibido ayuda de la beneficencia holandesa. Cuando los nazis clausuraron todas las organizaciones benéficas privadas y las sustituyeron por el Winterhulp Nederland (el Socorro de Invierno de los Países Bajos), según un exmiembro del patronato de una organización asistencial, Van Maaren se negó por cuestión de principios a aceptar ayuda de los fascistas. El inspector hizo indagaciones entre los antiguos vecinos de Van Maaren y, aunque le dijeron que era «poco de fiar en cuestiones de dinero», nadie sospechaba que hubiera tenido contactos con «gente que había servido al enemigo o con esbirros del enemigo». Se sabía que visitaba a menudo a un vecino que formaba parte de la resistencia y «nunca había habido indicios de traición».[2]

Al ser interrogado, Van Maaren negó la versión de Silberbauer. Dijo que este no hablaba holandés y que había entendido mal la conversación. Cuando llegó la brigada de detención y el policía holandés se acercó a él, se limitó a preguntarle dónde estaba la oficina y Van Maaren señaló arriba.[3]

A Van Maaren se le acusaba además de hablar con los empleados de los negocios vecinos sobre los judíos escondidos en la Casa de atrás. Aclaró que, en efecto, habló con ellos del asunto, pero solo después de la detención y señaló que había personas de los establecimientos vecinos que sabían que algo raro pasaba dentro del edificio de Opekta/Gies & Co. Jacobus Mater, que regentaba un comercio de hierbas aromáticas en Prinsengracht 269 y era miembro del NSB, le había preguntado en cierta ocasión qué tenían escondido allí.

El sumario de Van Maaren se cerró el 6 de noviembre de 1964.

El informe final a la fiscalía afirmaba que «la investigación no ha conducido a resultados concretos».[4]

El Equipo Caso Archivado decidió analizar a fondo las declaraciones de Van Maaren pertenecientes a ambas investigaciones, la de 1947-1948 y la de 1963-1964, en busca de incongruencias o falsedades. Van Maaren aseguraba que nunca se le habría ocurrido llamar la atención contándoles a los nazis lo del anexo porque su hijo mayor, Martinus, estaba eludiendo el trabajo forzado y el SD lo habría descubierto con toda facilidad. Sin embargo, el equipo no encontró ningún documento que demostrara que se buscaba a Martinus van Maaren por eludir el Arbeitseinsatz. Lamentablemente, esto no es una prueba concluyente de su situación, puesto que es posible que entrara a formar parte de una de las listas de individuos buscados por el SD con posterioridad a marzo de 1944, momento a partir del cual se sabe que esas listas eran muy incompletas.

Varias personas a las que se entrevistó comentaron que Van Maaren no parecía pronazi, lo que eliminaba el móvil ideológico. Con todo, no era imprescindible que una persona fuera pronazi o antisemita para que proporcionara a los nazis información sobre judíos escondidos, si lo que intentaba era salvar a su hijo de ser detenido. Si, por ejemplo, los nazis hubieran descubierto que Martinus van Maaren estaba desobedeciendo la ley, es posible que, para salvarle, su padre se hubiera visto obligado a revelar que había personas escondidas en el anexo.

Pero en esa fase de su investigación, el Equipo Caso Archivado seguía sin estar convencido de la culpabilidad de Van Maaren. Les parecía más probable que a este le interesara que las cosas siguieran como estaban. A fin de cuentas, podía sustraer dinero de carteras olvidadas o de los cajones de las mesas sin que nadie le interrogara, y sacar mercancías del almacén y venderlas impunemente en el mercado negro. El personal de la oficina podía sospechar de su conducta, pero jamás se habría arriesgado a encararse con él o a despedirlo por temor a que se vengara delatándolos.

Puesto que parecía cada vez más improbable que Van Maaren fuera el delator, el equipo se centró en otros sospechosos. El primero era Lammert Hartog, que llevaba poco tiempo en Opekta y trabajaba allí ilegalmente, puesto que había eludido el servicio de trabajo obligatorio en Alemania. Y luego estaba su esposa, Lena, que trabajaba por temporadas como limpiadora en Opekta/Gies & Co.

Como ya se ha dicho más arriba, en su biografía de Ana Frank, Melissa Müller afirmaba que Lena Hartog le comentó que había judíos escondidos en el anexo no solo a una de las personas para las que trabajaba limpiando, sino también a Bep Voskuijl, que inmediatamente alertó a los otros protectores de la Casa de atrás. Debatieron entre todos la posibilidad de trasladar a otro escondite a las ocho personas del anexo y, al llegar a la conclusión de que era inviable, decidieron no avisar a Otto. Esto ocurrió apenas cinco semanas antes de la redada, pero lo más lógico es que a Lena no le conviniera divulgar esa información. Después de todo, su marido trabajaba ilegalmente en Opekta/Gies & Co y la denuncia podía costarle no solo el empleo y por tanto su fuente de ingresos, sino también la libertad. Los nazis no se tomaban a la ligera la evasión del servicio de trabajo obligatorio.

El padre John Neiman, amigo íntimo y confidente de Otto, pasó unos días en casa de Miep en Ámsterdam, en noviembre de 2000. Según él mismo contaba, le comentó a Miep que había leído la biografía de Ana Frank escrita por Müller, en la que sugería que Lena Hartog era posiblemente la delatora. «Miep, ¿fue Lena?», le preguntó. «¿Los denunció ella?». Miep lo miró fijamente y contestó: «No. No fue ella».[5]

Uno de los motivos por los que Müller pensaba que la culpable podía ser Lena era la teoría según la cual la persona que hizo la llamada anónima al SD fue una mujer. La miniserie de la ABC *La historia de Ana Frank*, basada en la biografía de Müller, había contribuido a perpetuar esta idea. Pero en realidad nunca se había corroborado que la persona que efectuó la denuncia fuese una mujer. Ese rumor había partido supuestamente de Cor Suijk, el exdirector de la Casa de Ana Frank, que aseguraba que lo había sabido por una conversación que mantuvo con Silberbauer. Sin embargo, no hay pruebas de que hablara alguna vez con este.[6]

Suijk falleció en 2014, pero el equipo se entrevistó con uno de sus más estrechos colaboradores en la Casa de Ana Frank, Jan Erik Dubbelman. Según les contó Dubbelman, Suijk le dijo que, cuando se identificó por primera vez a Silberbauer, Otto Frank le pidió que fuera a Viena a hablar con él. En aquel momento (1963-1964), Suijk no trabajaba aún en la Casa de Ana Frank, pero, según contaba, era ya buen amigo de Otto. Parece improbable que Otto le hiciera tal petición, puesto que había jurado que no quería tener nada que ver con Silberbauer.[7] Además, tras su experiencia con el periodista holandés Jules Huf, Silberbauer se negó a conceder más entrevistas, probablemente siguiendo órdenes de las autoridades austriacas. Al parecer, Suijk era dado a exagerar. Su propia hija le dijo a Dubbelman que no se podía creer ni una palabra de lo que contaba su padre.

En cuanto a que el delator fuera el marido de Lena, Lammert Hartog, el equipo lo dudaba. Sí, había dejado claro en su testimonio de 1948 que supo por Van Maaren unas dos semanas antes de la redada que había judíos escondidos en el edificio.[8] Según Johannes Kleiman, en cuanto llegaron Silberbauer y sus hombres Hartog se marchó rápidamente y no volvieron a verlo.[9] Pero no hay nada de sospechoso en el hecho de que alguien que trabajaba ilegalmente huyera al ver aparecer a un sargento del SD alemán.

Aunque descartaran a los Hartog como sospechosos, a los miembros del equipo seguía interesándoles la investigación de Müller. El 13 de febrero de 2019, Vince y Brendan viajaron a Múnich para entrevistarse con ella. Se mostró abierta y generosa a la hora de hablarles con detalle de su investigación, y saltaba a la vista que seguía apasionándole la historia de Ana Frank. Les confesó que ya no estaba en absoluto convencida de que Lena estuviera involucrada y que tenía la sensación de que, en efecto, el caso se había cerrado en falso. Le dijo a Vince que había logrado entrevistar a Miep Gies, a la que describió como una «interlocutora difícil». «Era complicado sacarle información», dijo. Y tenía firmes sospechas de que tanto ella como Otto sabían mucho más de lo que decían acerca de las circunstancias que rodearon la detención, pero que por algún motivo no estaban dispuestos a divulgar lo que sabían.

Vince cuenta que fue como si de pronto saltaran todas las alarmas. La cuestión que había inquietado al equipo desde el principio era qué había cambiado entre la investigación de 1948 y la de 1963-1964. La respuesta era que no mucho, salvo la actitud de Otto Frank. En 1948, estaba decidido a averiguar quién denunció a los ocupantes de la Casa de atrás. En la segunda investigación apenas estuvo presente. Como máximo, observó discretamente desde la banda. Ni él ni sus protectores parecían ya convencidos de que el culpable fuera Van Maaren. Miep Gies llegó a decir en varias entrevistas que no creía que Van Maaren fuera el delator. Ahora, la clave para resolver el rompecabezas era averiguar por qué cambió de actitud Otto Frank. ¿Qué sabía en 1963 que antes ignoraba?

Como dijo Melissa Müller, algo ocurrió que hizo que la identidad del delator «no fuera ya un misterio sin resolver, sino un secreto bien guardado».[10]

El frutero

Hendrik van Hoeve tenía una tienda de fruta y verdura en Leliegracht, a no más de cien metros del número 263 de Prinsengracht,
doblando la esquina de la calle. Suministraba a la Casa de atrás
verduras frescas y patatas que llevaba discretamente a mediodía,
cuando los empleados del almacén habían salido a comer. Trabajaba
para la resistencia. Según parece, durante la guerra utilizaba una
carretilla con un compartimento oculto para llevar alimentos ilegales a una lista de direcciones que recogía cada mañana. «Nunca
veía a los destinatarios. Dejaba las bolsas junto a la puerta o bien
salía alguien a recogerlas».[1] A veces también pegaba carteles.
Guardó toda su vida como oro en paño una fotografía de un gran
cartel que decía ¡Victoria!, con la cabeza de Hitler atrapada entre
los dos brazos de la uve.[2]

En el invierno de 1942, un militante judío de la resistencia llamado Max Meiler se puso en contacto con él y le preguntó si estaría dispuesto a esconder a una pareja judía. Al aceptar Van Hoeve,
Meiler mandó a un carpintero de confianza que construyera una
escondite ingeniosamente oculto en el desván de su casa. Los Weisz

se instalaron en un cuarto sobrante que había al fondo de la casa, provisto de un timbre de alarma que podía tocarse en caso de peligro, momento en el cual subirían a esconderse en el compartimento secreto del desván.[3] Estuvieron en casa de la familia Van Hoeve diecisiete meses, como mínimo.

El 25 de mayo de 1944, una patrulla de detención encabezada por Pieter Schaap, el jefe de Ans van Dijk, registró la casa y la tienda de Van Hoeve y descubrió a los Weisz.[4] La pareja y Van Hoeve fueron detenidos, pero la esposa del frutero no. Esto sucedía con frecuencia. Cuando había niños pequeños de por medio, las patrullas de detención solían dejar a la madre.

El Equipo Caso Archivado se preguntó de inmediato si esta redada habría dado lugar a una cadena de detenciones, como sucedía cuando los judíos apresados se veían obligados a revelar el paradero de otros escondidos. La pregunta obvia era si había algún nexo entre la detención de Van Hoeve y el matrimonio Weisz y la redada posterior en Prinsengracht 263, dado que la tienda y la casa de Van Hoeve quedaban a tiro de piedra de la empresa de Otto. En aquel barrio las noticias volaban. Ese mismo día, Ana Frank anotó en su diario que la policía había detenido a su frutero y a dos judíos a los que escondía, que en aquel momento estarían entrando en el universo de los campos de concentración. En cuanto a ella y a su familia, tendrían que comer menos. Quizá pasarían hambre, pero al menos conservaban la libertad.[5]

Tras pasar seis semanas preso en Ámsterdam, Van Hoeve fue trasladado al campo de Vught. Creado en 1942 en el sur de los Países Bajos por el comisario del Reich Arthur Seyss-Inquart, Vught era el único campo de concentración dirigido directamente por las SS en Europa occidental, fuera de las fronteras alemanas.[6] Era un lugar aterrador. Rodeado de alambre de espino y torres de vigilancia, tenía su propia horca, un terreno destinado a ejecuciones en el bosque cercano y un horno crematorio móvil para deshacerse de los cadáveres.

En aquella época, en los Países Bajos, ya era de común conocimiento que quienes tenían la valentía de esconder a judíos solían acabar en sitios como aquel, si eran descubiertos.

Durante la guerra, Ámsterdam era un mundo muy pequeño en el que se cruzaban sin cesar vidas y destinos. La red de interrelaciones existente entre las personas vinculadas al frutero y a la Casa de atrás ilustra a la perfección este fenómeno. En el entorno inmediato de Van Hoeve, había cierto número de sospechosos potenciales que podían haber pasado información sobre los escondidos.

MAX MEILER

Max Meiler era el contacto de la resistencia que llevó a los Weisz a esconderse en casa de Van Hoeve. Era profundamente antinazi y ya tras la Kristallnacht, el 9 de noviembre de 1938, utilizó la casa de veraneo que tenía su hermano cerca de Venlo, junto a la frontera con Alemania, para acoger a refugiados judíos.[7]

Desde el comienzo de la guerra, falsificó documentos de identidad (*Persoonsbewijzen* o PB) y cartillas de racionamiento y al poco tiempo estaba ayudando a judíos a encontrar escondite. A partir de 1942, viajaba con regularidad a Venlo para llevar el periódico clandestino *Vrij Nederland* y fotografías de la familia real, lo que en sí mismo era un acto de resistencia.[8]

El 17 de mayo de 1944, ocho días antes de la redada en la casa y la tienda de Van Hoeve, Meiler fue detenido en el tren entre Utrecht y Róterdam. Portaba documentos de identidad falsos.

En sus memorias de guerra, que actualmente se conservan en el archivo de la Anne Frank Stichting, Van Hoeve cuenta que se encontró con Meiler en el campo de Vught a mediados del mes de julio. Meiler se sorprendió mucho al toparse con él y le rogó que no le llamara por su verdadero apellido." Estaba utilizando un alias para ocultar que era judío. Volvieron a coincidir en la fábrica de Heinkel, cerca de Berlín, a finales de septiembre o principios de octubre. Meiler, que siempre había sido un hombre corpulento y atractivo, estaba ya totalmente destrozado.[10] Lo único que le dijo a Van Hoeve fue que las SS habían descubierto que era judío. Murió en el campo de concentración de Neuengamme, en el norte de Alemania, el 12 de marzo de 1945.

¿Es posible que Meiler revelara información al ser interrogado, tal vez en el campo de Vught? No es descabellado pensar que Van Hoeve le hubiera hablado de Prinsengracht 263. Ambos trabajaban para la resistencia y es posible que Meiler viera las listas de reparto de Van Hoeve o incluso que participase en la confección de dichas listas. ¿Podía haber revelado a las SS que había judíos escondidos en la Casa de atrás? El equipo consideró que esta era una hipótesis de trabajo plausible, hasta que comprobó que las fechas no cuadraban.

Van Hoeve fue detenido el 25 de mayo y pasó seis semanas en la cárcel de Amstelveenseweg hasta su traslado a Vught alrededor de mediados de julio. Cuando se encontró con Meiler en Vught, este se estaba haciendo pasar aún por ario y no habría tenido necesidad de revelar nombres a las SS. Pero algo tuvo que pasarle el 12 de agosto, puesto que se conserva un documento de archivo que demuestra que ese día ingresó en el hospital del campo.[11] Puede que un *kapo* le diera una paliza y que fuera entonces cuando se descubrió que era judío. Con todo, la redada en la Casa de atrás tuvo lugar ocho días antes de su hospitalización, lo que significa que es improbable que revelara bajo tortura la dirección de Prinsengracht 263.

RICHARD Y RUTH WEISZ

Tras su detención el 25 de mayo de 1944, los Weisz fueron trasladados al campo de tránsito de Westerbork. A los judíos a los que se detenía estando escondidos se los consideraba delincuentes; se los alojaba en el barracón 67, el pabellón penal del campo, y llevaban una *S* (caso penal) en su tarjeta de identificación.[12] Era el peor destino posible, pues significaba que esos presos debían realizar trabajos forzados y serían transportados al este en breve. Los reclusos hacían todo lo posible por librarse de esa *S*, confiando en salvarse así de la deportación.

Pieter y Monique visitaron el campo de Westerbork, en el norte de los Países Bajos, el 10 de octubre de 2018. Ahora es un museo conmemorativo. Guido Abuys, el conservador jefe de los archivos del campo, se ofreció a ayudarlos a buscar información sobre los Weisz. Entró en el archivo y pasó allí un buen rato. Cuando regresó, parecía atónito. Traía las tarjetas de identificación de los Weisz y había visto en ellas algo bastante raro. El número del barracón parecía manipulado: alguien había cambiado el número 67 (el del barracón penal) por 87 (el número del pabellón hospitalario). Y lo que era aún más revelador: de algún modo (no está claro cómo), entre el 11 y el 29 de junio Richard y Ruth Weisz consiguieron que se eliminara la *S* de sus tarjetas de identificación. Esto significaba que dejaron de ser considerados delincuentes y pasaron a ser presos «comunes», lo que sin duda cambió drásticamente su situación dentro del campo.[13]

Para complicar aún más el rompecabezas, Richard Weisz mandó dos cartas a la señora Van Hoeve, la esposa del frutero, pidiéndole que le mandara sábanas y ropa limpia. La primera lleva sello del barracón 67; la segunda, del 85. ¿Significaba eso que los habían reubicado en este último?[14]

Para que eso sucediera, los Weisz tendrían que haber hecho algo extraordinario. O quizá alguien con influencia intercediera a su favor. El barracón 85, conocido como Barracón Barneveld, era el más lujoso de Westerbork. Estaba reservado a un grupo privilegiado de judíos holandeses de alto rango, en su mayoría de clase media y alta, a los que se consideraba valiosos para el estado y que, debido a su estatus, estaban exentos de deportación al este. Al principio estuvieron internados en un castillo cercano a la localidad de Barneveld, al este del país, pero el 29 de septiembre de 1943 fueron trasladados al campo de Westerbork. No obstante, incluso allí conservaron algunos privilegios.[15]

Naturalmente, cabe la posibilidad de que los Weisz no estuvieran alojados en el barracón 85 y que otra persona enviara desde allí la segunda carta en nombre de Richard Weisz. De algún modo, sin embargo, los Weisz consiguieron cambiar su situación penal. El equipo sabía que los prisioneros «penales» podían cambiar de estatus a cambio de una suma importante de dinero (un superviviente de Westerbork pagó una tasa de 80 000 florines, equivalentes a 545 000 dólares actuales). Pero los Weisz no parecían tener tanto dinero, lo que indica que tal vez pagaran con otra moneda; o sea, con información.

En sus tarjetas de identificación figura escrita a mano la fecha de su deportación, junto con la anotación «caso común». A pesar de ser casos «comunes» y no «penales», el 3 de septiembre de 1944 fueron deportados a Auschwitz en el mismo convoy que Ana Frank y su familia. Murieron ambos en los campos de Europa del este. Se desconoce si estaban juntos o separados y cuándo fallecieron exactamente.[16]

LEOPOLD DE JONG

La presencia de Leopold de Jong en el campo de Westerbork responde a una larga y tortuosa serie de acontecimientos, en cuyo origen se encuentra Pieter Schaap, el hombre que detuvo a Van Hoeve y a los Weisz.

Schaap era el agente holandés del SD que dirigió la redada en la tienda de Van Hoeve en Leliegracht, a la vuelta de la esquina de la Casa de atrás. También era el encargado de dirigir las actividades de la *V-Frau* Ans van Dijk y el responsable de la denuncia y detención de Erich Geiringer, el primer marido de Fritzi, la segunda esposa de Otto Frank. Según su jefe, el sargento Abraham Kaper, de la Oficina de Asuntos Judíos, Schaap era uno de los agentes que más judíos detenían. «Si lo sabré yo», añadía, «que era quien les pagaba».[17]

Schaap era muy conocido por su *modus operandi*: presionar a judíos para que actuaran como informantes. Después de una redada, elegía a un detenido judío y amenazaba con enviar a esa persona y a su familia a los campos de concentración o algo peor. Luego le ofrecía la posibilidad de salvarse si trabajaba para él como confidente. Leopold de Jong fue uno de sus informantes más conocidos. En su caso, Schaap contó con una ventaja doble: no solo utilizó a De Jong como informante, sino también a su esposa, Frieda Pleij.[18]

En los primeros tiempos de la ocupación, De Jong (que era judío) y Pleij (que no lo era) tuvieron a gente escondida en su casa, en Heemstede. De ambos se sabía que tenían amantes. De Jong mantuvo relaciones con varias de las jóvenes judías que estuvieron escondidas en su casa (de familias a las que luego delató) y Pleij tenía una relación extramatrimonial con un tal Herman Mol, que después de la guerra, mientras ella estaba en prisión, fue el guardés de su casa. En el SD era de común conocimiento, además, que Frieda Pleij era amante de Pieter Schaap.[19] Ella afirmaba que solo estaba con él por miedo. Schaap, por su parte, la llamaba su *friedl* y decía que quería casarse con ella, a pesar de que ya estaba casado.[20]

Pleij aseguró posteriormente que repartía cupones de racionamiento para la resistencia. Su expediente en el CABR confirma que recibía sellos de comida de un intermediario que tenía contactos con la resistencia. Evidentemente, luego los vendía en el mercado negro.

Entre los documentos de su sumario, la investigadora del Equipo Caso Archivado Christine Hoste descubrió un extracto bancario en el que figuraba un ingreso de 4110,10 florines (unos 28 000 dólares actuales) efectuado el 5 de agosto de 1944, un día después de la redada en la Casa de atrás. ¡Cuánto dinero y qué fecha tan sospechosa! Para Christine, fue un «momento eureka». Pero al examinar otros extractos bancarios quedó claro que Pleij recibía esos pagos con regularidad.[21] Vender sellos de comida en el mercado negro era, por lo visto, una estafa muy lucrativa.

En el verano de 1944, Leopold de Jong empezó a asustarse. Tenía la impresión de que había demasiada gente que sabía por su esposa que tenía tratos con Schaap y que podía sospechar que era un informante judío. Schaap le ordenó ir a Westerbork, donde podía actuar como espía de celda o informante carcelario.[22] De Jong ingresó en el campo el 1 de julio.[23] En el manifiesto de transporte consta que su origen judío estaba aún en proceso de investigación, lo que era, naturalmente, un subterfugio.[24] Se le destinó al barracón Barneveld. Los archivos del campo indican que en una ocasión solicitó ir a la localidad de Groninga para ayudar a Pieter Schaap a localizar a un líder de la resistencia apellidado Schalken.

El equipo no podía ignorar la pregunta más obvia: ¿supo Leopold de Jong por los Weisz, mientras actuaba como informante carcelario, que había judíos escondidos en el número 263 de Prinsengracht?

Aunque los Weisz no supieran lo que ocurría en la Casa de atrás, está claro que el frutero Hendrik van Hoeve sí lo sabía. El propio Van Hoeve le comentó a Jan Gies, después de que entraran ladrones en el almacén en abril de 1944, que había considerado preferible no avisar a la policía.[25] Richard Weisz había sido frutero antes de pasar a la clandestinidad. Cabe la posibilidad de que ayudara a Van Hoeve a preparar el género antes de hacer sus rondas de reparto y que descubriera así que Prinsengracht 263 era una de las direcciones de la lista.

Van Hoeve afirmaba que su tienda había servido de *doorganghuis* (casa de tránsito) para personas que iban a esconderse. Quizá circulara por allí el rumor de que había *onderduikers* en el anexo trasero. En un entorno como aquel, con tantas presiones y temores, la gente se descuidaba a veces y desvelaba información sin pretenderlo.

Pudo darse un intercambio de información accidental si, pongamos por caso, los Weisz, que habían conseguido librarse de su estatus penal, coincidieron con Leopold de Jong en el barracón 85 o en cualquier otra parte. No tenían motivos para sospechar que era un *V-Mann*. Era judío, como ellos; posiblemente pensaron que podían fiarse de él. Como informante, De Jong habría procurado ganarse su confianza, como hacía Ans van Dijk con los escondidos. Puede que le dijeran que sospechaban que había judíos escondidos en la Casa de atrás. Al congratularse delante de él del ingenio de los Frank, que habían conseguido mantenerse escondidos, tal vez se fueran de la lengua. Y De Jong, naturalmente, habría avisado a Schaap.

En abril de 1945, De Jong se reunió con Schaap en Groninga. Confiaba en poder pedirle que lo ayudara a escapar a Suiza. Pero Schaap, acompañado por un agente del SD llamado Geert van Bruggen, lo llevó con engaños a una casa vacía y le disparó por la espalda. Bruggen declaró posteriormente: «Vi al judío en medio de un charco de sangre, tendido delante de las escaleras, junto a la cocina. No vi que diera señales de vida».[26] En el expediente de De

Jong en el campo de Westerbork, consta que el prisionero se ausentó sin permiso el 9 de abril.

Tras el Dolle Dinsdag (el Martes Loco, el 5 de septiembre de 1944), al extenderse el rumor de que las fuerzas aliadas estaban a punto de liberar toda Holanda, la mayoría de los agentes del SD y los colaboracionistas nazis huyeron de Ámsterdam. Cuando quedó claro que los rumores eran falsos y remitió el pánico, Schaap permaneció en Groninga y, junto a muchos de sus correligionarios, estableció allí un reinado del terror. Se dedicaron a dar caza a militantes de la resistencia y llevaron a cabo numerosas ejecuciones sumarias y actos de tortura horrendos. Cuando por fin se produjo la liberación a principios de mayo del año siguiente, Schaap trató de huir y adoptó el apellido De Jong para ocultar su identidad.

Al ser interrogado después de la guerra, confirmó que De Jong trabajaba para él como *V-Mann* y había cumplido eficazmente su labor en Westerbork, informando de varias direcciones en las que se ocultaban judíos. Según declaró, una de ellas era la del «frutero de Leliegracht», donde había dos judíos escondidos. Es decir, la dirección de Van Hoeve. Sin embargo, eso no es posible, puesto que la redada en la verdulería tuvo lugar el 25 de mayo y De Jong no llegó a Westerbork hasta el 1 de julio. Puede que Schaap estuviera confundiendo la redada en Leliegracht con la de Prinsengracht 263.

El 29 de junio de 1949, Schaap fue ejecutado por un pelotón de fusilamiento en Groninga.

Este es un ejemplo paradigmático de la euforia y la frustración que produce la reapertura de un caso no resuelto. Cuando los miembros del Equipo Caso Archivado comenzaron a indagar acerca de Frieda Pleij, por ejemplo, creían que había fallecido. Sin embargo, al consultar el registro civil descubrieron que no figuraba como fallecida. (El registro civil suele ser muy fiable y estar actualizado, de modo que momentáneamente pareció que Pleij podía seguir con vida). Puesto que había nacido en 1911, habría alcanzado la nada desdeñable edad de 108 años. Finalmente, sin embargo, descubrieron que había fallecido en Düren (Alemania) el 15 de diciembre de 2014, a los 104 años.

A principios de febrero de 2019, Pieter recorrió en coche los cerca de 365 kilómetros que separan Ámsterdam de la localidad alemana de Bad Arolsen, conocida por dos cosas: el impresionante palacio de su casco antiguo y los llamados Archivos Arolsen, lo que antes se conocía como Servicio Internacional de Búsqueda (ITS por sus siglas en inglés), un centro de documentación, información e investigación dedicado en exclusiva a la persecución nazi y el Holocausto. Su colección contiene más de treinta millones de documentos, entre archivos originales de campos de concentración, registros de trabajos forzados, manifiestos de transporte, certificados de defunción, documentos de seguros sociales y sanitarios, pasaportes de trabajo, etcétera. Conserva, además, todas las cartas y solicitudes que envían las personas que quieren saber algo más acerca de la suerte que corrieron sus familiares y allegados. El archivo de Bad Arolsen pertenece al Programa Memoria del Mundo de la Unesco.

Al llegar, a Pieter le sorprendió descubrir que el archivo tiene su sede en un almacén de aspecto anodino, en una zona industrial a las afueras del pueblo. Cuando entró, le dieron un casco de uso obligatorio y unas calzas protectoras para los pies, una equipación más apropiada para visitar una fábrica que un archivo. Evidentemente, el centro no disponía de presupuesto para permitirse un edificio más adecuado. «Así cuidamos la Memoria del Mundo», pensó Pieter.

La vastedad de la colección era abrumadora, pero aun así no le fue difícil consultar los registros digitalizados del campo de Westerbork y varios manifiestos de transporte de entrada y salida del campo que tenían relevancia para la investigación. En aquel viaje averiguó además que alguien había hecho indagaciones sobre el paradero de Ruth Weisz después de la guerra. Con la ayuda de los archiveros, descubrió que una tal Ruth Weisz-Neuman sobrevivió a la guerra y embarcó en Shanghái con destino a Estados Unidos. En los registros figuraba como domiciliada en una zona cercana a Chicago, lo que era muy emocionante, claro está, porque podía significar que el equipo había encontrado a una testigo viva. Por desgracia, Pieter descubrió que se trataba de otra Ruth Weisz. Al final, comprobó que la Ruth Weisz a la que buscaban había sido enviada a Auschwitz y había fallecido en febrero de 1945, posiblemente en el campo de concentración de Flossenbürg.

El frutero, Hendrik van Hoeve, pasó por varios campos hasta el momento de la liberación. Monique decidió buscar a su hijo, Stef, pensando que tal vez tuviera información sobre las vivencias de su padre durante la guerra. Le localizó en Ámsterdam y fue a entrevistarle a su casa. Stef le contó que su padre nunca hablaba de la redada en la Casa de atrás y que la guerra le había causado un profundo trauma al que tenía que enfrentarse continuamente. Después de la contienda, tuvo que ir a declarar acerca de prisioneros de los campos que seguían desaparecidos[27] y actuó como testigo en el juicio contra Johannes Gerard Koning, uno de los policías de Ámsterdam que los detuvieron a él y a los Weisz.[28] En la década de 1950, se interpretó a sí mismo en la adaptación cinematográfica del *Diario de Ana Frank*.[29] Stef afirmaba que las cosas que vivió su padre en los campos de concentración le marcaron de por vida. En 1972 le dijo a un periodista: «Mientras estaba en los campos no pensaba más que en que quería ver el día de la liberación. Luego, después de la liberación, pensé: "Ahora quiero llegar a los setenta, ¡tengo que llegar, aunque solo sea por rabia!". Tengo setenta y siete y sigo pensando: "A mí no me atraparán!"».[30]

El Consejo Judío

Poco después de producirse la ocupación en mayo de 1940, la comunidad judía resolvió que necesitaba un órgano representativo para protegerse en la medida de lo posible de la temible legislación antijudía que sin duda iba a instaurarse. Así se creó la Comisión de Coordinación Judía (Joodse Coördinatie Commissie, JCC), que debía funcionar como organismo central de representación de toda la comunidad. La comisión servía de órgano asesor, organizaba actividades culturales y a veces proporcionaba apoyo económico. Sin embargo, se negaba a tratar directamente o a negociar en ningún sentido con el ocupante alemán. Sus miembros no creían que les correspondiera hacerlo a ellos, sino únicamente al Gobierno holandés legítimo que los representaba como ciudadanos.

Los nazis pretendían aislar a los judíos del resto de la sociedad, pero para hacerlo necesitaban acceso directo a la comunidad judía. De ahí que ordenaran la creación de un órgano alternativo, el Joodse Raad o Consejo Judío. Presidido conjuntamente por David Cohen, un profesor universitario muy conocido, y Abraham Asscher, director de una fábrica de diamantes, el consejo estaba formado por figuras destacadas de la comunidad judía como el rabino mayor de Ámsterdam, Lodewijk Sarlouis, y el conocido notario Arnold van den Bergh. A medida que se acumulaban los decretos que excluían a los judíos de la sociedad civil y las instituciones holandesas, el Consejo fue asumiendo la responsabilidad de casi todos los aspectos de la vida del colectivo judío, ocupándose, por ejemplo, de proporcionar empleo, alojamiento y comida a quienes lo necesitaran y asistencia a los ancianos y los enfermos.[1] En su apogeo, llegó a tener 17 500 miembros.

En julio de 1942, se ordenó al Consejo que ayudara a organizar la selección de los judíos que iban a ser deportados al campo de tránsito de Westerbork y, de allí, a los campos de internamiento del este. Luego, el 30 de julio, los alemanes autorizaron al secretario general del Consejo, M. H. Bolle, a proporcionar salvoconductos (Sperren) al personal del Consejo y a otras personas consideradas «indispensables», en cuyo carné de identidad se estamparía un sello con la leyenda «Exento de servicio laboral hasta nuevo aviso».[2]

Esto resultó ser una astuta estrategia para dividir a la gente y sembrar el caos de modo que los judíos centraran sus esfuerzos en una carrera desesperada por conseguir exenciones. Un testigo presencial contaba que el día que empezaron a concederse Sperren, la gente echó abajo la puerta de la oficina del Consejo Judío y agredió a su personal.[3] Los salvoconductos eran, de hecho, una engañifa: solo retrasaban lo inevitable. Al final, los alemanes se limitaban a borrar las palabras «hasta nuevo aviso» y deportaban a la gente de todos modos. En eso consistía el «nuevo aviso».

Los salvoconductos eran intransferibles. Cada Sperre tenía un número personal y pertenecía a un rango concreto —de un baremo de entre 10 000 a 120 000—, según el tipo de exención que se le concedía a esa persona. (El objetivo era aproximarse todo lo posible a 120 000). Su complejidad burocrática era asombrosa. Los nazis tenían en cuenta diversas variables y para la concesión de exenciones baremaban de forma distinta a los judíos «extranjeros», a los judíos cristianos —nacidos judíos pero bautizados antes del 1 de enero de 1941 (solo 1575 católicos y protestantes de origen judío se beneficiaron de esta exención) y a los judíos casados con gentiles, a los que se invitaba a elegir entre la deportación y la esterilización (lo que no funcionaba, puesto que muchos médicos proporcionaban certificados de esterilización falsos o se negaban a realizar la operación; se calcula que entre ocho y nueve mil judíos con cónyuges no judíos sobrevivieron a la guerra).[4] Había, además, «judíos canjeables» que habían logrado comprar la ciudadanía de un país sudamericano y a los que se consideraba candidatos para su intercambio por prisioneros de guerra alemanes. Los padres de Hanneli Goslar, la compañera de clase y amiga de Ana Frank que estuvo internada en Bergen-Belsen, consiguieron comprar pasaportes paraguayos gracias a un familiar que vivía en Suiza, un país neutral. Aunque Hanneli y su hermana pequeña no llegaron a ser canjeadas, se les permitió conservar su propia ropa durante el crudo invierno del norte de Alemania y de vez en cuando recibían un paquete de la Cruz Roja. Seguramente gracias a estos «privilegios», ambas sobrevivieron.[5]

Se consideraba también canjeables a los llamados judíos palestinos, es decir, a aquellos que tenían parientes en el protectorado británico de Palestina. A finales de 1943, 1297 judíos con certificados palestinos fueron designados para su canje. En enero de 1944, se los trasladó a Bergen-Belsen.[6] De ellos, 221 llegaron a Palestina a través de Turquía en julio de ese año. La mayoría de los demás perdieron la vida en los campos de exterminio.

Había innumerables categorías, basadas en una serie de distinciones diabólicas y, en último término, carentes de sentido. La mayoría de las Sperren, incluidas las de los miembros del Consejo Judío, ofrecían cierta protección, pero solo durante un periodo de tiempo limitado.

La exención más codiciada y, con mucho, la más eficaz era el llamado estatus Calmeyer. La concesión de este estatus suponía la eliminación definitiva de la *J* del documento de identidad: a esa persona dejaba de considerársela judía y podía quedar a salvo de la deportación indefinidamente.

Según los alemanes, judío era todo aquel que tenía un abuelo o abuela de raza judía o que pertenecía a una comunidad religiosa hebrea (véase la tabla de la página 262). Los casos dudosos, los que no encajaban del todo en esa definición, se remitían al Comisariado del Reich en La Haya, que a su vez los trasladaba al Comité General de Administración y Justicia (*sic*) y, en último término, al Departamento de Administración Interior, dirigido por el abogado alemán Hans Georg Calmeyer.

La lista de Calmeyer incluía a personas que afirmaban no ser judías o serlo solo en parte. Basaban sus solicitudes de revisión de estatus en documentos antropológicos y ancestrales o en pruebas documentales de que nunca habían pertenecido a una comunidad religiosa hebrea. El proceso requería la intervención de un abogado, la creación de un registro genealógico, una declaración ante notario y, cuando era necesario, la falsificación de documentos, puesto que la mayoría de los solicitantes eran, de hecho, judíos de nacimiento. Todo esto exigía grandes sumas de dinero. Mientras se investigaba su afiliación, los solicitantes quedaban exentos de deportación.

La oficina de Calmeyer era uno de los departamentos de la administración alemana de ocupación, pero al parecer su personal y el propio Calmeyer no eran muy escrupulosos a la hora de comprobar la procedencia o la validez de la documentación que aportaban los solicitantes y aceptaban certificados de nacimiento y bautismo dudosos, papeles de divorcio falsos y cartas que afirmaban que una persona había nacido fuera del matrimonio y por lo tanto no era judía. A Calmeyer se le consideraba «absolutamente incorruptible», «ni nazi ni antinazi declarado», y sin embargo a menudo se tomó muchas molestias para respaldar una solicitud, y algunos miembros del personal de su oficina se solidarizaban secretamente con los judíos.[7] Se calcula que Calmeyer salvó a 2899 personas, o sea, a tres cuartas partes de los casos que le fueron remitidos.

Era la burocracia del absurdo. El sentido nazi del orden imponía un elevado grado de complejidad y seudolegalidad a un objetivo que era en realidad muy simple: cómo y cuándo mandar a la muerte a cientos de miles de personas.

Después de la guerra, mucha gente acusó al Consejo Judío de cooperar con los alemanes e incluso de colaboracionismo, alegando que se había dedicado a proteger a la élite a expensas de los judíos pobres y de clase trabajadora. El Consejo escogía a las personas que iban a ser deportadas y a las que quedaban exentas de deportación. Sus partidarios afirmaban, en cambio, que al menos gracias al Consejo los judíos conservaron cierto control sobre su comunidad y dispusieron de una herramienta para negociar con los alemanes.

Lo cierto es que dentro de la comunidad judía hubo siempre una profunda división estratégica. La JCC y el Consejo Judío coexistieron durante varios meses al principio de la ocupación, pero hubo fuertes desavenencias entre ambos organismos. La JCC acusaba al Consejo de ser un instrumento al servicio de los alemanes y el Consejo Judío argumentaba que la Comisión carecía de poder; que, de hecho, había renunciado al poder al negarse a negociar con los ocupantes. Los miembros del Consejo Judío insistían en que, si entraban en conversaciones con los ocupantes, quizá pudieran conseguir cierta influencia e impedir, mitigar o retrasar algunas de las medidas opresoras y conservar hasta cierto punto la dignidad de los judíos. Temían que, si hacían caso omiso o incluso se rebelaban contra las normas que estaban imponiendo los alemanes, su destino fuera mucho más cruel. En octubre de 1941, las autoridades alemanas desmantelaron la JCC.

A posteriori, gran parte de la comunidad judía holandesa que sobrevivió a la guerra concluyó que el Consejo Judío había sido un arma en manos de los nazis. Apenas tuvo influencia y no retrasó nada. Pero, naturalmente, es fácil hacer esa valoración con la perspectiva que da el tiempo. En los Países Bajos, no había una estrategia clara para sobrevivir bajo un régimen de ocupación enemigo. Al final, el copresidente del Consejo David Cohen reconoció que había «juzgado mal las intenciones asesinas sin precedentes de los nazis».[8]

Un segundo vistazo

El Equipo Caso Archivado solía trabajar en distintas hipótesis al mismo tiempo, de modo que mientras Monique cotejaba nombres utilizando el programa de IA para encontrar vínculos con el campo de Westerbork, Pieter y varios jóvenes historiadores buscaban en los archivos los expedientes de personas relacionadas con sus propias hipótesis de trabajo. Vince, de vuelta en la oficina, se encontraba revisando el sumario de cuarenta páginas elaborado por el inspector Van Helden en su investigación de 1963-1964 cuando algo le llamó la atención. Van Helden afirmaba que Otto Frank le dijo que poco después de la liberación recibió una nota en la que se denunciaba al traidor. Era una nota anónima. Al parecer, Otto le contó que había hecho una copia de la nota y le había entregado el original a un miembro del patronato de la Casa de Ana Frank. En el sumario, Van Helden transcribe la nota anónima como sigue:

*Su escondite en Ámsterdam se lo notificó en su momento a la
Jüdische Auswanderung de Ámsterdam, en Euterpestraat, A.
van den Bergh, que en aquel momento vivía en Voldelpark, O*

Nassaulaan. En la JA había toda una lista de direcciones que entregó él.[1]

Vince conocía la existencia de esa nota por sus lecturas previas del sumario, pero el equipo no le había dado prioridad aún en la investigación.[2] El A. van den Bergh al que aludía la nota era un miembro del Consejo Judío, que fue abolido en septiembre de 1943, momento en el que prácticamente todos sus miembros fueron deportados a campos de concentración. Incluso si Van den Bergh tenía información sobre la Casa de atrás, era improbable que hubiera esperado un año para hacérsela llegar a los nazis y, si lo había hecho antes de que lo deportaran, también era improbable que el SD hubiera esperado once meses para hacer algo al respecto. Entonces, una búsqueda en el terminal del archivo de Bad Arolsen (ITS) del Museo Conmemorativo del Holocausto de los Estados Unidos reveló que ni Van den Bergh ni ningún miembro de su familia inmediata figuraban en los archivos de ningún campo de concentración. No había constancia de que hubieran sido deportados o hubieran estado internados en ningún campo. Si Van den Bergh seguía viviendo en su antiguo domicilio en Ámsterdam, ¿habría tenido ocasión de entregar a los alemanes la lista de direcciones a la que aludía la nota?

Vince decidió que el equipo tenía que investigar tanto la información que contenía la nota anónima como la procedencia de esta. ¿Había transcrito Van Helden en su informe el texto íntegro de la nota? ¿Dónde estaba el original o, al menos, la copia que había hecho Otto? En el sumario policial no estaba, eso seguro. En cuanto a Van den Bergh, Vince introdujo su nombre en el programa de IA, que lo vinculó con una mujer que había trabajado como secretaria en el Consejo Judío: Mirjam Bolle. Tenía 101 años y vivía en Israel.

Bolle había escrito un libro titulado *Letters Never Sent* que publicó en inglés el Instituto Yad Vashem en 2014. Una parte del libro estaba dedicada a la época en la que trabajó en el Consejo Judío. Tras informarse sobre Bolle, Vince llegó a la conclusión de que, si conseguían entrevistarla, podía brindarles una perspectiva única sobre cómo funcionaba el Consejo. También quería saber más acerca de Van den Bergh, a quien era de esperar que Bolle hubiera conocido en persona. ¿Era muy activo dentro del Consejo? ¿Sabía Bolle qué fue de él, a qué campo de concentración le mandaron o si sobrevivió a la guerra?

Bolle —que entonces se llamaba Mirjam Levie— comenzó a trabajar en el Comité para los Refugiados Judíos en 1938. Tras la ocupación nazi, el comité se integró en el Consejo Judío y ella pasó a formar parte de su personal, debido en parte a que sabía leer y escribir en alemán. Como muchos de los empleados del Consejo, acabó en el campo de Westerbork y posteriormente en Bergen-Belsen. Tuvo más suerte que Ana y Margot. Se encontraba entre los 550 reclusos a los que se seleccionó en junio de 1944 para el único canje de judíos de Palestina por prisioneros de guerra y abandonó el campo antes de que llegaran a él las hermanas Frank.

Durante la guerra, Mirjam escribió cartas a su novio, Leo Bolle, que había emigrado a Palestina en 1938. Nunca las envió, pero consiguió esconderlas en un almacén de Ámsterdam. Las cartas fueron descubiertas en 1947 y devueltas a su autora. En ellas, Mirjam recordaba los días y las noches de espanto que se pasaban dentro del Consejo Judío cuando había que redactar las listas de deportación; el pánico, la desesperación y las discusiones entre miembros del personal del Consejo, y el sufrimiento que producía lo imposible de su tarea. Escribía acerca del caos absoluto que reinaba en la Expositur, la oficina responsable de expedir las Sperren, y sobre las temibles visitas del jefe del SD, Aus der Fünten. Afirmaba que la supervisión de las Sperren era un capítulo muy negro:

«Los alemanes nos habían tirado un hueso y se regodeaban viendo cómo nos peleábamos los judíos por él».

Acabé sola en casa, llorando como una loca porque sabía que las cosas se estaban poniendo muy feas y porque me horrorizaba que el CJ se estuviera dejando utilizar otra vez para aquella carnicería, en vez de decir: se acabó (...). Lloraba (...) de ira y de rabia, pero no podía hacer nada al respecto.[3]

A través de un contacto en Israel, el Equipo Caso Archivado consiguió el número de teléfono de Mirjam, y Thijs y Vince la llamaron. Se disculpó por no hablar muy bien inglés, aunque de hecho lo hablaba con bastante corrección. Tenía una voz suave pero sorprendentemente vigorosa para una persona de su edad.

Mirjam les contó que su papel como secretaria había sido bastante limitado en el sentido de que se dedicaba solo a escribir cartas al dictado, enviarlas y asistir a reuniones en las que se habló por primera vez de los campos de concentración nazis. Thijs y Vince le preguntaron si se acordaba de un miembro del Consejo llamado Arnold van den Bergh. Cuando respondió que sí, se miraron con expectación. Al principio, Mirjam no recordaba a qué se dedicaba Van den Bergh dentro del Consejo porque no había trabajado directamente con él, pero cuando Vince le dijo que era notario pareció recordarlo. No recordaba que hablara mucho en las reuniones, a diferencia de los presidentes, Asscher y Cohen. Era, según dijo, «reservado» y «modesto». Les preguntó si podían esperar un momento mientras buscaba las copias de las actas de las reuniones del Consejo que conservaba aún. La oyeron revolver papeles. Cuando volvió a ponerse al teléfono, les confirmó que, en efecto, Van den Bergh había asistido a algunas reuniones.

Ignoraba si había estado internado alguna vez en el campo de

Westerbork. No recordaba haberle visto allí antes de que la metieran en el tren para mandarla a Bergen-Belsen. Tampoco sabía si había estado en algún campo de concentración alemán. Por desgracia, no pudo aportar ningún nuevo dato a la historia porque no había vuelto a Ámsterdam después de la guerra.

Si Thijs y Vince querían saber algo más sobre Van den Bergh, tendrían que buscar en otra parte.

El notario holandés

Arnold van den Bergh nació en 1886 en la localidad holandesa de Oss, a poco menos de cien kilómetros de Ámsterdam en dirección sureste. Se casó con Auguste Kan, con la que tuvo tres hijas. Las dos mayores, Emma y Esther, eran gemelas, y la pequeña, Anne-Marie, tenía casualmente la misma edad que Ana Frank. Era notario de profesión: uno de los siete notarios judíos que ejercían en Ámsterdam antes de la guerra. Su notaría era una de las mayores y más solicitadas de la capital y su nombre aparecía con frecuencia en noticias de prensa relacionadas con compraventa y traspaso de propiedades. Era un hombre rico, una figura respetada dentro de la comunidad judía amsterdamesa y formaba parte del Comité para los Refugiados Judíos, una organización benéfica presidida por David Cohen.

En los Países Bajos, los notarios cumplen una función muy distinta a la que cumplen en Norteamérica o incluso en algunos otros países europeos. En Holanda, un notario es un funcionario público imparcial que se halla sujeto a un estricto juramento de confidencialidad, está autorizado por el Estado para redactar y autentificar documentos (actas notariales) entre distintas partes y se asegura de que dichos documentos cumplan los requisitos legales y se conserven debidamente. Su juramento de confidencialidad es tan estricto que ni siquiera un juez puede obligar a un notario a revelar los pormenores de las operaciones en las que interviene. Debe haber un notario presente para validar transacciones relacionadas con asuntos familiares (matrimonio, divorcio, testamentos...), así como para la creación de empresas y la transacción de propiedades (hipotecas, compraventa de bienes inmuebles, etcétera). Su labor consiste en asegurarse de que todas las partes tienen voluntad y capacidad de efectuar una venta o transacción legítima. Ser notario es una profesión que goza de prestigio social, y Van den Bergh se hallaba en la cima de su carrera.

Como sin duda sabía el autor de la nota anónima, puesto que esta incluía la dirección, Van den Bergh vivía en una elegante casona de Oranje Nassaulaan, una calle colindante con el Voldenpark, el parque más famoso de Ámsterdam, de casi cincuenta hectáreas de extensión, con su rosaleda y su Salón de Té Azul. Era, al parecer, un hombre callado pero seguro de sí mismo. A su mujer le encantaba recibir invitados en casa y él era un apasionado de la pintura de los siglos XVII y XVIII, un lujo que podía permitirse gracias a sus ingresos. El equipo no se sorprendió, por lo tanto, al descubrir que Van den Bergh era el notario de Goudstikker, N.V., una célebre galería de Ámsterdam que vendía cuadros y obras de arte de gran valor.

Durante la primera fase de la ocupación, antes de que los nazis impusieran medidas cada vez más represivas contra la población judía, el negocio de Van den Bergh siguió funcionando como de costumbre, al igual que sucedió con la empresa de Otto Frank. El Equipo Caso Archivado localizó documentos de archivo que demostraban que Van den Bergh intervino como notario en diversas transacciones en 1940. Varias ventas de obras de arte les llamaron especialmente la atención, no tanto por lo que se vendía como por los jerarcas nazis —Hermann Göring entre ellos— que compraron dichas obras.

A principios de febrero de 1941, Van den Bergh se convirtió en miembro fundador del Consejo Judío, posiblemente por invitación de David Cohen, y entró a formar parte de la Comisión de los Cinco, el órgano que se encargaba de la organización interna del Consejo. Además de actuar como notario del Consejo, asistía a las reuniones semanales del Departamento de Emigración, el grupo de trabajo que se ocupaba de la poco envidiable tarea de recopilar los nombres de los judíos que integrarían las listas de deportación. En el archivo del NIOD —el Instituto de Estudios sobre la Guerra, el Holocausto y el Genocidio—, el equipo pudo consultar las actas de las juntas del Consejo Judío que se conservan y que demuestran que mandos del SD de Ámsterdam como Willy Lages y Ferdinand aus der Fünten estaban en continuo trato con el Consejo y a veces incluso asistían a sus reuniones.[1]

Tras diez meses de ocupación, el 21 de febrero de 1941, los nazis decretaron que todos los notarios judíos cedieran sus funciones a notarios no judíos. En muchos casos, no obstante, pasaron meses antes de que se nombrara un sustituto.[2] En el caso de Van den Bergh esto sucedió en enero de 1943, casi dos años más tarde, cuando se le informó de que sería reemplazado por un ario.

Van den Bergh había empezado a comprender la terrible amenaza que suponían los nazis para su seguridad y la de su familia. Al consultar los archivos del NIOD, el equipo descubrió que su nombre, el de su mujer y el de sus tres hijas aparecían en la lista de personas a las que se había concedido una Sperre 120 000, el salvoconducto que supuestamente garantizaba una protección mayor y del que solo se beneficiaron unas 1500 personas. La élite del Consejo Judío y todos los judíos a los que los alemanes creían necesario proteger contaban con esta exención, que los salvaba de la deportación «hasta nuevo aviso». Según los expedientes del NIOD, Van den Bergh solicitó (compró, de hecho) las Sperren para sí mismo y su familia en julio de 1943. Con el codiciado Stempel (sello) estampado en su documentación, podía vivir abiertamente en Ámsterdam. De hecho, estaba «escondido a plena vista». Después de la guerra, un hombre llamado Hans Tietje declaró haber ayudado a Van den Bergh a conseguir las Sperren.[3]

Hans Tietje era un empresario alemán que se había trasladado a los Países Bajos para dirigir una empresa de fabricación de estaño. Había ascendido de funcionario civil a millonario, coleccionista de arte y proveedor de la Wehrmacht y estaba casado con una mujer judía. Tenía amistad con algunos de los personajes más poderosos de los Países Bajos en tiempos de la ocupación, como Willy Lages, Ferdinand aus der Fünten y el empresario y marchante de arte Alois Miedl. Durante la investigación de posguerra que llevó a cabo el BNV sobre él, Tietje aseguró que se codeaba con la élite alemana con el único objetivo de ayudar a los judíos. Afirmaba que más de cien judíos se salvaron de la deportación gracias a su estrecha amistad con Lages y que nunca le pagaron por las labores que desempeñaba.

Vince y el Equipo Caso Archivado lo veían de otro modo. Tietje no era en absoluto un personaje del estilo «lista de Schindler», aunque tratara de aparentarlo. Salvó, en efecto, a algunos judíos, pero la mayoría eran hijos de industriales influyentes que podrían protegerle cuando los alemanes perdieran la guerra, como estaba seguro que ocurriría. En cambio, cuando los alemanes encarcelaron a doce obreros de su fábrica, no se sirvió de su influencia para liberarlos. Y tampoco pudo (o quiso) salvar a su cuñado y a la familia de este, que fueron deportados y fallecieron en los campos de Europa oriental.[4] Tietje era fundamentalmente un oportunista que se benefició de la guerra y que quiso sacar provecho de ambos bandos. Comerciaba con obras de arte robadas a judíos y les vendía Sperren 120 000. A veces, esas exenciones eran falsas y los judíos eran deportados de todos modos. Ese era el tipo de individuo con el que Van den Bergh acabó teniendo tratos, llevado por la necesidad.

El 31 de agosto de 1943, se designó oficialmente a un notario llamado J. W. A. Schepers para que se hiciera cargo de la notaría de Van den Bergh.[5] Pieter encontró un sumario CABR a nombre de Schepers en el Archivo Nacional, lo que significaba que después de la guerra se le investigó por colaboracionismo. El expediente contenía algunos datos fascinantes. Poco después de que Schepers se hiciera cargo del negocio de Van den Bergh, descubrió que le era imposible dirigir la notaría debido a lo que denominó un «truco judío»: antes de ceder el control de su negocio, Van den Bergh tomó la precaución de asignar todos los archivos notariales a uno de sus empleados, que después se puso «oportunamente» enfermo. Otro empleado al que se habían asignado las labores administrativas no tenía autoridad legal para acceder a los archivos ni transferírselos a Schepers. Sin acceso a los archivos, Schepers no podía desempeñar su trabajo, pero aun así tenía que correr con los gastos que generaba la notaría. Naturalmente, Schepers, que era pronazi, arremetió contra Van den Bergh.

En su libro *Kille mist: het Nederlandse notariaat en de erfenis van de oorlog* (Niebla fría: los notarios holandeses y la herencia de la guerra), Raymund Schütz cuenta cómo Schepers se propuso destruir a Van den Bergh. Recurrió para ello al banco Lippmann, Rosenthal & Co. (LIRO), creado por los ocupantes alemanes para registrar y expoliar bienes judíos. En una carta fechada el 15 de octubre de 1943, Schepers se quejaba de que Van den Bergh seguía viviendo en su mansión de Oranje Nassaulaan número 60 y no llevaba la estrella amarilla obligatoria.

Anna Foulidis, una de las investigadoras del Equipo Caso Archivado, descubrió en el archivo Calmeyer que, en efecto, así era. En el mes anterior, el 2 de septiembre, Van den Bergh recibió el estatus Calmeyer, lo que significaba que ya no se le consideraba judío ni tenía por qué llevar la estrella amarilla. Evidentemente, no se fiaba de la protección que le ofrecía la Sperre 120 000 y había apuntado más alto. Ya no era judío ni formaba parte del Consejo Judío, ni sería deportado junto con los demás miembros del Consejo. De hecho, se libró de la deportación por cuestión de semanas.

Había sido un proceso muy largo. Los documentos de archivo demuestran que Van den Bergh solicitó el estatus Calmeyer un año y medio antes, en la primavera de 1942. Ello equivalía a poner en cuestión su identidad judía. Si conseguía demostrar que solo uno de sus progenitores era judío, según el sistema nazi de clasificación podía declarársele «perteneciente en parte a la raza alemana».

Para los nazis, la cuestión de quién era judío y quién no era esencial. Según las leyes raciales del nazismo, la pertenencia a la raza judía se determinaba conforme a una compleja tabla como la que se reproduce a continuación. Este tipo de tablas se repartían entre los policías locales para que les sirvieran como guía al interrogar a personas sospechosas de ser judías.[6]

CLASIFICACIÓN	TRADUCCIÓN	ORIGEN / FILIACIÓN	DEFINICIÓN
Deutschblütiger	De sangre alemana	Alemán	Perteneciente a la raza y la nación alemanas; con derecho a la ciudadanía del Reich.
Deutschblütiger	De sangre alemana	$1/8$ de sangre judía	Perteneciente a la raza y la nación alemanas; con derecho a la ciudadanía del Reich.
Mischling zweiten Grades	De raza mixta (segundo grado)	$1/4$ de sangre judía	Solo parcialmente de raza y nación alemanas; con derecho a la ciudadanía del Reich.
Mischling ersten Grades	De raza mixta (primer grado)	$1/2$ de sangre judía	Solo parcialmente de raza y nación alemanas; con derecho a la ciudadanía del Reich.
Jude	Judío/a	$3/4$ de sangre judía	Perteneciente a la raza y la comunidad judía; sin derecho a la ciudadanía del Reich.
Jude	Judío/a	Judío	Perteneciente a la raza y la comunidad judía; sin derecho a la ciudadanía del Reich.

La oficina de Calmeyer certificó que Van den Bergh solo tenía un abuelo judío y era, por tanto, *mischling* de segundo grado.[7] Según esto, pertenecía a la raza alemana y tenía derecho a la ciudadanía alemana. Sus hijas compartían ese estatus y, puesto que a él se le consideraba no judío, su esposa, Auguste, se hallaba a salvo por su matrimonio con un gentil. La legislación le permitía eliminar la *J* de su tarjeta de empadronamiento. Al no ser judío, tuvo que dimitir de sus puestos en el Consejo Judío a principios de septiembre, justo a tiempo de salvarse de la deportación.

Resulta casi increíble que Van den Bergh obtuviera el estatus Calmeyer, sobre todo teniendo en cuenta que fue en plena guerra. El proceso se demoró casi un año y medio, pero mientras se tramitaba su solicitud Van den Bergh estuvo exento de deportación. Primero, envió una carta a las oficinas de los abogados J. y E. Henggeler, en Zúrich (Suiza), quienes el 7 de marzo de 1942 remitieron una solicitud de búsqueda a una sociedad de genealogistas londinense.[8] Se pedía a dicha entidad que localizara archivos parroquiales que demostraran que alguno de los padres o abuelos de Van den Bergh no era judío. La petición se recibió el 6 de agosto de 1942, pero la sociedad de genealogistas no contestó hasta el 12 de enero de 1943 disculpándose por el retraso y explicando que los archivos que había que localizar se hallaban almacenados en refugios antiaéreos.[9] No está claro si estas búsquedas y sus resultados eran auténticos o si se trataba de ingeniosas falsificaciones.

Al descubrir que Van den Bergh había conseguido el estatus Calmeyer, Schepers montó en cólera. Insistiendo en que Van den Bergh siempre se había publicitado como notario judío antes de la guerra, llevó su queja directamente a las SS y a la oficina de Calmeyer en La Haya y exigió que se investigara el caso.[10] Por desgracia para Van den Bergh, consiguió lo que se proponía. El Equipo Caso Archivado dedujo, tras consultar su expediente en el CABR, que Schepers tenía más capacidad de presión sobre las autoridades alemanas en La Haya que Van den Bergh.

El equipo encontró una carta dirigida a Van den Bergh con fecha 4 de enero de 1944 en la que dos abogados que trabajaban en la oficina de Calmeyer le advertían de que corría peligro de que le detuvieran.[11] Van den Bergh abandonó de inmediato su casa y se empadronó oficialmente en el número 61 de Nieuwendammerdijk, en Amsterdam-Noord, en una casita cuyo propietario era Albertus Salle, un antiguo empleado de su notaría.[12] Pieter consiguió localizar y entrevistar a la hija de Salle, Regina, que no recordaba que en esa casa, aparte de su familia, hubiera vivido nadie más durante esa época, lo que indicaba que la dirección era con toda probabilidad una tapadera.[13]

Pieter pasó algún tiempo indagando en el Archivo Municipal de Ámsterdam y supo por el archivero Peter Kroesen que Van den Bergh tuvo que personarse en el registro civil del Ayuntamiento para cambiar su dirección en el padrón. Evidentemente, aún no le daba miedo moverse por las calles de la ciudad,[14] pero sabía ya que el acoso constante de Schepers a las autoridades respecto a su estatus de no judío suponía un peligro cada vez mayor tanto para él como para su familia.

El 22 de enero de 1944, obligada por las quejas de Schepers, la oficina de Calmeyer dictaminó que Van den Bergh había utilizado probablemente pruebas falsas para reclamar su condición de ario y ordenó que se bloquearan sus cuentas bancarias.[15] Ese grotesco juego de las sillas cuando la vida de un hombre y la de su familia corrían peligro es un ejemplo brutal del método nazi de asesinato paulatino, mediante pequeñas incisiones burocráticas.

Curiosamente, el Equipo Caso Archivado descubrió una mención a Van den Bergh en el sumario por colaboracionismo de Eduard Moesbergen, un conocido cazador de judíos y miembro del IV B4[16] que perteneció a la Columna Henneicke hasta su disolución. (Posteriormente trabajó a las órdenes del sargento Abraham Kaper en la Oficina de Asuntos Judíos. Kaper describía a Moesbergen como uno de sus cazadores de judíos más eficaces). El expediente de Moesbergen en el CABR incluía la declaración de dos testigos: un *V-Mann* y una *V-Frau* que habían trabajado para él y que aseguraban que Moesbergen solía llevar encima una lista de direcciones en las que se sospechaba que había judíos escondidos. Al parecer, durante el verano de 1944 se dedicó a asaltar metódicamente las direcciones de la lista, una por una.[17]

Al ser interrogado después de la guerra, Moesbergen aseguró que supo que Arnold van den Bergh había perdido el estatus Calmeyer y que se presentó poco después en su domicilio en el número 60 de Oranje Nassaulaan y descubrió que ya no estaba allí. Cuando regresó unos días después, comprendió que Van den Bergh había huido. Tratando de rebajar su sentencia por colaboracionismo, Moesbergen afirmó que su intención era advertir a Van den Bergh de que debía esconderse, lo que no se desprende de los documentos que obran en su sumario.[18]

El equipo se preguntó si Moesbergen pensaba de verdad advertir a Van den Bergh o si pretendía detenerle para cobrar el Kopgeld. Después de la guerra, Moesbergen no habría reconocido que su intención al presentarse en casa del notario era detenerle. No hay pruebas documentales de que se consultara a Van den Bergh acerca de la veracidad de su testimonio.

Pero entonces sucedió lo inesperado. Por pura casualidad, Thijs conoció a un hombre que afirmaba, apoyándose en documentación convincente, que sus abuelos habían escondido a Anne-Marie, la hija menor de Van den Bergh, durante la guerra. Según sus abuelos, Arnold van den Bergh consiguió esconder a Anne-Marie con ayuda de la resistencia. Ya fuera a través de sus contactos entre las autoridades nazis, que le ayudaron a conseguir el estatus Calmeyer, o a través de la resistencia, que le ayudó a esconder a sus hijas, parecía claro que Van den Bergh se había esforzado denodadamente por salvar a su familia.

Su caso era excepcional. Por un lado, pudo recurrir a la resistencia para que escondiera a sus hijas y, por otro, tenía suficientes contactos entre la jerarquía nazi para obtener el estatus Calmeyer y, posteriormente, para que le avisaran a tiempo cuando perdió ese privilegio. Para el equipo, esto era de por sí sospechoso.

Expertos en acción

Vince recuerda claramente el momento en que la investigación del caso dio un vuelco definitivo. Estaba releyendo la nota anónima por enésima vez. Decía: *Su escondite en Ámsterdam se lo notificó en su momento a la Jüdische Auswanderung de Ámsterdam, en Euterpestraat, A. van den Bergh.*

De repente se dio cuenta de que no mencionaba el *nombre* de Otto Frank. Solo aludía a la dirección. La persona que escribió la nota quizá no supiera quién se escondía en Prinsengracht 263. Es más, la nota decía que en la JA había *toda una lista de direcciones* que entregó Van den Bergh.

A partir de ese momento, Vince comenzó a ver las cosas de manera distinta. Si A. van den Bergh, en efecto, entregó una lista de direcciones y no de nombres, eso hacía que el delito de delación —si es que fue una delación—, pareciera menos personal. Al menos, Van den Bergh no sentiría que estaba traicionando a alguien a quien quizá conociera.

El inspector Van Helden había transcrito la nota anónima en el informe de cuarenta páginas de su investigación, pero Vince quería saber si se trataba de una transcripción fiel o era un resumen. ¿Decía algo más la nota? ¿Quién era el miembro del patronato de la Casa de Ana Frank al que Otto decía que le había entregado el original? ¿Dónde estaba la copia? Vince estaba convencido de que Van Helden guardaba documentos importantes en su casa, como había hecho Abraham Kaper. El Equipo Caso Archivado se propuso localizar a los familiares de Van Helden y, tras algunas averiguaciones, encontró a su hijo, Maarten.

La primera vez que Vince le mandó un correo electrónico, Maarten van Helden no pareció muy interesado en hablar de su padre. Decía que no sabía gran cosa sobre su trabajo y que sería de poca ayuda para la investigación. Pero cuando Vince le preguntó si por casualidad conservaba papeles de su padre, Maarten le dijo que sí. Unos ocho años después de su muerte, había encontrado unas cuantas carpetas con documentos relativos a la investigación de 1963-1964.

Maarten van Helden envió al equipo copias escaneadas de algunos de esos documentos. Al echarles un vistazo, Vince encontró una notita mecanografiada en la que también había algunas anotaciones a mano, con tinta. El contenido y el tamaño coincidían con la descripción de la nota anónima que hacía Van Helden en su informe. No podía ser el original, se dijo Vince, porque tenía comentarios escritos a mano. Pero ¿sería la copia que hizo el propio Otto?

Justo después de las vacaciones de Navidad, Vince quedó en reunirse con Maarten van Helden. Al entrar en su cuarto de estar, se fijó de inmediato en un gran montón de papeles que había sobre la mesa baja. Sintió una especie de sacudida eléctrica. Maarten, un hombre ya mayor, le saludó tendiéndole la mano. Els, su mujer desde hacía cuarenta y cinco años, se acercó para presentarse. Maarten comenzó a hablar acerca de su padre.

Arend van Helden tenía dieciocho años cuando ingresó en el

ejército, donde llegó a ser sargento de la policía militar. En 1940, tras la invasión alemana, fue apresado y encarcelado en La Haya. Al ponerle en libertad algún tiempo después, los alemanes permitieron que siguiera ejerciendo como policía, un descuido por su parte puesto que Arend empezó a trabajar para la resistencia poco después.

Arend se sirvió de su posición para ayudar a personas escondidas proporcionándoles alimentos. Como la carne escaseaba durante la guerra, tenía que haber siempre un policía presente cuando se sacrificaba un cerdo o una vaca, para garantizar que no hubiera robos. Arend recogía los restos de carne que quedaban y los llevaba a casas donde sabía que había gente escondida.

Maarten se había convertido en el archivero de las historias de guerra que contaba su padre. En una de ellas, Arend detenía a un hombre al que le habían ordenado trasladar al campo de Amersfoort. El prisionero le suplicó que le dejara libre una hora para poder avisar a otros compañeros de una redada inminente y le dio su palabra de que luego se entregaría. El padre de Maarten accedió y el hombre cumplió su palabra y regresó para el traslado. Otra historia trataba sobre su enfrentamiento con un oficial nazi. En septiembre de 1944, Arend participó en la investigación de las actividades de estraperlo de un oficial de las SS en la localidad de Elst. Arend recogió al oficial para llevarlo a interrogar. Mientras iban en el coche, el oficial le ordenó que le entregara su pistola. Arend obedeció y el oficial de las SS le hizo parar en la cuneta. Estaba a punto de dispararle cuando oyó pasos que se acercaban. Cuando el oficial bajó el arma, Arend echó a correr como un ciervo, atravesando zanjas y prados para escapar.

Después de la guerra, Arend van Helden siguió trabajando como policía y con el paso del tiempo ascendió al rango de inspector de la policía municipal de Ámsterdam. Maarten tenía veintitrés años en 1963, cuando a su padre le asignaron la investigación de la redada en la Casa de atrás. A veces, cuando se sentía frustrado o se bloqueaba, Arend hablaba de la investigación con su familia. Maarten recordaba que su padre viajó a Viena para reunirse con Simon Wiesenthal y que aprovechando ese viaje visitó también Basilea para entrevistarse con Otto Frank.

Vince recuerda que, cuando Maarten y él centraron su atención en el montón de papeles que había sobre la mesa, tuvo que hacer un esfuerzo por contener su nerviosismo. Había decenas de originales y copias al carbón de casi todas las páginas de la investigación de 1963-1964, incluida la portada original del sumario del Departamento de Investigación Criminal. Dice que empezaron a temblarle las manos.

Al final del montón de papeles, encontró lo que andaba buscando: una hoja de papel de carta de unos catorce centímetros por veintitrés, un poco amarillenta, con un mensaje mecanografiado debajo del cual había algunas frases escritas a mano con tinta. La nota parecía ser original, no una fotocopia ni una reproducción de otro tipo. Las anotaciones a mano también parecían originales. Con razón la copia de la nota anónima no se hallaba entre los papeles del sumario del Departamento de Investigación Criminal: ¡había estado todos esos años en la colección particular de Van Helden!

En la parte de arriba de la nota aparecía mecanografiada la palabra alemana *Abschrift*, «copia», lo que confirmaba la teoría de que aquella era la copia que había hecho Otto. Su lengua materna era el alemán, de modo que habría sido natural que empleara el término *Abschrift* para señalar que se trataba de una copia. El resto del texto mecanografiado estaba en holandés. Maarten reconoció la letra de su padre en las anotaciones hechas a mano y accedió a prestarle al equipo la nota *Abschrift*, como empezó a llamarla Vince, para someterla a pruebas forenses. Vince quería confirmar que la nota la mecanografió Otto Frank y que la letra manuscrita era, en efecto, la de Van Helden.

Vince decidió contactar con un excompañero del FBI y juntos hicieron un repaso a las pruebas disponibles que podían ayudar a extraer la mayor cantidad de información posible. Por desgracia, muchas de ellas tenían efectos secundarios dañinos y Vince dudaba en realizar cualquier prueba que pudiera alterar la nota. Podían buscarse, por ejemplo, huellas dactilares, pero como el procedimiento de espolvoreado o con cianoacrilato (pegamento instantáneo) podía provocar decoloración extrema, se descartó esta posibilidad. Vince recurrió entonces a la experta en técnicas forenses Carina van Leeuwen y juntos concluyeron que el examen de la nota debía tener dos vertientes: por un lado, un examen científico y, por otro, un análisis lingüístico.

Como no se fiaba del correo postal para el envío de un documento que podía tener tanta importancia histórica, Maarten y su hermana se trasladaron a Ámsterdam para entregarles la nota en persona a Vince y Brendan, que les preguntaron si reconocían la letra cursiva manuscrita de la nota como perteneciente a su padre. Ambos contestaron que sí.

Para contar con una opinión científica, Vince recurrió al experto holandés en grafoscopía Wil Fagel, que hasta su jubilación había trabajado en el Instituto Forense de los Países Bajos. Fagel les pidió que consiguieran muestras de la letra de Van Helden a través de Maarten, que aún conservaba varias cartas escritas de puño y letra de su padre. Tras comparar las muestras con la nota, Fagel dictaminó que la letra era la misma.[1] (Se daba la casualidad de que a mediados de los años ochenta el departamento de Fagel en el Instituto Forense de los Países Bajos había examinado el diario de Ana Frank para autentificar su letra. Los resultados del examen, que se publicaron en la edición crítica del diario realizada por el NIOD, refutaron todas las alegaciones que ponían en duda que el texto fuera obra de Ana Frank).[2]

Era esencial establecer cuándo se escribió la nota *Abschrift*. La datación por radiocarbono determinaría probablemente la antigüedad del papel —no de la escritura—, pero para ello habría que cortar un trocito de la nota. Vince observó que había dos agujeritos perforados en el lado izquierdo del papel, uno de los cuales cortaba parte de lo escrito a mano. Telefoneó a Maarten van Helden, que le explicó que había hecho agujeros con una perforadora en todos los documentos para guardarlos en un archivador de anillas. Vince pensó que tal vez la perforadora que había utilizado tuviera un compartimento para recoger los redondeles de papel sobrantes. ¿Había vaciado Maarten ese compartimento alguna vez? ¿No? Al poco tiempo, recibieron por correo postal un sobre voluminoso. Cuando lo abrieron, salieron de él cerca de un millar de redondeles recortados.

Vince y Brendan los examinaron uno por uno con una pantalla Retina. Tras varias horas, consiguieron separar quince recortes que podían encajar por el color con la nota, pero no encontraron ninguno con letra escrita a mano en tinta, ni pudieron determinar con absoluta seguridad que alguno de ellos coincidiera exactamente con los agujeros de la nota.

Confiaban, de todos modos, en que el análisis del texto mecanografiado de la nota confirmara su autoría y su fecha. Se pusieron en contacto con el experto internacional en documentoscopia Bernhard Hass, hijo del autor del Atlas Haas, la principal guía para la identificación de caracteres mecanografiados. En terminología documentoscópica, la tipología de los caracteres de un documento describe la imagen que queda impresa en el papel después de que el tipo (la varilla metálica) golpee la cinta entintada. (En la era de los ordenadores y las impresoras de inyección de tinta, el examen del tipo de letra es un arte perdido, y el equipo tuvo suerte de encontrar a Haas). Pusieron a Haas al corriente de la investigación y le explicaron que sospechaban que la nota *Abschrift* podía ser obra de Otto Frank. Haas les dijo que iba a necesitar o bien la máquina de escribir que usaba Otto o bien varios documentos originales que Otto hubiera escrito con su máquina de escribir. El equipo no tenía ninguna esperanza de acceder a la máquina de escribir de Otto, que posiblemente se hallaba en la colección de la Anne Frank Fonds de Basilea (Suiza), un organismo que hasta el momento no les había prestado ninguna ayuda. La solución obvia era recurrir a alguna de las personas con las que Otto había mantenido correspondencia frecuente.

A finales de la década de 1950, una adolescente estadounidense, Cara Wilson-Granat, se había sentido tan conmovida por el diario de Ana Frank que escribió a su padre. Incluso hizo una prueba para hacer el papel de Ana en la película *El diario de Ana Frank* de George Stevens, que ganó un Óscar en 1959, papel que finalmente interpretó Millie Perkins. Su correspondencia y su amistad con Otto duraron más de dos décadas. En 2001, Wilson-Carat publicó las cartas bajo el título *Dear Cara. Letters from Otto Frank*.

Vince había hablado con ella anteriormente acerca de su correspondencia y de sus conversaciones personales con Otto y sabía que conservaba los originales de sus cartas. La llamó por teléfono y le explicó que el Equipo Caso Archivado tenía en su poder un documento que posiblemente había escrito Otto a máquina. ¿Podría enviarles unas cuantas cartas para que las cotejaran con la nota? Ella contestó que sí, que lo haría encantada.

Cuando Vince estaba tramitando el envío de las cartas a la oficina de Ámsterdam a través de una empresa de mensajería urgente, la persona que le atendía le preguntó cuál era el valor del contenido del paquete. Al decirle Vince que tenía un valor incalculable, le respondieron que sintiéndolo mucho esa opción no estaba contemplada. El equipo consultó entonces a un experto en diplomática que calculó su valor estimado, y el paquete fue enviado por fin. Vince se pasó buena parte de la noche haciendo el seguimiento del envío y a la mañana siguiente vio que había llegado al aeropuerto de Schiphol, en Ámsterdam. Empezó a agobiarse cuando a las ocho y cuarto recibió un mensaje de texto avisando de que la entrega se retrasaría hasta el día siguiente, a pesar de que el seguimiento *online* indicaba aún que se efectuaría antes de las diez y media de la mañana de ese mismo día. Se asustó un poco pensando que tendría que llamar a Cara para decirle que las cartas se habían perdido o habían sufrido algún daño. Pero a las nueve se presentó el camión de reparto y el conductor entró en la oficina y pidió una firma. «¡Si supiera lo que hay dentro!», pensó Vince.

Brendan y él hicieron entonces el viaje de seis horas en tren hasta Winnenden, el pueblecito del suroeste de Alemania donde vivía Bernhard Haas. Llevaban consigo la nota y varias cartas originales de Cara. Haas, que ya estaba jubilado, había convertido la planta de arriba de su casa en despacho y la había decorado con una colección de máquinas de escribir antiguas. Los útiles de su oficio estaban desplegados sobre una gran mesa de cristal: un microscopio estereoscópico, plantillas de espaciado, lámparas especiales y una lupa.

El examen visual duró varias horas. Para examinar la tipología de la nota *Abschrift*, Haas la sacó con mucho cuidado de su funda protectora, la colocó bajo el microscopio y encendió la iluminación que mostraría hasta los detalles más nimios. Anotó algunas observaciones y masculló algo en alemán mientras estudiaba atentamente la tipología de los caracteres. Comenzó a medir las letras, la distancia entre ellas y el espaciado entre las líneas de texto sirviéndose de una plantilla especial. Luego se giró en su silla, sacó de la estantería la enciclopedia de tipos de letra de la que era autor su padre y les dijo a Vince y Brendan que la nota era un documento mecanografiado original y no una copia. La máquina utilizada para escribirla tenía ciertos defectos de tipado en las letras *h* (en el trazo superior), *n* (en el pie derecho), *a* (en el rabillo inferior) y *A* (en el lado derecho). Identificó los tipos como fabricados por Ransmayer & Rodrian en Berlín (Alemania), entre 1930 y 1951.

Haas les explicó que el siguiente paso era comparar la nota con las cartas originales de Wilson-Granat. Brendan y Vince esperaron con nerviosismo mientras el experto murmuraba en alemán. Por fin, se apartó de la mesa y anunció que podía dictaminar con la mayor certeza forense que la nota y las cartas se habían escrito con la misma máquina de escribir.[3] Añadió, además, algo que los dos investigadores no se esperaban: basándose en la evolución de ciertas degradaciones de los caracteres impresos en las cartas de Wilson-Granat, podía concluir que la nota se escribió varios años antes de la fecha de la primera carta, 1959. (Esto significaba que los caracteres de la nota estaban más limpios; los tipos se ensucian paulatinamente con el uso de la máquina). Eso confirmaría lo que Otto le había dicho al inspector Van Helden: que había hecho una copia de la nota antes de entregar el original al patronato de la recién creada casa de Ana Frank en mayo de 1957.

Mientras volvían a Ámsterdam en el tren, Vince y Brendan no cabían en sí de satisfacción. Habían demostrado que la nota que llevaban no solo era una prueba material única relacionada con la denuncia que llevó a la redada en la Casa de atrás, sino que además procedía directamente de Otto Frank.

La siguiente tarea consistía en analizar las anotaciones manuscritas que había hecho el inspector debajo del texto mecanografiado de la nota. Entre lo que pensaban los hijos de Van Helden que había escrito su padre y lo que concluyeron los documentalistas holandeses, el texto manuscrito se traduciría como sigue:

El original está en poder de

O bien:

El original está en el depósito 23 [la letra es confusa, pero esta parece la lectura más probable].
Notario v. d. Hasselt, 702 Keizersgracht (230047)
(234602)
Recibida por correo en Basilea, sea o no a través de la Fundación.
Datos personales
Probablemente
Ya más años
Me la entregan el 16/12-63.
M. Heldring,

1 ha sido miembro del consejo judío
entre otras sociedad de cuidado y asistencia
2. Departamento Lijnbaansgracht (????&)
????)

Se trataba de anotaciones que Van Helden había hecho para sí mismo. La primera frase afirma claramente que la nota original estaba en posesión de un notario apellidado Van Hasselt, en el número 702 de Keizersgracht, anotación a la que siguen dos cifras de seis dígitos. Una búsqueda en la guía telefónica de Ámsterdam de 1963 confirmó que se trataba de la dirección y los números de teléfono del notario J. V. van Hasselt.

Las palabras que siguen son menos claras, pero hay una mención a Basilea, donde vivía Otto en 1963. El equipo interpretó que la siguiente frase completa (*Me la entregan el 16/12-63*) quería decir que el inspector Van Helden recibió la copia de la nota el 16 de diciembre de 1963, aproximadamente dos semanas después de que se entrevistara con Otto.

El equipo creía que *Heldring* era una referencia a Herman Heldring, uno de los primeros miembros del patronato de la Anne Frank Stichting. La última parte de la nota *(ha sido miembro del consejo judío entre otras sociedad de cuidado y asistencia)* parecía referirse a Van den Bergh y a la asociación a la que perteneció tras la liberación. El *Departamento Lijnhaansgracht* era la dirección de la Oficina Central de Información del Consejo Judío durante la guerra. El traductor ha utilizado signos de interrogación *(????)* para indicar que hay a continuación dos palabras completamente ilegibles separadas por un signo *&*.

Los miembros del Equipo Caso Archivado estaban seguros ya de que tenían en su poder la copia que había hecho Otto de la nota original. Ahora tenían que dar respuesta a varias preguntas desconcertantes. ¿Quién era el notario Van Hasselt? ¿Por qué acabó teniendo la nota original? ¿Y por qué nunca habían oído hablar de él?

Una nota entre amigos

Jakob van Hasselt estaba a punto de convertirse en una figura clave de la investigación. Resultó que conocía bastante bien a Arnold van den Bergh. Antes de la guerra, los siete notarios judíos que había en Ámsterdam colaboraban en numerosas transacciones comerciales.[1] Durante la guerra, Van Hasselt y Van den Bergh siguieron trayectorias distintas. Van Hasselt declinó la invitación a formar parte del Consejo Judío. Van den Bergh, en cambio, la aceptó. Van Hasselt y su familia se escondieron. Su mujer y él consiguieron pasar a Bélgica después de un tiempo, mientras que sus dos hijas se quedaron en los Países Bajos.* Tras la contienda, sus caminos volvieron a cruzarse. Van Hasselt regresó a Ámsterdam, donde se volcó en las labores de apoyo y asistencia a los judíos y nombró a Van den Bergh miembro de la junta directiva de la Joods Maatschappelijk Werk (JMW), la Asociación Judía de Trabajo Social.

---

* Era muy común que las familias se separaran al esconderse. Para las personas que les daban cobijo, era menos problemático ocuparse de una o dos personas que de una familia entera.

Van Hasselt tenía también amistad estrecha con Otto Frank. En mayo de 1957 actuó como notario en el establecimiento de la Anne Frank Stichting, la fundación creada para evitar que se demoliera el edificio de Prinsengracht 263. Fue uno de los primeros miembros del patronato de la fundación, junto con Otto, Johannes Kleiman y varias personas más. Van Hasselt redactó asimismo el contrato prematrimonial de Otto y su segunda esposa, Fritzi, antes de su boda en noviembre de 1953.[2] Apoyó a Otto cuando algunas voces comenzaron a cuestionar la autenticidad del diario de Ana y en 1954 emitió un acta notarial en la que declaraba que había examinado el diario y lo consideraba auténtico.[3]

Otto y Van Hasselt tenían otra cosa en común: Van Hasselt también perdió a sus dos hijas, de seis y nueve años, en el Holocausto. Lo que sucedió es de una crueldad atroz. Para no tener que pagar una multa por no respetar la normativa sobre el oscurecimiento de las ventanas, una mujer denunció a una anciana judía que estaba escondida y que resultó ser la abuela de las hijas de Van Hasselt. Cuando los alemanes se llevaron a la abuela, encontraron cartas de sus nietas que llevaban en el remite del sobre la dirección donde estaban escondidas las niñas.[4]

La tragedia que habían sufrido ambos hombres los unió de un modo que solo puede comprender quien haya sufrido una pérdida semejante. Otto y Van Hasselt sin duda discutieron el contenido de la nota anónima, pero no parecían seguros de qué hacer al respecto. En todo caso, está claro que Otto creía que la nota era lo bastante importante como para hacer una copia y entregar el original a su amigo, probablemente con intención de que la guardase a buen recaudo.[5]

El apellido Van Hasselt aparecía en numerosos documentos que el Equipo Caso Archivado encontró a través del Proyecto Declaraciones, como por ejemplo en una carta que Kleiman dirigió a

Otto Frank en marzo de 1958. En ella, Kleiman se refiere a la nota anónima en los siguientes términos:

> *He leído la carta anónima que me hizo llegar el notario Van Hassell. Este último conocía al notario Van den Bergh, que vivía cerca, pero que falleció hace tiempo. Lo único que sabía del susodicho es que era «bueno» en aquella época. El doctor De Jong quería informar al Ministerio de Justicia, pero ambos caballeros concluyeron que era mejor no conceder mucha importancia a anónimos de ese estilo. Surge de inmediato la pregunta: ¿por qué esa persona viene ahora con tales acusaciones?*
>
> *El doctor De Jong me avisará cuando averigüe algo más.*[6]

La carta de Kleiman sirve para constatar dos cosas: primero, que la nota original le fue entregada al notario Van Hasselt (como se desprendía de las anotaciones manuscritas del inspector Van Helden en la nota *Abschrift*) y, segundo, que Van den Bergh y Van Hasselt se conocían y eran compañeros de profesión. Daba a entender además que a Kleiman le desconcertaba (quizá por no estar bien informado al respecto) el momento en que se había enviado la nota, puesto que escribe: *¿Por qué esa persona viene ahora con tales acusaciones?* Parecía no saber que Otto había recibido la nota poco después de la liberación, unos trece años antes. Kleiman era uno de los mejores amigos de Otto. Existen pruebas de que durante la inmediata posguerra, Miep, Bep, Kugler y Kleiman reflexionaban a menudo sobre quién los había traicionado, pero, a tenor de las declaraciones de todos ellos que revisó el equipo, no parece que en sus conversaciones saliera nunca a relucir el nombre de Van den Bergh.

La carta de Kleiman a Otto dejaba claro que el notario Van Hasselt le dijo que Van den Bergh había fallecido, pero su comentario acerca de este último («Lo único que sabía del susodicho es que era "bueno" en aquella época») parecía hecho con muchas reservas. Cuando Kleiman se puso en contacto con el doctor Loe de Jong, el historiador holandés que en aquella época dirigía el RIOD (lo que después sería el NIOD) y le preguntó qué hacer con la nota, De Jong recomendó primero que se informara de ello al Ministerio de Justicia, pero después Van Hasselt y él resolvieron que no había que conceder demasiada credibilidad a la nota. No hay pruebas de que esta llegara nunca a los archivos del RIOD ni de que se informara de su existencia al Ministerio de Justicia.

A pesar de que le dijera lo contrario al inspector Van Helden, Otto sí había hecho averiguaciones acerca de Van den Bergh. Cuando se entrevistó en la cárcel con el policía holandés Gezinus Gringhuis, el 6 de diciembre de 1945, le preguntó expresamente por Van den Bergh y la nota anónima. Gringhuis contestó, al parecer, que «no había motivos para sospechar de la integridad del hombre».[7] Es poco probable que Otto aceptara el juicio del expolicía sobre el carácter de Van den Bergh, pero en cualquier caso está claro que, solo unos meses después de recibir la nota anónima a su regreso de Auschwitz, Otto se la tomaba muy en serio.

Lo más interesante es que en su visita a la prisión, Otto no fue acompañado de Kugler ni Kleiman, sino (como indica su agenda) de *Ab.* Abraham (Ab) Cauvern era un amigo íntimo de Otto que le ayudó a editar el diario de Ana y en 1947 los invitó a él, a Miep y a Jan Gies a compartir su espacioso piso tras la muerte de su esposa. Aunque es evidente que Cauvern sabía lo de la nota anónima, Kleiman y Kugler no estaban al tanto de su existencia. La razón por la que Otto les ocultó que había recibido el anónimo y por la que esperó a 1963 para entregarle la copia que había hecho al inspector Van Helden es un misterio que se halla en el centro de la investigación del caso.

La mecanógrafa

El Equipo Caso Archivado se centró a partir de entonces en resolver la cuestión de quién mandó la nota anónima. El sospechoso más obvio era J. W. A. Schepers, el notario pronazi que se hizo cargo del negocio de Van den Bergh. No hay duda de que estaba resentido con Van den Bergh y de que trató de vengarse de él. Es improbable que su resentimiento se enfriase después de la guerra, así que, ¿por qué no ir un paso más allá y difamarle acusándole de haber traicionado a otro judío?

Schepers, sin embargo, no tuvo oportunidad de entregar la nota, ya que ingresó en prisión por colaboracionismo el 2 de junio de 1945, un día antes de que Otto regresara de Auschwitz. Los presos tenían permitido mandar cartas, pero únicamente manuscritas y en papel con membrete de la prisión. Si la nota original hubiera tenido ese membrete, Otto sin duda se lo habría mencionado al inspector Van Helden, o Kleiman habría hecho alusión a ello en su carta a Otto. Eso suponiendo, claro está, que Schepers supiera siquiera quién era Otto Frank, lo que no está nada claro. Además, como bien sabía el equipo por sus cartas sobre Van den Bergh durante la guerra, Schepers no tenía escrúpulos a la hora de firmar acusaciones difamatorias y enviarlas a las autoridades competentes.

El autor de la nota sabía sin duda quién era Van den Bergh y debía tener, además, acceso a algún tipo de «información privilegiada». Quizá el autor del anónimo trabajara para el SD, puesto que la nota afirmaba que Van den Bergh había hecho llegar muchas otras direcciones a la sede de ese organismo en Euterpestraat. Solo alguien que trabajara allí podía tener esa información.

El equipo recurrió a la lingüista forense holandesa Fleur van der Houwen, de la Universidad Libre de Ámsterdam, que contaba con veinte años de experiencia en su campo de investigación. Tras analizar el vocabulario del anónimo y su estructura gramatical, Van der Houwen llegó a las siguientes conclusiones:[1]

1. *El texto estaba escrito en idioma neerlandés avanzado.*
2. *La elección de los vocablos y la estructura sintáctica indicaban que el autor era holandés y no alemán.*
3. *Con toda probabilidad, se trataba de una persona adulta.*
4. *Posiblemente, el autor trabajara en algún organismo de la administración pública.*

A partir de este análisis y de los datos que había recabado hasta entonces, el equipo concluyó que el autor de la nota era:

1. *Holandés.*
2. *Un empleado de la Zentralstelle del SD en Euterpestraat (Ámsterdam), o alguien vinculado a este organismo.*
3. *Posiblemente trabajaba en contacto directo con mandos del SD que se ocupaban del material clasificado. Cabe suponer que únicamente funcionarios nazis, agentes del SD, policías holandeses que trabajaban para el SD y confidentes podían tener acceso o estar al corriente de la existencia del tipo de listas a las que alude la nota.*
4. *Estaba ansioso por liberarse del peso de una información que le resultaba muy penosa.*

5. *Era alguien que conocía directa o indirectamente a Arnold van den Bergh, puesto que en el anónimo se hace mención expresa del domicilio particular de este.*

Al buscar a holandeses que hubieran trabajado en la Zentralstelle y que encajaran con este perfil, los investigadores del Equipo Caso Archivado dieron con Cornelia Wilhelmina Theresia —Thea— Hoogensteijn, cuyo nombre conocían ya por el directorio telefónico del SD de Ámsterdam, donde figuraba como secretaria de Willy Lages y Julius Dettmann.

Nacida en Alemania en 1918, Hoogensteijn regresó a los Países Bajos con su familia católica holandesa cuando tenía nueve años. A los veinticuatro, gracias a su dominio del alemán y el holandés, consiguió trabajo como mecanógrafa en la Zentralstelle. Al principio, se dedicó a traducir al holandés las disposiciones antijudías nazis, a realizar el registro de los judíos detenidos tras una redada y a mecanografiar los informes de los interrogatorios a presos políticos que se llevaban a cabo en el cuartel del SD.[2]

A simple vista, por su trabajo en este organismo da la impresión de que Thea Hoogensteijn era partidaria de la ocupación alemana, pero el equipo descubrió que tenía buena relación con dos policías de Ámsterdam que trabajaban para la resistencia: Arend Japin y Piet Elias. Posteriormente, Japin y Elias declararían que Thea les había proporcionado ayuda y que gracias a ella habían conseguido que se pusiera en libertad a veinte estudiantes a los que se detuvo para enviarlos a realizar trabajos forzados en 1943. Psicológicamente, trabajar casi como una «agente doble» acabó siendo una carga demasiado pesada para ella. Horrorizada por el maltrato que recibían los prisioneros en el cuartel, dimitió a principios de 1944.[3] Sin embargo, la resistencia consideraba que su labor era demasiado valiosa y la presionó para que volviera al trabajo. En junio de ese año fue ascendida a secretaria personal del temido jefe del

SD, Willy Lages. Y, como indica el directorio telefónico, también se convirtió en secretaria de Dettmann, lo que significa que podía estar al tanto de la existencia de una lista confeccionada y entregada al SD por Van den Bergh, como sugiere la nota.

A finales de 1944, no obstante, el SD comenzó a sospechar que Hoogensteijn tenía vínculos con la resistencia. Lages escribió en su máquina de escribir: *Thea, eres una traidora.*[4] En enero de 1945 la detuvieron bajo sospecha de espionaje, pero fue puesta en libertad tres días después por falta de pruebas. Al quedarse sin tapadera, Thea se escondió de inmediato gracias a una carta de un miembro de la resistencia que respondió por ella.

El 11 de marzo fue detenida por las tropas aliadas —esta vez junto a su pareja, Henk Klijn— cuando intentaba huir a los territorios liberados del sur del país y enviada a un campo de prisioneros en la localidad de Tilburgo. El agente de inteligencia de la 15ª División Escocesa que la interrogó estaba al parecer informado de que había trabajado para el SD de Ámsterdam. (Parece que la carta de recomendación de la resistencia no surtió ningún efecto). Tras la liberación, el 5 de mayo, fue trasladada a Fort Ruigenhoek, un campo de internamiento cerca de Utrecht, donde había más de un millar de reclusas, en su mayoría viudas de afiliados al NSB. Destrozada anímicamente, se aisló del resto de las presas, se negaba a comer e intentó suicidarse. La enviaron entonces a un sanatorio para enfermos mentales en Utrecht y a finales de agosto ingresó en la clínica Valerius, un hospital psiquiátrico de Ámsterdam, donde se le diagnosticó psicosis histérica. A finales de noviembre de ese mismo año se le aplicó el primer tratamiento de electrochoque, de un total de quince.[5]

Salió por fin en libertad el 21 de mayo de 1946, pero la guerra le había destrozado la vida. Su familia, que la consideraba una *moffenhoer* (una puta de los alemanes), no quería saber nada de ella.

Thea emigró primero a Suiza, en 1947, y posteriormente a Venezuela. Solo en 1960, gracias a la publicación en un diario holandés de un artículo a toda página titulado *Thea salvó muchas vidas en el SD de Euterpestraat*, obtuvo el reconocimiento que merecía como heroína olvidada de la resistencia.[6]

Es improbable, aunque no imposible, que Hoogensteijn escribiera la nota anónima. Si la hubiera escrito antes de ser detenida el 11 de marzo y si la hubiera enviado a la dirección de Prinsengracht 263 (puesto que no tenía el nombre de Otto Frank), Kleiman o Kugler habrían abierto la carta. Sin embargo, ellos no sabían nada del anónimo. Si la hubiera escrito con posterioridad, desde alguno de los campos de prisioneros en los que estuvo recluida, probablemente habría tenido que utilizar papel timbrado especial y Otto habría aludido a ello. Al parecer, a finales de agosto no se hallaba en condiciones de escribir una carta semejante. Por desgracia, aunque Otto le dijo al inspector Van Helden que había recibido la nota poco después de la liberación, no le informó de la fecha exacta. Al final, los investigadores del equipo concluyeron que el anónimo, si no lo había escrito Thea, era muy probablemente obra de otra persona que conocía desde dentro cómo funcionaba el SD. Pero justo cuando se estaban preparando para explorar otras hipótesis acerca de su autoría, les distrajo algo que resultó ser aún más importante: encontraron motivos para creer que el contenido de la nota era cierto.

La nieta

Thijs, mientras tanto, se había puesto en contacto con el hombre cuyos padres habían dado cobijo a Anne-Marie van den Bergh durante la guerra. Cuando habló con él por teléfono, se mostró muy amable y se ofreció a presentarle a la nieta de Van den Bergh, con la que seguía teniendo buena relación. (Para proteger su intimidad, omitimos el nombre del contacto y hemos respetado el deseo de la nieta de referirnos a ella por el seudónimo que eligió: Esther Kizio).

El 13 de febrero de 2018, el hombre mandó una carta a Esther para hablarle de Thijs. Le preguntaba si le apetecía participar en la investigación y le recordaba que, al final de la guerra, sus abuelos —Arnold van den Bergh y su esposa—, junto con sus tres hijas, se instalaron en Minervalaan 72-3, una casa situada a un par de kilómetros de Merwedeplein, donde vivía la familia Frank antes de esconderse. La contestación de Esther llegó el 6 de marzo. Con cierta reticencia, accedía a la entrevista.

Thijs me describió su viaje en coche, el 15 de marzo, hasta el pueblo donde vive Esther, cerca de la costa del mar del Norte, a las afueras de Ámsterdam. Estaba muy tenso, me dijo, porque era consciente de lo que se jugaban. Antes de salir, había releído el informe policial de 1963 y la nota en la que se acusaba a Arnold van den Bergh de ser el delator. Entendía perfectamente la reticencia de Esther; ella sabía con toda probabilidad que Arnold había pertenecido al Consejo Judío, cuyos miembros fueron tan vilipendiados después de la guerra, y de buenas a primeras se presenta un extraño que quiere hablarte de él...

Thijs aparcó y llamó al timbre. Le abrió la puerta una mujer de más de cincuenta años que le dio la bienvenida muy amablemente. Mientras hablaban, le condujo a través del cuarto de estar hasta el jardín lateral de la casa y la cocina. Le ofreció té. Y galletas. Galletas de jengibre.

Aquella resultó ser la primera de varias entrevistas. Esther era una persona muy abierta y sincera. Aunque no llegó a conocer a su abuelo, que murió antes de que ella naciera, conocía muchas historias acerca del pasado familiar.[1]

Recordaba que tenía nueve o diez años cuando su madre le habló por primera vez de la guerra. Anne-Marie le contó que, después de la invasión nazi, la familia se salvó de la deportación porque su padre pertenecía al Consejo Judío.[2] Sin embargo, en 1943 las cosas cambiaron: de pronto, estaban en peligro. (Esto sucedió posiblemente cuando se abolió el Consejo Judío, a finales de septiembre de ese año). La familia estaba muy angustiada y tenían siempre las maletas hechas por si tenían que huir y dejarlo todo. Anne-Marie le contó a Esther que fue entonces cuando Arnold van den Bergh pidió ayuda a la resistencia para esconder a sus tres hijas.

La resistencia aconsejaba siempre que las familias se separasen al esconderse porque de ese modo corrían menos peligro que si se escondían todos juntos, y Esther recordaba que su madre le contó que a ella le preguntaron si quería quedarse con sus padres y dijo que no. Tenía mala relación con su madre, a la que consideraba fría, ambiciosa y obsesionada con ascender socialmente. A su padre, en cambio, le quería muchísimo. Su amor compartido por el arte y la literatura los había unido profundamente. Según contaba Esther, para Anne-Marie la muerte de su padre era «la mayor desgracia de su vida; los demás no le importaban tanto».[3]

La resistencia colocó a las hermanas gemelas de Anne-Marie en una granja situada a las afueras de la localidad norteña de Scharwoude, con una familia apellidada De Bruin. Anne-Marie se escondió en Ámsterdam, pero fue una experiencia horrible. La familia que la acogió la obligaba a trabajar y le daba muy poco de comer. Un día, tenía tanta hambre que robó comida, lo que produjo una terrible discusión. Esther intuía además que Anne-Marie había sufrido abusos sexuales, aunque su madre nunca hablara de ello abiertamente.

Después de que se quejara de su situación a un enviado de la resistencia que fue a ver cómo se encontraba, la trasladaron a un nuevo escondite en el sur del país. El enviado de la resistencia la acompañó parte del camino, en el tren. Mientras esperaba sola en el andén de una estación para hacer el último tramo del viaje, se fijó en ella un holandés que llevaba —según recordaba Anne-Marie— un sombrero de estilo alemán adornado con una pluma. El hombre debió de sospechar de ella por su cabello y sus ojos oscuros y dio aviso a la policía de que había una chica judía en la estación.

La detuvieron, la trasladaron a una cárcel en Scheveningen y la encerraron en una celda con otros judíos. La interrogaron varias veces y ella siempre contaba la misma historia: la que le había dicho la resistencia que contara si la detenían. Años después, le dijo a su hija que consiguió mantener la compostura fijando la mirada en la fotografía de una familia feliz que el hombre que la interrogaba con muy malos modos tenía en su despacho.

Anne-Marie le dio finalmente el nombre de Alois Miedl a su

interrogador, porque su padre le había dicho que utilizara esa baza si alguna vez se veía en apuros. Miedl era un empresario alemán que había tenido tratos comerciales con Van den Bergh por dedicarse a la adquisición de pinturas antiguas. Pasadas dos semanas, Anne-Marie era la única persona que quedaba en la celda. A todos los demás los habían deportado.

La pusieron en libertad sin explicaciones y continuó su viaje en tren hasta el pueblecito de Sprundel, donde fue a recogerla un tal profesor Ruijgrok, que la llevó a casa de los Bastiaensen, la familia que se había prestado a esconderla. Eran católicos y muy hospitalarios. Pero los niños escondidos no podían esperar estabilidad. Anne-Marie tuvo que cambiar de escondite otra vez bruscamente cuando su familia de acogida recibió aviso de que tenía que alojar a varios soldados alemanes. La resistencia la colocó entonces con la familia Sadee en la ciudad de Breda, donde se quedó unos seis meses, hasta que pudo regresar con los Bastiaensen cuando los alemanes abandonaron la casa. Permaneció con ellos hasta la liberación.

Esther contaba que su madre no quería dejar a los Bastiaensen cuando acabó la guerra. Los hijos de la familia se habían convertido en sus hermanastros y hermanastras y hasta quería hacerse católica. Al final, los Bastiaensen la convencieron de que tenía que reunirse con su familia en Ámsterdam, pero Anne-Marie mantuvo el contacto con ellos durante mucho tiempo tras acabar la guerra.

Esta es la versión que contaba Esther de la historia de su madre y encaja casi punto por punto con la información que descubrió el Equipo Caso Archivado en el expediente de su abuelo.[4] Al prestar declaración ante las autoridades holandesas, Van den Bergh dijo que a su hija la detuvieron en Róterdam cuando iba camino del lugar donde tenía que esconderse. Según él, estuvo detenida nueve días y la pusieron en libertad porque en su documentación no aparecía la letra *J*. No mencionó, sin embargo, que le había dicho a su hija que sacara a relucir el nombre de Alois Miedl si se veía en un aprieto,[5] quizá porque temía que, estando ya en la posguerra, su pasada relación con un nazi tan conocido como Miedl le perjudicara.

Cuando el equipo le preguntó a Esther si sabía algo más acerca de Miedl, ella recordó que era coleccionista de arte y que estaba casado con una judía. El abuelo de Esther coleccionaba obras de pintores famosos de los siglos XVII y XVIII, y Miedl y él iban juntos a subastas de arte. Recordaba también que Miedl era quien había comprado la colección de arte Goudstikker más o menos en la época de la invasión alemana. Luego le vendió la colección a Hermann Göring, uno de los lugartenientes de Hitler. Esther recordaba además que una vez vio en Internet una fotografía de la guerra en la que aparecía Göring saliendo del despacho de Miedl. No parecía saber, en cambio, que su abuelo era el notario que había oficiado la venta de la colección.

Esther visitaba con frecuencia a su abuela y a sus tías. Recordaba que abrir la puerta de la casa de su abuela era como entrar en el Rijksmuseum. Las paredes estaban tapizadas de cuadros del taller de Jan Steen y otros pintores antiguos. Tras la muerte de su abuela en 1968, Esther se encargó de hacer inventario de su casa en Ámsterdam. Encontró muchos documentos, pero no la colección de pinturas de su abuelo, que había desaparecido (todavía está intentando localizar los cuadros). Le contó a Thijs que había una maleta llena de papeles que habían estado guardados en casa de sus abuelos durante cuarenta años. Pero, como sucedió en casa de Abraham Kaper, hubo un accidente —en este caso, un incendio causado por una fuga de gas— y todos los documentos se perdieron.

Pasado un tiempo, el equipo invitó a Esther a visitar su oficina en Amsterdam-Noord, donde la entrevistaron Vince y Brendan.[6] Finalmente, le mostraron la nota anónima que identificaba a su abuelo como el delator de la familia Frank. Se llevó una sorpresa mayúscula. «¿Qué pudo impulsar a alguien a mandar una nota así?», preguntó.

Les contó que después de la guerra había mucho resentimiento contra el Consejo Judío. Su abuela rara vez hablaba de la guerra y Esther nunca había oído acusaciones contra su abuelo dentro de la familia. Pero también les dijo que ella misma había recibido llamadas telefónicas insultantes acerca del Consejo Judío mucho después de fallecer su abuelo.

«¿Por qué iba nadie a delatar así a otras personas?», se preguntó en voz alta. Su abuelo podía haberse visto forzado a cooperar con los alemanes, pero Esther no podía concebir que hubiera denunciado a Otto Frank. Al leer la nota atentamente, se dio cuenta de que hablaba de listas, no de personas concretas. Sí, eso sí le parecía posible. Si, en efecto, su abuelo entregó la dirección de Prinsengracht 263, fue probablemente porque no era más que una dirección dentro de una lista impersonal; no sabía quién vivía allí. Si de hecho lo hizo, dijo por fin, estaba segura de que solo podía haber sido por un motivo: porque se vio obligado a ello para salvar a su familia.

El caso Goudstikker

Los comentarios de Esther acerca de la relación de su abuelo con el caso Goudstikker —la «adquisición» de obras de arte más famosa de la Segunda Guerra Mundial— confirmaban lo que ya había descubierto el equipo. Su relato reforzaba además la creciente sensación de que Van den Bergh podía, en efecto, estar implicado en la denuncia que llevó a la detención de la familia Frank.[1]

Jacques Goudstikker, uno de los marchantes de arte más ricos de Europa durante las décadas de 1920 y 1930, estaba especializado en maestros antiguos holandeses de los siglos XVII y XVIII. Debido a que era judío, en el verano de 1940 se vio obligado a vender a un precio irrisorio su célebre colección, formada por más de un millar de obras de arte, así como diversas propiedades inmobiliarias. El comprador fue Alois Miedl,[2] un banquero y coleccionista de arte alemán afincado en los Países Bajos. Lo que mucha gente no sabía era que Miedl trabajaba además para la Abwehr, el espionaje militar alemán, y que se codeaba por tanto con los altos mandos del SD nazi en los Países Bajos, como Ferdinand aus der Fünten, el director de la Zentralstelle, y Willy Lages, el jefe del SD en Ámsterdam.

De hecho, la esposa de Lages vivía en el uurtillu de Nijenrode, una de las fincas señoriales que Miedl adquirió junto con la colección de arte de Goudstikker. Miedl y su mujer (que era judía) celebraban a menudo fastuosas fiestas a las que asistía la flor y nata del SD, así como altos funcionarios de la administración civil alemana. Miedl tenía además importantes contactos en Alemania. Era íntimo amigo de Heinrich Hoffmann, el fotógrafo personal de Adolf Hitler[3] y se decía que había pasado varios días con el *führer* en Berchtesgaden.[4]

La venta de la colección Goudstikker, organizada casi inmediatamente después de la invasión alemana de 1940, fue una transacción fantasma cuyo beneficiario era en realidad el mariscal de campo Hermann Göring, el segundo hombre más importante del Reich alemán. Para no ensuciarse las manos, Hitler y Göring se servían de hombres de paja que se encargaban de localizar colecciones y negociar su compra a fin de satisfacer su gusto personal por las obras de arte raras, y está claro que la colección Goudstikker figuraba en la «lista de deseos» de Göring o de sus intermediarios. Una condición que exigió Goudstikker antes de acceder a la venta forzosa fue que Miedl se comprometiera a proteger a su madre, que además de ser judía era ya anciana.

El 13 de mayo de 1940, mientras las tropas alemanas avanzaban hacia Ámsterdam, los Goudstikker, que habían perdido la oportunidad de emigrar a Estados Unidos, consiguieron huir sin visado a Inglaterra en el buque Bodegraven, en parte gracias a que un soldado que estaba de guardia reconoció a la esposa de Goudstikker, que era una famosa cantante de ópera. El marchante, sin embargo, no llegó vivo a Inglaterra. Durante la travesía nocturna, cayó misteriosamente por una escotilla a la bodega del barco y se rompió el cuello.

A pesar de su muerte, la «galería» Goudstikker siguió prosperando bajo la ocupación nazi debido a que gran número de alemanes con dinero ilimitado acudieron a los Países Bajos. Tras su primera visita a finales de mayo de 1940, Hermann Göring volvió varias veces más, en su tren privado o en avión, y se reservó para su uso el hotel Astoria de Ámsterdam. Hay una célebre fotografía de Göring saliendo de la galería Goudstikker en Herengracht durante uno de estos viajes para ver en persona los cuadros que quería comprar. (Esta es la fotografía que reconoció la nieta de Van den Bergh). El 30 de agosto de 1946, durante su interrogatorio de posguerra, poco más de seis meses antes de su suicidio, Göring aseguró que se había reunido con el notario de Goudstikker. No concretó si esto sucedió en su primera visita o después, ni dio el nombre del notario, pero está claro que se trataba de Van den Bergh.[5] El mariscal de campo podía presionar a Miedl porque la esposa de este era judía y, dado que era un católico conservador, Miedl se oponía al divorcio. A fin de apaciguar a Göring, siguió proporcionándole cuadros y regalos de inmenso valor.

Mediante la falsa venta, Alois Miedl adquirió las fincas y la empresa Goudstikker, N.V., mientras Göring se quedaba con la mayor parte de los cuadros, entre ellos un Rembrandt (que le regaló a Hitler), un Frans Hals y un Ruysdael. Arnold van den Bergh oficializó la transacción como notario de Goudstikker y redactó las escrituras de la venta de la colección de arte, a pesar de que, como descubrió más adelante el Equipo Caso Archivado, técnicamente no era necesaria la presencia de un notario en este tipo de operaciones.[*] El pago de dos millones de florines (diez millones de dólares actuales) se efectuó en billetes de mil florines que, al parecer, Van den Bergh tuvo que contar a mano. (Según el acuerdo original, la transacción se efectuaría mediante cheque bancario, pero por lo

---

[*] El notario holandés Corneils M. Cappon nos confirmó que solo se requería la presencia de un notario en caso de venta de bienes inmuebles.

visto la venta corría mucha prisa y nunca se llegó a extender dicho cheque).

Tras la venta a Göring —que era claramente ilegal, puesto que era producto de la coacción—, todos los empleados de Goudstikker, N.V. recibieron un sobresueldo. Van den Bergh cobró un 10 por ciento de los dos millones de florines. El tasador y restaurador, J. Dik, y el administrador, A. A. ten Broek, se embolsaron cada uno 180 000 florines. Hasta el personal de menor categoría, como los jardineros, recibió su bonificación. En privado, llamaban a la venta «la lluvia de oro».[6]

El equipo averiguó que el propio Van den Bergh era muy aficionado a coleccionar arte y que vendió algunos cuadros directamente a la Cancillería del Reich, uno de los cuales acabó en la colección personal de Hitler.[7] Le pagaron muy bien, pero más importante que el dinero era el hecho de que gracias a su trabajo en Goudstikker, N.V., y a su relación profesional con Miedl, disponía de numerosos contactos dentro de las SS y de la administración nazi que podían garantizar su seguridad.

En septiembre de 1943,[8] evidentemente a instancias de Miedl, Van den Bergh acogió en su casa de Oranje Nassaulaan a la madre de Goudstikker, Emilie, que permanecería allí hasta el final de la guerra. Al consultar el carné del Consejo Judío de la señora Goudstikker el equipo descubrió que Miedl había conseguido «limpiar» su documentación, ya que no figura en ella número de identificación ni de Sperre, ni la *J* obligatoria.[9] Era impresionante; obviamente, Miedl tenía verdadero poder. Van den Bergh contaba, claro está, con que el banquero le devolviese el favor sirviéndose de su influencia entre las autoridades nazis para protegerle a él y a su familia.

Van den Bergh era un hombre inteligente. Probó varias estrategias para salvar a su familia. Solicitó y recibió varias Sperren y hasta una exención Calmeyer, hasta que el notario holandés J. W. A.

Schepers consiguió que le fueran derogadas. Hizo que la resistencia escondiera a sus hijas. Estaba claro que era consciente de que la supervivencia dependía de a quién conociera cada cual. A través de su relación con Miedl disfrutaba de la protección (indirecta) de Ferdinand aus der Fünten y Willy Lages. Pero a pesar de sus contactos con los mandamases alemanes, Van den Bergh no era tan ingenuo como para fiarse de un nazi. El 28 de febrero de 1944 concluyó su labor como notario para Goudstikker, N.V. Después, debió de hacer planes para buscar refugio. El Equipo Caso Archivado sabía que Van den Bergh y su esposa nunca llegaron a ser deportados ni figuraban en los listados de ningún campo de concentración, y habían sobrevivido a la guerra. ¿Qué hizo Van den Bergh para asegurar su supervivencia?

En 1944, era cada vez más evidente que los alemanes iban a perder la guerra. La influencia de Hermann Göring declinaba. Hitler estaba furioso con la Lutfwaffe del mariscal porque era incapaz de detener los bombardeos aliados contra ciudades alemanas. Miedl lo tuvo claro. Como ya no podía contar con la protección de Göring, decidió trasladar a su familia a España, cuyo caudillo, Francisco Franco, tenía buenas relaciones con los alemanes. En su interrogatorio de posguerra ante un delegado del ejército de Estados Unidos, Miedl declaró que entró en España el 5 de julio de 1944 llevando tres cuadros en su equipaje personal. El equipo encontró un informe que indicaba que los alemanes le arrestaron en Francia y le retuvieron brevemente el 21 de agosto de 1944. Es probable que pasara cuadros de contrabando por la frontera española en varias ocasiones. Dejó su negocio y sus dos mansiones a su amigo Hans Tietje, el mismo que consiguió la Sperre 120000 para Van den Bergh y su familia. El guardés, los sirvientes y un vecino de Miedl informaron a la resistencia holandesa de que durante los meses previos a su partida habían parado numerosos camiones del ejército alemán en casa de Miedl y se habían cargado en ellos objetos de valor para su traslado a Alemania.[10]

Al mermar el poder de Miedl, Van den Bergh se encontró más expuesto que nunca. Aunque el equipo no puede tener la certeza de que así fuera, es posible que su mujer y él buscaran refugio en una de las dos fincas que Miedl le «compró» a Goudstikker y en cuya venta Van den Bergh actuó como notario. El Equipo Caso Archivado trató de comprobar si la pareja se alojó en la finca de Oostermeer, a las afueras de Ámsterdam. Descubrieron que había muchas personas escondidas allí al final de la guerra, pero en ninguna parte se mencionaba a Van den Bergh y su esposa, y descartaron, por tanto, esa posibilidad. Sin embargo, el castillo de Nijenrode seguía siendo una alternativa plausible.

Una antigua residente del castillo, la alemana Henriette von Schirach, amiga de Miedl y esposa de Baldur von Schirach, el célebre líder de las Juventudes Hitlerianas y gobernador de Viena, era también amiga personal de Hitler. Henriette describía el castillo como un lugar muy extraño:

> Esa misma noche seguí el consejo de Miedl y me trasladé a su castillo, que estaba rodeado por un foso. En aquella casa se encontraba todo aquel que temía la persecución en Alemania: ingenieros de Messerschmitt-Werke a los que se había llevado allí por Göring y porque estaban casados con mujeres judías, actores que habían escapado aprovechando que estaban de gira por Holanda para la Wehrmacht, periodistas, impostores, hombres y mujeres con pasaporte y nombre falsos.[11]

Si los Van den Bergh estaban en el castillo, difícilmente se sentirían seguros compartiendo espacio con fugitivos alemanes. Ahora que Miedl estaba en España y que ya no podía protegerlos, es probable que Van den Bergh tuviera que buscar otro modo de garantizar su seguridad y que con ese fin se sirviera de algo que el SD valoraba lo suficiente como para ofrecerles protección a su familia y a él. Cuando los agentes del IV B4 efectuaban una detención, lo normal era que presionaran a los detenidos para que les revelasen el escondite de otros judíos. Una lista de direcciones en las que había judíos escondidos podía ser, por tanto, una baza valiosísima para Van den Bergh.

Un bombazo

El Equipo Caso Archivado comenzó la búsqueda de posibles fuentes de listas de direcciones investigando el funcionamiento del Comité de Contacto (Contact Commissie) del campo de Westerbork. Cuando un prisionero necesitaba algún documento concreto para solicitar una Sperre, debía acudir a dicho comité. La oficina la llevaban dos hombres nombrados por el Consejo Judío que se desplazaban con regularidad entre Westerbork y Ámsterdam a fin de conseguir los documentos necesarios y actuar en nombre de los prisioneros. Uno de esos hombres era Eduard Spier, íntimo amigo y colega de Van den Bergh. Antes de la guerra, habían compartido despacho en el número 24 de Westeinde. Spier, Van den Bergh y Van Hasselt solían trabajar juntos. El equipo encontró numerosos anuncios de periódico anteriores a la guerra en los que publicitaban sus servicios.[1]

Eduard Spier estaba asimismo a cargo de la Oficina Central de Información del Consejo Judío, que colaboraba estrechamente con la Expositur, la oficina de enlace entre el Consejo Judío y la Zentralstelle de Ferdinand aus der Fünten. Dicho de otra manera,

Spier tenía trato frecuente con uno de los principales jerarcas nazis en Ámsterdam y se hallaba en situación de recibir información y hacer favores. ¿Trató de ayudar a su amigo Arnold van den Bergh proporcionándole listas de escondidos como moneda de cambio para comprar su libertad en caso de que le detuvieran?

El equipo descubrió, sin embargo, que en abril de 1943 el comandante del campo de Westerbork, Albert Konrad Gemmeker, decidió poner al frente del Comité de Contacto a presos de su confianza.[*] Mandó a Spier a engrosar las filas del grupo de prisioneros internado en el castillo de Barneveld, a las afueras de la localidad holandesa del mismo nombre. Spier pasó allí solo un par de meses, hasta que el grupo al completo fue trasladado al campo de Westerbork. Se le asignó entonces al barracón 85, donde muy bien pudo conocer a Leopold de Jong. Pero ya no tenía acceso al Consejo Judío, que había sido desmantelado, y es probable que para entonces estuviera demasiado preocupado por su propia supervivencia como para tratar de ayudar a Van den Bergh.

En Westerbork, la corrupción estaba muy extendida. En una declaración ante notario, los cuatro presos a los que Gemmeker designó para hacerse cargo del Comité de Contacto en sustitución de Spier contaron que, en mayo de 1944, el comandante los llamó a su despacho y les ordenó ofrecer a los reclusos la posibilidad de librarse del estatus «penal» mediante un pago en diamantes.[2] En una investigación de posguerra sobre el Comité de Contacto, se informaba asimismo de que Gemmeker ordenó a sus miembros a contactar con judíos escondidos en Ámsterdam y en otros lugares para ofrecerles la posibilidad de comprar su libertad con dinero y joyas.[3] El Equipo Caso Archivado se propuso averiguar cómo conseguía el Comité de

---

[*] En concreto, a Hans Eckmann, Fritz Grünberg, Walter Heynemann y Hans Hanauer.

Contacto las direcciones de los judíos escondidos a fin de hacerles llegar la oferta de Gemmeker.

Pieter decidió revisar en primer lugar los expedientes CABR de los presidentes del Consejo Judío, David Cohen y Abraham Asscher, en el Archivo Nacional. Los dos fueron detenidos el 6 de noviembre de 1947 por orden del Tribunal Especial de Justicia de Ámsterdam, acusados de colaborar con los alemanes. Tras un mes en prisión, se les puso en libertad a la espera de juicio.* Según numerosos testimonios, ambos se habían ganado el favor de los altos mandos nazis. Asscher era el propietario de la empresa de diamantes del mismo nombre. El apoderado de Göring, A. J. Herzberg, visitó su taller en varias ocasiones y el propio Göring estuvo allí al menos una vez. Quería comprar diamantes por valor de un millón de reichsmarks, probablemente para su disfrute personal y no por el bien de la nación alemana. A Asscher se le hizo saber veladamente que, si se negaba a vender, había otras formas de conseguir que cooperara.⁴

Según diversas declaraciones de testigos, Cohen, y Asscher en particular, visitaban con regularidad a Willy Lages. Asscher solía llevar anillos de diamantes y joyas para Lages y su secretaria. Al ser interrogado en prisión, Lages declaró que Asscher le dijo que su principal prioridad era la seguridad de su familia y que necesitaba garantías de que, si cooperaba, estarían a salvo. Lages contestó que se les permitiría emigrar a otro país. No fue así, desde luego, pero Asscher le creyó. Gemmeker, el comandante del campo de Westerbork, que también prestó declaración, aseguró que Asscher pidió que la novia de uno de sus hijos, una joven apellidada Weinrother, fuera deportada a Auschwitz. No la quería como nuera. Gemmeker dijo

---

* El proceso a Cohen se suspendió en 1951 (Asscher había muerto en 1950) alegándose para ello razones de interés público.

que se negó, pero otros testigos declararon que, en efecto, fue deportada. La joven sobrevivió a la guerra, y a su regreso toda la historia salió a la luz.[5]

Fue en estos expedientes donde Pieter hizo un hallazgo sorprendente al leer la declaración de Ernst Philip Henn, un hombre de veintisiete años que trabajó como traductor para el Comando Holanda de la Fuerza Aérea (Lutfgau-Kommando Holland) en Ámsterdam entre septiembre de 1942 y julio de 1943. Henn aseguraba que, mientras trabajaba en Asuntos Civiles, oyó por casualidad la conversación entre un sargento de la Feldgendarmerie (la policía militar) y un asesor judicial llamado Willy Stark. El sargento mencionó que el Consejo Judío tenía una lista con más de quinientas direcciones de judíos escondidos. Su departamento había pedido un listado y el Consejo Judío les envió entre quinientas y mil direcciones. Añadió con sorna que probablemente los miembros del Consejo pensaron que, cuantas más direcciones «denunciaran», con mayor indulgencia se les trataría a ellos.[6]

Henn contó además que le había preguntado a una judía cómo se enteraba el Consejo Judío de las direcciones de los escondidos y que ella le contestó que una de las formas era a través del correo. Todo el correo que salía de Westerbork y el que llegaba de vez en cuando de los campos del este pasaba por el Consejo Judío. La gente, que confiaba en el Consejo, escribía a sus familiares y amigos escondidos utilizando la dirección de su escondite.

Henn fue juzgado después de la guerra por haber trabajado como intérprete para el ocupante alemán, pero no parece que esa declaración en particular pudiera serle de mucha ayuda. Lo más interesante de su testimonio es que hablaba de direcciones y no de nombres. Debió de oír la conversación antes de julio de 1943, cuando le trasladaron a otro destino. El Equipo Caso Archivado tuvo que plantearse, por tanto, si esta información afectaba de algún modo a la posibilidad de que Arnold van den Bergh entregara listas de direcciones al SD.

Los alemanes disolvieron el Consejo Judío el 29 de septiembre de 1943 y la mayoría de sus integrantes fueron deportados a varios campos de concentración, en particular a Theresienstadt. Cualquier lista de personas ocultas que pudiera haber existido, ciertamente ha sido destruida. Sin embargo, en al menos una instancia documentada, aparecieron las direcciones de personas ocultas. En 1942, un hombre llamado Rudolf Pollak comenzó a trabajar para el Consejo Judío como intermediario entre el CJ y la Oficina Central de Distribución en La Haya. Parte de su función era distribuir cupones de comida a los prisioneros en Westerbork y en el Teatro Holandés (Hollandsche Schouwburg). Él conservó un catálogo de tarjetas de direcciones donde había judíos escondidos. En marzo de 1944, fue arrestado por el SD y, bajo presión, entregó el catálogo. Se convirtió en un *V-Mann* para los alemanes. Finalmente fue perseguido y asesinado por la resistencia holandesa en noviembre o diciembre de 1944.

El equipo pensaba que era sumamente probable que Van den Bergh tuviera en su poder un listado de direcciones durante bastante tiempo y lo guardara como garantía, por si en algún momento le era preciso utilizarlo. Hasta el verano de 1944 consiguió mantener a su familia a salvo enviando a sus hijas a esconderse y solicitando diversas exenciones. Cuando le fue revocado el estatus Calmeyer, acudió a su amigo Alois Miedl y seguramente se escondió en su finca. Cuando Miedl huyó a España, es muy posible que Van den Bergh decidiera recurrir a otros medios para protegerse. Fuera lo que fuese lo que hizo, funcionó, puesto que su familia directa y él sobrevivieron a la guerra. Siempre cabe la posibilidad de que su mujer y él se escondieran con ayuda de la resistencia, como hicieron sus hijas en 1943, pero el Equipo Caso

Archivado no encontró ninguna prueba de que Van den Bergh hablara alguna vez de que se había escondido o aludiera a un escondite concreto, a pesar de que tuvo sobradas oportunidades de hacerlo durante los interrogatorios a los que se sometió a los exintegrantes del Consejo Judío durante la posguerra. El equipo sabía, además, que hablaba con mucha vaguedad de su amistad con Miedl, un conocido nazi.[8] La mayoría de las personas que sobrevivieron escondidas mostraron posteriormente su agradecimiento hacia los valientes que los habían escondido alabando su labor. En cambio, la nieta de Van den Bergh, cuando se le preguntó, dijo que sus abuelos nunca hablaban de que hubieran estado escondidos.[9]

Después de la guerra, la comunidad judía superviviente creó tribunales de honor para pedir cuentas a aquellos judíos de los que se sospechaba que habían colaborado con el enemigo. La autoridad de estos tribunales era de índole más moral que jurídica. Van den Bergh fue citado a declarar ante el Tribunal de Honor de Ámsterdam junto a otros cuatro exintegrantes de la junta directiva del Consejo Judío. Los cinco rehusaron comparecer.[10] El tribunal los juzgó *in absentia* y en mayo de 1948 dictaminó que habían contribuido a la puesta en marcha y ejecución de diversas medidas antijudías, entre ellas el reparto de la estrella amarilla, la elaboración de las listas de exenciones con criterios injustos y la selección de deportados.[11] La defensa que se hizo de Van den Bergh fue muy tibia —«No ha salido a la luz ninguna acusación especialmente fea en su contra», declaró un miembro del tribunal— y, cuando se negó a abandonar el Comité Judío de Coordinación (Joodse Coördinatie Commissie), que ayudaba a supervivientes judíos retornados de los campos, varios miembros presentaron su dimisión. Al final, Van den Bergh perdió el derecho a

ostentar cualquier cargo público judío y a ejercer funciones honora-
rias dentro de la comunidad hebrea por un plazo de cinco años.[12]
Nunca, sin embargo, se le acusó públicamente de haber denunciado a
otros judíos.

Fue más o menos en esta misma época cuando Otto le dijo al
periodista holandés Friso Endt, del diario *Het Parool*: «A nosotros
nos delataron otros judíos».[13] Utilizó el plural, por lo que posiblemente se estaba refiriendo a Van den Bergh y al Consejo Judío.
Evidentemente, debía de tener presente la nota anónima que identificaba a Van den Bergh como su delator y, aunque sin duda seguía
los procesos judiciales, nunca habló ni a favor ni en contra de Van
den Bergh, a quien poco después del veredicto se le diagnosticó un
cáncer de garganta.[14] El notario viajó a Londres para tratarse y
murió el 28 de octubre de 1950.[15]

Se trasladaron sus restos mortales a los Países Bajos, donde debían recibir sepultura. Poco importó que la sentencia que le excluía
de la comunidad hebrea siguiera vigente: Van den Bergh fue enterrado en un cementerio judío. El avión que transportaba su cadáver
sufrió un retraso debido a la niebla, por lo que el entierro tuvo lugar
a una hora inusual, las siete de la tarde, en Muiderberg. Una larga
procesión de coches acompañó a la carroza fúnebre. Se instaló iluminación de emergencia alrededor de la tumba y los faros de los coches
alumbraron el camino. Las personas que se encargaron de los pane-
gíricos durante el sepelio alabaron a Van den Bergh por haber sido
un buen marido y padre y un hombre que dedicaba su tiempo a la
comunidad, aunque uno de los oradores pidió disculpas «por haberse
quedado corto en respeto y aprecio» por el fallecido. El notario
Eduard Spier, amigo de Van den Bergh, mandó un mensaje desde
Estados Unidos en el que afirmaba que quienes lograban traspasar
su «hermetismo exterior» se encontraban con un amigo y un colega
excepcional.[16]

Tal vez la falta de interés de Otto en denunciar públicamente a su delator se debiera en parte al fallecimiento de Van den Bergh. ¿Qué sentido tenía denunciar a un muerto? Otto dijo siempre que no quería hacer daño a la familia de su delator. Puede que además llegara a la conclusión de que Van den Bergh se convertiría en una herramienta muy útil para quienes odiaban a los judíos. Si eran un judío y el propio Consejo Judío quienes delataban a sus correligionarios —no los nazis ni la población alemana pasiva, ni los fascistas holandeses, ni la población holandesa complaciente con la ocupación, ni los Gobiernos occidentales que dieron la espalda a los refugiados judíos—, ¿no estaría acaso haciéndoles el juego a todos esos antisemitas que aún campaban por Europa?

Un secreto bien guardado

Según Vince, a mediados del verano de 2019 el Equipo Caso Archivado solo barajaba cuatro teorías acerca de la delación que todavía parecían viables. Todas las demás se habían eliminado, ya fuera porque el equipo las juzgaba improbables, ya porque, en unos pocos casos, no había suficiente documentación para seguir investigando.

La hipótesis en torno a Ans van Dijk seguía siendo especialmente sólida. Van Dijk era una *V-Frau* muy activa y eficaz que entregó a unas doscientas personas y que además solía actuar en el barrio de Jordaan, cerca de donde se hallaba la Casa de atrás. Aunque el equipo había descartado la teoría de Gerard Kremer según la cual Van Dijk se enteró de que había gente escondida en el anexo trasero por las secretarias de la Wehrmacht en las oficinas de Westermarkt 2, la *V-Frau* seguía siendo una sospechosa probable.

No obstante, tras revisar el extenso sumario de Van Dijk en el CABR, el equipo descubrió que tanto ella como sus colaboradores (Branca Simons, el marido de esta, Wim Houthuijs y Mies de Regt) no estaban en Ámsterdam en agosto de 1944. Se habían trasladado a la localidad de Zeist, cerca de Utrecht, a finales de julio para infiltrarse en una extensa red de la resistencia que operaba allí.[1] (Cuando el equipo introdujo el topónimo Zeist en la base de datos del programa de IA en relación con Van Dijk y su paradero ese mes de agosto, aparecieron 705 correspondencias, incluidas notas manuscritas y hasta archivos de vídeo que atestiguaban su presencia en esa ciudad). El 18 de agosto, Van Dijk y sus compañeros en Zeist entregaron al SD a cinco militantes de la resistencia a los que habían estado siguiéndoles la pista y a seis judíos escondidos.

Había que tener en cuenta otra cosa, además: el Equipo Caso Archivado sabía que Otto había procurado ocultar la identidad del denunciante. Sería absurdo que hubiera hecho algo así por Van Dijk, a la que no solo se despreciaba en todas partes después de la guerra, sino que además era la responsable directa de la captura de su segunda esposa, Fritzi, y de toda la familia de esta. ¿Por qué iba a dudar en nombrarla?

La hipótesis que tenía a Nelly, la hermana de Bep, como protagonista también parecía plausible en un principio. Nelly simpatizaba con los nazis y había trabajado un año en una base aérea alemana en Francia. Su padre y su hermana se contaban entre los protectores de los judíos escondidos y conocían, claro está, el secreto de la Casa de atrás. Las diversas teorías en torno a ella —que era la persona que había hecho la llamada anónima; que traicionó a los escondidos llevada por el resentimiento, debido al maltrato de su padre— solo eran especulaciones. Sin embargo, después de que Joop van Wijk, el hijo de Bep, y su colaborador, Jeroen de Bruyn, publicaran su libro *Anne Frank: The Untold Story*, en el que abundaban en la teoría de que Nelly era la delatora, el Equipo Caso Archivado se planteó seriamente esa posibilidad. Joop afirmaba que, al preguntarle a Nelly por la guerra, cuando se estaba documentando para escribir su libro, su tía se desmayó. ¿Fingió acaso un desmayo para no tener que responder a sus preguntas?

Al final del libro, Joop decía: «Afirmar que Nelly fue la delatora es ir demasiado lejos. No tenemos el arma del crimen». Hablaba, además, con elocuencia de su madre, Bep:

Después de la guerra, rememoraba a menudo el pasado y reflexionaba sobre la disyuntiva en la que se hallaba: la pérdida de sus seres queridos de la Casa de atrás, por un lado, y la lealtad hacia su hermana, que había colaborado con el ocupante, por otro. Un ocupante que había deportado brutalmente y asesinado a esos seres queridos.[2]

En su entrevista con el Equipo Caso Archivado, Joop dejó claro que, a su modo de ver, el ejemplo de su madre y su tía ponía de manifiesto la aberrante paradoja de la división de lealtades que produce la guerra, incluso en el seno de una misma familia. Sin embargo, no afirmó categóricamente que Nelly hubiera delatado a los Frank.

Hay, de hecho, otras dos fuentes que descartan la posibilidad de que Nelly fuera la delatora: Miep y Otto. En la conferencia que pronunció en la Universidad de Michigan en 1994, Miep tuvo un «lapsus» y le dijo a un estudiante que el delator había fallecido antes de 1960, y Nelly vivió hasta el año 2001. Además, Otto le dijo a un periodista holandés a finales de la década de 1940 que habían sido otros judíos quienes los habían denunciado y que no quería exponer al culpable ante la opinión pública porque no deseaba que la familia y los descendientes de la persona que los había delatado sufrieran por ello, lo que indicaba, entre otras cosas, que el delator tenía hijos. Nelly no era judía ni tenía descendencia. Incluso si algunas de esas declaraciones eran subterfugios para mantener a los curiosos a raya, otras eran sin duda ciertas, y todas invalidaban la posibilidad de que Nelly fuera la delatora.

Una tercera hipótesis, la que giraba en torno al frutero, también seguía teniendo peso. Van Hoeve fue detenido el 25 de mayo de 1944 por dar cobijo a una pareja judía. ¿Podría haber dado la dirección de la Casa de atrás al ser sometido a interrogatorio? Cabe esa posibilidad, pero, si lo hubiera hecho, es improbable que los policías holandeses esperaran casi tres meses para efectuar la redada en el anexo trasero. Además Van Hoeve fue enviado a un campo de trabajo tras su detención. Si aquel día hubiera entregado a ocho judíos, muy probablemente le habrían puesto en libertad.

En cuanto a Richard y Ruth Weisz, es muy posible que supieran que Van Hoeve llevaba comida a la Casa de atrás. No obstante, como en el caso de Van Hoeve, si hubieran entregado esa información al ser detenidos, el SD no habría esperado tanto para actuar. Aun así, el hecho de que llegaran a Westerbork como casos penales y poco después consiguieran cambiar de estatus dentro del campo resultaba sospechoso, en opinión del equipo. ¿Habían entregado algo de valor a cambio? ¿Una lista de escondites de judíos, por ejemplo? Las fechas, sin embargo, tampoco coincidían en este caso: los Weisz cambiaron de estatus en Westerbork en torno a junio de 1944, unas cuantas semanas antes de la redada en la Casa de atrás, el 4 de agosto. Y los nazis no tenían por costumbre recompensar a los informantes antes de confirmar que el soplo que les habían dado era correcto.

Tras eliminar el resto de las hipótesis, solo quedaba una viable: la hipótesis Van den Bergh, la única que se apoyaba en una prueba material que identificaba al delator por su nombre. Todas las teorías propuestas por los protectores de la Casa de atrás, los investigadores y los autores que habían escrito sobre el tema eran conjeturas respecto a la identidad del denunciante, basadas en sus actividades sospechosas o sus actos pasados. La prueba que rescató el Equipo Caso Archivado, aunque no fuera la nota original, era una copia hecha por el propio Otto Frank. Y aunque eso no demostraba que la acusación del anónimo fuera cierta, el hecho de que Otto se la tomara en serio le prestaba de por sí credibilidad.

Como es lógico, el equipo tuvo que contemplar la posibilidad de que la nota la enviara anónimamente alguien que quería vengarse de Van den Bergh. Pero ¿por qué mandársela a Otto, entonces? Si Van den Bergh no había entregado ninguna lista de direcciones, ¿cómo y por qué se había decantado el remitente por la dirección del anexo trasero y no por cualquier otra dirección de Ámsterdam?

La forma en que estaba redactado el anónimo (*Su escondite en Ámsterdam se lo notificó en su momento a la Jüdische Auswanderung*) parecía indicar que el delator solo sabía que en el anexo había *onderduikers* escondidos, pero que desconocía sus nombres. La probabilidad de que el remitente enviara la nota a una dirección elegida al azar, que por casualidad fue la de Otto Frank y el lugar donde se había detenido a un grupo de judíos escondidos, es minúscula.

El Equipo Caso Archivado consideró asimismo la posibilidad de que quien enviara la nota pudiera haber mandado otras parecidas a distintas direcciones de la lista. Si fue así, esas notas nunca han salido a la luz, posiblemente porque la mayoría de los judíos denunciados en esas direcciones no sobrevivieron a los campos de exterminio y porque, además, no se escondieron en su propia casa ni en su lugar de trabajo, sino en otras direcciones. Otto era una excepción. No solo se escondió en su propio edificio, sino que sobrevivió a la guerra.

Si la carta hubiera llegado diez años más tarde —a mediados de la década de 1950, pongamos por caso—, podría alegarse que alguien trató de servirse de la fama de Otto para perjudicar a Van den Bergh. Pero en el momento en que se recibió el anónimo, en

1945, el diario no se había publicado aún y Otto Frank era uno más de los 5500 judíos que habían retornado a los Países Bajos. En medio del maremágnum de holandeses que volvían de los campos de trabajo, de los cientos de miles de personas que estaban saliendo de sus escondites y de los miles de judíos retornados que luchaban por recomponer su vida, Otto era una figura desconocida.

En otras palabras, si la acusación de la nota era falsa, el remitente tendría que haber sido alguien que:

1. *Tenía algún motivo concreto para vengarse de Arnold van den Bergh y que, sin embargo, inexplicablemente, no quería denunciarle ante las autoridades de posguerra, a pesar de que estas comenzaron a perseguir sin tregua y a encarcelar a colaboracionistas y delatores a los pocos días de producirse la liberación.*

2. *Sabía que Otto Frank había sido objeto de delación mientras estaba escondido y había sobrevivido a los campos.*

3. *Estaba al tanto de que Otto había regresado al lugar donde había vivido durante la guerra.*

4. *Sabía que algunos integrantes del Consejo Judío habían pasado listas de escondites al SD.*

Las probabilidades de que el remitente supiera todo esto son sumamente escasas. Puede darse por sentado que el autor de la nota anónima ya habrá fallecido, pero siempre cabe la posibilidad de que esa persona le contara lo ocurrido a algún miembro de su familia y que esa información se haya transmitido a las nuevas generaciones. Vince cree posible que el equipo tenga noticia de esas personas una vez que se haga pública la teoría Van den Bergh.

Gracias al Proyecto Seguimiento de Detenciones, que analizó todos los arrestos de judíos en los Países Bajos entre 1943 y 1944, el Equipo Caso Archivado descubrió que la redada en la Casa de atrás fue un tanto distinta a otras redadas; concretamente, en el hecho de que un agente alemán dirigiera la brigada de detención.

Esto era muy infrecuente y sugiere que no fue el sargento holandés Abraham Kaper, de la Zentralstelle, quien solicitó la presencia de Silberbauer. Kaper no habría recurrido a un sargento alemán para que acompañara a policías holandeses. La orden tuvo que proceder de más arriba, como afirmaba Silberbauer, quien siempre dijo que fue el teniente de las SS Julius Dettmann quien atendió la llamada en Euterpestraat y a continuación le ordenó organizar la redada. Además, si un civil holandés cualquiera hubiera tenido intención de delatar a judíos, habría llamado a la JA, en cuyo directorio telefónico figuraba el número de Abraham Kaper. Dettmann era un oficial de rango demasiado alto para atender una llamada cualquiera. Su número no aparecía en la guía telefónica del SD, Dettmann no trataba directamente con informantes y no hablaba neerlandés. Si él atendió la llamada, es casi seguro que esta procedía de dentro de la administración alemana, aunque fuera de otro departamento, o bien de alguien a quien conocía personalmente. De los sospechosos que barajó el equipo, solamente Van den Bergh tenía contacto con oficiales alemanes de alto rango, se codeaba con personajes importantes como Tietje y era conocido entre los servicios de inteligencia nazis.

Para Vince, lo que presta ante todo credibilidad a la hipótesis Van den Bergh es que, a diferencia de los otros sospechosos, este cumplía todos los requisitos del axioma policial:

Conocimiento: *Es casi seguro que el Consejo Judío tenía listas de direcciones de judíos escondidos. Gracias a su puesto clave en el Consejo, Van den Bergh habría tenido acceso a dichas listas. Es posible, además, que dispusiera de listas de direcciones recabadas por el Comité de Contacto del campo de Westerbork[3]. La dirección de Prinsengracht 263 pudo aparecer con toda facilidad en alguna lista en 1943 o 1944, por obra de algún*

*miembro de la resistencia que había cambiado de bando o de
algún informante, y es posible, por tanto, que sirviera como
moneda de cambio.*

Motivo: *Van den Bergh habría actuado movido por el afán de
protegerse a sí mismo y proteger a su familia del arresto y la
deportación prestándoles un servicio a los ocupantes nazis,
algunos de los cuales eran «amigos» o conocidos con los que se
había relacionado profesionalmente. El hecho de que la nota
afirme que la lista contenía direcciones y no nombres hace más
plausible que la utilizara para proteger a su familia. Las
direcciones son menos personales.*

Oportunidad: *En una época en la que cualquiera podía tener
motivos para denunciar a otra persona, Van den Bergh poseía
algo de lo que carecían la mayoría de los judíos: libertad de
movimientos y acceso al SD. Mantenía contacto regular con
nazis muy bien situados. En cualquier momento podría haberles
hecho llegar la información de la que disponía.*

A pesar de que la teoría Van den Bergh era la más probable,
Vince cuenta que decidió hacer de abogado del diablo poniendo en
cuestión una y otra vez sus puntos clave. Y una y otra vez Van den
Bergh aparecía como el sospechoso más probable. De hecho, esta
era la única hipótesis que explicaba la actitud de Otto y las afirmaciones que Miep y él hicieron a lo largo de los años. Pero antes de
llegar a una conclusión definitiva, Vince resolvió hacer una última
comprobación: quería presentarle todas las pruebas en forma de
alegato final a Pieter, como hacen los fiscales cuando exponen los
hechos al concluir un juicio.

Vince y Pieter solían quedarse trabajando en la oficina cuando
todos los demás se habían marchado. «Yo estaba sentado en mi
mesa y Pieter estaba en la silla de Brendan, con las fotografías de

los agentes del IV B4 del SD detrás», recuerda Vince. «Empecé por recordarle la afirmación de Melissa Müller de que esto no era tanto un caso sin resolver como un secreto muy bien guardado». A continuación, enumeró los actos de Otto que guardaban relación con la teoría Van den Bergh.

El hecho de que Otto sobreviviera al horror de los campos de concentración demostraba su profunda voluntad de vivir. Evidentemente, le había sostenido su determinación de reencontrarse con su esposa e hijas. Pero su regreso a Ámsterdam se vio empañado por la incertidumbre respecto a la suerte que habían corrido. A quienes tuvieron trato con él en esta época, les parecía un hombre atormentado que caminaba por las calles de Ámsterdam sumido en una especie de extraño sueño, buscando noticias de sus hijas. Descubrir que era el único superviviente de su familia tuvo que ser devastador para él. Vince conjeturaba que, con el tiempo, ese dolor había dado lugar a un empeño decidido por encontrar a los responsables de la redada en la Casa de atrás, no con ánimo de vengarse, sino de exigirles responsabilidades y llevarlos ante la justicia. Así lo dijo expresamente en una carta que le envió a su madre en noviembre de 1945 y en el documental de la CBS *Who Killed Anne Frank?*, que se emitió por primera vez el 13 de diciembre de 1964.

Pero, se preguntaba Vince, ¿era posible también que su afán de justicia se viera influido por la nota anónima que había recibido y que acusaba a Van den Bergh de ser el delator? La nota tuvo que plantearle infinitas preguntas. ¿Por qué iba Van den Bergh, un judío, a entregar direcciones al SD? ¿De dónde sacó la de la Casa de atrás? ¿Qué obtuvo a cambio de entregar esas direcciones? Otto tuvo que preguntarse si debía acudir a las autoridades para denunciarlo. No hay duda de que hizo averiguaciones por su cuenta. Kugler, Kleiman y él acudieron a la Oficina de Seguridad Nacional ya en noviembre de 1945 para ver fotografías de agentes de policía holandeses que habían trabajado para el IV B4. Luego, fueron los tres a la prisión de Amstelveenseweg a hablar con los dos agentes que habían participado en la redada a los que habían identificado. Otto incluso regresó con su amigo Ab Cauvern para interrogar al inspector Gringhuis y le preguntó en concreto por Van den Bergh. También hizo numerosas visitas a las autoridades que investigaban a colaboracionistas holandeses entre 1945 y 1948, aunque algunas de esas visitas probablemente tuvieron que ver con Tonny Ahlers y Job Jansen.

En aquel momento, tuvo que costarle mucho trabajo tomar la decisión de no informar a Kugler y Kleiman del anónimo, pues ellos también habían sido víctimas de la delación y acabaron en campos de internamiento. Quizá pensara que, si se lo decía, acudirían de inmediato a las autoridades que investigaban los casos de colaboracionismo y no estuviera preparado para ello.

Otto tenía una relación mucho más estrecha con Miep que con el resto de los protectores de la Casa de atrás. Según Vince, era lógico que a ella sí la informara del contenido de la nota, cosa que hizo probablemente en algún momento después de la investigación de 1947-1948 y mucho antes de que se publicara el libro de Schnabel, en 1958. Al leer el testimonio que prestó Miep para la investigación de 1947, queda claro que entonces aún creía que el culpable era Van Maaren. En cambio, cuando la entrevistó Schnabel tiempo después, se mostró mucho más cautelosa. Para entonces, tanto Otto como ella sabían ya lo de Van den Bergh.

Otto estuvo haciendo averiguaciones sobre Van den Bergh entre finales de 1945 y 1949. Sin duda sabía que en esos mismos años Van den Bergh se hallaba en el punto de mira del Tribunal de Honor por haber pertenecido a la junta directiva del Consejo Judío. Esto plantea una pregunta: ¿por qué no acudió Otto al tribunal con la nota anónima, puesto que se trataba de un tribunal judío que juzgaba los actos de judíos y no de una investigación de colaboracionismo al uso? Tal vez confiaba en que durante el proceso se presentaran otras personas que aportaran notas anónimas parecidas, dado que el autor del anónimo afirmaba que Van de Bergh había entregado toda una lista de direcciones a los alemanes. Como no fue así, puede que dudara de qué hacer.

Tras el veredicto del Tribunal de Honor Judío, que impuso un castigo relativamente leve a Van den Bergh, es posible que Otto se replanteara qué consecuencias tendría el revelar la existencia de la nota. Y, si se enteró de que Van den Bergh tenía cáncer y pronto abandonaría Ámsterdam para ir a tratarse a Londres, ¿habría estado dispuesto a iniciar un proceso contra él?

Durante los años que siguieron a la muerte de Van den Bergh, la vida de Otto Frank estuvo dominada por el éxito asombroso del diario de Ana, la obra de teatro y la película. Al mantenerse ocupado y centrarse en otras cosas, seguramente le resultó más fácil arrumbar a un rincón de su mente la incertidumbre respecto al delator. El mundo conocía la historia de la Casa de atrás solo hasta el momento de la última anotación de Ana, el 1 de agosto de 1944, y el público no parecía sentir curiosidad por descubrir al traidor. Eso cambió, sin embargo, a mediados de la década de 1950, cuando el editor alemán del diario de Ana convenció a Otto de que colaborara con Ernst Schnabel en un libro que contaría toda la historia de la Casa de atrás antes, durante y después de la redada.

El libro podía ayudar a disipar los rumores de que el diario de Ana era falso. Al acceder a colaborar en él, Otto y los protectores de la Casa de atrás confiaban en demostrar que Ana Frank había existido y que el diario y las personas acerca de las que escribía Ana eran reales. Pero el libro de Schnabel brindaba además información acerca de la redada y daba pistas sobre quién podía haberla causado, lo que abrió la caja de Pandora sin que hubiera premeditación en ello. Otto le había pedido a Miep que alterara el apellido del sargento Silberbauer. ¿Por qué lo hizo? La única explicación razonable es que temía que Silberbauer supiera quién había hecho la llamada anónima y señalara a Van den Bergh, y Otto no quisiera que se revelara su nombre.

En algún momento justo antes o después de la publicación del libro de Schnabel, Otto decidió dar un paso audaz pero muy arriesgado respecto a la nota anónima que había guardado en secreto todos esos años. Sabía que el libro de Schnabel contenía información que haría que tanto la prensa como los lectores los interrogaran —a él y los demás—, acerca de la redada. Evidentemente, decidió no destruir la nota y buscar a alguien a quien confiársela. De ese modo, en caso de que alguien le preguntara por ella en algún momento, podría responder sinceramente que ya no la tenía en su poder. Quizá habría sido lo más lógico que eligiera a Kleiman, pero se la entregó, en cambio, a su amigo el notario Jakob van Hasselt, que casualmente también había sido amigo y colega de Van den Bergh.

Analizando la cuestión desde múltiples perspectivas, Vince y el Equipo Caso Archivado llegaron a la conclusión de que, a falta de pruebas irrefutables de que Van den Bergh era el delator, Otto prefirió no mencionar su nombre —ni la nota— en público. Pero al colaborar con Schnabel para demostrar la autenticidad del diario de su hija, abrió de hecho la posibilidad de que el nombre de Van den Bergh saliera a la luz en algún momento, si se localizaba al sargento del SD. De ahí que procurara poner trabas para que incluso a alguien tan tenaz como Simon Wiesenthal le costara encontrar a Silberbauer.

A fin de refutar las alegaciones de que el diario de Ana era falso, Otto interpuso varias demandas civiles que tuvieron gran repercusión mediática. En cambio, cuando Wiesenthal decidió actuar con ese mismo fin, Otto decidió no ayudarle. Al principio, al Equipo Caso Archivado lo chocó esta contradicción. Más adelante, sin embargo, llegó a entender su actitud. Otto sabía que podía defender el diario sin necesidad de revelar el verdadero apellido del sargento del SD, pero también era consciente de que no podría controlar a Wiesenthal —que tenía ya fama de ser un cazador de nazis implacable—, si este se proponía dar con él. Y, en efecto, Wiesenthal localizó finalmente a Silberbauer, aunque le costara seis años hacerlo. A partir de ese momento, la prensa de todo el mundo se abalanzó sobre Otto y los protectores de la Casa de atrás. Solo entonces admitió Otto que conocía el apellido del sargento alemán, pero alegó que Wiesenthal nunca se había puesto en contacto con él para pedirle esa información. Dio a entender, además, que Silberbauer no recordaría gran cosa después de tanto tiempo.[4]

Solo a finales de 1963, cuando el Departamento Estatal de Investigación Criminal puso en marcha su investigación sobre la redada en la Casa de atrás, decidió Otto informar al inspector Van Helden de la existencia de la nota anónima y le entregó la copia que había hecho. Van Helden le entrevistó durante dos días a principios de diciembre de ese año, pero curiosamente en el informe de la entrevista no hay ninguna alusión a la nota. En cambio, en el informe final de cuarenta páginas que redactó Van Helden en el otoño de 1964, al concluir sus pesquisas, hay varios párrafos en los que el inspector deja constancia de que Otto le informó de la existencia del anónimo. Según los comentarios que escribió a mano Van Helden en la copia *Abschrift*, recibió la nota el 16 de diciembre de 1963, unas dos semanas después de interrogar a Otto. Es de suponer que Otto convenció al inspector de que no conocía a Van den Bergh, dado que Van Helden no dio mayor importancia al asunto y decidió no incluir en el sumario oficial de la investigación la copia *Abschrift* que le había proporcionado el propio Otto.

El Equipo Caso Archivado revisó la correspondencia de Otto durante el periodo de la investigación y descubrió una pista de poca entidad pero que podía ser significativa. La víspera de su primera entrevista con Van Helden, el 1 de diciembre, Otto escribió una carta a Miep en la que expresaba sus dudas respecto a la acusación contra Willem van Maaren, alegando que no había «pruebas escritas» de que fuera el denunciante.[5] Es una afirmación chocante y posiblemente una referencia velada a la nota anónima —es decir, a la «prueba escrita»— que señalaba de manera explícita a Van den Bergh.

Tras sortear la curiosidad de la prensa mundial, Otto informó a los protectores de la Casa de atrás que aún vivían —Miep, Bep y Kugler— de que a partir de entonces él sería el único portavoz de la historia del anexo trasero. Kugler, que por entonces vivía en Canadá, desafió su voluntad al acceder a colaborar en un libro escrito por la periodista Eda Shapiro que debía titularse *El hombre que escondió a Ana Frank*. Kugler no informó de ello a Otto y, cuando este se enteró, montó en cólera. Al enterarse de que el libro no contaba con el apoyo del padre de Ana, la editorial canceló su publicación.[6]

Después de fallecer Otto, Miep pasó a ser la portavoz y la defensora del legado de la Casa de atrás. Y aunque nunca llegara a divulgarlo, no logró ocultar que guardaba un secreto. En numerosas entrevistas, charlas y conversaciones privadas dio pistas de que conocía la identidad del delator. Y todas esas pistas apuntaban a Arnold van den Bergh. El delator era alguien a quien Otto conocía. Otto conocía a Van den Bergh. El delator era judío. Van den Bergh era judío. El delator murió antes de 1960. Van den Bergh falleció en 1950. Otto no quería que la familia y los hijos del hombre que denunció a su familia sufrieran por ello. Van den Bergh era padre de tres hijas que sobrevivieron a la guerra y que aún vivían cuando falleció Otto Frank.

Vince tenía muy presente la pregunta que le formuló John Goldsmith, el presidente de la fundación Anne Frank Fonds de Basilea, en 2018: «Ya sabe que Otto mintió a Wiesenthal al decirle que no conocía la identidad de Silberbauer. ¿Por qué cree que lo hizo?». En aquel momento, no entendió del todo lo que le estaba diciendo Goldsmith; ahora, en cambio, esa pregunta cobraba pleno sentido. Otto no quería que se desvelara la implicación de Van den Bergh. Es más, hizo todo lo posible por ocultarla.

Tanto Otto Frank como Arnold van den Bergh tuvieron que tomar decisiones. Desde el punto de vista de la supervivencia, Otto Frank eligió el camino equivocado, aunque en su momento creyera, por supuesto, que estaba protegiendo a su familia y a otras cuatro personas al buscarles un escondite. Desde el punto de vista de la supervivencia, Van den Bergh tomó la decisión correcta. Salvó a su familia entregando al SD direcciones de escondidos, incluida la de Prinsengracht 263. Pero puede que también él pagara un precio por ello. Murió de cáncer de garganta, lo que resulta extrañamente adecuado: perdió la capacidad de hablar.

Vince puntualiza que no hubo un momento «eureka» que culminara la investigación. El surgimiento de Van den Bergh como el delator fue un proceso lento de confluencia entre pruebas y motivos; una pieza del rompecabezas que de pronto, innegablemente, encajó en su sitio. Y por más que el equipo estuviera seguro de haber llegado a la conclusión correcta, ese descubrimiento no estuvo acompañado de un sentimiento de alegría. Vince diría más adelante que se sintió abrumado por «el peso de una gran tristeza» que no le ha abandonado desde entonces. Cuando los miembros del equipo se separaron y volvieron a sus respectivos países, a su trabajo y con su familia, tuvieron que asimilar cada uno por su lado esa experiencia compartida. Al concluir la investigación, en 2021, eran conscientes de haber pasado por una experiencia importante y poderosa.

Hablaban de los protagonistas del caso como si los hubieran conocido en persona. Vince reconocía incluso que soñaba con los Frank y que a veces se preguntaba en voz alta cómo habría reaccionado él de hallarse en circunstancias parecidas.

Sus sentimientos respecto al hecho de hacer públicos sus hallazgos eran igual de complejos. Son conscientes de lo potentes —y perturbadoras— que son sus conclusiones y están preparados para la reacción pública que van a generar. Resulta sobrecogedor pensar que probablemente un respetado judío holandés entregó las direcciones de otros judíos escondidos a los nazis del SD. Que el delator fue, de hecho, alguien no muy distinto del propio Otto Frank. Pero no podían guardar silencio. Como le dijo el rabino Sebbag a Thijs al comienzo de la investigación, la única lealtad verdadera que debe tener cada uno de nosotros es el compromiso con la verdad; eso es lo más importante.

Arnold van den Bergh era una persona que se vio en un aprieto infernal debido a circunstancias de las que no era culpable y es posible que, bajo presión, no acertara a valorar del todo las consecuencias de sus actos. No entregó información por maldad ni por ánimo de lucro, como habían hecho muchos otros. Su objetivo era muy simple, como lo era el de Otto Frank: salvar a su familia. Que él lo consiguiera y Otto no es una realidad histórica pavorosa.

En el verano de 1944 era bien sabido que al final del viaje en tren aguardaba el exterminio. ¿Puede alguien imaginarse eso para sus propios hijos? ¿Cómo afecta al equilibrio moral de una persona el hecho de vivir en un estado constante de temor al arresto y a la deportación? Algunos consiguen mantenerlo. La mayoría, no. Nunca puede uno estar seguro de cómo actuaría hasta que se encuentra en medio de ese horror.

Las decisiones que tomó Arnold van den Bergh tuvieron consecuencias fatales, pero, en última instancia, él no fue el responsable de la muerte de los habitantes de Prinsengracht 263. Esa responsabilidad recae para siempre sobre los hombros de los ocupantes nazis que aterrorizaron y diezmaron a toda una sociedad, enfrentando a quienes hasta entonces habían convivido como vecinos. Ellos fueron los culpables de la muerte de Ana Frank, Edith Frank, Margot Frank, Hermann van Pels, Auguste van Pels, Peter van Pels y Fritz Pfeffer. Y de millones de personas más, escondidas o no.

Y eso no puede justificarse nunca ni perdonarse.

La ciudad de las sombras

Otto Frank falleció el 19 de agosto de 1980, con noventa y un años de edad. A su regreso de Auschwitz, trató de reflotar Opekta, pero después de la guerra no podían conseguirse pectina ni especias. A finales de los años cuarenta, dedicaba su tiempo por completo al diario de su hija. Cuando se mudó a Suiza en 1952, Johannes Kleiman se hizo cargo de la empresa.

Otto y su esposa, Fritzi, procuraban responder a todas las cartas que recibían acerca del diario, que al poco tiempo se contaban por miles debido al creciente interés internacional que despertaban los escritos de Ana. Otto viajaba a menudo a Ámsterdam para presidir las reuniones de la Fundación Ana Frank, creada en 1957, y supervisar la restauración de Prinsengracht 263, que en 1960 se abrió al público como Casa de Ana Frank.

El 24 de enero de 1963, Otto y Fritzi fundaron la Anne Frank Fonds, una fundación benéfica con sede en Basilea, donde seguían residiendo. El *copyright* del diario de Ana y todos los ingresos por derechos de autor que generaran el libro, la película, la obra de teatro y cualquier contenido de radio o televisión revertiría en dicha fundación. A sus familiares les dejó diversos legados y porcentajes de los derechos de autor, hasta cierta cantidad, mientras vivieran. El resto iría a parar a la AFF. Sin embargo, queriendo asegurarse de que nunca se venderían los textos originales del diario —¿quién sabía lo que sería de la fundación cincuenta años después?—, Otto legó los manuscritos físicos al Instituto Neerlandés de Documentación de Guerra (NIOD, actual Instituto Estatal de Estudios sobre la Guerra, el Holocausto y el Genocidio). Sabía que el Gobierno holandés nunca los vendería y estarían a salvo.[1]

Otto y Fritzi vivían a las afueras de Basilea, pero solían pasar los meses de verano en Beckenried, en el lago Lucerna. Fritzi decía que sus años de convivencia con Otto habían sido de los más felices de su vida. «Tenía un sentido innato de lo que representaba la familia».[2] Otto tenía muy buena relación con la hija de Fritzi, Eva, y con su marido y sus tres hijos. Fritzi y él pasaban tres meses al año con ellos en Londres.

Viajaron mucho: a Estados Unidos y a Alemania para asistir a actos relacionados con el diario. Y recibieron numerosos premios. El 12 de mayo de 1979, Otto celebró en Londres su noventa cumpleaños y un mes después, el 12 de junio, viajó a Ámsterdam para conmemorar el cincuenta aniversario del nacimiento de Ana en la Westerkerk de Prinsengracht, después de lo cual acompañó a la reina en una visita privada a la Casa de Ana Frank.

Estaba ya, sin embargo, muy debilitado por la edad, y durante su último año de vida sufrió cáncer de pulmón, aunque él insistía en que no estaba enfermo, sino solamente cansado. Una de las últimas personas que le visitó antes de su fallecimiento fue Joseph Spronz, un amigo y superviviente del Holocausto con el que Otto había coincidido en Auschwitz. La esposa de Spronz describió así la visita:

*Cuando llegamos, Otto estaba en la cama, pero al oírnos se in-
corporó y nos tendió los brazos. Miró a mi marido a los ojos y se
abrazaron. Otto le murmuró junto al hombro: «Mi querido amigo
Joseph». Estaba muy débil. Unos minutos después llegó el personal sanitario para trasladarle al hospital. Nosotros fuimos detrás
y mi marido pudo entrar en la habitación. Hablaron de Auschwitz.[3]*

Otto falleció esa misma noche.

Entre los protectores de la Casa de atrás, Miep Gies fue siempre la que
estuvo más unida a Otto, que convivió con su marido y ella siete
años, tras su regreso del este de Europa. Otto decía siempre que
asociaba Ámsterdam con la amistad de por vida, y con ello se refería a Miep Gies. Ella contaba que la gente solía preguntarle cómo
era haber sobrevivido a casi todas las personas cuya historia había
compartido. Respondía que era «extraño». «¿Por qué yo?», se preguntaba. ¿Por qué se libró ella del campo de concentración mientras que a Kugler y Kleiman los detuvieron por esconder a judíos,
cuando estaba claro que ella había hecho lo mismo?

Después de que Otto se mudara a Basilea, Jan y Miep iban a
visitarle una vez al año. En 1996, cuando el documental basado en
su libro *Mis recuerdos de Ana Frank* fue nominado a un Óscar, Miep
viajó a Hollywood con el director, Jon Blair. Tras la muerte de Otto
se convirtió, de hecho, en la portavoz de la historia de Ana y de su
diario, y afirmaba:

*El mensaje que se desprende de la historia de Ana es que hay
que atajar el prejuicio y la discriminación desde su comienzo*

mismo. El prejuicio aparece cuando la gente habla de LOS judíos, LOS árabes, LOS asiáticos, LOS mexicanos, LOS negros, LOS blancos... Esto lleva a creer que todos los miembros de cada uno de esos grupos actúan y piensan de la misma forma.[4]

Murió en 2010, a la edad de cien años.

Tras la publicación del diario de Ana en 1947, Johannes Kleiman solía acompañar a visitantes y periodistas en su recorrido por la Casa de atrás, haciéndoles de guía. Fue el apoderado legal de Otto desde el traslado de este a Suiza y le servía casi como secretario privado, especialmente en todo lo relativo a las editoriales que publicaban el diario. Se volcó en la restauración de la Casa de Ana Frank y en 1957 pasó a formar parte del patronato de la Fundación, aunque no llegó a ver abierto el museo. Falleció en su despacho el 28 de enero de 1959 a consecuencia de un derrame cerebral. Tenía sesenta y tres años.

La esposa de Victor Kugler, que llevaba mucho tiempo enferma, murió en 1952. Tres años más tarde, Kugler volvió a casarse y se trasladó a Toronto, donde vivía la familia de su segunda mujer. Falleció en Toronto el 16 de diciembre de 1981, a los ochenta y un años. El libro acerca de su vida titulado *The Man Who Hid Anne Frank*, «El hombre que escondió a Ana Frank» (un título poco acertado, puesto que está claro que él no fue el único protector de los Frank), se publicó en 2008, cuando ya habían fallecido tanto él como Otto.

Bep Voskuijl contrajo matrimonio en 1946 y tuvo cuatro hijos. Nunca perdió el contacto con Otto, al que iba a visitar cada semana cuando vivía en Ámsterdam y tres veces al año cuando se mudó a Suiza. Siempre fue reacia a hablar de los años de la guerra y de su papel como protectora de la Casa de atrás, y apenas concedió entrevistas. Conoció a la reina Juliana en el estreno en Holanda de la película *El diario de Ana Frank* de George Stevens, pero en una carta a Otto reconoció que se había sentido incómoda. Quería promover lo que denominaba «el símbolo de la Ana idealizada», pero ello siempre le hacía revivir el dolor de lo que había presenciado. «Esa pena inmensa la llevo siempre en el corazón», decía.[5]

Todo aquel que conocía a Bep comentaba que, aunque había sido una joven muy alegre, fue incapaz de asimilar la muerte de los residentes de la Casa de atrás y tenía que hacer un esfuerzo constante por mantener el equilibrio.[6] Falleció en Ámsterdam en 1983 a causa de una rotura de aorta, a la edad de sesenta y tres años.

A instancias de Otto, en 1972 el Yad Vashem otorgó el título honorífico de Justos entre las Naciones a los cuatro protectores de la Casa de atrás, incluido Johannes Kleiman, a quien se le concedió de manera póstuma.

Otto Frank estaba decidido a ser un superviviente y no una víctima. Ser una víctima era concederles la victoria a los nazis. Pero resulta revelador que no viera ni una sola vez la obra de teatro ni el largometraje basados en el diario de Ana. Según su hijastra, Eva, «no podía soportar la idea de que una actriz pronunciara las palabras que había oído decir a Ana o a Margot en el pasado, haciéndose pasar por las hijas que él jamás volvería a ver».[7]

Detestaba las generalizaciones. Orgulloso de su origen alemán, rechazaba la idea de la culpa colectiva. Dedicaba parte de su tiempo a contestar a cartas de colegiales alemanes porque quería que supieran lo que había ocurrido durante la guerra. Como recordaba su biógrafo, en 1952 un 88 por ciento de los alemanes «afirmaba no sentir responsabilidad personal por el exterminio masivo».[8] Sería la siguiente generación la que afrontaría lo que ocurrió en Alemania que hizo posible que Hitler y los nazis llevaran a la práctica sus ideas asesinas.

Otto sabía que su hija era un símbolo de los millones de personas —judías y no judías— que habían sido exterminadas. Su diario y la Casa de atrás constituían para él al mismo tiempo una advertencia surgida del pasado y una fuente de esperanza.⁰ Quería que la gente recordase, para que aquello no volviera a suceder. Quería que todo el mundo supiera que el fascismo se construye poco a poco y que luego, un buen día, es un muro de hierro tan alto que no hay forma de sortearlo. Quería que los demás fueran conscientes de lo que puede perderse y de lo rápido que puede suceder.

Es fácil imaginarse a Otto Frank deambulando solo por las calles de Ámsterdam en 1945. ¿Cómo era posible que aquellos lugares siguieran existiendo cuando todo lo que él tenía había desaparecido: su esposa, sus hijas, su hogar, su negocio…? Le dijo a su madre que caminaba como sumido en un extraño sueño, muy lejos aún de la normalidad.

Ámsterdam es hoy en día una ciudad de recuerdos. Con ochenta monumentos dedicados a la guerra, el recuerdo de esa época forma parte del tejido del presente, accesible de manera inmediata. Puede hacerse un recorrido por la ciudad de las sombras empezando por la Casa de Ana Frank. La estantería, de recuerdo indeleble, es tan pesada e imponente como uno se la imaginaba. Las escaleras que suben al anexo son empinadas. Las habitaciones son mucho más reducidas de lo que cabría pensar. En ese espacio claustrofóbico, es imposible no imaginarse el terror de la ocupación nazi.

Luego puede visitarse el tristemente célebre Teatro Judío, del que solo se conserva la fachada original. El interior se remodeló por completo, y en una pared hay una placa de bronce con los nombres de más de 6700 familias judías que salieron deportadas desde allí. Cada día, cientos de presos se apiñaban en aquel espacio estrecho, aguardando a ser trasladados a Westerbork y, de allí, a alguno de los campos de exterminio. Los nazis los llevaban a la estación en tranvía, en camión o a pie, pero siempre de noche, para que hubiera menos testigos.

En la primera planta del teatro hay un plano interactivo del campo de Bergen-Belsen. Cuando estuve allí, vi que un anciano se acercaba y señalaba una lista. Les comentó a los amigos que le rodeaban que él era el número 29: *Unbekannter Jude [judío desconocido]. ¿Hamburger, Alfred?*. Los nazis encontraron a cincuenta niños escondidos con gentiles y no estaban seguros de que fuesen judíos. El 13 de septiembre de 1944, los trasladaron de Westerbork a Bergen-Belsen. Dos meses más tarde, los deportaron a Theresienstadt. Cuarenta y nueve de los niños sobrevivieron, entre ellos el hombre que estaba a mi lado. «¿Cómo era?», le preguntaron sus amigos. «Yo tenía cuatro años. No me acuerdo», contestó.

Al otro lado de la calle, enfrente del teatro, puede visitarse la guardería infantil. Walter Süskind, un refugiado judío alemán que trabajaba en el teatro para la Expositur, logró entablar relación con Ferdinand aus der Fünten y le convenció de que permitiera que los niños que estaban presos fueran a la guardería. Süskind contactó luego con la resistencia para que les buscara escondites. Los trabajadores de la guardería sacaban a los niños a la calle cuando el tranvía paraba delante ocultándolos a la vista de los guardias del teatro, al otro lado de la calle. Entonces se alejaban a pie con los niños, tapados por el tranvía. A veces también sacaban a niños metidos en petates y en las cestas de la lavandería. Los jardines de la Escuela Pedagógica, dos puertas más allá, comunicaban con la guardería, y también se sacaba a los niños a través de la valla. Los profesores y los alumnos de la escuela sabían lo que pasaba, pero nadie hablaba de ello. Así se salvaron como mínimo seiscientos niños. Walter Süskind fue finalmente deportado y murió en Europa Central a finales de febrero de 1945. Hoy en día, la escuela es el Museo Nacional del Holocausto.[10]

Un poco más arriba, a la vuelta de la esquina, se encuentra el precioso zoológico Artis. De noche, durante la ocupación, decenas de personas —judíos, miembros de la resistencia y personas que trataban de eludir el trabajo forzado— buscaban refugio allí. «Se escondían en los pajares que había encima de las jaulas de los animales salvajes, en las pajareras con los ibis o en las guaridas nocturnas de los osos polares».[11] El director del zoológico guardaba el secreto. Cuando se preparaba una razia, el guardia de los monos colocaba un tablón sobre el foso que rodeaba la instalación para que hombres y mujeres pudieran cruzar y luego retiraba la plancha para que estuvieran a salvo.

Una mujer, Duifje van der Brink, vivió en el zoológico un par de años, pernoctando en la casa de los lobos. Durante el día se sentaba en un banco cerca de la casa de los monos y charlaba con la gente que pasaba por allí, incluso con los alemanes. Nadie sabía que era judía. Se calcula que, en total, se escondieron en el zoológico entre doscientas y trescientas personas a lo largo del tiempo. Es imposible no pensar que los animales daban cobijo a esas personas, lo que no hacían muchos humanos.

Cerca del zoológico, cruzando la avenida, se encuentra el Museo de la Resistencia, lleno de vestigios de la clandestinidad: prensas para imprimir periódicos, panfletos, documentación falsa y sellos de comida; grotescos ejemplos de propaganda antisemita del NSB; armas para ataques subversivos.

En sus paredes hay paneles que muestran desfiles del NSB. Diversos individuos explican sus motivos para unirse a los nazis:

Lo que me atrajo fue la energía, los cánticos y el sentimiento de pertenencia.

Solo veía una opción: el nacionalsocialismo o el caos del comunismo.

El negocio no nos daba para vivir y el NSB decía que las cosas mejorarían para la clase media.

Con Alemania en el poder, si te afiliabas al NSB tenías oportunidades de forjarte una carrera.

Había mucha pobreza y mucha división en nuestro país. El NSB se oponía a esa farsa de democracia.

El liderazgo era algo sobre lo que podíamos construir una comunidad nacional. Cuando hay demasiadas alternativas, no se decide nada y siempre hay intereses particulares escondidos a la vuelta de la esquina.

El fascismo saca partido de la credulidad de la gente, de sus ansias de creer en algo, de su miedo a que no haya nada en lo que creer.

El colegio Wilhelmina Catharina, el único del que no se expulsó a los niños judíos, puede ser la siguiente parada en este recorrido. De los 175 alumnos que tenía la escuela, 71 eran judíos. Los alemanes no querían que judíos y gentiles se mezclaran en las aulas, pero expulsar a los judíos suponía tener que cerrar el colegio. Las autoridades escolares decidieron, en cambio, levantar un muro para partir la escuela en dos. El lado delantero era el reservado a los gentiles; el trasero, a los judíos, a los que a partir de entonces se llamó «los de atrás». Pasado un tiempo, se derribó el muro. Los niños de delante estaban encantados de que desapareciera aquella horrible tapia, pero cuando cruzaron al otro lado no quedaba ni un solo niño judío. Los habían deportado a todos. Una placa en el edificio mantiene vivo su recuerdo.[12]

De camino hacia el Barrio Judío puede verse la famosa estatua del estibador. El 25 de febrero de 1941 comenzó una huelga indefinida para protestar contra las detenciones masivas de jóvenes judíos. Los trabajadores del Servicio Municipal de Limpieza y Obras Públicas fueron los primeros en unirse a la huelga; los siguieron los empleados del tranvía y el ferrocarril y, por último, los estibadores del puerto. Cerraron los negocios y numerosos ciudadanos se unieron a las protestas. Los manifestantes rompían las ventanas de los tranvías que aún circulaban por la ciudad. El periódico de la resistencia se preguntaba: «¿Soy yo el guardián de mi hermano?». La respuesta era: «Sí». La huelga duró dos días, hasta que los alemanes la reprimieron violentamente usando armas de asalto.

A continuación, puede uno ir a sentarse en el banco de Lotty, que se encuentra en el lujoso barrio de Apollolaan. Es el lugar exacto donde durmieron Lotty y su amiga Beppie a su regreso de Auschwitz. Al evacuar el campo, los alemanes sacaron a las mujeres y las mandaron a Beendorf —otro campo de concentración situado a más de seiscientos kilómetros de distancia—, en una «marcha de la muerte». Cuando los Aliados liberaron Beendorf algún tiempo después, las pocas mujeres que habían sobrevivido, como Lotty y Beppie, fueron canjeadas por prisioneros de guerra alemanes. El 26 de agosto de 1945, cuando las dos mujeres llegaron por fin a Ámsterdam, apenas había albergues para hospedar a los supervivientes del Holocausto. Les dieron una manta de caballo y dejaron que se las arreglaran por su cuenta. «Venga», le dijo Lottie a Beppie, «vamos a darnos tono».[13] Durmieron en un banco, en un parque del elegante barrio de Apollolaan.

El Gobierno holandés se negó a dar preferencia a los judíos retornados, alegando que «los nazis habían tratado a los judíos de manera distinta al resto de la población y darles de nuevo un trato diferente sin duda le recordaría a todo el mundo la ideología nazi».[14]

En realidad, los holandeses no hacían más que seguir las directrices marcadas por las autoridades aliadas, que consideraban que diferenciar a los judíos de otros desplazados sería injusto para los no judíos y «constituiría una forma de discriminación religiosa».[15] En septiembre de 2017, a los noventa y seis años, a Lotty se le concedió por fin su propio banco en reconocimiento por los horrores que había sufrido.

El busto de bronce de Geertruida —Truus— Wijsmuller-Meijer, inaugurado en 1965, se encuentra en la plaza de Bachplein, al sur de Ámsterdam. Truus fue una militante de la resistencia holandesa. En 1938, el Gobierno británico acordó permitir que niños y adolescentes judíos de hasta diecisiete años viajaran al Reino Unido para una estancia temporal. El Comité de la Infancia de Ámsterdam pidió a Wijsmuller-Meijer —que tenía fama de ser una mujer imperturbable y de no temerle a nada ni a nadie— que fuera a Viena a reunirse con Adolf Eichmann, el jerarca nazi al mando de la «emigración» forzosa de los judíos. Al parecer, impresionó a Eichmann, quien dijo de ella: «*So rein-arisch und dann so verrückt!*» («¡Tan puramente aria y sin embargo tan loca!»).[16] Eichmann prometió entregarle a diez mil niños judíos si ella conseguía reunir a seiscientos en seis días a contar desde la reunión y embarcarlos con destino a Inglaterra. Wijsmuller-Meijer lo consiguió. El 10 de diciembre, seiscientos niños judíos salieron de Viena en tren. Hasta el estallido de la guerra, siguió organizando el transporte de niños (*Kindertransporten*). Varias veces por semana viajaba a Alemania y a los territorios ocupados por los nazis para recoger a niños. Cuando se declaró la guerra, el 1 de septiembre de 1939, su red había salvado a diez mil niños judíos. Los alemanes la llamaban *die verrückte Frau Wijsmuller* («la loca de la Wijsmuller»), porque ayudaba a los judíos de manera altruista.

Desde 1995, el artista alemán Gunter Demnig se dedica a crear «piedras de tropiezo», adoquines que se insertan en el pavimento de las calles para conmemorar a las víctimas del nazismo. En Ámsterdam hay varios centenares de estas piedras, colocadas delante de la última dirección conocida de judíos, roma, sinti y otras personas asesinadas por los nazis. Los adoquines están recubiertos por una placa de bronce. Cuando tropiezas con ellos, tropiezas con el pasado, entretejido con el presente. Y recuerdas.

Posfacio

En el transcurso de esta investigación me preguntaron muchas veces si creía que seríamos capaces de dar respuesta definitiva a su interrogante central. No podía prometer que así fuera, desde luego, pero podía, en cambio, afirmar que pondríamos todo nuestro empeño en descubrir la causa más probable de la redada en la Casa de atrás. Tardamos casi cinco años en conseguirlo, durante los cuales recorrimos el globo buscando documentos perdidos o mal catalogados y testigos a los que nunca antes se había consultado. Al final, gracias a su talento y dedicación, nuestro equipo de investigadores, documentalistas y voluntarios alcanzó la meta que nos habíamos marcado: averiguar qué ocurrió en el número 263 de Prinsengracht. Como suele suceder en las investigaciones de casos sin resolver, una prueba a la que anteriormente no se había prestado atención resultó ser la clave para resolver un misterio que duraba ya casi ochenta años.

Ese descubrimiento, pese a su impacto, no es el único logro de nuestra investigación. A lo largo de esos años desenterramos gran cantidad de información que contribuye a entender el contexto histórico, así como los métodos del SD y la forma de actuar de los informantes y los colaboracionistas. Localizamos y analizamos casi un millar de recibos de Kopgeld que arrojan nueva luz sobre los incentivos económicos que pagaba el SD por la caza de judíos y otras personas consideradas indeseables por los nazis. Con nuestras pesquisas, tendimos una red tan extensa que conseguimos descubrir, o al menos aclarar, lo que ocurrió en algunos otros casos de delación. Confío en que estos resultados permitan hasta cierto punto cerrar ese capítulo de su historia familiar a los descendientes de las personas detenidas.

Mi generación —la del *baby boom*— es hija de hombres y mujeres que lucharon en la Segunda Guerra Mundial. Somos la última generación realmente conectada con esa época. Yo aún recuerdo muchas de las historias de guerra que me contaron mi padre y mis tíos. No eran historias leídas en libros, sino relatos en primera persona. La mayoría de los investigadores pertenecientes a esa generación ya se han jubilado o están a punto de jubilarse. Mientras las personas con conocimiento directo de los hechos sigan vivas, mientras los registros estén aún disponibles, mientras todavía puedan presentarse familiares de los testigos presenciales, hay que seguir contando esas historias.

Creo que, cuando se publique este libro y se difundan nuestros hallazgos, las personas que tengan información relevante sobre el caso se pondrán en contacto con nosotros para aportar las piezas que faltan en el rompecabezas de lo que ocurrió aquel 4 de agosto de 1944. Tengo la firme convicción de que investigar el pasado e interpretarlo es un ejercicio sin fin. Por ese motivo hemos donado la base de datos de nuestro proyecto al estado holandés, para que otras personas puedan seguir indagando en ese periodo fundamental de la historia.

Para mí ha sido un honor y un privilegio contribuir, aunque solo sea un poco, a recordarle al mundo que las víctimas de la Casa de atrás y otros muchos judíos que fueron denunciados no han caído en el olvido.

Vince Pankoke

EL EQUIPO CASO ARCHIVADO

Vince Pankoke	Investigador principal del caso (ex agente especial del FBI)
Monique Koemans	Criminóloga, historiadora y escritora
Brendan Rook	Investigador de crímenes de guerra
Joachim Bayens	Traductor
Veerle de Boer	Investigadora
Circe de Bruin	Historiadora especializada en Historia Pública
Amber Dekker	Historiadora militar
Rory Dekker	Traductor
Matthijs de Die le Clerq	Investigadora
Nienke Filius	Científica forense
Anna Foulidis	Historiadora especializada en Historia Pública
Marius Helf	Científico de datos
Anna Helfrich	Historiadora
Jean Hellwig	Jefe de Proyecto
Soeliah Hellwig	Investigadora especializada en cuestiones de género
Robbert van Hintum	Científico de datos
Christine Hoste	Historiadora especializada en Historia Pública
Nina Kaiser	Documentalista

Linda Leestemaker	Arqueóloga y periodista
Bram van der Meer	Psicólogo investigador
Lilian Oskam	Criminóloga
Welmoed Pluim	Criminólogo
Marin Rappard	Investigadora del patrimonio
Isis de Ruiter	Documentalista
Cerianne Slagmolen	Historiadora
Patricia Spronk	Investigadora especializada en cuestiones de género
Pieter van Twisk	Director de la investigación
Rinsophie Vellinga	Investigadora externa
Machteld van Voskuilen	Historiadora social

CONSULTORES DEL EQUIPO

Gerard Aalders	Historiador y escritor
Frank Alkemade	Experto en análisis bayesiano de Alkemade Forensic Reasoning (AFR)
Hubert Berkhout	Archivero
Gertjan Broek	Historiador de la Casa de Ana Frank
Roger Depue	Científico conductual (exinvestigador de la Unidad de Ciencias del Comportamiento del FBI)
Wil Fagel	Perito forense especializado

Corien Glaudemans	Historiadora e investigadora del Haags Gemeentearchief
Bernhard Hass	Perito forense especialista en análisis documental
Eric Heijselaar	Archivero del Stadsarchief Amsterdam
Peter Kroesen	Archivero del Stadsarchief Amsterdam
Carina van Leeuwen	Investigadora forense especializada en casos no resueltos
Guus Meershoek	Historiador
Quentin Plant	Científico de datos
Sierk Plantinga	Archivero
Leo Simais	Asesor policial
Eric Slot	Historiador, escritor y periodista
Hans Smit	Asesor policial
Erik Somers	Historiador del NIOD
Gerrold van der Stroom	Historiador
Sytze van der Zee	Periodista y escritor

Agradecimientos

Desde su planteamiento a su conclusión, la investigación de los acontecimientos que condujeron a la redada en la Casa de atrás duró más de cinco años y contó con la ayuda de doscientas personas. Aunque en el libro nos hayamos centrado en la labor de los jefes y coordinadores del equipo, hay muchas otras personas sin las que esta investigación no habría sido posible. En primer lugar, queremos dar las gracias al equipo de investigación fijo, compuesto por nuestras historiadoras de cabecera, Christine Hoste, Circe de Bruin y Anna Foulidis, que contaron a su vez con el apoyo de todo un equipo de voluntarios, becarios y colaboradores autónomos: Joachim Bayens, Veerle de Boer, José Boon, Amber Dekker, Rory Dekker, Matthijs de Die le Clercq, Nienke Filius, Anna Helfrich, Soeliah Hellwig, Gülden Ilmaz, Nina Kaiser, Eline Kemps, Linda Leestemaker, Patrick Minks, Lilian Oskam, Welmoed Pluim, Marin Rappard, Anita Rosmolen, Isis de Ruiter, Dorna Saadati, Cerianne Slagmolen, Babette Smits van Warsberghe, Patricia Spronk, Logan Taylor-Black, Mattie Timmer, Maudy Tjho, Rinsophie Vellinga, Marlinde Venema, Machteld van Voskuilen y Mary Beth Warner.

Estamos asimismo en deuda con los numerosos especialistas

que avalaron nuestra investigación y que con frecuencia nos prestaron apoyo dentro de su campo de estudio. Los llamábamos nuestros EELM, nuestros expertos en la materia. Nos referimos a Roger Depue, especialista en ciencias del comportamiento e investigador jubilado del FBI; Bram van der Meer, psicólogo forense especializado en perfiles criminales; Frans Alkemade, estadístico forense; Bernhard Hass, perito en análisis documental; Wil Fagel, experto en grafoscopía del Instituto Forense de los Países Bajos; Carina van Leeuwen, jefa del equipo de casos no resueltos de la policía de Ámsterdam; Menachem Sebbag, rabino jefe del Ministerio de Defensa de los Países Bajos; Leo Simais, del equipo de casos no resueltos de la Policía Nacional holandesa; y Hans Smit, de ese mismo cuerpo policial. Queremos dar las gracias a los archiveros que nos prestaron ayuda: Peter Kroesen y Erich Heijselaar, del SAA; Huber Berkhout, del NIOD; y Sierk Plantinga, exarchivero del NA. Como legos que somos en el campo del almacenamiento digital y la inteligencia artificial, estamos en deuda con nuestro consultor en cuestiones digitales, Quentin Plant. Por último, damos las gracias a los siguientes historiadores y autores, que tan importantes han sido para nosotros: Gerard Aalders, historiador; David Barnouw, historiador; Gertjan Broek, investigador del AFF; Corien Glaudemans, investigadora del HGA; Ad van Liempt, periodista y escritor; Guus Meershoek, historiador; Erik Somers, historiador; Gerrold van der Stroom, historiador; y Sytze van der Zee, periodista y escritor. (Aunque hemos estudiado, citado y valorado inmensamente su labor y a algunos de ellos les hemos consultado o entrevistado en persona, no debe darse por sentado que estos autores e investigadores respaldan el resultado de nuestra investigación. De hecho, puede darse el caso de que no hayan sido informados de sus conclusiones finales).

Y luego están todas esas personas que nos prestaron ayuda de otras maneras y con menos frecuencia, ya sean testigos, autores con los que hablamos, archiveros que nos ayudaron a orientarnos en la inmensidad de los archivos privados y públicos, investigadores e historiadores de la familia y representantes de organismos e instituciones importantes.

Por orden alfabético, queremos dar las gracias a: Guido Abuys, del campo de Westerbork; Jelmar Ahlers, familiar de Tonny Ahlers; Edith Albersheim-Chutkow, superviviente del Holocausto; Svetlana Amosova, del Museo Judío y Centro para la Tolerancia de Moscú; Floriane Azoulay, de los Archivos Arolsen; Freek Baars, de Spaarnestad Photo; Francis van den Berg, del Historisch Centrum Oversijssel; Albert Beuse, del Archivo de Groninga; Rene Bienert, del Simon Wiesenthal Center; Gerrit y Sien Blommers, expertos en barrios de Ámsterdam; Mirjam Bolle, superviviente del Holocausto y exsecretaria del Consejo Judío; Petra Boomgaart, historiadora; Eric Bremer, familiar de Jetje Bremer; Monique Brinks, historiadora; Jeroen de Bruyn y Joop van Wijk, coautores; Peter Buijs, del Museo Histórico Judío; Cornelis Cappon, de la Universidad de Ámsterdam; Greg Celerse, investigador de la Segunda Guerra Mundial; Marcelle Cinq-Mars, de la Biblioteca y Archivo de Canadá; Sara-Joelle Clark y Ron Coleman, del Museo Conmemorativo del Holocausto de Estados Unidos; Alexander Comber, de la Biblioteca y Archivo de Canadá; Ryan Cooper, corresponsal de Otto Frank; Jopie Davidse, residente en Ámsterdam durante la Segunda Guerra Mundial; Peter Douwes, familiar de Cor Suijk; Jan Erick Dubbelman, amigo de Cor Suijk; Rebecca Erbelding, del Museo Conmemorativo del Holocausto de Estados Unidos; Zeno Geradts, profesor de análisis forense de datos de la Universidad de Ámsterdam; Joop Goudsmit, superviviente holandés del Holocausto; Koos Groen, periodista y escritor; Louis de Groot, superviviente holandés del Holocausto; Katja Happe, historiadora; Ron van Hasselt, escritor; Hubertine Heijermans, familiar de Hubert Selles; René van Heijningen, historiador del NIOD; Maarten van Helden, hijo del inspector Arend van Helden, y su esposa, Els; Stephan van Hoeve, hijo del frutero Hendrik van Hoeve; Jan Hopman, periodista y escritor; Fleur van Houwen, lingüista de la Universidad Libre de Ámsterdam; Ann Huitzing, historiadora; Abraham Kaper, nieto de Abraham Kaper; J. van der Kar, notario; Christine Kausch, historiadora; Nancy Kawalek, profesora de la Universidad de Chicago; Edwin Klijn, investigador del NIOD; Teun Koetsier y Elbert Roest, coautores; Bas Kortholt, historiador; Hans Krol, historiador del Noord-Hollands Archief; Gerlof Langerijs, investigador e historiador; Carol Ann Lee, escritora; Richard Lester, escritor; Jacqueline van Maarsen, amiga de Ana Frank y escritora; Myriam Maater-van Hulst, superviviente del Holocausto; Eva Moraal, historiadora; Claudia Morawetz, hija del compositor Oskar Morawetz; Melissa Müller, escritora; Sylvia Naylor, del Archivo Nacional de College Park; John Neiman, amigo de Miep y Jan Gies; Jean Nieuwenhuijse, del Centraal Bureau voor Genealogie de La Haya; Albert Oosthoek, historiador del NA; Albert Penners, fisioterapeuta y comunicador; Joost Rethmeier, historiador; Jan Rijnders, historiador; Sally Rosen, investigadora; Regina Salle, testigo; Eva Schloss, superviviente del Holocausto e hijastra de Otto Frank; Kyra Schuster, del Museo Conmemorativo del Holocausto de Estados Unidos; Raymund Schütz, historiador; Derek Selles, nieto de Hubert Selles; Eda Shapiro y Rick Kardonne, coautores; Eric Slot, historiador; Dineke Stam, exinvestigadora de la Casa de Ana Frank; Jol van Soest, historiador de la familia; Michel Theeboom, de la Policía Nacional de los Países Bajos/Red Policial Judía; Paul Theelen, historiador de la familia; Stephan Tyas, historiador; Jacob Nathan Velleman, psiquiatra; Rian Verhoeven, historiadora; Gerrit van der Vorst, historiador; Hugo Voskuijl, familiar de Bep Voskuijl; Jan Watterman, historiador; Rene Wessels, familiar del expropietario de

Prinsengracht 263; Joop van Wijk, hijo de Bep Voskuijl; Cara Wilson-Granat, corresponsal de Otto Frank; Rolf Wolfswinkel, historiador y profesor de la Universidad de Nueva York; Elliot Wrenn, del Museo Conmemorativo del Holocausto de Estados Unidos; Kees Jan van der Zijden, notario; Giora Zwilling, de los Archivos Arolsen; y muchos muchos más.

Damos también las gracias a toda la gente que nos ayudó a desarrollar nuestra infraestructura de investigación digital y de inteligencia artificial; en especial, a la empresa Xomnia, cuyo director general, Ollie Dapper, apoyó plenamente nuestro proyecto desde el principio y cuyos científicos de datos, Robbert van Hintum y Marius Helf, se encargaron de crear el almacén digital que sirvió de base al posterior programa de IA. Dicho programa operaba con el *software* de Microsoft Azure, que Microsoft puso a nuestra disposición gracias a Brian Marble y Jordan Passon. De adaptar el *software* se encargó un equipo de Plain Concepts formado por Ingrid Babel, Manuel Rodrigo Cabello Malagón, Marta de Carlos López, Alejandro Hidalgo, Carlos Landeras Martínez, Olga Martí Rodrigues, Francisco Peláez Aller, Fluerette Poiesz, Sara San Luis Rodríguez y Daniela Solís. Gracias, por último, a la gente de Branded Entertainment Network —Hannah Butters, Erin Larnder, Abigail Mieszczak y Loriel Weiss—, que nos proporcionó gran parte de los equipos necesarios para ejecutar el programa, así como a Paul Oranje y Anton Raves, que se encargaron del soporte TIC del proyecto.

Los archivos desempeñaron un papel crucial en nuestra investigación. Se mencionan a lo largo de todo el libro, así como en las fuentes y las notas finales, pero aun así nos gustaría destacar algunos de ellos. En primer lugar, el equipo de la Anne Frank Stichting fue de gran ayuda, en especial Teresien da Silva, Maatje Mostart y Annemarie Bekker. Les estamos también muy agradecidos al Museo Histórico Judío de Ámsterdam y a su director, Emile Schrijver.

En el Archivo Municipal de Ámsterdam, nos prestaron una ayuda inestimable Bert de Vries, director del museo, y Benno van Tilburg, responsable de programación.

Por último, queremos dar las gracias a las dos instituciones donde sin duda más tiempo pasaron nuestros investigadores: el NIOD (Instituto de Estudios sobre la Guerra, el Holocausto y el Genocidio) y el Archivo Nacional de La Haya. Del primero, nos gustaría mencionar en especial a su director, Frank van Vree, que simpatizó de inmediato con nuestro proyecto, y del segundo a su exdirectora de Colecciones y Público, Irene Gerrits, y a la jefa de servicio, Fenna Flietstra. Vaya también nuestro agradecimiento para los muchos archiveros de ambos organismos que nos proporcionaron pacientemente todos los documentos que les solicitamos.

En última instancia, la labor de investigación es el factor clave, pero, como casi todo en esta vida, requiere una financiación adecuada. Desde el principio tuvimos claro que esta iba a ser una tarea costosa, y tardamos algún tiempo en reunir los fondos necesarios. Desde el momento en que hicimos público el proyecto, fue evidente que íbamos a tocar un tema muy delicado. Temerosos del resultado, muchos posibles patrocinadores no quisieron arriesgarse a participar. Queríamos que la investigación fuera absolutamente objetiva, y hubo algunas entidades que mostraron interés en patrocinarnos, pero declinamos su apoyo porque sospechábamos que sus intereses podían entrar en conflicto con la independencia y la objetividad que exigíamos. Recurrimos al público en general y recibimos gran número de pequeñas donaciones de particulares, a los que les estamos inmensamente agradecidos. Jaap Rosen Jacobson y Oshri Even-Zohar acudieron en nuestro auxilio en los momentos de mayor necesidad.

Recibimos además una generosa subvención del Ayuntamiento de Ámsterdam, principalmente gracias a las concejalas Simone Kukenheim y Touria Meliani, que tenían muy presente que durante la guerra Ámsterdam perdió a un diez por ciento de sus vecinos, una atrocidad que no debe olvidarse nunca y que dejó una cicatriz imborrable en la ciudad. Les estamos también muy agradecidos a Ger Baron, Tijs Roelofs y Tamas Erkelens, del Ayuntamiento de Ámsterdam, por sus consejos y apoyo. Y, claro está, recibimos también un anticipo de nuestros editores por este libro.

Luego están, naturalmente, las personas que hicieron posible esta publicación. En primer lugar, la autora, Rosemary Sullivan, que, pese a la gran distancia que separa Canadá y los Países Bajos y las graves restricciones impuestas por la pandemia de COVID-19, logró plasmar la esencia de este proyecto de forma conmovedora y forjar este libro maravilloso. Con tantos personajes repartidos por distintos países y continentes, a lo largo de tanto tiempo y con tal cantidad de información que barajar, su labor solo puede ser merecedora de todo nuestro aprecio, respeto y admiración.

Le estamos profundamente agradecidos a Sara Nelson, nuestra editora de HarperCollins, quien con su entusiasmo y confianza inagotables hizo que este periplo fuera inolvidable para todos nosotros. Muchísimas gracias también al director editorial, Jonathan Burnham, quien, junto con Sara, creyó en este proyecto desde el comienzo y nos prestó en todo momento su apoyo y consejo. Asimismo, queremos hacer extensivo nuestro agradecimiento a Ambo/Anthos, nuestra editorial en los Países Bajos; en concreto, a su directora, Tanja Hendriks, y a la editora Laurens Ubbink, que hicieron aportaciones valiosas al proceso de redacción, así como a nuestras agentes literarias, Marianne Schönbach y Diana Gvozden, de la Marianne Schönbach Literary Agency de Ámsterdam.

Un proyecto internacional de esta envergadura requiere, además, asesoramiento legal. En principio recurrimos a Job Hengeveld, de Hengeveld Advocaten, y a Philip van Wijnen como consultores para temas jurídicos. Más adelante, nos asesoró el bufete internacional Bird and Bird, y queremos dar las gracias en especial a Jeroen van der Lee, Jochem Apon y Olaf Trojan. Todos ellos hicieron un trabajo extraordinario. También deseamos agradecer al consejero independiente Martin Senftleben, de la Universidad de Ámsterdam, el excelente asesoramiento que nos prestó.

Tenemos contraída una inmensa deuda de gratitud con los asesores externos que nos sirvieron de guías en este arduo y largo viaje: Edward Asscher, Boris Dittrich, Harry Dolman, Nelleke Geel, Dries van Ingen, Willem van der Knaap, Margreet Nanning, Kate Pankoke y Bert Wiggers, entre muchos otros. Están, por otra parte, los miembros de nuestra estimada junta asesora, que nos ayudaron a resolver las cuestiones más delicadas a las que tuvimos que hacer frente. Queremos dejar constancia de nuestro agradecimiento a Roger van Boxtel, Job Cohen (presidente) y Michiel Westermann. Aunque su asesoramiento fue impagable, no puede achacárseles responsabilidad alguna en nuestras conclusiones.

Por último, un proyecto de esta magnitud solo sale adelante si hay gente que se ocupa incansablemente de las cuestiones empresariales y logísticas. Dos personas en particular ayudaron a hacer realidad esta iniciativa: nuestro jefe de proyecto, Jean Hellwig, y nuestra asistente ejecutiva, Wieke van der Kley. Les estamos también inmensamente agradecidos a nuestra jefa de producción, Mardou Jacobs, y a nuestro interventor, Ali Banyahia; a nuestros dos estupendos meritorios, Jason Akkerman y Daniel Osterwald; y a Stan Schram, que encontró nuestra oficina.

Ámsterdam, 4 de diciembre de 2020
Thijs Bayens
Pieter van Twisk
Luc Gerrits

Ha sido un privilegio trabajar en este proyecto y por ello quiero dar las gracias a Thijs Bayens, Pieter van Twisk y Vince Pankoke. Thijs aportó inspiración; Pieter, precisión; y Vince, conocimientos y apoyo moral. Ellos hicieron que mi primera estancia en Ámsterdam fuera enormemente fructífera y, cuando la COVID-19 se abatió sobre el mundo, respondieron con paciencia a mis llamadas de Zoom y a mis miles de correos electrónicos. Quiero agradecerles a Brendan Rook su profesionalidad, que ayudó a afinar mi ángulo de visión, y a Monique Koemans el que me permitiera participar en sus sesiones de investigación con tanto cariño y dedicación. Jean Hellwig, el jefe de proyecto, fue extremadamente generoso con su tiempo al resolver todas las complicaciones logísticas que se presentaron. Quiero dar también las gracias a las jóvenes investigadoras con las que trabajé, entre ellas Circe de Bruin, Christine Hoste, Anna Foulidis, Linda Leestemaker y Wieke van der Kley, que facilitaron mis visitas a los archivos, incluido el Instituto NIOD de Estudios sobre la Guerra, el Holocausto y el Genocidio y el Archivo Municipal de Ámsterdam; a instituciones como el Museo Nacional del Holocausto y el Museo de la Resistencia; y, en especial, mis viajes al Museo del Campo de Westerbork y a La Haya. Agradezco a la Residencia de Escritores de Ámsterdam, de la Nederlands Letterenfonds, que me proporcionara un maravilloso apartamento en el centro de Ámsterdam en el que realizar mi trabajo.

Gracias también a mi hermana, Coleen Sullivan, por leer los primeros borradores del manuscrito y darme ánimos; a Karen Mulhallen, por su inestimable apoyo y sus consejos durante el largo proceso de escritura; a Plum Johnson, por escuchar mis cavilaciones; y a Mary Germaine, por sacarme siempre de apuros cuando surgía una emergencia informática.

Gracias también a mi editora canadiense, Iris Tupholme, con quien colaboré por primera vez en 1987 y que me ha servido de guía durante el difícil proceso de escritura de mis libros. Como de costumbre, también en este caso me ha brindado su maravilloso apoyo y su sabiduría, y ha sido un placer trabajar con ella. Siempre ha sabido cómo animarme a superar mis propias expectativas. Tengo contraída con ella una deuda de por vida.

Me siento privilegiada por haber trabajado con Sara Nelson. Es una gran editora, siempre disponible, siempre a mano; exigente y certera en sus comentarios editoriales; una perfeccionista que estimula y exige el más alto nivel de excelencia. Su paciencia es inagotable. Todos los escritores deberían tener la suerte de contar con una editora así. Gracias también de todo corazón a Jonathan Burnham, presidente y director editorial de la división Harper, que fue quien me propuso como escritora para este proyecto, embarcándome así en un viaje que me ha conmovido en lo más hondo. Tuvo la generosidad de leer el manuscrito y de hacerme sugerencias cruciales. Por último, quiero dar las gracias a mi agente, Jackie Kaiser, quien, al igual que Iris, siempre ha estado ahí cuando la necesitaba, dándome apoyo y consejo. Es una mujer sabia y apasionada que se preocupa profundamente por los escritores y la escritura. Tengo la gran fortuna de que sea mi agente.

Dedico este libro a mis hermanas, Patricia, Sharon y Colleen; a mi hermano, Terry; y a mi marido y compañero de toda la vida, Juan Opitz. Con amor y gratitud.

Toronto, 1 de abril de 2021
Rosemary Sullivan

Archivos e instituciones

Anne Frank Stichting (Fundación Anne Frank), Ámsterdam, Países Bajos.

Archivos Arolsen (antiguo Servicio Internacional de Búsqueda), Bad Arolsen, Alemania.

Bundesarchive Berlin (Archivo Federal de Berlín), Berlín, Alemania.

Deutsches Literaturarchiv Marbach (Archivo Alemán de Literatura de Marbach), Marbach, Alemania.

Gedenkstätte und Museum Sachsenhausen (Museo y Monumento Conmemorativo de Sachsenhausen), Oranienburg, Alemania.

Groninger Archieven (Archivo de Groninga), Groninga, Países Bajos.

Haags Gemeentearchief (Archivo Municipal de La Haya), La Haya, Países Bajos.

Herinneringscentrum Kamp Westerbork (Centro Conmemorativo del Campo de Westerbork), Hooghalen, Países Bajos.

Historisch Centrum Overijssel (Centro Histórico Overijssel), Zwolle, Países Bajos.

Joods Cultureel Kwartier (Barrio Cultural Judío), Ámsterdam, Países Bajos.

Library and Archives Canada (Biblioteca y Archivos de Canadá), Ottawa, Canadá.

Nationaal Archief (Archivo Nacional), La Haya, Países Bajos.

The National Archives (Archivo Nacional), College Park, Maryland, Estados Unidos.

Nationaal Monument Oranjehotel, Scheveningen, Países Bajos.

Nederlands Dagboekarchief (Archivo Nacional de Diarios), Ámsterdam, Países Bajos.

NIOD, Instituto de Estudios sobre la Guerra, el Holocausto y el Genocidio, Ámsterdam, Países Bajos.

Noord-Hoolands Archief (Archivo de Holanda Septentrional), Haarlem, Países Bajos.

Österreichisches Staatsarchiv (Archivo Estatal de Austria), Viena, Austria.

Pickford Center for Motion Picture Study, Los Ángeles, Estados Unidos.

Archivo Militar Estatal Ruso, Moscú, Rusia.

Wiener Wiesenthal Institut Für Holocaust-Studien (VWI).

Stadsarchief Gooi en Vechstreek (Archivo Regional de Gooi y Vechtstreek), Hilversum, Países Bajos.

United States Holocaust Memorial Museum (Museo Conmemorativo del Holocausto de Estados Unidos), Washington D. C., Estados Unidos.

USC Shoah Foundation — The Institute for Visual History and Education, Los Ángeles, Estados Unidos.

Versetzmuseum (Museo de la Resistencia), Ámsterdam, Países Bajos.

The Wiener Holocaust Library (Biblioteca Wiener del Holocausto), Londres, Reino Unido.

Wiener Stadt- und Landesarchiv (Archivo Municipal y Provincial de Viena), Viena, Austria.

Archivos Yad Vashem, Tel Aviv, Israel.

Glosario

Abteilung Hausraterfassung (Departamento de Registro de Enseres Domésticos): organismo que se encargaba de la confiscación de los enseres domésticos de judíos detenidos y de su posterior traslado a Alemania. Estaba adscrito a la Zentralstelle für Jüdische Auswanderung y colaboraba estrechamente con el Eisatzstab Reichsleiter Rosenberg (ER) y el banco Lippmann, Rosenthal & Co.

Abwehr: servicio de inteligencia militar alemán.

Amersfoort, Campo de: campo de tránsito y concentración de la policía alemana en la localidad de Amersfoort, al sur de los Países Bajos. Funcionó entre agosto de 1944 y abril de 1945. Durante ese periodo pasaron por él unos 37000 presos, de los cuales cerca de 20000 fueron deportados a campos del este. En torno a 670 personas murieron en el campo.

Anne Frank Fonds (AFF): fundación con sede en Basilea (Suiza), creada en 1963 por Otto Frank. Representa a la familia Frank y se encarga de la distribución del diario de Ana y de la gestión de los derechos de autor.

Anne Frank Stichting (AFS) (Fundación Ana Frank): Otto Frank creó esta fundación en 1957, con sede en Ámsterdam. Establecida en principio para salvar de la demolición la Casa de Ana Frank y el anexo trasero, actualmente se ocupa de la gestión del edificio y de la difusión de la historia y los ideales de Ana Frank. Organiza exposiciones y actividades divulgativas sobre Ana Frank por todo el mundo y promueve la lucha contra el racismo y el antisemitismo.

Arbeitseinsatz: servicio de trabajos forzados que se imponía a los ciudadanos de los territorios ocupados durante la Segunda Guerra Mundial, a fin de reemplazar a la mano de obra alemana que prestaba servicio en el ejército. En los Países Bajos, el Arbeitseinsatz fue obligatorio desde enero de 1942. Quienes no se presentaban tras recibir la citación tenían que esconderse.

Auschwitz (Auschwitz-Birkenau), Campo de concentración de: el mayor campo de concentración y exterminio del Tercer Reich. Estaba formado por casi cuarenta subcampos, de los que Birkenau era el más grande. Se creó en 1942 cerca de la localidad de Oświęcim, al sur de Polonia. Durante la guerra se exterminó allí a casi un millón de personas, en su mayoría de origen judío.

Bergen-Belsen, Campo de: uno de los mayores campos de prisioneros de guerra y concentración. Situado cerca de Celle, en el norte de Alemania, en él murieron más de setenta mil personas durante la Segunda Guerra Mundial. Fue el campo donde fallecieron Ana y Margot a principios de 1945.

Besluit Buitengewone Rechtspleging (Decreto de Justicia Extraordinaria): ley redactada a finales de 1943 por el Gobierno holandés exiliado en Londres que regulaba la organización de tribunales especiales para el procesamiento de personas que hubieran colaborado con los alemanes o fueran consideradas criminales de guerra.

Bureau Joodse Zaken (BJA) (Oficina de Asuntos Judíos): fue en principio un departamento de la policía de Ámsterdam que se encargaba de vigilar el cumplimiento de las medidas antijudías impuestas por los alemanes en la Holanda ocupada. Cuando en 1943 se declaró el país «libre de judíos», los funcionarios de esta sección se integraron en la unidad IV B4 del Sicherheitsdienst (SD) y se dedicaron principalmente a la detención de judíos escondidos.

Bureau Nationale Veiligheid (BNV) (Oficina de Seguridad Nacional): cuerpo provisional de seguridad e inteligencia de los Países Bajos durante la posguerra, creado en 1945. Posteriormente pasó a llamarse Binnenlandse Veiligheidsdienst (BVD), o Servicio de Seguridad Interior. En la actualidad se denomina Algemene Inlichtingen- en Veiligheidsdienst (AIVD), Servicio General de Seguridad e Inteligencia.

Centraal Archief van de Bijzondere Rechtspleging (CABR) (Archivo Central de Justicia Extraordinaria): archivo especial que reúne los sumarios de todos los procesos judiciales que se llevaron a cabo después de la guerra bajo el Decreto de Justicia Extraordinaria aprobado en 1943 por el Gobierno holandés en el exilio londinense. Se conserva en su mayor parte en el Nationaal Archief (Archivo Nacional) de La Haya.

Colonne Henneicke (Columna Henneicke): grupo formado por más de cincuenta colaboracionistas holandeses de ideología nazi, encabezado por Wim Henneicke, de origen medio alemán. Actuaron como «cazadores de judíos» entre marzo y octubre de 1943. Se calcula que este grupo, que trabajaba para el Abteilung Hausraterfassung, fue responsable de la deportación de más de ochocientos judíos.

Comité voor Joodsche Vluchtelingen (CJV) (Comité para los Refugiados Judíos): organismo asistencial creado para facilitar la acogida del creciente número de refugiados judíos llegados de Alemania. Funcionó entre 1933 y 1941. El CJV intervenía en asuntos relacionados con la ayuda de emergencia, la educación, la emigración, los visados de salida y los permisos de residencia.

Dachau, Campo de concentración de: creado en 1933 en las inmediaciones de Múnich, fue el primer campo de concentración de la Alemania nazi. En él murieron casi cincuenta mil personas.

Dolle Dinsdag (Martes Loco): 5 de septiembre de 1944. Después de que los Aliados hicieran avances importantes, se extendió el rumor de que la liberación de los Países Bajos era inminente. Los holandeses comenzaron a celebrarlo abiertamente y se produjo una desbandada masiva de alemanes y colaboracionistas. En realidad, el avance aliado quedó limitado a la parte meridional del país y los alemanes aguantaron aún ocho meses más.

Einsatzstab (Grupo Operativo) Reichsleiter Rosenberg (ER): organismo del Partido Nazi alemán liderado por Alfred Rosenberg –del que recibe su nombre–, dedicado al expolio sistemático de obras de arte y bienes culturales de los países ocupados para su traslado a Alemania.

Euterpestraat: con este nombre se conocía popularmente al cuartel del Sicherheitsdienst (SD) en Ámsterdam, situado en el número 99 de Euterpestraat, frente al edificio de la Zentralstelle en Adama van Scheltemaplein, que también albergaba la unidad IV B4 de caza de judíos.

Expositur: oficina del Consejo Judío que servía de enlace con las autoridades alemanas.

Februaristaking (Huelga de Febrero): 25 y 26 de febrero de 1941. Esta huelga, que comenzó en Ámsterdam y se extendió luego al resto de los Países Bajos, fue la única protesta masiva contra la persecución de los judíos en la Europa ocupada. Tuvo como desencadenante la detención de centenares de varones judíos durante las primeras redadas que efectuaron los nazis en Ámsterdam.

Geheime Staatspolizei (Gestapo): policía política secreta de la Alemania nazi, adscrita a las SS.

Grüne Polizei (Policía Verde): Ordnungspolizei, cuerpo de seguridad encargado de las labores policiales cotidianas en Alemania y los países ocupados. Debido al color verde de su uniforme, se la conocía como Grüne Polizei. A los agentes del SD solía llamárseles también por este nombre, erróneamente.

Hollandsche Schouwburg (Teatro Holandés): teatro situado en Plantage Parklaan, Ámsterdam, dentro del gueto judío establecido por los alemanes durante la ocupación de los Países Bajos. En 1942 se convirtió en centro de internamiento desde el que se deportaba a los judíos a los campos de exterminio pasando por los campos de tránsito de Westerbork y Vught. Actualmente es un centro conmemorativo.

IJzeren Garde (Guardia de Hierro): pequeño partido fascista escindido de una organización algo mayor, el Nationaal-Socialistische Nederlandsche Arbeiderspartij (NSNAP). Tenía tendencias fuertemente antisemitas y pronazis.

Het Joodsche Weekblad **(El Semanario Judío):** revista semanal publicada por el Consejo Judío de los Países Bajos durante la Segunda Guerra Mundial. Era la única publicación judía permitida por las autoridades nazis. Salió cada viernes entre abril de 1941 y septiembre de 1943 y se utilizaba para difundir las medidas antijudías impuestas por los alemanes. Dado que se distribuía únicamente entre los judíos, dichas medidas podían ocultarse al resto de la población, lo que contribuía a aislar aún más a la comunidad hebrea dentro de la sociedad holandesa.

Joodse Coördinatie Commissie (JCC) (Comisión de Coordinación Judía): organización judía fundada inmediatamente después de la ocupación alemana para dar apoyo a la población hebrea. Prestaba asesoramiento, organizaba actividades culturales y proporcionaba ayuda económica. La JCC se negó a negociar directamente con los alemanes alegando que solo el Gobierno holandés legítimo podía hacerlo. Tras la creación del Consejo Judío, los alemanes disolvieron la Comisión.

Joodse Ereraad (Consejo de Honor Judío): organismo que se encargaba de exigir responsabilidades a los judíos sospechosos de colaboracionismo. Creado a comienzos de 1946, funcionó hasta 1950. Aunque carecía de autoridad jurídica, hacía públicos sus veredictos y podía pedir la expulsión de los acusados de la comunidad judía.

Joodse Raad/Judenrat (JR) (Consejo Judío): institución creada por orden de los alemanes en febrero de 1941 para la gestión y el control de la comunidad judía. Aunque comenzó actuando en Ámsterdam, pronto extendió su influencia al resto de los Países Bajos.

Jordaan: barrio histórico del centro de Ámsterdam donde se encontraba la empresa de Otto Frank, con su edificio anexo. Era un típico barrio obrero, lleno de pequeños negocios y talleres, viviendas en mal estado y mucho desempleo, pero conocido por su cultura distintiva.

Kopgeld: recompensa que se pagaba a cazadores de judíos y agentes de policía por cada judío que detenían. Su cuantía fue variando con el tiempo: a principios de la guerra era de 7,5 florines; al final, de hasta 40 florines.

Landelijke Knokploegen (KP, LKP) (Brigadas Nacionales de Asalto): brazo armado de la resistencia holandesa creado por la Landelijke Organisatie voor Hulp aan Onderduikers (LO). Las personas escondidas necesitaban con urgencia toda clase de documentos –carnés de identidad, tarjetas de racionamiento– que las KP se encargaban de conseguir recurriendo al robo o la violencia.

Landelijke Organisatie voor Hulp aan Onderduikers (LO) (Organización Nacional de Ayuda a los Escondidos): movimiento de resistencia holandés que desde 1942 y hasta el final de la guerra prestó apoyo a las personas que se veían obligadas a esconderse.

Lippmann, Rosenthal & Co/LIRO: antiguo banco judío que los nazis confiscaron y utilizaron para sus fines. Se encargaba de llevar el registro de las propiedades judías, que luego eran expoliadas. Los bienes robados se utilizaron, entre otras cosas, para financiar el Holocausto.

Mauthausen, Campo de concentración de: situado cerca de Linz, Austria, el campo de concentración de Mauthausen se fundó en 1938. Casi cien mil personas murieron en él. Era ya muy conocido en los Países Bajos durante la guerra, debido a que la mayoría de los judíos detenidos en febrero de

1941 fueron a parar allí y murieron en el plazo de un par de meses. El nombre de Mauthausen se convirtió en sinónimo de muerte.

Mischling: término legal utilizado en la Alemania nazi para designar a las personas a las que no se consideraba del todo judías. Se clasificaba a los *mischlinge* en diversas categorías en función del número de antepasados judíos que tuvieran.

Mittelbau (Mittelbau-Dora), Campo de concentración de: campo de trabajo y concentración situado en el centro de Alemania. Comenzó a funcionar en agosto de 1943 y estaba compuesto por varias decenas de subcampos. Era principalmente un campo de trabajos forzados en el que los prisioneros fabricaban cohetes VI y V2. En él murieron cerca de veinte mil personas.

Nationaal-Socialistische Beweging (NSB) (Movimiento Nacionalsocialista): el Movimiento Nacionalsocialista Holandés, encabezado por Anton Mussert, existió entre 1931 y 1945. Antes de la guerra contaba con unos treinta mil afiliados; durante la ocupación las cifras de afiliación se dispararon y en su momento de mayor auge, en 1943, llegó a tener cien mil miembros. Al principio no era antisemita e incluso había judíos entre sus filas, pero eso cambió en 1938. A finales de 1941 se disolvieron todas las formaciones políticas, excepto el NSB.

Nationalsozialistische Deutsche Arbeiterpartei (NSDAP) (Partido Nacionalsocialista Alemán de los Trabajadores): partido político oficial surgido del movimiento nacionalsocialista alemán, fundado en 1920 y liderado por Adolf Hitler.

Nazionalsozialistisches Kraftfahrkorps (NSKK) (Cuerpo Motorizado Nacionalsocialista): unidad militar que, con ayuda de transporte motorizado, prestaba servicio en los diversos frentes. Durante la guerra se llenó de personal procedente de los territorios ocupados.

Nederlandse Beheerinstituut (NBI) (Instituto Neerlandés de Administración): instituto público creado en 1945 que se encargaba de rastrear, gestionar y, en su caso, liquidar bienes de procedencia dudosa, bienes enemigos y bienes de personas desaparecidas durante la guerra.

Neuengamme, Campo de concentración de: situado en las proximidades de Hamburgo, Alemania, el campo de Neuengamme se creó en 1938 y estaba dirigido por las SS. Se calcula que unas 43 000 personas fueron asesinadas en él.

Nürnberger Gesetze (Leyes de Núremberg): conjunto de leyes raciales antisemitas introducidas en Alemania en 1935. Tenían por objeto legitimar jurídicamente la privación de derechos a la que se sometió a los judíos. Durante la ocupación de los Países Bajos, la población estuvo también sujeta a medidas basadas en esa normativa.

Opekta/Nederlandsche Opekta Maatschappij: filial de la empresa alemana Opekta GmbH de Colonia fundada en 1933. Otto Frank fue su director durante veinte años. La empresa –que se llamó Gies & Co durante la guerra– vendía pectina y derivados que se empleaban para la elaboración de mermeladas.

Oranjehotel: nombre con que se conocía popularmente a la cárcel de Scheveningen durante la guerra. Más de 25 000 personas pasaron por ella, acusadas de diversos delitos políticos, como resistencia y empleo de lenguaje despectivo hacia los alemanes, y delitos económicos, como robo y especulación de guerra. Entre los presos había también judíos, testigos de Jehová, roma y sinti.

Ordedienst (OD): uno de los principales grupos de la resistencia neerlandesa, anterior a la LO. Se fundó en 1940 con el objetivo de llenar el vacío de poder que dejarían los alemanes tras su marcha. Durante la guerra se dedicó a acciones de sabotaje y a suministrar información a los Aliados.

Het Parool (La contraseña o La consigna): uno de los periódicos de la resistencia más conocidos de los Países Bajos. Lo que empezó siendo un boletín de pocas páginas se convirtió en un periódico en toda regla en febrero de 1941. Durante la guerra, cerca de noventa personas que trabajaban para la publicación fueron detenidas y asesinadas. *Het Parool* existe todavía como diario socialdemócrata de la región de Ámsterdam.

Pectacon: empresa de Otto Frank fundada en junio de 1938 y dedicada a la venta de carne, hierbas aromáticas y especias. Hermann van Pels trabajaba para Pectacon.

Persoonsbewijs (PB): carné de identidad que desde abril de 1941 tuvieron que portar todos los ciudadanos holandeses mayores de quince años. Se introdujo por orden de los alemanes y resultó de gran ayuda para la persecución de judíos y combatientes de la resistencia. El carné de los judíos llevaba impresa una J mayúscula de color negro. Las personas que disponían de una exención especial llevaban el sello de la Sperre en el carné de identidad.

Politieke Opsporingsdienst (POD) (Servicio de Investigación Política): brigada policial dedicada a localizar y detener a personas sospechosas de colaboracionismo y crímenes de guerra. El POD comenzó a funcionar en febrero de 1945 y dependía de la autoridad militar que se hizo cargo de la administración del país al finalizar la guerra.

Politieke Recherche Afdeling (PRA) (Departamento de Investigación Política): nombre que se dio al POD desde marzo de 1946, después de que la autoridad militar traspasara el poder a la administración civil y se restableciera el orden constitucional. Estaba adscrito al Ministerio de Justicia.

Proyecto Declaraciones: iniciativa del Equipo Caso Archivado para recoger todas las declaraciones acerca de la redada hechas por los testigos a lo largo de los años, tanto en medios impresos como en formato de audio o vídeo. Los datos aportados por estas declaraciones se ordenaron en un diagrama temporal para identificar contradicciones y corroboraciones.

Proyecto Mapeo: iniciativa del Equipo Caso Archivado para recopilar todas las direcciones conocidas de militantes del NSB, informantes del SD y confidentes al servicio de los alemanes domiciliados en Ámsterdam. Sirviéndose de estos datos, la empresa Xomnia creó mapas digitales interactivos.

Proyecto Residentes: iniciativa del Equipo Caso Archivado para investigar los edificios de viviendas que rodeaban la Casa de atrás a fin de determinar quién vivía en ellos y qué podía averiguarse acerca de la historia de los residentes, su filiación política, sus posibles antecedentes delictivos y otros datos de interés para la investigación.

Proyecto Seguimiento de Detenciones: iniciativa puesta en marcha por el Equipo Caso Archivado para recabar información sobre las detenciones de judíos efectuadas en 1943 y 1944, a fin de averiguar cómo actuaban los cazadores de judíos: quién trabajaba con quién, qué métodos empleaban, cómo obtenían información, etcétera.

Pulsen: se denominaba así popularmente al expolio de las casas de judíos de Ámsterdam que habían sido deportados. El término deriva del nombre de la empresa de mudanzas Abraham Puls, que se presentaba al cabo de unos días a vaciar las viviendas de los deportados. Abraham Puls era miembro del NSB holandés.

Radio Oranje: nombre del programa de radio de quince minutos que emitía cada noche a las 20:15 el Servicio Europeo de la BBC. Su responsable era el Gobierno holandés en el exilio en Londres. Se emitió por primera vez el 28 de julio de 1940. En los Países Bajos había muchas personas que seguían teniendo acceso a un aparato de radio, a pesar de que estos habían sido ilegalizados por los alemanes, y escuchaban el programa en secreto.

Ravensbrück, Campo de concentración de: ubicado a unos ochenta kilómetros al norte de Berlín, el campo de Ravensbrück daba cabida principalmente a mujeres. Desde su apertura en 1939 hasta su liberación, murieron en él unas 30 000 personas.

Razias: batidas a gran escala que llevaban a cabo los nazis para detener a individuos de determinados grupos (judíos, combatientes de la resistencia, personas que trataban de eludir el servicio de trabajo obligatorio). Las razias fueron comunes en todo el Tercer Reich.

Referat IV B4 (sección): unidad especial del Sicherheitsdienst (SD) encargada de asuntos relacionados con los judíos. Encabezada por Adolf Eichmann, era el organismo responsable de la deportación de judíos a los campos de exterminio. Se la conocía coloquialmente como la «unidad de caza de judíos».

Reichskommissar für die besetzten niederländischen Gebiete: Comisario del Reich para los Países Bajos, Arthur Seyss-Inquart.

Rijksinstituut voor Oorlogsdocumentatie (RIOD): Instituto Estatal de Documentación de Guerra de los Países Bajos. En la actualidad se denomina Instituto NIOD de Estudios sobre la Guerra, el Holocausto y el Genocidio.

Sachsenhausen, Campo de concentración de: situado a cuarenta kilómetros al norte de Berlín, era un campo relativamente grande. Desde su creación en 1936 hasta su liberación, pasaron por él más de 200000 prisioneros, de los cuales murieron cerca de 50000. Las condiciones de vida en Sachsenhausen eran atroces, y todos los días se fusilaba o ahorcaba a prisioneros.

Schutzstaffel (SS): organización creada en 1925, paramilitar en sus inicios, que actuaba como guardia personal de Adolf Hitler. Con el paso del tiempo fue creciendo hasta convertirse en lo que los nazis consideraban una unidad de élite, dirigida por Heinrich Himmler y dividida en las SS regulares y las Waffen-SS. Era la organización más poderosa del estado nazi y la principal encargada de llevar a la práctica la Solución Final.

Sicherheitdienst (SD) (Servicio de Seguridad): servicio de inteligencia del estado alemán, que también prestaba apoyo a la Gestapo y colaboraba con el Ministerio del Interior. Dependía de las SS y estaba dirigido por Reinhard Heydrich. Tenía el cometido de vigilar y perseguir a los opositores políticos del Tercer Reich, incluidos los judíos.

Sicherheitspolizei (SiPo): policía política alemana.

Signalementenblad: boletín que el movimiento de resistencia Ordedienst (OD) empezó a publicar en octubre de 1943. Contenía el nombre, la descripción y fotografías de más de setenta colaboracionistas y traidores. Se imprimía para que los militantes de la resistencia pudieran identificar a elementos enemigos.

Sobibor, Campo de concentración de: campo de exterminio en el este de Polonia. Funcionó entre abril de 1942 y noviembre de 1943. Al menos 170 000 personas –judíos en su mayoría– fueron deportadas a Sobibor. Fueron muy pocas las que sobrevivieron. Se calcula que 34 000 judíos holandeses perecieron allí.

Sperre (pl. Sperren): exención temporal de deportación que emitía el Consejo Judío tras su aprobación por la Zentralstelle. Había diversos motivos por los que podía optarse a una Sperre; entre ellos, el desempeñar una labor indispensable para la industria de guerra o trabajar para el Consejo Judío. Muchas Sperren había que comprarlas o conllevaban una tasa de tramitación (por ejemplo, la Sperre 120 000). Estos fondos se destinaban en última instancia al esfuerzo de guerra alemán.

Staatsbedrijf der Posterijen, Telegrafie en Telefonie (PTT): empresa estatal holandesa responsable del servicio de correos, telégrafos, teléfonos y radioteléfonos. Privatizada en 1998, actualmente se denomina KPN.

Stadsarchief Amsterdam: Archivo Municipal de Ámsterdam.

Stichting Toezicht Politieke Delinquenten (STPD) (Fundación para el Seguimiento de Presos Políticos): organismo creado en septiembre de 1945 como respuesta a la preocupación por los posibles trastornos sociales que podía causar la presencia de tantos presos políticos. Tenía por objetivo ayudar a los presos a reinsertarse en sociedad. Los sospechosos de colaboracionismo podían quedar exentos de procesamiento judicial si se los situaba bajo la supervisión de la STPD.

Theresienstadt, Campo de concentración de: gueto y campo de concentración situado unos setenta kilómetros al norte de Praga, creado por las Schuztstaffel (SS) en 1941. Cumplía tres funciones: era una estación de paso hacia los campos de exterminio, un «lugar de retiro» para judíos ancianos y de elevada posición y un campamento destinado a engañar a la opinión pública sobre los horrores del Holocausto.

United States Holocaust Memorial Museum (USHMM) (Museo Conmemorativo del Holocausto de Estados Unidos): museo de Washington D. C.

Utrechts Kindercomité (Comité de los Niños de Utrecht): grupo de la resistencia holandesa surgido en la ciudad de Utrecht que facilitó escondite a varios centenares de niños judíos.

Verzuiling **(pilarización):** división de la sociedad holandesa por grupos o «pilares», conforme a criterios religiosos, filosóficos o socioeconómicos. Estos grupos se segregaban voluntariamente unos de otros. Por ejemplo, los protestantes iban a tiendas protestantes, clubes deportivos protestantes y escuelas protestantes, escuchaban la radio protestante, leían la prensa protestante y votaban a partidos políticos protestantes. Dado que los miembros de los distintos «pilares» rara vez se mezclaban, había escasa solidaridad entre ellos.

Vertrouwens-Mann; Vertrouwens-Frau **(V-Mann, V-Frau):** términos empleados en los Países Bajos para designar a los civiles que trabajaban para el Sicherheitsdienst (SD) como agentes encubiertos. Se dedicaban a recabar información sobre judíos escondidos, pilotos enemigos derribados y militantes de la resistencia. Actuaban por motivos ideológicos y ánimo de lucro, o bien por coacción.

Vught, Campo de concentración de: ubicado cerca de la localidad de Den Bosch, en el sur de los Países Bajos, el campo de Vught terminó de construirse en 1942 y se hallaba bajo el mando de las SS. Estaba destinado a aliviar la presión de los campos de Amersfoort y Westerbork y proporcionar mano de obra a la industria de las zonas limítrofes. Los Aliados lo liberaron en octubre de 1944. Durante la guerra pasaron por él casi 30000 presos, de los que murieron cerca de ochocientos.

Waffen-SS: brazo militar de las SS a las órdenes de Heinrich Himmler. Fundadas en 1934 con el nombre de SS-Verfügungstruppe, en 1940 pasaron a denominarse Waffen-SS. Se las consideraba una fuerza de combate de élite y sus integrantes eran conocidos por su fanatismo ideológico.

Wannsee, Conferencia de: reunión de quince grandes jerarcas nazis (entre ellos, Reinhardt Heydrich y Adolf Eichmann) celebrada el 20 de enero de 1942 en Villa Marlier, a orillas del lago Wannsee, cerca de Berlín. El tema central de la reunión fue el exterminio a gran escala de los judíos europeos.

Weerbaarheidsafdeling (WA) (Sección de Defensa): milicia uniformada del Nationaal Socialistische Beweging (NSB) de los Países Bajos.

Wehrmacht: fuerzas armadas de Alemania.

Westerbork, Campo de: campo de refugiados en el noreste de los Países Bajos, construido por el Gobierno holandés en 1938. Durante la guerra pasó a ser un campo de tránsito desde el que 102000 judíos y más de doscientos roma fueron deportados en tren a campos de concentración y exterminio en el este de Europa. Tras la liberación se utilizó para el internamiento de presos imputados por crímenes de guerra y colaboracionismo.

Wirtschaftprüfstelle (WSP) (Agencia de Inspección Económica): organismo administrativo mediante el cual las autoridades de ocupación alemanas llevaban el registro de los bienes de propiedad judía. Desde octubre de 1940, las empresas de titularidad judía estaban obligadas a registrarse en la WSP, que formaba parte de la Generalkommission für Finanzen und Wirtschaft (Comisión General de Finanzas y Economía). Desde marzo de 1940, las sociedades judías podían quedar bajo el control de delegados arios y, dependiendo de los casos, ser liquidadas. De esto se encargaba la compañía fiduciaria conocida como Omnia-Treuhandgesellschaft.

Zentralstelle für Judische Auswanderung (Oficina Central de Emigración Judía): organismo fundado por orden del líder del Sicherheitdienst (SD) Reinhard Heydrich que tenía como objetivo expulsar a los judíos de la sociedad, primero mediante la emigración y después mediante la deportación forzosa a campos de concentración y exterminio. La oficina de la Zentralstelle en Ámsterdam se encontraba en Adama van Scheltemaplein, frente al cuartel del SD. Ambos edificios fueron bombardeados el 26 de noviembre de 1944 por veinticuatro aviones Hawker Typhoon de la RAF.

Notas

Prefacio

1 Discurso de Femke Halsema el 4 de mayo de 2019, durante los actos
   de conmemoración del Día Nacional del Recuerdo en la plaza Dam
   de Ámsterdam. Traducción del Equipo Caso Archivado.

Capítulo 1: La redada y el policía verde

1 Entrevista para la televisión francesa en la década de 1960, citada
   por Carol Ann Lee en *The Hidden Life of Otto Frank*. Harper
   Perennial, Nueva York, 2003, p. 130.

2 Menno Meselaar et al. (eds.), *Anne Frank House: A Museum with a
   Story*. Ann Frank Stichting, Ámsterdam, 2001, p. 176.

3 Ernst Schnabel, *The Footsteps of Anne Frank*. Southbank Publishing,
   Harpenden (RU), 2014, p. 133. Traducción de Richard y Clara
   Winston. En Theresienstadt murió uno de cada cuatro prisioneros.

4 Jeroen de Bruyn y Joop van Wijk, *Anne Frank: The Untold Story: The
   Hidden Truth About Eli Voseen, the Youngest Helper of the Secret Annex*.
   Traducción de Tess Stoop. Bep Voskuijl Productions, Laag-Soeren,
   Países Bajos, 2018, p. 112.

5 Schnabel, *The Footsteps of Anne Frank*, p. 139.

6 Jules Huf, «Listen, We Are Not Interested in Politics: Interview
   with Karl Silberbauer». Traducción inglesa de Joachim Bayens y
   Rory Dekker. *De Groene Amsterdammer*, 14 de mayo de 1986
   (publicado por primera vez en *Kurier* el 22 de noviembre de 1963).

Capítulo 2: El Diario de Ana Frank

1   Entrada del 29 de octubre de 1943. Anne Frank, *Diario*. Debolsillo, Barcelona, 1992, pp. 158-159. Traducción de Diego Puls.

2   Entrada del 11 de abril de 1944. Anne Frank, *Diario*, p. 292.

3   Elie Wiesel, *Night* (prólogo). Traducción inglesa de Marion Wiesel. Farrar, Straus and Giroux, Nueva York, 2006, ix.

4   Ian Thomson, *Primo Levi*. Vintage, Nueva York, 2003, p. 244. [Ed. esp., *Primo Levi*. Belacqva Ediciones y Publicaciones, Barcelona, 2007].

5   Entrada del 15 de julio de 1944. Anne Frank, *Diario*, p. 366.

6   Cynthia Ozick, «Who Owns Anne Frank?», *New Yorker*, 28 de septiembre de 1997, https://www.newyorker.com/magazine/1997/10/06/who-owns-anne-frank.

7   Entrada del 3 de mayo de 1944. Anne Frank, *Diario*, pp. 311-312.

8   Walter C. Langer, *Psychological Analysis of Adolft Hitler's Life and Legend*. Washington D. C., Office of Strategic Services, 1943, p. 219 (documento secreto desclasificado en 1999). Véase también Henry A. Murray, *Analysis of the Personality of Adolph Hitler: With Predictions of His Futures Behavior and Suggestion for Dealing with Him Now and After Germany's Surrender*. Harvard Psychological Clinic, Cambrigdge, MA, 1943. http://ia601305.us.archive.org/22/items/AnalysisThePersonalityofAdolphHitler/AnalysisofThePersonalityofAdolphHitler.pdf.

Capítulo 3: El Equipo Caso Archivado

1   «Twisk, Pieter van», Susteemkaarten voor verzetsbetrokkenen (OVCG) (fichero de militantes de la resistencia), n° 2183, Groninger Archieven, https://www.groningerarchieven.nl/archieven?mivast=5&mizi=210&miadt=5&micode=2183&milang=nl&mizk_alle=-van%20Twisk&miview=inv2.

Capítulo 4: Las partes interesadas

1   Entrevista del Equipo Caso Archivado (en adelante, ECA) con Jan van Kooten, 4 de marzo de 2016.

2   El comité se denomina Nationaal Comité 4 en 5 mei.

3   Gerrit Bolkestein, emisión de Radio Oranje, 28 de marzo de 1944.

Capítulo 5: «¡A ver qué puede hacer el hombre!»

1 Carta de Otto Frank a Leni Frank, 19 de mayo de 1917, citada por Carol Ann Lee en *The Hidden Life of Otto Frank*. Harper Perennial, Nueva York, 2033, p. 18.

2 Adolf Hitler, *Mein Kampf,* traducción inglesa de Ralph Manheim. Mariner Books, Nueva York, 1998. (Publicado originalmente en 1926).

3 R. Peter Straus, entrevista a Otto Frank para *Moment*, diciembre de 1977, citada en Lee, *The Hidden Life of Otto Frank*, pp. 37-38.

4 Ernst Schnabel, *The Footsteps of Anne Frank*. Southbank Publishing, Harpenden (RU), 2019, p. 24. Traducción de Richard y Clara Winston.

5 Bob Moore, *Victims and Survivors: The Nazi Persecution of the Jews in the Netherlands 1940-1945*. Arnold, Londres, 1997, p. 2.

6 Pim Griffioen y Ron Zeller, «The Netherlands: the Greatest Number of Jewish Victims in Western Europe», Casa de Ana Frank, https://www.annefrank.org/en/anne-frank/go-in-depth /netherlands-greatest-number-jewish-victims-western-europe.

7 Moore, *Victims and Survivors*, pp. 72-73.

8 Ibid, 257-258.

9 Ibid, 182-184

Capítulo 6: Un paréntesis de tranquilidad

1 Melissa Müller, *Anne Frank: The Biography*. Picador, Nueva York, 1999, p. 94. (Ed. esp., *Ana Frank. La biografía*. Galaxia Gutenberg, Barcelona, 2001).

2 Eda Shapiro y Rick Kardonne, *Victor Kugler: The Man Who Hid Anne Frank*. Gefen Publishing House, Jerusalén, 2008, p. 29.

3 Miep Gies y Alison Leslie Gold, *Anne Frank Remembered: The Story of the Woman Who Helped to Hide the Frank Family*. Simon & Schuster, Nueva York, 2009, p. 30. (Ed. esp., *Mis recuerdos de Ana Frank*, Plaza y Janés, Barcelona, 1987).

4 Ibid, 23.

5 Carol Ann Lee, *The Hidden Life of Otto Frank*. Harper Perennial, Nueva York, 2003, p. 52.

6   Harry Paape (entonces director del NIOD), entrevistas a Jan y Miep Gies, 18 y 27 de febrero y 12 y 18 de diciembre de 1985, NIOD.

7   Gies, *Anne Frank Remembered*, 11. (Ed. esp., *Mis recuerdos de Ana Frank*).

8   Lee, *The Hidden Life of Otto Frank*, 52.

9   Müller, *Anne Frank: The Biography*, p. 92. (Ed. esp., *Ana Frank. La biografía*).

10 Entrevista de Carl Fussman a Milly Stanfield: «The Woman Who Would Have Saved Anne Frank», *Newsday*, 16 de marzo de 1995. Incluye su versión de la respuesta de Otto Frank.

Capítulo 7: La embestida

1   Bob Moore, *Victims and Survivors: The Nazi Persecution of the Jews in the Netherlands 1940-1045*. Arnold, Londres, 1997, p. 63.

2   Miep Gies y Alison Leslie Gold, *Anne Frank Remembered: The Story of the Woman Who Helped to Hide the Frank Family*. Simon & Schuster, Nueva York, 2009, p. 61. (Ed. esp., *Mis recuerdos de Ana Frank*, Plaza y Janés, Barcelona, 1987).

3   «Thorbeckeplein», Joodsamsterdam, https://www.joodsamsterdam .nl/thorbeckeplein/.

4   Arthur Seyss-Inquart, discurso ante el NSDAP, Concertgebouw, Ámsterdam, 12 de marzo de 1941. Véase Gerben Post, *Lotty's Bench: The Persecution of the Jews of Amsterdam*. LM Publishers, 2018, p. 44. Traducción inglesa de Tom Leighton.

5   Ibid, 44.

6   Moore, *Victims and Survivors*, 70.

7   Ibid, 69-73.

8   Ad Van Liempt, *Hitler's Bounty Hunters: The Betrayal of the Jews*. Berg Publishers, Nueva York, 2005, p. 10. Traducción inglesa de S. J. Leinbach.

9   Moore, *Victims and Survivors*, 71-73.

10 Melissa Müller, *Anne Frank: The Biography*. Picador USA, Nueva York, 1998, p. 144-46. Traducción inglesa de Rita y Robert Kimber. (Ed. esp., *La joven Ana Frank. La biografía*, Galaxia Gutenberg, Barcelona, 2001).

11 Ibid, 160.

12   Memorando de Breckinridge Long a sus colaboradores del
     Departamento de Estado, 26 de junio de 1940, citado en ibid, 147.

13   Müller, *Anne Frank: The Biography*, 152-153.

14   Ibid, 163.

Capítulo 8: Prinsengracht, 263

1   Gerben Post, *Lotty's Bench: The Persecution of the Jews of Amsterdam
    Remembered*. LM Publishers, Volendam, Países Bajos, 2018, p. 50.
    Traducción inglesa de Tom Leighton. Véase también Moore, *Victims
    and Survivors: The Nazi Persecution of the Jews in the Netherlands
    1940-1945*. Arnold, Londres, 1997, p. 105.

2   Gerard Aalders, *Nazi Looting: The Plunder of Dutch Jewry During
    the Second World War*. Berg Publishers, Oxford, 2004, p. 49, 129.
    Traducción inglesa de Arnold y Erica Pomerans.

3   Reinhard Rürup, *Topography of Terror. Gestapo, SS, and
    Reichssicherheitshauptamt on the «Prinz-Albreche-Terrain»:
    A Documentation*. Verlag Willmuth Arenhovel, Berlín, 1989,
    p. 152-153.

4   Etty Hillesum, *An Interrupted Life and Letters from Westerbork*. Holt
    Paperback, Nueva York, 1996, p. 150. (Ed. esp., Etty Hillesum,
    Obras completas, Monte Carmelo, Burgos, 2020).

Capítulo 9: El escondite

1   Ernst Schnabel, *The Footsteps of Anne Frank*. Southbank Publishing,
    Harpenden (RU), 2014, p. 84-85. Traducción inglesa de Richard y
    Clara Winston.

2   Melissa Müller, *Anne Frank: The Biography*. Picador USA, Nueva
    York, 1998, p. 193. Traducción inglesa de Rita y Robert Kimber.
    (Ed. esp., *La joven Ana Frank. La biografía*, Galaxia Gutenberg,
    Barcelona, 2001).

3   Jeroen de Bruyn y Joop van Wijk, *Anne Frank: The Untold Story:
    The Hidden Truth About Elie Vossen, the Youngest Helper of the Secret
    Annex*. Bep Voskuijl Productions, Laag-Soeren, Países Bajos, 2018,
    p. 43.

4   Ibid, 38.

5   Miep Gies, citada en Dienke Hondius, «A New Perspective on
    Helpers of Jews During the Holocaust: The Case of Miep and Jan

Gies», en *Anne Frank In Historical Perspective: A Teaching Guide for Secondary Schools*, edición de Alex Grobman y Joel Fishman, Martyrs Memorial and Museum of the Holocaust, Los Ángeles, 1995. https://files.erc.ed.gov/fulltext/ED391710.pdf, 38.

6 Miep Gies y Alison Leslie Gold, *Anne Frank Remembered: The Story of the Woman Who Helped to Hide the Frank Family*. Simon & Schuster, Nueva York, 2009, p. 88. (Ed. esp., *Mis recuerdos de Ana Frank*, Plaza y Janés, Barcelona, 1987).

7 Müller, *Anne Frank: The Biography*, 194.

8 Gies, *Anne Frank Remembered*, 94.

9 Ibid, 119.

10 Ibid, 133.

11 Müller, *Anne Frank: The Biography*, 195.

12 Gies, *Anne Frank Remembered*, 117.

13 Ibid, 98.

Capítulo 10: Te lo pedían y decías que sí

1 Miep Gies y Alison Leslie Gold, *Anne Frank Remembered: The Story of the Woman Who Helped to Hide the Frank Family*. Simon & Schuster, Nueva York, 2009, p. 126. (Ed. esp., *Mis recuerdos de Ana Frank*, Plaza y Janés, Barcelona, 1987).

2 Alex Grobman y Joel Fishman (eds.), *Anne Frank in Historical Perspective: A Teaching Guide for Secondary Schools*. Martyrs Memorial and Museum of the Holocaust, Los Ángeles, 1995, p. 38.

3 Ibid, 40.

4 Ernst Schnabel, *The Footsteps of Anne Frank*. Southbank Publishing, Harpenden (RU), 2014, p. 124. Traducción inglesa de Richard y Clara Winston.

5 Grobman y Fishman, *Anne Frank in Historical Perspective*, 40-41.

6 Ibid, 41.

7 Ibid, 42.

8 Schnabel, *The Footsteps of Anne Frank*, 126.

9 Gies, *Anne Frank Remembered*, 103, 117.

10 Schnabel, *The Footsteps of Anne Frank*, 102-103.

11 Harry Rasky, «The Man Who Hid Anne Frank», documental de la CBC, 1980. Véase también Gies, *Anne Frank Remembered*, 111.

12   Grobeman y Fishman, *Anne Frank in Historical Perspective*, 39.

13   Miep Gies, *Anne Frank Remembered*, 109.

14   Jeroen de Bruyn y Joop van Wijk, *Anne Frank: The Untold Story: The Hidden Truth About Elie Vossen, the Youngest Helper of the Secret Annex.* Bep Voskuijl Productions, Laag-Soeren, Países Bajos, 2018, 56-57.

15   Ibid, 76.

16   Gies, *Anne Frank Remembered*, 129.

Capítulo 11: Un incidente angustioso

1   Ernst Schnabel, *The Footsteps of Anne Frank.* Southbank Publishing, Harpenden (RU), 2014, p. 146. Traducción inglesa de Richard y Clara Winston.

2   Jeroen de Bruyn y Joop van Wijk, *Anne Frank: The Untold Story: The Hidden Truth About Elie Vossen, the Youngest Helper of the Secret Annex.* Bep Voskuijl Productions, Laag-Soeren, Países Bajos, 2018, p. 63.

3   Miep Gies y Alison Leslie Gold, *Anne Frank Remembered: The Story of the Woman Who Helped to Hide the Frank Family.* Simon & Schuster, Nueva York, 2009, p. 102. (Ed. esp., *Mis recuerdos de Ana Frank*, Plaza y Janés, Barcelona, 1987).

4   Melissa Müller, *Anne Frank: The Biography.* Picador USA, Nueva York, 1998, p. 277. Traducción inglesa de Rita y Robert Kimber. (Ed. esp., *La joven Ana Frank. La biografía*, Galaxia Gutenberg, Barcelona, 2001).

5   Ibid, 278.

6   Anne Frank, *Diario*, Debolsillo, Barcelona, 1992, p. 289. Entrada del 11 de abril de 1944.

7   Carol Ann Lee, *The Hidden Life of Otto Frank.* Harper Perennial, Nueva York, 2003, p. 121.

Capítulo 12: Anatomía de una redada

1   Ernst Schnabel, *The Footsteps of Anne Frank.* Southbank Publishing, Harpenden (RU), 2014, p. 128. Traducción inglesa de Richard y Clara Winston.

2   Miep Gies y Alison Leslie Gold, *Anne Frank Remembered: The Story of the Woman Who Helped to Hide the Frank Family.* Simon &

Schuster, Nueva York, 2009, p. 193. (Ed. esp., *Mis recuerdos de Ana Frank*, Plaza y Janés, Barcelona, 1987).

3   Declaración de Silberbauer ante Josep Wiesinger, 21 de agosto de 1963. Archivo Nacional Austriaco, Ministerio del Interior.

4   Jules Huf, «Erstes interview mit Häscher Anne Frank» («Primera entrevista con el captor de Ana Frank»), *Kurier*, 22 de noviembre de 1963 (reproducida íntegramente en *De Groen Amsterdammer*, 14 de mayo de 1986).

5   Declaraciones de Karl Silberbauer. Archivo Nacional Austriaco, Ministerio del Interior, 25 de noviembre de 1963, 2 de marzo de 1964.

6   Arend J. van Helden, entrevista a Otto Frank. Departamento Estatal de Investigación Criminal, Ámsterdam, 2-3 de diciembre de 1963. NIOD, Doc 1 Van Maaren.

7   Arend J. van Helden, entrevista a Willem van Maaren. Departamento Estatal de Investigación Criminal, Ámsterdam, 6 de octubre de 1964. NIOD, Doc 1 Van Maaren.

8   Ibid.

9   Schnabel, *The Footsteps of Anne Frank*, 128.

10   Declaración notarial ante A. J. Dragt, Ann Frank, NIOD, número de inventario 4, 212c.

11   Gies, *Anne Frank Remembered*, 193.

12   Schnabel, *The Footsteps of Anne Frank*, 129.

13   Entrevista de Evelyn Wolf a Victor Kugler (audio), 1972, Anne Frank Stichting (en adelante, AFS).

14   Schnabel, *The Footsteps of Anne Frank*, 129.

15   Ernst Schnabel, notas originales para *The Footsteps of Anne Frank*, 1957. Archivo Alemán de Literatura de Marbach.

16   Eda Shapiro y Rick Kardonne, *Victor Kugler: The Man Who Hid Anne Frank*. Gefen Publishing House, Jerusalén, 2008, p. 53.

17   «I Hid Anne Frank From the Nazis», entrevista a Victor Kugler, *Pittsburgh Press*, 2 de agosto de 1958.

18   Arend J. van Helden, entrevista a Otto Frank. Departamento Estatal de Investigación Criminal, Ámsterdam, 2-3 de diciembre de 1963. NIOD, Doc 1 Van Maaren.

19 Ibid.

20 Schnabel, *The Footsteps of Anne Frank*, 134.

21 Entrevista a Bep Voskuijl, «Wie pleegde het verrad van het achterhuis», *Panorama*, 13 de diciembre de 1963.

22 Oskar Morawetz, entrevista a Elisabeth (Bep) Voskuijl (audio), octubre de 1978, Library and Archives of Canada, Ottawa, Canadá.

23 Arend J. van Helden, entrevista a Jan Gies. Departamento Estatal de Investigación Criminal, Ámsterdam, 23 de diciembre de 1963. NIOD, Doc 1 Van Maaren.

24 Gies, *Anne Frank Remembered*, 194-195.

25 Ibid, 195.

26 Ibid, 196-197.

27 Ibid, 197.

28 Schnabel, *The Footsteps of Anne Frank*, 138.

29 Arend J. van Helden, entrevista a Jan Gies. Departamento Estatal de Investigación Criminal, Ámsterdam, 23 de diciembre de 1963. NIOD, Doc 1 Van Maaren.

30 Schnabel, *The Footsteps of Anne Frank*, 140.

31 Arend J. van Helden, entrevista a Otto Frank. Departamento Estatal de Investigación Criminal, Ámsterdam, 2-3 de diciembre de 1963. NIOD, Doc 1 Van Maaren.

32 Schnabel, *The Footsteps of Anne Frank*, 143.

Capítulo 13: El campo de Westerbork

1 Miep Gies y Alison Leslie Gold, *Anne Frank Remembered: The Story of the Woman Who Helped to Hide the Frank Family*. Simon & Schuster, Nueva York, 2009, p. 198. (Ed. esp., *Mis recuerdos de Ana Frank*, Plaza y Janés, Barcelona, 1987).

2 Ernst Schnabel, *The Footsteps of Anne Frank*. Southbank Publishing, Harpenden (RU), 2014, p. 187. Traducción inglesa de Richard y Clara Winston.

3 Entrevista telefónica de Jeroen de Bruyn a Diny Voskuijl, 2 de septiembre de 2012.

4 Jeroen de Bruyn y Joop van Wijk, *Anne Frank: The Untold Story: The Hidden Truth About Elie Vossen, the Youngest Helper of the Secret Annex*. Bep Voskuijl Productions, Laag-Soeren, Países Bajos, 2018, p. 113.

5 Ibid, 115-116.

6 Janny Brandes-Brilleslijper, citada en Willy Lindwer, *The Last Seven Months of Anne Frank: The Stories of Six Women Who Knew Anne Frank*. Traducción inglesa de Alison Meersschaert. Pan Macmillan, Nueva York, 2004, p. 52.

7 Schnabel, *The Footsteps of Anne Frank*, 145.

8 Ibid, 151.

9 Ibid, 163.

10 Ad van Liempt, «Van Riet genuanceerd beeld van Joodse Ordedienst», *Volkskrant*, 19 de noviembre de 2016, https://www.volkskrant.nl/cultuur-media/van-riet-schetst-genuanceerd-beeld-van-joodse-ordedienst-b382e88b/

11 Schnabel, *The Footsteps of Anne Frank*, 155-156.

12 Carol Ann Lee, *The Hidden Life of Otto Frank*. Harper Perennial, Nueva York, 2003, p. 138.

Capítulo 14: El regreso

1 Carol Ann Lee, *The Hidden Life of Otto Frank*. Harper Perennial, Nueva York, 2003, p. 157.

2 Ibid, 164.

3 Ernst Schnabel, *The Footsteps of Anne Frank*. Southbank Publishing, Harpenden (RU), 2014, p. 163-164. Traducción inglesa de Richard y Clara Winston.

4 Ibid, 161.

5 Miep Gies y Alison Leslie Gold, *Anne Frank Remembered: The Story of the Woman Who Helped to Hide the Frank Family*. Simon & Schuster, Nueva York, 2009, p. 231. (Ed. esp., *Mis recuerdos de Ana Frank*, Plaza y Janés, Barcelona, 1987).

6 Eda Shapiro y Rick Kardonne, *Victor Kugler: The Man Who Hid Anne Frank*. Gefen Publishing House, Jerusalén, 2008, p. 77.

7 Lee, *The Hidden Life of Otto Frank*, 177, 179.

8 Willy Lindwer, *The Last Seven Months of Anne Frank: The Stories of Six Women Who Knew Anne Frank*. Traducción inglesa de Alison Meersschaert. Pan Macmillan, Nueva York, 2004, p. 83-84.

9 Lee, *The Hidden Life of Otto Frank*, 195.

10 Jeroen de Bruyn y Joop van Wijk, *Anne Frank: The Untold Story: The Hidden Truth About Elie Vossen, the Youngest Helper of the Secret Annex*. Bep Voskuijl Productions, Laag-Soeren, Países Bajos, 2018, p. 130. La testigo era Rachel van Amerongen-Frankfoorder. Esta declaración nunca fue corroborada por otros testigos.

11 Carta de Otto Frank a su madre, 12 de diciembre de 1945, citada en Melissa Müller, *Anne Frank: The Biography*. Picador USA, Nueva York, 1998, p. 354. Traducción inglesa de Rita y Robert Kimber. (Ed. esp., *La joven Ana Frank. La biografía*, Galaxia Gutenberg, Barcelona, 2001).

12 Lindwer, *The Last Seven Days of Anne Frank*, 33.

13 Müller, *Anne Frank: The Biography*, 299.

14 Lindwer, *The Last Seven Months of Anne Frank*, 32.

15 Lee, *The Hidden Life of Otto Frank*, 196.

16 Lindwer, *The Last Seven Months of Anne Frank*, 27.

17 Ibid, 28-29.

18 Schnabel, *The Footsteps of Anne Frank*, 182.

Capítulo 15: Los colaboracionistas

1 Bob Moore, *Victims and Survivors: The Nazi Persecution of the Jews in the Netherlands 1940-1945*. Arnold, Londres, 1997, p. 230.

2 Ibid, 229.

3 Carol Ann Lee, *The Hidden Life of Otto Frank*. Harper Perennial, Nueva York, 2003, p. 173, 212.

4 Bart van Es, *The Cut Out Girl: A Story of War and Family, Lost and Found*. Fig Tree, Londres, 2019, p. 190. (Ed. esp., *La niña del cuaderno*, Duomo Ediciones, Barcelona, 2020).

5 Miep Gies y Alison Leslie Gold, *Anne Frank Remembered: The Story of the Woman Who Helped to Hide the Frank Family*. Simon & Schuster, Nueva York, 2009, p. 228. (Ed. esp., *Mis recuerdos de Ana Frank*, Plaza y Janés, Barcelona, 1987).

6   Ad van Liempt, *Hitler's Bounty Hunters: The Betrayal of the Jews.* Traducción inglesa de S. J. Leinbach. Berg, Nueva York, 2005, p. 30.

7   Ibid, 78.

8   Ibid, 33.

9   Ibid, 63.

Capítulo 16: No van a volver

1   Miep Gies y Alison Leslie Gold, *Anne Frank Remembered: The Story of the Woman Who Helped to Hide the Frank Family.* Simon & Schuster, Nueva York, 2009, p. 234. (Ed. esp., *Mis recuerdos de Ana Frank*, Plaza y Janés, Barcelona, 1987).

2   Ibid, 242.

3   Ibid, 240.

4   Carol Ann Lee, *The Hidden Life of Otto Frank.* Harper Perennial, Nueva York, 2003, p. 86.

5   Otto Frank, «Anne Frank Would Have Been Fifty This Year», *Life*, marzo de 1979.

6   Eva Schloss y Karen Bartlett, *After Auschwitz: A Story of Heartbreak and Survival by the Stepsister of Anne Frank.* Hodder & Stoughton, Londres, 2012, p. 173. [Ed. esp., *Después de Auschwitz: la conmovedora historia de la hermanastra de Ana Frank.* Traducción de D. Otero-Piñeiro. Planeta, Barcelona, 2015).

7   Arthur Unger, entrevistas a Otto Frank, Nueva York, 1977 (AFS).

8   Schloss, *Después de Auschwitz*, p. 701-702, ed. digital.

9   Otto Frank, carta a Meyer Levin, 8 de julio de 1952, citada en Lee, *The Hidden Life of Otto Frank*, p. 238.

10 Lee, *The Hidden Life of Otto Frank*, 251.

11 Carta de Lothar Schmidt a Otto Frank, junio de 1959, citada en el documental *Otto Frank, vander van Anne* [Otto Frank, padre de Ana], de David de Jongh, 2010. Véase también Jeroen de Bruyn y Joop van Wijk, *Anne Frank: The Untold Story: The Hidden Truth About Elie Vossen, the Youngest Helper of the Secret Annex.* Bep Voskuijl Productions, Laag-Soeren, Países Bajos, 2018, p. 205.

12 Entrevista al padre John Neiman, abril de 2001, citada en Lee, *The Hidden Life of Otto Frank*, p 272-274.

13 Lee, *The Hidden Life of Otto Frank*, 272.

Capítulo 18: Los Hombres Documento

1   Jessie Kratz, «The Return of Captured Records from World War
    II», Pieces of History, 24 de agosto de 2016, US National Archives,
    https://prologue.blogs.archives.gov/2016/08/24/the-return-of
    -captured-records-from-world-war-ii/.

Capítulo 20: La primera traición

1   Gijsbert Willem van Renen, Oficina del Cuerpo de Policía de
    Ámsterdam, 2 de junio de 1948. Investigación sobre Josephus
    Marinus Jansen. Archivo Nacional de los Países Bajos, La Haya
    (en adelante, NI-HaNa), expediente nº 8082.

2   Otto Frank, carta al BNV (Bureau Nationale Veiligheid, Oficina de
    Seguridad Nacional de los Países Bajos) denunciando a Jan Jansen,
    21 de agosto de 1945. Según otras versiones, el chico (Ahlers) le
    pidió dinero, pero esta es la declaración oficial de Otto ante el BNV.
    Otto aseguraba que Ahlers le dijo que actuaba como recadero entre
    el NSB y el SD y le entregó la carta. No le pidió dinero. Otto se lo
    ofreció porque comprendió que, evidentemente, eso era lo que
    buscaba. Escribió al BNV para tratar de ayudar al hombre que creía
    que le había salvado la vida y, claro está, en esas circunstancias era
    fácil pasar por alto la cuestión de quién pidió y quién ofreció el
    dinero.

3   Job Jansen, informe protocolario, 2 de junio de 1948, Centraal
    Archive van de Biijzondere Rechtspleiging (en adelante, CABR),
    Ni-HaNa.

4   Carta de Otto Frank al POD, 21 de agosto de 1945, nº 23834,
    Ni-HaNa.

5   Entrevista de Vince Pankoke a Eric Bremer, 23 de abril de 2017,
    Ámsterdam.

6   Job Jansen, CABR, Ni-HaNa, traducción inglesa de Joachim Bayens
    y Rory Dekker.

7   Gijsbert Willem van Renen, investigación sobre Josephus Marinus
    Jansen, 2 de junio de 1948. Investigación sobre Josephus Marinus
    Jansen.

8   Job Jansen, CABR, Ni-NaHa.

9   Juzgado cantonal de Ámsterdam, juicio de Josephus Marinus
    Jansen, 21 de marzo de 1949.

Capítulo 21: El chantajista

1   Ernst Schnabel, *The Footsteps of Anne Frank*. Southbank Publishing,
    Harpenden (RU), 2014, p. 77. Traducción inglesa de Richard y Clara
    Winston.

2   Ibid, 78.

3   Amsterdam Stadsarchief, tarjeta del padrón de Prinsengracht 253,
    dirección de la madre de A. (Tonny) Ahlers.

4   Carol Ann Lee, *The Hidden Life of Otto Frank*. Harper Perennial,
    Nueva York, 2003, p. 125.

5   Sytzse van der Zee, *Vogelvrij: De jacht op de joodse onderduiker*. De
    Bezige Bij, Ámsterdam, 2010, p. 21.

6   Carta de Otto Frank al BNV, 21 de agosto de 1945, Tonny Ahlers,
    CABR, NI-HaNa.

7   Tonny Ahlers, CABR, Ni-HaNa.

8   Amsterdam Stadsarchief, AC (ficha personal) de A. (Tonny) Ahlers,
    inscrito en el Leger des Heils (Ejército de Salvación); estatus
    militar: *ongeschikt* (no apto); padres divorciados; dirección: residencia
    Vereeniging Nora para niños abandonados.

9   Ni-HaNa, CABR, Anton (Tonny) Ahlers. Artículo del *Telegraaf*
    sobre el ataque, 04-03-1939.

10 Joseph van Poppel, CABR, NI-HaNa.

11 Copia del artículo del diario *De Telegraaf* con fotografía de Ahlers,
    18 de febrero de 1941, Anton (Tonny) Ahlers, CABR, Ni-HaNa.

12 Tonny Ahlers, CABR, Ni-HaNa.

13 Tonny Ahlers, anotaciones del expediente de Bienestar Social de
    Tonny Ahlers, Stadsarchief Amsterdam.

14 *De Waarheid*, diciembre de 1945. Expediente 22, NIOD.

15 Carta de Otto Frank sobre Ahlers, n° 19450830, 20 de julio de
    1945, Tonny Ahlers, CABR, expediente 18, NIOD.

16 Ernst Schnabel, *The Footsteps of Anne Frank*, 77.

17 Gertjan Broek, *An Investigative Report in the Betrayal and Arrest of the Inhabitants of the Secret Annex*, Casa de Ana Frank, diciembre de 2016, http://www.annefrank.org/en/downloads/filer_public/4a/c6/4ac6677d-f8ae-4c79-b024-91ffe694e216/an_investigative_report_on_the_betrayal_and_arrest.pdf, p. 17.

18 Lee, *The Hidden Life of Otto Frank*, 315-316.

19 David Barnouw y Gerrold van der Stroom, «Who Betrayed Anne Frank?», NIOD, https://www.niod.nl/en/publications/who-betrayed-anne-frank

Capítulo 22: El barrio

1 Véase el mapa: https//www.google.com/maps/d/viewer?mid=1BfecsUvhYhQqXVDX6NgQpohdMV4&11=52.37625107530956%2C4.860590119128467&z=12 (mapa de informantes del SD y *V-Männer y Frauen*). Base de datos de seguimiento desarrollada para el ECA por los ingenieros informáticos de Xomnia, Ámsterdam, Países Bajos.

2 Jeroen de Bruyn y Joop van Wijk, *Anne Frank: The Untold Story: The Hidden Truth About Elie Vossen, the Youngest Helper of the Secret Annex*. Bep Voskuijl Productions, Laag-Soeren, Países Bajos, 2018, p. 98.

Capítulo 23: La niñera

1 Nouschka van der Meijden, «Amerikaans Coldcaseteam onderzoekt verraad Anne Frank», *Het Parool*, 30 de septiembre de 2017, https://www.parool.nl/nieuws/amerikaans-coldcaseteam-onderzoekt-verraad-anne-frank~b543dae7/

2 Stichting Toezicht Politieke Delinquenten (Fundación para la Supervisión de Presos Políticos, de aquí en adelante, FSPP), Jacobus van Kampen, expediente nº 21103, 85111, CABR, Ni-HaNa.

3 Atestados de la policía local de Ámsterdam, 8 de marzo de 1944, Stadsarchief Amsterdam.

Capítulo 24: Otra teoría

1 Discurso de Gerard Kremer en la presentación de su libro, iglesia de Westerkerk, Ámsterdam, 25 de mayo de 2018. Varios miembros del Equipo Caso Archivado asistieron a la presentación.

2   *De achtertuin van het achterhuis* se publicó en inglés en 2020 con el
    título *Anne Frank Betrayed: The Mystery Unraveled After 75 Years.*

3   Miep Gies y Alison Leslie Gold, *Anne Frank Remembered: The Story
    of the Woman Who Helped to Hide the Frank Family.* Simon &
    Schuster, Nueva York, 2009, p. 121. (Ed. esp., *Mis recuerdos de Ana
    Frank,* Plaza y Janés, Barcelona, 1987).

4   Jeroen de Bruyn y Joop van Wijk, *Anne Frank: The Untold Story:
    The Hidden Truth About Elie Vossen, the Youngest Helper of the Secret
    Annex.* Bep Voskuijl Productions, Laag-Soeren, Países Bajos, 2018,
    p. 52-53.

Capítulo 25: Los «cazadores de judíos»

1   Ad van Liempt, *Hitler's Bounty Hunters: The Betrayal of the Jews.*
    Traducción inglesa de S. J. Leinbach. Berg, Nueva York, 2005,
    p. 16 57.

2   Eva Schloss y Karen Bartlett, *After Auschwitz: A Story of Heartbreak
    and Survival by the Stepsister of Anne Frank.* Hodder & Stoughton,
    Londres, 2013, p. 94-96. (Ed. esp., *Después de Auschwitz: la
    conmovedora historia de la hermanastra de Ana Frank.* Planeta,
    Barcelona, 2015).

3   Eduard Moesbergen, 248-0575A, NIOD, Doc 1. Copia del sumario
    CABR en el NI-HaNa.

4   Eduard Moesbergen, 248-1163A, NIOD, Doc 1. Copia del sumario
    CABR en el NI-HaNa.

Capítulo 26: La V-Frau

1   Ans van Dijk, CABR, Ni-HaNa.

2   Bob Moore, *Victims and Survivors: The Nazi Persecution of the Jews
    in the Netherlands 1940-1945.* Arnold, Londres, 1997, p. 209.

3   Ans van Dijk, CABR, Ni-HaNa.

4   Koos Groen, *Een prooi wordt jager: De Zaak van de joodse verraadster
    Ans van Dijk.* Just Publisherss, Meppel, Países Bajos, 2016, p. 90.

5   Samuel Clowes Huneke, «The Duplicity of Tolerance: Lesbian
    Experiences in Nazi Berlin», *Journal of Contemporary History* 54
    (1), p. 30-59.

6 Declaración de Mies de Regt, 11 de noviembre de 1945, traducción inglesa de Circe de Bruin, Ans van Dij, CABR, Ni-HaNa.

7 Groen, *Een prooi wordt jager*, 123.

8 Willy Lindwer, *The Last Seven Months of Anne Frank: The Stories of Six Women Who Knew Anne Frank*. Traducción inglesa de Alison Meersschaert. Pan Macmillan, Nueva York, 2004, p. 169-170.

9 Fue el caso de Andries Posno, que le confió información sobre su familia y sus protectores. Ans van Dijk, CABR, Ni-HaNa.

10 Entrevista del ECA a Louis de Groot, Washington D. C., 30 de mayo de 2018.

11 Sytzse van der Zee, *Vogelvrij: De jacht op de joodse onderduiker*. De Bezige Bij, Ámsterdam, 2010, p. 361.

12 Declaración de Mies de Regt, 11 de noviembre de 1945, traducción del neerlandés de Circe de Bruin, Ans van Dijk, CABR, NiHaNa.

Capítulo 27: Sin pruebas concluyentes, primera parte

1 Carta de Johannes Kleiman al Politieke Opsporingsdients (en adelante, POD), febrero de 1945, archivo n° 23892, CABR, Ni-HaNa. Esta carta tiene que estar mal datada, puesto que era imposible escribir al POD solicitando una investigación en febrero de 1945.

2 Carta de Otto Frank a Alice Frank-Stern, 11 de noviembre de 1945, reg. code OFA-072, Archivo Otto Frank-72, AFS.

3 Carta de Johannes Kleiman al Politieke Recherche Afdeling (en adelante, PRA), 16 de julio de 1947, NI-HaNa, CABR W. Van Maaren.

4 Ibid.

5 Ibid.

6 Interrogatorio a Willem van Maaren, informe de la investigación del PRA (1948), 2 de febrero de 1948, Willem van Maaren, CABR, Ni-HaNa.

7 Ibid.

8 PRA, informe de investigación, 1948, dosier 61196, Willem van Maaren, CABR, Ni-HaNa.

9 Dosier 6634, sesión del 13 de agosto de 1949, traducción del neerlandés de Joachim Bayens y Rory Dekker, Juzgado Cantonal, Ámsterdam, Willem van Maaren, CABR, NI-HaNa.

Capítulo 28: «¡Idos con vuestros judíos!»

1 Ernst Schnabel, *The Footsteps of Anne Frank*, Southbank Publishing, Harpenden (RU), 2014, p. 103. Traducción inglesa de Richard y Clara Winston.

2 Entrevista de Vince Pankoke a Joop van Wijk. Oficina de Proditione, Herengracht, 7 de diciembre de 2018.

3 Atestado policial, 1 de noviembre de 1941, Stadsarchief Amsterdam.

4 Jeroen de Bruyn y Joop van Wijk, *Anne Frank: The Untold Story: The Hidden Truth About Elie Vossen, the Youngest Helper of the Secret Annex*. Bep Voskuijl Productions, Laag-Soeren, Países Bajos, 2018, p. 99.

5 Entrevista de Teresien da Silva (AFS) a Diny Voskuijl, 14 de noviembre de 2011, AFS.

6 Nelly Voskuijl, solicitud de visado alemán, cert. n° 19612, 18 de diciembre de 1942, Stadsarchief Amsterdam. Véase también Gertjan Broek, *An Investigative Report in the Betrayal and Arrest of the Inhabitants of the Secret Annex*, Casa de Ana Frank, diciembre de 2016, http://www.annefrank.org/en/downloads/filer_public/4a /c6/4ac6677d-f8ae-4c79-b024-91ffe694e216/an_investigative_ report_on_the_betrayal_and_arrest.pdf, p. 19.

7 Entrevista de Teresien da Silva a Diny Voskuijl, 14 de noviembre de 2011, AFS.

8 Entrevista de Jeroen de Bruyn y Joop van Wijk a Bertus Hulsman, 20 de febrero de 2014, Ámsterdam. Véase *Anne Frank: The Untold Story*, 102.

9 Entrevista del ECA a Joop van Wijk, 7 de diciembre de 2018.

10 *The Diary of Anne Frank: The Revised Critical Edition*, editado por David Barnouw y Gerrold van der Stroom. Traducción inglesa de Arnold J. Pomerans, B. M. Mooyaart-Doubleday y Susan Massotty. Doubleday, Nueva York, 2003, p. 655. Entrada del 6 de mayo de 1944.

11 Ibid, 668. Entrada del 11 de mayo de 1944.

12 Ibid, 674. Entrada del 19 de mayo de 1944.

13   Jeroen de Bruyn y Joop Van Wijk, *Bep Voskuijl, het zwijgen voorbij: En biografie van de jongste helpster van he Achterhuis*. Prometheus Bert Bakker, Ámsterdam, 2018, p. 192. Rhijja Jansen, «Dat Nelly fout was, daar werd nooit over gesproken», *De Volkskrant*, 26 de abril de 2018.

14   Bruyn y Wijk, *Anne Frank: The Untold Story*, 102. Entrevista de Jeroen de Bruyn y Joop van Wijk a Bertus Hulsman, 20 de febrero de 2014, Ámsterdam.

15   Entrevista de Dineke Stam a Bertus Hulsman, AFS, cinta 1, min. 25:30.

16   Ibid, cinta 2, min. 19:15.

17   Ibid, cinta 2, min. 10:51.

18   Entrevista de Vince Pankoke a Melissa Müller, Múnich, 17 de febrero de 2019.

19   Entrevista del ECA a Gerlof Langerijs, 28 de marzo de 2019.

20   Intercambio de correos electrónicos y entrevista de Joop van Wijk a Hugo Voskuijl.

21   Inventario 13, 15, 17, 22, Interneringsarchieven (archivos de internamiento), 1945-1950, Archivo de Groninga.

22   Tarjeta de empadronamiento de Nelly Voskuijl, Archivo de Groninga. Una investigación inédita de Ben Wegman demuestra que Nelly no solo residió en Grote Rozenstraat 14, Steentilstraat 47 y Gedempte Zuiderdiep 25a, sino también en Noorderstationsstraat 20a durante dos meses. Las conclusiones de la investigación de Wegman y una búsqueda en Delpher indican que los recuerdos de Diny sobre el trabajo de Nelly y la familia Voet son correctos: aparece empadronada como empleada interna de la viuda A. Hendriks en Grote Rozengracht 14 del 26 de octubre de 1945 al 23 de mayo de 1947, cuando se traslada a Noorderstatiosstraat 20a. El hijo de la familia Voet vivía con su esposa y su hijo pequeño en el número 20 de esa misma calle. Al cabo de dos meses, el 28 de julio de 1947, Nelly se mudó a Gedempte Zuiderdiep 25a, al edificio donde se encontraba la cafetería del padre, Gozen Theo Voet. Nelly se empadronó como asistenta interna. Esta información, junto con los imprecisos comentarios de Joop van Wikj acerca de que su tía tenía amistad con la «familia Voet», confirma que Nelly Voskuijl no estuvo en

prisión entre el 26 de octubre de 1945 y el 8 de abril de 1953, cuando se trasladó de nuevo a Ámsterdam.

23 Bruyn y Wijk, *Anne Frank: The Untold Story*, 233.

24 Entrevista del ECA a Joop van Wijk, 7 de diciembre de 2018.

25 Para dar respuesta a esta cuestión, el ECA llevó a cabo entrevistas exhaustivas, así como diversas búsquedas documentales. Hablaron con Melissa Müller; se entrevistaron dos veces con Joop van Wijk y una con Jeroen de Bruyn; Dineke Stam, documentalista de la Anne Frank Stichting, entrevistó a Berthus Hulsman; y, aunque no pudieron entrevistar a Diny Voskuijl debido a su mala salud, revisaron a fondo la entrevista que concedió al diario *Volkskrant* en 2018. Entrevistaron asimismo a Hugo Voskuijl, que, por ser aficionado a la genealogía, había llevado a cabo una amplia investigación acerca de su familia.

Capítulo 29: Sondeando la memoria

1 Entrevista con Kugler grabada (en audio) por Evelyn Wolf, 1972, AFS.

2 Ersnt Schnabel, notas originales para *The Footsteps of Anne Frank*, 1957, Archivo Alemán de Literatura, Marbach.

3 «A Tragedy Revealed». *Life*, 18 de agosto de 1958, 78-90.

4 Ernst Schnabel, *The Footsteps of Anne Frank*. Southbank Publishing, Harpenden (RU), 2014, p. 129. Traducción inglesa de Richard y Clara Winston.

5 Ibid.

6 Arend J. van Helden, Departamento de Investigación Criminal, Ámsterdam, entrevista a Otto Frank, 2-3 de diciembre de 1963, NIOD, Doc 1 Van Maaren.

7 Jan Rijnders, *Report: Telefoonnet Amsterdam 1940-1945*. 25 de marzo de 2019. Informe para el Equipo Caso Archivo, no disponible para el público.

8 Gertjan Broek, *An Investigative Report in the Betrayal and Arrest of the Inhabitants of the Secret Annex*, Casa de Ana Frank, diciembre de 2016, http://www.annefrank.org/en/downloads/filer_public/4a /c6/4ac6677d-f8ae-4c79-b024-91ffe694e216/an_investigative_ report_on_the_betrayal_and_arrest.pdf, p. 8. Broek concluye que

este comentario se ha interpretado mal, puesto que depende de que la declaración de Silberbauer fuera correcta.

Capítulo 30: «El hombre que detuvo a la familia Frank, descubierto en Viena»

1 Simon Wiesenthal, *Los asesinos entre nosotros: memorias*. Noguer, Barcelona, 1967; traducción: Mª Luisa Borrás; p. 124.

2 Ibid, 126.

3 Ibid, 128.

4 Harry Paape (entonces director del NIOD), entrevista a Miep Gies, 18 y 27 de febrero de 1985, NIOD.

5 Wiesenthal, *The Murderers Among Us*: The Simon Wiesenthal Memoirs, ed. Joseph Wechsberg, Bantam Books, Nueva York, 1968, p. 171-172. (Ed. esp: Simon Wiesenthal, *Los asesinos entre nosotros: memorias*. Noguer, Barcelona, 1967). Suponiendo que Kugler lo había deletreado mal, Wiesenthal cambió Silvernagl por Silberbagel, que era un apellido común en Austria.

6 Ibid, 178. En el documental de la CBS *Who Killed Anne Frank*, el director del RIOD (ahora NIOD) Loe de Long afirmaba que fue él quien le entregó el directorio telefónico con el nombre de Silberbauer a Wiesenthal.

7 Tony Paterson, «Nazi who arrested Anne Frank became a spy for West Germany», *The Independent*, 11 de abril de 2011.

8 «Der Mann, der Anne Frank verhaftete» [El hombre que delató a Ana Frank], *Volksstimme*, 11 de noviembre de 1963.

9 Carta de Simon Wiesenthal al Dr. Wiesinger, ministro del Interior austriaco, 15 de noviembre de 1963, AFS.

10 «Nieuw onderzoek naar het verraad van familia Frank» [Nueva investigación sobre quién denunció a la familia Frank], *Het Vrije Volk*, 27 de noviembre de 1962. Veáse también «Frank wist wie hem weghaald» [Frank sabía quién le denunció], traducción del neerlandés del ECA, *De Telegraaf*, 22 de noviembre de 1963.

11 «SS'er die gezin Frank arresteerde, gevonden» [Localizado el SS que detuvo a la familia Frank], *Volkskrant*, 21 de noviembre de 1963.

12 Carol Ann Lee, *The Hidden Life of Otto Frank*. Harper Perennial,
     Nueva York, 2003, p. 278.

13 Miep Gies y Alison Leslie Gold, *Anne Frank Remembered: The Story
     of the Woman Who Helped to Hide the Frank Family*. Simon &
     Schuster, Nueva York, 2009, p. 196. (Ed. esp., *Mis recuerdos de Ana
     Frank*, Plaza y Janés, Barcelona, 1987).

14 Eda Shapiro y Rick Kardonne, *Victor Kugler: The Man Who Hid
     Anne Frank*. Gefen Publishing House, Jerusalén, 2008, p. 54.

15 Inspector Scherer, Departamento de Investigación Criminal,
     Ámsterdam, entrevista a Miep Gies, 3 de mayo de 1963, NIOD,
     Doc 1 Van Maaren.

16 *De Groene Amsterdammer* volvió a publicar el artículo completo en
     1986. Véase Jules Huf, «Listen, We Are Not Interested in Politics»,
     De Groene Amsterdammer, 11 de mayo de 1986.

17 Wiesenthal, *The Murderers Among Us*, 180.

18 Declaración firmada de Karl Josef Silberbauer, 25 de noviembre
     de 1963, traducción de Joachim Bayens, Ministerio del Interior de
     Austria, Archivo Estatal Austriaco, VieNi-HaNa.

19 Bruyn y Wijk, *Anne Frank: The Untold Story*, p. 191.

20 Huf, «Mire, la política no nos interesa».

Capítulo 31: Lo que sabía Miep

1 Miep Gies, Conferencia Wallenberg, Universidad de Michigan,
    11 de octubre de 1994.

2 Drake Baer, «The Real Reason Keeping Secrets Is So Hard,
    According to a Psychologist», The Cut, 1 de junio de 2016, https://
    www.thecut.com/2016/06/real-reason-keeping-secretes-is-hard
    .html.

3 Citado en Carol Ann Lee, *The Hidden Life of Otto Frank*. Harper
    Perennial, Nueva York, 2003, p. 322-323.

4 Vince Pankoke, entrevista al padre John Neiman, 19 de febrero
    de 2019.

5 Jeroen de Bruyn y Joop van Wijk, *Anne Frank: The Untold Story: The Hidden Truth About Elie Vossen, the Youngest Helper of the Secret Annex*. Bep Voskuijl Productions, Laag-Soeren, Países Bajos, 2018, p. 169.

6 Miep y Jan Gies, citados en Hieke Jippes, «Voices from the Front House», *NRC Handelsblad*, 14 de marzo de 1981. Véase también Bruyn y Van Wijk, *Anne Frank: The Untold Story*, 169.

Capítulo 32: Sin pruebas concluyentes, segunda parte

1 Arend J. van Helden, Departamento Estatal de Investigación Criminal, Ámsterdam, entrevista a Willem Grooterdorst, 7 de enero de 1964; entrevista a Gezinus Gringhuis, 23 de diciembre de 1963, NIOD, Doc 1 Van Maaren.

2 Arend J. van Helden, Departamento Estatal de Investigación Criminal, Ámsterdam, resumen del informe, 3 de diciembre de 1964, NIOD, Doc Van Maaren.

3 Arend J. van Helden, Departamento Estatal de Investigación Criminal, Ámsterdam, entrevista a Willem van Maaren, 6 de octubre de 1964, NIOD, Doc Van Maaren.

4 Arend J. van Helden, Departamento Estatal de Investigación Criminal, informe final a la fiscalía, 6 de noviembre de 1964.

5 Carol Ann Lee, *The Hidden Life of Otto Frank*. Harper Perennial, Nueva York, 2003, p. 123.

6 Umberto Bacchi contribuyó a perpetuar el rumor de que la denunciante era una mujer con su artículo «Anne Frank: Book Identifies Betrayer as Helper's Sister and Gestapo Informer Nelly Voskuijl», *International Business Times*, 9 de abril de 2015, aunque no aportaba pruebas. Véase también: entrevista a Jan Erik Dubbelman, jefe de proyectos educativos, Casa de Ana Frank, Ámsterdam, 8 de julio de 2019.

7 Wiesenthal, *The Murderers Among Us*: The Simon Wiesenthal Memoirs, ed. Joseph Wechsberg. Bantam Books, Nueva York, 1968, p. 182. (Ed. esp., *Los asesinos entre nosotros: memorias*. Noguer, Barcelona, 1967).

8 Entrevista del inspector Meeboer a Lammert Hartog, 20 de marzo de 1948, PRA.

9   Entrevista del inspector Meeboer a J. Kleiman, 12 de enero de 1948, PRA.

10   Entrevista de Vince Pankoke a Melissa Müller, Múnich, 14 de febrero de 2019.

Capítulo 33: El frutero

1   Schnabel, *The Footsteps of Anne Frank*. Southbank Publishing, Harpenden (RU), 2014, p. 95-96. Traducción inglesa de Richard y Clara Winston.

2   Anécdota de E. Schnabel acerca de su visita a Hendrik van Hoeve en 1957; Monique Koemans y Christine Hoste, entrevista a Stef van Hoeve, 27 de febrero de 2019.

3   Memorias de Hendrik van Hoeve, AFS. Entrevistas de Christine Hoste y Monique Koemans a Stef van Hoeve, 27 de febrero de 2019 y 10 de julio de 2019.

4   Johannes Gerard Koning, CABR, Ni-HaNa. El expediente contiene un relato detallado de la redada efectuada a primera hora de la mañana, junto con los nombres de los agentes holandeses del IV B4 que participaron en ella.

5   Anne Frank, *Diario*. Debolsillo, Barcelona, 1992. Entrada del 25 de mayo de 1944, p. 336.

6   En alemán, el campo se denominaba Konzentrationslager Herzogenbusch; véanse las memorias de Hendrik van Hoeve, AFS, y las entrevistas de Christine Hoste y Monique Koemans a Stef van Hoeve, 27 de febrero y 10 de julio de 2019.

7   Investigación de Gerrit van der Vorst, Bunn, 2014, p. 133. Su hermano era el polo opuesto. Alfred Meiler trabajó como agente doble para los alemanes durante la Segunda Guerra Mundial y fue enviado a Estados Unidos en misión de espionaje.

8   «Max Meiler», Joods Monument, https://joodsmonument.nt/nl /page/402501/max-meiler.

9   Memorias de Hendrik van Hoeve, AFS.

10   Ibid.

11   Número de inventario/obtenido durante la llamada, Archivo de la Cruz Roja holandesa.

12 Monique Koemans y Pieter van Twisk, entrevista a Guido Abuys, conservador del Herinnenringscentrum Kamp Westerbork, 10 de octubre de 2018.

13 Ibid.

14 Hendrik van Hoeve, memorias, AFS.

15 Bob Moore, *Victims and Survivors: The Nazi Persecution of the Jews in the Netherlands 1940-1945*. Arnold, Londres, 1997, p. 133.

16 Rut y Richard Weisz, tarjetas de ingreso, Herinneringscentrum Kamp Westerbork.

17 Ad van Liempt, *Hitler's Bounty Hunters: The Betrayal of the Jews.* Traducción inglesa de S. J. Leinbach. Berg, Nueva York, 2005, p. 129.

18 F. Pleij y P. Schaap, CABR, NI-HaNa.

19 Testimonio de Gerrit Mozer, POD Groninga, P. Schaap, CABR, Ni-HaNa.

20 F. Pleij y P. Schaap, CABR, NI-HaNa.

21 Expediente 20190906, F. Pleij, CABR, Ni-HaNa. Después de la guerra, se procesó a Frieda por comercio ilegal de cupones de racionamiento. El montante alcanzaba a veces los 4000 florines mensuales.

22 Sytze van der Zee, *Vogelvrij: De jacht op de joodse onderduiker.* De Bezige Bij, Ámsterdam, 2010.

23 Richard Weisz, ficha del Joodse Rad (ingreso en Westerbork, 26 de mayo de 1944); atestado de la detención (junio) y ficha de ingreso de Leopold de Jong (ingreso en Westerbork en julio); en ambos casos, Herinneringscentrum Kamp Westerbork.

24 Listas de transporte a Kamp Westerbork, Archivo de la Crujz Roja holandesa.

25 Diario de Ana Frank, entrada del 11 de abril de 1944.

26 Atestado policial/escrito de imputación (*proces verbaal*) contra P. Schaap, POD Groninga, n° 67 SI-M-33/45, 14 de agosto de 1945, NIOD, Doc. 2. Traducción del neerlandés: Joachim Bayens y Rory Dekker.

27 Memorias de Hendrik van Hoeve, AFS, y entrevistas del ECA a Stef van Hoeve, 27 de febrero de 2019, 10 de julio de 2019.

28 Declaración de Johannes Gerard Koning, 6 de julio de 1948, CABR, Ni-HaNa.

29 *El Diario de Ana Frank* (1959), dirigida por George Stephens.

30 *Door Willem* [Por Willem], «De groenteman van de familie Frank leeft nog», [El frutero de la familia Frank vive aún], traducción inglesa del Equipo Caso Archivado, Het Parool, 26 de febrero de 1972.

Capítulo 34: El Consejo Judío

1 Bob Moore, *Victims and Survivors: The Nazi Persecution of the Jews in the Netherlands 1940-1945*. St. Martin's Press, Nueva York, 1997, p. 75.

2 Ibid, 95-96.

3 Ibid, 96. Moore cita las memorias de Gertrud van Tijn-Cohn, jefa del Departamento de Inmigración y Personas Desplazadas del Consejo Judío.

4 Ibid, 132. Philip Mechanicus escribe sobre este tema en *In dépôt: Deaboek uit Westerbork. Uitgeverij Verbum*, Laren, Países Bajos, 2008, p. 213.

5 Willy Lindwer, *The Last Seven Months of Anne Frank: The Stories of Six Women Who Knew Anne Frank*. Traducción inglesa de Alison Meersschaert. Pan Macmillan, Nueva York, 2004, p. 24.

6 Bob Moore, *Victims and Survivors*, 131-132.

7 Ibid, 119-123.

8 Ido de Haan, «*Jurys d'honneur:* The Stakes and Limits of Purges Among Jews in France After Liberation», en *Jewish Honor Courts: Revenge, Retribution, and Reconciliation in Europe and Israel after the Holocaust*, ed. Laura Jockusch y Gabriel N. Finder. Wayne State University Press, Detroit, 2015, p. 124.

Capítulo 35: Un segundo vistazo

1 Traducido por Joachim Bayens y Rory Dekker.

2 Véase Carol Ann Lee, *The Hidden Life of Otto Frank*. Harper Perennial, Nueva York, 2003, p. 219; y David Barnouw y Gerrold van der Stroom, «Who Betrayed Anne Frank?», NIOD, https://www.niod.nl/sites/niod.nl/files/WhobetrayedAnneFrank.pdf. Estos autores mencionaban la nota, pero no le daban importancia.

3 Mirjam Bolle, *Ik zal je beschrijven hoe een dag er hier uitziet.* [Deja que te cuente cómo es un día aquí]. Traducción de Jeannette K. Ringold. Contact, Ámsterdam, 2003, p. 41.

Capítulo 36: El notario holandés

1 Actas de las reuniones del Consejo Judío, Joodsche Raad voor Amsterdam, NIOD, carpeta 182-1.3.

2 Carta de Raymund Schütz a Vince Pankoke, 1 de octubre de 2020.

3 Hans Tietje, expediente n° 248-1699, NIOD Doc I. El ECA localizó un documento con los nombres de las personas a las que Tietje decía haber ayudado. Los cinco miembros de la familia Van den Bergh figuraban en la lista (con el apellido Berg), junto con A. Soep, otro miembro del Consejo Judío.

4 Hans Tietje, expediente n° 20200610, NIOD Doc 2.

5 Raymund Schütz, *Kille mist: Het nederlands notariaat en de erfenis van de oorlog.* Boom, Ámsterdam, 2016, p. 163.

6 Véase «Nuremberg Race Law Teaching Chart for Explaining Blood Purity Laws», United States Holocaust Memorial Museum, https:// collections.ushmm.org/search/catalog/irn11299.

7 A. van den Bergh, Archivo Calmeyer, Centrum voor Familiegeschiedenis (en adelante, CVF), Ni-HaNa.

8 Ibid.

9 Ibid.

10 Carta de J. W. A. Schepers a Lippmann, Rosenthal & Co. (en adelante, LIRO), 15 de octubre de 1943, archivo CVF, NI-HaNa; carta del LIRO a la oficina de Calmeyer, La Haya, 29 de noviembre de 1943.

11 N° de inventario 22356, J.W.A. Schepers, CABR, NI-HaNa. Los abogados eran Jacob van Proosdij y A. N. Kotting.

12 Archivos Kadaster (registro de la propiedad), Noord-Hollands Archief, Haarlem.

13 Entrevista del ECA a Regina Sophia Salle, 14 de octubre de 2019.

14 Amsterdam Stadsarchief, ficha personal, Arnold van den Bergh.

15 Calmeyer, carta re: A. van den Bergh, 22 de enero de 1944, CV, Ni-HaNa.

16 Ni-HaNa, CABR 554, Eduard Moesbergen.

17 Ni-HaNa, CABR 554, Eduard Moesbergen. Sumario del PRA n° 60678.

18 Ibid.

Capítulo 37: Expertos en acción

1 Informe de W. Fagel sobre comparación caligráfica para el ECA, 2 de agosto de 2019.

2 *The Diary of Anne Frank: The Revised Critical Edition*, edición de David Barnouw y Gerrold van der Stroom, traducción inglesa de Arnold J. Pomerans, B. M. Mooyaart-Doubleday y Susan Massotty. Doubleday, Nueva York, 2003.

3 Informe de la peritación de B. Haas para el ECA, 21 de agosto de 2019.

Capítulo 38: Una nota entre amigos

1 *Algemeen Handelsblad*, 20 de septiembre de 1940. (Revista comercial que incluía listados de transacciones y notarios presentes en las mismas).

2 Entrevista del ECA a Ron van Hasselt, sobrino de Jakob van Hasselt, 12 de agosto de 2019.

3 Ibid.

4 «Jakob van Hasselt», Joods Monument, https://www .joodsmonument.nl/en/page/201758/karla-hinderika-van-hasselt; https://www.joodsmonument.nl/en/page/201760/els-van-hasselt.

5 Arend J. van Helden, Departamento Estatal de Investigación Criminal, Ámsterdam, resumen del informe, 3 de noviembre de 1964, p. 18-19; NIOD, Doc 1 Van Maaren.

6 Carta de Johannes Kleiman a Otto Frank, 31 de marzo de 1958, AFS. Traducción del ECA.

7 La fuente de esta conversación entre Otto y Gringhuis es Carol Ann Lee, *The Hidden Life of Otto Frank*, Harper Perennial, Nueva York, 2003, p. 219. Lee menciona esta conversación, al igual que David Barnouw y Gerrold van der Stroom en su investigación «Who Betrayed Anne Frank?». Aunque ellos confiaban en la veracidad de esta aseveración y suponían que estaría recogida en el Doc. 1 del

expediente de Silberbauer, tras una búsqueda exhaustiva el equipo no consiguió localizar la fuente de esta información. Sin embargo, los tres autores atestiguan su autenticidad. Suponemos que el archivo que la contenía se extravió, se eliminó o se catalogó mal.

Capítulo 39: La mecanógrafa

1 Entrevista a Fleur van der Houwen, 26 de septiembre de 2019.

2 Véase la fotografía incluida en Hanneloes Pen, «Moffenmeid tante Thea was niet aleen fout», *Het Parool*, 8 de julio de 2016, https://www.parool.nl/nieuws/moffenmeid-tante-thea-was-niet-alleen-fout ~baf4ccfc/.

3 Jos Smeets, Tommy van Es, Guus Meershoek (eds.), *In de frontlinie: Tien politiemannen en de duitse bezetting* [En primera línea: diez agentes de policía y la ocupación alemana]. Boom, Ámsterdam, 2014, p. 155.

4 Véase Jan Hopman, *Zwijgen over d Euterpestraat: Op het hoofdkwartier van de Sicherheisdienst in Amsterdam gingen in 1944 verraad en verzet hand in hand* [En 1944, la traición y la resistencia iban de la mano en el cuartel del Servicio de Seguridad de Ámsterdam], Free Musketeers, Zoetermeer, Países Bajos, 2012, p. 50.

5 Jan Hopman, *De wedergeboorte van een moffenmeid*: Een verzwegen familigeschiedenis. Just Publishers, Meppel, Países Bajos, 2016.

6 «Hoogensteijn, Cornelia Wilhelmina Theresia (1918-1956)», DVN, http://resources.huygens.knaw.nl/vrouwenlexicon/lemmata/data/Hoogensteijn.

Capítulo 40: La nieta

1 Entrevista de Thijs Bayens a Esther Kizio, 15 de febrero de 2018; entrevista de Vince Pankoke y Brendan Rook a Esther Kizio, 23 de febrero de 2019.

2 Entrevista de Thijs Bayens a Esther Kizio, Ámsterdam, 15 de febrero de 2018.

3 Entrevista de Thijs Bayens a Esther Kizio, 15 de febrero de 2018.

4 J.W.A. Schepers, nº 22356 y 22356, CABR, Ni-HaNa.

5   Entrevista a Arnold van den Bergh, POD, 12 de julio de 1945,
    n° de inventario 22356, J.W.A. Schepers, CABR, Ni-HaNa.

6   Entrevista de Vince Pankoke y Brendan Rook a Esther Kizio, 23 de
    febrero de 2019.

Capítulo 41: El caso Goudstikker

1   Kenneth D. Alford, *Hermann Goering and the Nazi Art Collection:
    The Looting of Europe's Art Treasures and their Dispersal after World
    War II*. McFarland, Jefferson, 2012.

2   NARA, Oficina de Servicios Estratégicos, Investigación sobre el
    expolio de obras de arte, informe consolidado de investigación n° 2,
    15 de septiembre de 1945. *The Goering Collection*, publicación
    microfilmada de la NARA: M1782.

3   «Interrogations: Miedl Case (Alois Miedl), Page 35», Fold3, https://
    www.fold3.com/document/270014387.

4   Alois Miedl, NIOD, Doc 2, sumario n° 20200610.

5   L2731 re 30 de agosto de 1946, interrogatorio a Hermann Göring,
    Archivo Gerard Aalders. Gerald Aalders, escritor y exinvestigador
    del NIOD, tiene un archivo particular en su casa de Ámsterdam.

6   Edo von Saher, *N.V. Kunsthandel J. Goudstikker. «Overzicht van de
    gebeurtenissen in de periode van 31 December 1939 tot April 1952* [El
    marchante de arte J. Goudstikker: revisión de los acontecimientos
    acaecidos entre el 31 de diciembre de 1939 y abril de 1952]. Informe
    de la Retitutie Commissie, 2005, 5.

7   Entrevista de Vince Pankoke y Brendan Rook a Esther Kizio, 23 de
    febrero de 2019. Provenance Wanted Project Report 2000, 52.

8   Emilie Goudstikker, tarjeta del Consejo Judío, Archivo Arolsen,
    Bad Arolsen, Alemania.

9   Stadsarchief Amsterdam PC, tarjeta de empadronamiento, Oranje
    Nassaulaan 60.

10 J. C. Berlips, informe dirigido a la resistencia holandesa, 4 de abril
    de 1945, Alois Miedl, NIOD, Doc 2, sumario n° 20200610.

11 Henriette von Schirach, *Der Preis der Herrlichkeit*. Traducción de
    Pieter van Twisk, director de investigación del ECA. Herbig,
    Múnich, 2003.

Capítulo 42: Un bombazo

1   Véase, por ejemplo, *Algemeen Handelsblad*, 20 de septiembre de 1940.
    Hay muchos anuncios que dejan claro que VD, Spier y Van Hasselt
    trabajaban juntos. https://www.delpher.nl/nl/kranten/
    results?coll=ddd&query=Bergh&cql%5B0%5D=%28date+_
    gte_+%2220-09-1940%22%29&cql%5B1%5D=%28date+_
    lte_+%2221-09-1940%22%29&redirect=true

2   «Work of the Contact-Afdeling (Contact Division) at Westerbork»,
    declaración, Screen Writers Guild, n° 50943, 11. Véase también
    NIOD Doc 1, sumario n° 248-0294, n° 20, 56.

3   A. J. Schoenmaker, Assen, Países Bajos, informe policial n° 414, 6-7,
    Bureau Oorlogsmisdrijven 58 (Oficina de Crímenes de Guerra 58),
    4 de junio de 1948. El informe tiene 117 páginas.

4   Inspector Marinus van Buren, informe policial, 16 de marzo de
    1948, NIOD, Doc 1, 248-0040.

5   Testimonio de Albert Konrad Gemmeker, carpeta 2 (31), 15 de
    septiembre de 1947; testimonio de Lages, carpetas 2° y 2b, CABR, n°
    de inventario 107491 t/m (hasta e incluyendo) VIII Caja 1; ambos en
    NI-HaNa.

6   Testimonio de Ernst Philip Henn, 15 de septiembre de 1947, n° de
    inventario 107491 t/m (hasta e incluyendo) VIII, CABR, NI-HaNa.

7   Sytze van der Zee, *Vogelvrij: De jacht op de joodse onderduiker.* De
    Bezige Bij, Ámsterdam, 2010, p. 361; NIOD Doc 1, R. Pollak, listas
    de *Signalementeblad*, 384-390.

8   Entrevista del POD a Van den Bergh, 12 de julio de 1945,
    NI-HaNa, CABR-Scheppers.

9   Entrevista de Vince Pankoke y Brendan Rook a Esther Kizio, 26 de
    febrero, 2019.

10 Solo David Cohen, uno de los dos presidentes del Consejo, se
    presentó a juicio. Véase Ido de Haan, «Jurys d'honneur: The Stakes
    and Limits of Purges Among Jews in France After Liberation», en
    *Jewish Honor Courts: Revenge, Retribution, and Reconciliation in
    Europe and Israel after the Holocaust,* ed. Laura Jockusch y Gabriel N.
    Finder. Wayne State University Press, Detroit, 2015, p. 124.

11 Ibid, 122.

12   Philip Staal, *Settling the Account*. Traducción de Scott Rollins. iUniverse, Bloomington, Indiana, 2015, p. 213.

13   Conversación entre Otto Frank y el periodista holandés Friso Endt, editor de la sección local de *Het Parool*, acaecida en algún momento entre 1947 y 1949, según informó al ECA Sytze van der Zee, que habló con Endt a principios de la década de 1960.

14   El veredicto se publicó en la *Nieuw Israëlietisch Weekblad* el 21 de mayo de 1948.

15   Entrevista de Vince Pankoke y Brendan Rook a Esther Kizio, 26 de febrero de 2019.

16   *Nieuw Israëlietisch Weekblad*, 3 de noviembre de 1950. Noticia referida al entierro de Arnold van den Bergh.

Capítulo 43: Un secreto bien guardado

1   Koos Groen, *Een prooi wordt jager: De Zaak van de joodse verraadster Ans van Dijk*. Just Publisherss, Meppel, Países Bajos, 2016, p. 142. Véase también Ans van Dijk, CABR, NI-HaNa, y Sytze van der Zee, *Vogelvrij: De jacht op de joodse onderduiker*. De Bezige Bij, Ámsterdam, 2010, p. 361.

2   Jeroen de Bruyn y Joop van Wijk, *Anne Frank: The Untold Story: The Hidden Truth About Elie Vossen, the Youngest Helper of the Secret Annex*. Bep Voskuijl Productions, Laag-Soeren, Países Bajos, 2018, p. 241.

3   El Comité de Contacto, una rama del Consejo Judío en Westerbork, se encargaba de tramitar exenciones de deportación y para ello confeccionaba listas. En la primavera de 1944, el comandante del campo, Albert Gemmeker, ordenó a sus integrantes contactar con judíos escondidos en Ámsterdam y otros lugares para ofrecerles la posibilidad de comprar su libertad a cambio de dinero y joyas. Véase agente J. Schoenmaker, Assen, Países Bajos, informe policial n° 414, 6-7, Bureau Oorlogsmisdrijven 58 (Oficina de Crímenes de Guerra 58), 4 de junio de 1948. El informe tiene 117 páginas.

4   El 20 de noviembre de 1963, Otto habló con el diario *Het Vrije Volk* e hizo esta declaración, que apareció publicada en ese medio el 22 de noviembre, con el titular *De Oostenrijkse politieagent die Anne Frank arresteerde, bekent en legt uit: ik heb zojuist orders uitgevoerd* [El policía

austriaco que detuvo a Ana Frank confiesa y alega que solo cumplía órdenes].

5 Carta de Otto Frank a Miep Gies, 1 de diciembre de 1963, AFS.

6 El libro de Eda Shapiro y Rick Kardonne *Victor Kugler, The Man Who Hid Anne Frank* (Gefen Publishing, Jerusalén, 2004) se publicó finalmente gracias al empeño del marido de Eda Shapiro, Irving Naftolin, y de su coautor, Rick Kardonne.

Epílogo: La ciudad de las sombras

1 Carol Ann Lee, *The Hidden Life of Otto Frank*. Harper Perennial, Nueva York, 2003, p. 314.

2 Ibid, 294.

3 Ibid, 292.

4 Así respondió Miep a la pregunta de un estudiante. Scholastic publicó sus respuestas a las preguntas de estudiantes en su página web. Véase «Interview Transcript: Miep Gies», Scholastic, http://teacher.scholastic.com/frank/tscripts/miep.htm.

5 Jeroen de Bruyn y Joop van Wijk, *Anne Frank: The Untold Story: The Hidden Truth About Elie Vossen, the Youngest Helper of the Secret Annex*. Bep Voskuijl Productions, Laag-Soeren, Países Bajos, 2018, p. 169. Véase también Wikipedia, s.v., «Bep Voskuijl», https://en.wikipedia.org/wiki/Bep_Voskuijl

6 Melissa Müller, *Anne Frank: The Biography*. Picador USA, Nueva York, 1998, p. 395. Traducción inglesa de Rita y Robert Kimber. (Ed. esp., *La joven Ana Frank. La biografía*, Galaxia Gutenberg, Barcelona, 2001).

7 Eva Schloss, *Después de Auschwitz: la conmovedora historia de la hermanastra de Ana Frank*. Trad.: D. Otero-Piñeiro. Planeta, Barcelona, 2015; p. 839, ed. digital.

8 Lee, *The Hidden Life of Otto Frank*, p. 227.

9 Ibid, 274.

10 Gerben Post, *Lotty's Bench: The Persecution of the Jews of Amsterdam*. Traducción de Tom Leighton. LM Publishers, Volendam, Países Bajos, 2018, p. 150. Véase también Moore, *Victims and Survivors: The Nazi Persecution of the Jews in the Netherlands 1940-1945*. Arnold, Londres, 1997, p. 185-186.

11 Post, *Lotty's Bench*, 113-114.

12 Ibid, 67

13 Ibid, 202.

14 Ibid, 195.

15 David Nasaw, *The Last Million: Europe's Displaced Persons from World War to Cold War.* Penguin Publishers, Nueva York, 2020.

16 Wikipedia, s.v. «Geertruida Wijsmuller-Meijer», https://en.wikipedia.org/wiki/Geertruida_Wijsmuller-Meijer.

Bibliografía

AALDERS, Gerald. *Nazi Looting: The Plunder of Dutch Jewry During the Second World War*. Traducción inglesa de Arnold y Erica Pomerans. Berg Publishers, Oxford, 2004.

_____ y Coen Hilbrink. *De Affaire Sanders: Spionage en intriges in herrijzend Nederland*. SDU Uitgivers, La Haya, 1996.

AERDE, Rogier van. *Het grote gebod: Gedenkboek van het verzet in LO en LKP*. 2 vol. Kok, Kampen, 1989.

ALFORD, Kenneth D. *Hermann Goering and the Nazi Art Collection: The Looting of Europe's Art Treasures and their Dispersal after World War II*. McFarland, Jefferson, 2012.

BARNOUW, David y Gerrold van der Stroom. «Who Betrayed Anne Frank?», NIOD, https://www.niod.nl/sites/niod.nl/files/Whobetrayed-AnneFrank.pdf.

BARNOUW, David, and Gerrold van der Stroom. *The Diary of Anne Frank: The Revised Critical Edition*. Traducido por Arnold J. Pomerans, B. M. Mooyaart-Doubleday, y Susan Massotty. Nueva York: Doubleday, 2003.

BAUMAN, Zygmunt. *Modernity and the Holocaust*. Polity Press, Cambridge, 1991.

BECKER, Tamara, An Huitzing, Annemie Wolff y Rudi Boon. *Op de foto in oorlogstijd: Studio Wolff, 1943*. Lecturis, Eindhoven, 2017.

BOER, Joh Franc Maria den, S. Duparc y Arthur de Bussy. *Kroniek van Amsterdam over de jaren 1940-1945*. De Bussy, Ámsterdam, 1948.

BOLLE, Mirjam. *Letters Never Sent: Amsterdam, Westerbork, Bergen-Belsen.* Traducción inglesa de Laura Vroomen. Yad Vashem Publications, Jerusalén, 2014.

BOOMGAARD, Petra van den. *Voor de Nazi's geen Jood: Hoe ruim 2500 Joden door ontduiking van rassenwoorschriften aan de deportaties zijn ontkomen.* Uitgiverij Verbum, Hilversum, 2019.

BOTERMAN, Frits. *Duitse daders: De jodenvervolging en nazificatie van Nederland (1940-1945).* Uitgiverij De Arbeiderspers, Ámsterdam, 2015.

BRINKS, Monique. *Het Scholtenhuis, 1940-1945.* Vol. 1: *Daden.* Profiel, Bedum, 2009.

BROEK, Gertjan. «An Investigative Report in the Betrayal and Arrest of the Inhabitants of the Secret Annex». Casa de Ana Frank, diciembre de 2016, https://www.annefrank.org/en/downloads/filer_public/4a /c6/4ac6677d-f8ae-4c79-b024-91ffe694e216/an_investigative_report _on_the_betrayal_and_arrest.pdf

BRONGERS, E. H. *De slag om de Residentie 1940.* Hollandia, Baam, 1968.

BROWNING, Christopher. *Ordinary Men: Reserve Police Battalion 101 and the Final Solution in Poland.* HarperCollins, Nueva York, 2017.

BRUÏNE, Gabi de et al. *Een rwandees kaartenhuis: Een wirwar van wankelende verklaringen.* Boom Criminologie, La Haya, 2017.

BRUYN, Jeroen de y Joop van Wijk, *Anne Frank: The Untold Story: The Hidden Truth About Elie Vossen, the Youngest Helper of the Secret Annex.* Traducción inglesa de Tess Stoop. Bep Voskuijl Productions, Laag-Soeren, Países Bajos, 2018.

BURRIN, Philippe. *Het onstaan van een volkerenmoord: Hitler en de Joden.* Van Gennep, Ámsterdam, 1991.

CALLAHAN, Debbie J. *Lest We Forget: Lessons from Survivors of the Holocaust.* Bruske Books, Ovala, Florida, 2014.

COHEN, Jaap. *Anne Frank House* (catálogo del museo). Anne Frank Stichting, Ámsterdam, 2018.

COHEN, Mischa. *De Nazi-leerling: Se schuldige jeugd van Dick Woudenberg.* Uitgiverij Atlas Contact, Ámsterdam, 2017.

CROES, Marnix y Peter Tammes. *«Gif laten wij niet Voortbestaan»: Een onderzoek naar de overlevingskansen van joden in de Nederlandse gemeenten, 1940-1945.* Aksant, Ámsterdam, 2004.

Diederichs, Monika. *Wie geschoren wordt moet stil zitten: Nederlandse meisjes en vrouwen die in de periode 1940-1945 omgang hadden met duitse militairen.* Uitgiverij Aspekt, Soesterberg, 2015.

Engels, M. J. Adriani. *Nacht over Nederland: Journalistiek reportage van vijf bezettingsjaren: 1940-1945.* Ons Vrije Nederland, Utrecht, 1946.

Enzer, Hyamn A. y Sandra Solotaroff-Enzer (eds.). *Anne Frank: Reflections on Her Life and Legacy.* University of Illinois Press, Champaign, 2000.

Es, Bart van. *Cut Out Girl: A Story of War and Family, Lost and Found.* Fig Tree, Londres, 2019.

Faber, Sjoerd y Gretha Donker. *Bijzonder gewoon: Het Centraal Archief Bijzondere Rechtspleging (1944-2010) en de «lichte gewallen».* Uitgeverij Waanders, Zwolle, 2010.

Föllmer, Moritz. *Culture in the Third Reich.* Oxford University Press, Nueva York, 2020.

Frank, Anne. *The Diary of a Young Girl: The Definitive Edition.* Edición de Otto H. Frank y Mirjam Pressler. Doubleday, Nueva York, 1995. [Edición en español: Anne Frank, *Diario*, Debolsillo, Barcelona, 1992. Traducción de Diego Puls].

Gieling, Wilco. *Seyss-Inquart.* Aspekt, Soesterberg, 2011.

Gies, Miep y Alison Leslie Gold, *Anne Frank Remembered: The Story of the Woman Who Helped to Hide the Frank Family.* Simon & Schuster, Nueva York, 2009. [Ed. esp., *Mis recuerdos de Ana Frank*, Plaza y Janés, Barcelona, 1987. Traducción. Rosa S. de Naveira].

Goldhagen, Daniel Jonah. *Hitlers gewillige beulen.* Standaard Uitgeverij, Amberes, 1996.

Griffioen, Pim y Ron Zeller. *Jodenvervolging in Nederland, Frankrijk en België, 1940-1945.* Boom, Ámsterdam, 2015.

Grobman, Alex y Joel Fishman (eds.), *Anne Frank in Historical Perspective: A Teaching Guide for Secondary Schools.* Martyrs Memorial and Museum of the Holocaust, Los Ángeles, 1995. https//files.eric.ed.gov/fulltext/ED391710.pdf.

Groen, Koos. *Fout en niet goed: De vervolging van collaboratie en varraad na WO2.* Just Publishers, Hilversum, 2009.

_____ *Landverraders, wat deden we met ze? Een dokumentaire over de bestraffing en berechting van NSBers en kollaborateurs en de zuivering van pers, radio, kunst, bedrijfsleven na de Tweede Wereldoorlog.* In den Toren, Baarn, 1974.

_____ *Een prooi wordt jager. De Zaak van de joodse verraadster Ans van Dijk.* Just Publishers, Meppel, 2016.

HAGEN, Louis E. *Ik vocht om Arnhem: Dagboek van een zweefvliegtuid-piloot.* De Koepel, Nijmegen, 1947.

HAPPE, Katja. *Veel valse hoop: De jodenvervolging in 1940-1945 Nederland.* Uitgiverij Atlas Contact, Ámsterdam, 2018.

HASSELT, Ron van. *De oorlog van mijn vader: Een halve familiegeschiedenis.* Profiel, Bedum, 2012.

HAUSNER, Gideon. *Justice in Jerusalem.* Harper & Row, Nueva York, 1966.

HEIJDEN, Chris van der. *Grijs verleden: Nederland en de Tweede Wereldoorlog.* Uitgiverij Contact, Ámsterdam, 2008.

_____ *Joodse NSB'ers: De vergeten geschiedenis van Villa Bouchima in Doetichem.* Begijnekade 18 Uitgivers, Utrecht, 2006.

HERTZBERG, Abel J. *Amor fati: Zeven opstellen over Bergen-Belsen.* E. Querido's Uitgiverij, Ámsterdam, 1987.

_____ *Kroniek der jodenvervolging, 1940-1945.* E. Querido's Uitgiverij, Ámsterdam, 1985.

HILLESUM, Etty. *An Interrupted Life: The Diaries, 1941-1943, and Letters from Westerbork.* Holt Paperback, Nueva York, 1996. [Ed. esp.: *Obras completas,* Monte Carmelo, Burgos, 2020. Trad.: M. Arguilé y F. Arriero].

HOFFER, Eric. *The True Believer: Thoughts on the Nature of Mass Movements.* [Ed. esp.: *El verdadero creyente: sobre el fanatismo y los movimientos sociales.* Editorial Tecnos, Madrid, 2009. Trad.: A. Garzón].

HOFMAN, Jaap. *De collaborateur.* Aspekt, Soesterberg, 2011.

HOLLANDER, Pieter den. *Roofkunst: De zakat Goudstikker.* Meulenhoff, Ámsterdam, 2007.

HOPMAN, Jan. *Zwijgen over d Euterpestraat: Op het hoofdkwartier van de Sicherheisdienst in Amsterdam gingen in 1944 verraad en verzet hand in hand.* Free Musketeers, Zoetermeer, 2012.

_____ *De wedergeboorte van een moffenmedi: Een verzwegen familiegeschiedenis.* Just Publishers, Meppel, 2016.

HUIZING, Bert y Koen Aartsma. *De Zwarte Politie, 1940/1945.* De Haan, Weesp, 1986.

IPEREN, Roxane van. *'t Hooge Nest*. Lebowski Publishers, Ámsterdam, 2018.

JANSEN, Ronald Wilfred. *Anne Frank: Silent Witnesses: Reminders of a Jewish Girl's Life*. Pumbo, Zwaag, 2014.

JONG, Loe de. *Het Koninkrijk der Nederlanden in de Tweede Wereldoorlog*. 26 vol. SDU Uitgevers, La Haya, 1996-1991.

JONG, Louis de. *The Netherlands and Nazi Germany*. Harvard University Press, Cambridge, MA, 1990.

_____ *Tussendijds: Historische studies*. E. Querido Uitgiverij, Ámsterdam, 1977.

KEMPNER, Robert M.W. *Twee uit Honderduizend: Anne Frank en Edith Stein: Onthullingen over de nazimisdaden in Nederland voor heet gerechthof te München*. Uitgeverij H. Nelissen, Bilthoven, 1969.

KNOOP, Hans. *De Joodsche Rood: Het drama van Abraham Asscher en David Cohen*. Elsevier, Ámsterdam, 1983.

KOETSIER, Teun y Elbert Roest. *Schieten op de maan: Gezag en verzet in Laren NH in WO II*. Uitgeverij van Wijland, Laren, 2016.

KREMER, Gerard. *De achtertuin van het achterhuis*. De Lantaarn, Ede, 2018.

_____ *Anne Frank Betrayed: The Mystery Unraveled After 75 Years*. De Lantaarn, Ede, 2020.

KÜNZEL, Geraldien von Frijtag Drabbe. *Het gevald Calmeyer*. Mets & Schilt, Ámsterdam, 2008.

LANS, Jos van der y Herman Vuisje. *Het Anne Frank Huis: Een biografie*. Boom, Ámsterdam, 2010.

LEE, Carol Ann. *The Hidden Life of Otto Frank*. Harper Perennial, Nueva York, 2003.

LESTER, Richard. *Flight of the Blue Heron*. Bookstand, Morgan Hill, 2009.

LEVI, Primo. *Surviving Auschwitz*. Traducción inglesa de Stuart Woolf. Simon & Schuster, Nueva York, 1996.

LIEMPT, Ad van. *Gemmeker: Commandant van kamp Westerbork*. Uitgiverij Balans, Ámsterdam, 2019.

_____ *Hitler's Bounty Hunters: The Betrayal of the Jews*. Traducción inglesa de S. J. Leinbach. Berg, Nueva York, 2005.

_____ *De jacht op het verzet: Het meedogenloze optreden van Sicherheitsdienst en nederlandse politie tijdens de Tweede Wereldoorlog*. Uitgiverij Balans, Ámsterdam, 2013.

_____ *Jodenjacht: De onthutsende rol van de nederlandse politie in de Tweede Wereldoorlog.* Uitgeverij Balans, Ámsterdam, 2013.

Lifton, Robert J. *Nazi-dokters: De psychologie van de rassenmoord in het Derde Rijk.* Bruna, Utrecht, 1987.

Lindwer, Willy. *The Last Seven Months of Anne Frank: The Stories of Six Women Who Knew Anne Frank.* Traducción inglesa de Alison Meersschaert. Pan Macmillan, Nueva York, 2004.

_____ *Wolf en Ryfka: Kroniek van een joodse familie.* Prometheus, Ámsterdam, 2019.

Liptstadt, Deborah E. *Denying the Holocaust: The Growing Assault on Truth and Memory.* Penguin, Nueva York, 1994.

Luitjers, Guus, Raymond Schütz y Marten Jongman. *De deportaties uit Nederland, 1940-1945: Portretten uit de archieven.* Nieuw Amsterdam, Ámsterdam, 2017.

Maarsen, Jacqueline van. *Inheriting Anne Frank.* Traducción inglesa de Brian Doyle. Arcadia Books, Londres, 2009.

_____ *My Friend Anna Frank.* Traducción inglesa de Debra F. Onkenhout. Vantage, Nueva York, 1996. [Ed. esp.: *Me llamo Ana, dijo Ana Frank.* Trad.: López-Ballesteros, M. y Tortosa Rey-Stolle, A. y L. Mare Nostrum, San Agustín de Guadalix, 2008].

Mardo, Esther (seudónimo de Herman Nicolaas van der Voort). *Vrowenkamp.* De Vrije Pers, Róterdam, 1962.

Mechanicus, Philip. *In dépôt: Dagboek uit Westerbork.* Uitgeverij Verbum, Laren, 2008.

Meerschoek, Guus. *Dienaren van het gazag: De amsterdamse politie tijdens de bezetting.* Van Gennep, Ámsterdam, 1999.

Meeuwenoord, Marieke. *Het hele is hier een wereld op zichzefl: De geschiedenis van kamp Vught.* De Bezige Bij, Ámsterdam, 2014.

Meihuizen, Joggli. *Richard Fiebig en de uitbuiting van de nederlandse industrie.* Boom, Ámsterdam, 2018.

Metselaar, Menno. *Anne Frank: Dreaming, Thinking, Writing.* Casa de Ana Frank, Ámsterdam, 2016.

Metselaar, Menno, Ruud van der Rol, Dineke Stam y Ronald Leopold (eds.) *Anne Frank House: A Museum with a Story.* Anne Frank Stichting, Ámsterdam, 2001.

Meulenbroek, Lex y Paul Poley. Kroongetuige DNA: *Onzichtbaar spoor in spraakmakende zaken.* De Bezige Bij, Ámsterdam, 2014.

MIDDELBURG, Bart. *Jeanne de Leugenaarster: Adriana Valkenburg: Hoerenma-dam, verraadster, femme fatale.* Nieuw Amsterdam, Ámsterdam, 2009.

MOORE, Bob. *Victims and Survivors: The Nazi Persecution of the Jews in the Netherlands 1940-1945.* St. Martin's Press, Nueva York, 1997.

MÜLLER, Melissa. *Anne Frank: The Biography.* Picador USA, Nueva York, 1998, p. 193. Traducción inglesa de Rita y Robert Kimber. (Ed. esp.: *La joven Ana Frank. La biografía*, Galaxia Gutenberg, Barcelona, 2001. Trad.: Rosa Pilar Blanco).

OUDHEUSDEN, Jan van y Erick Schumaker. *1944: Verstoorde verwachtingen.* Spectrum/NIOD, Ámsterdam, 2019.

PIERSMA, Hinke. *Op eigen gezag: Politieverzet in oorlogstijd.* E. Querido Uitgiverij, Ámsterdam, 2019.

POST, Gerben. *Lotty's Bench: The Persecution of the Jews of Amsterdam Re-membered.* Traducción inglesa de Tom Leighton. LM Publishers, Vo-lendam, 2018.

PRESSER, J. *De Nacht der Girondijnen: Novelle.* Meulenhoff, Ámsterdam, 2007.

_____ Ondergang: *De vervolging en verdelging van het nederlandse jodendom, 1940-1945.* Aspekt, Soesterberg, 2013.

ROMIJN, Peter et al. *The Persecution of the Jews in the Netherlands, 1940-1945: New Perspectives.* Vossiuspers UvA, Ámsterdam, 2010.

RUBIN, Susan Goldman. *The Anne Frank Case: Simon Wiesenthal's Search for the Truth.* Holiday House, Nueva York, 2009.

SCHAAP, Inger. *Sluipmoordenaars: De Silbertanne-moorden in Nederlan,* 1943-1944. Just Publishers, Hilversum, 2010.

SCHERRENBURG, Olga et al. *De moddermoord: Over hoe een ongeval een moord werd.* Boom Lemma, 's-Gravenhage, 2013.

SCHIRACH, Henriette von. *Der Preis der Herrlichkeit.* Herbig, Múnich, 2003.

Eva Schloss, *After Auschwitz: A Story of Heartbreak and Survival by the Stepsister of Anne Frank.* Traducción inglesa de Richard y Clara Schütz. Hodder & Stoughton, Londres, 2013 (Ed. esp.: *Después de Auschwitz: la conmovedora historia de la hermanastra de Ana Frank.* Trad.: D. Ote-ro-Piñeiro. Planeta, Barcelona, 2015).

_____ *Eva's Story.* Eerdmans Publishing Company, Grand Rapids, 1988.

SCHNABEL, Ernst. *The Footsteps of Anne Frank.* Traducción inglesa de Richard y Clara Winston. Southbank Publishing, Harpenden (RU), 2014.

SCHÜTZ, Raymund. *Kille mist: Het nederlands notariaat en de erfenis van de oorlog.* Boom, Ámsterdam, 2016.

SCHWARZSCHILD, Ellen. *Niet lezen als't U blieft, nicht lessen bitte: Onuitwisbare herinnringen (1933-1943).* Edición particular, Ámsterdam, 1999.

SHAPIRO, Eda y Rick Kardonne, *Victor Kugler: The Man Who Hid Anne Frank.* Gefen Publishing House, Jerusalén, 2008.

SHERMER, Michael y Alex Grobman. *Denying History: Who Says the Holocaust Never Happened and Why Do They Say It?* University of California Press, Berkeley, 2009.

SIJES, B. A. *Studies over jodenvervolging.* Van Gorcum, Assen, 1974.

SOMERS, Erik. *Voorzitter van de Joodse Raad: De herinneringen van David Cohen (1941-1943).* Walburg Pers, Zutphen, 2010.

_____ y René Kok. *Jewish Displaced Persons in Camp Bergen-Belsen, 1945-1950.* Waanders, Zwolle, 2003.

STAAL, Philip. *Settling the Account.* Traducción inglesa de Scott Rollins. iUniverse, Bloomington, 2015.

STIGTER, Bianca. *De bezette stad: Plattegrond van Amsterdam, 1940-1945.* Athenaeum-Polak & Van Gennep, Ámsterdam, 2005.

STRASBERG, Susan. *Bittersweet.* Signet, Nueva York, 1980.

TONGEREN, Paul van. *Jacoba van Tongeren en de onbekende verzetshelden van Groep 2000 (1940-1945).* Uitgeverij Aspekt, Soesterberg, 2015.

TRENKER, Luis. *Het intieme dagboek van Eva Braun.* Confidentia, La Haya, 1949.

ULLMAN, Leo S. *796 Days: Hiding as a Child in Occupied Amsterdam During WWI and Then Coming to America.* ComteQ Publishing, Margate, 2015.

VEEN, Harm van der. *Westerbork, 1939-1945: Het verhaal van vluchtelingenkamp en durchgangslager Westerbork.* Herinneringscentrum Kamp Westerbork, Hooghalen, 2003.

VELD, N.J.C.A. in 't. *De joodse ereraad.* SDU Uitgeverij, 's-Gravenhage, 1989.

VENEMA, Adriaan. *Kunsthandel in Nederland, 1940-1945.* De Arbeiderspers, Ámsterdam, 1986.

VERHOEVEN, Rian. *Anne Frank was niet aleen: Het Merwedeplein, 1933-1945.* Prometheus, Ámsterdam, 2019.

VERKIJK, Dick. *Radio Hilversum, 1940-1945: De omroep in oorlog.* De Arbeiderspers, Ámsterdam, 1974.

VETH, D. Gitlay y A. J. van der Leeuw. *Rapport door het Rijksinstituut voor Oorlogsdocumentatie uitgebracht aan de minister van justitie inzake de activiteiten van drs. F. Weinreb, gedurende de jaren 1940-1945, in het licht van nadere gegevens bezien.* 2 vol. Staatsuitgeverij, 's-Gravenhage, 1976.

VISSER, Frank. *De zaak Antonius van der Waals.* Forum Boekerij, La Haya, 1974.

WASSERSTEIN, Bernard. *The Ambiguity of Virtue: Gertrude van Tijn and the Fate of the Dutch Jews.* Harvard University Press, Cambridge, MA, 2014.

_____ *Gertrude van Tijn en het lot van de nederlandse Joden.* Nieuw Amsterdam, 2013.

WIESEL, Elie. *Night.* Traducción inglesa de Marion Wiesel. Farrar, Straus and Giroux, Nueva York, 2000. [Ed. esp.: *La noche.* Trad.: Fina Warschaver. El Aleph Editores, Barcelona, 2002].

WIESENTHAL, Simon. *The Murderers Among Us: The Simon Wiesenthal Memoirs.* Edición de Joseph Wechsberg. Bantam Books, Nueva York, 1968. [Ed. esp.: *Los asesinos entre nosotros: memorias.* Trad.: M. L. Borrás. Noguer, Barcelona, 1967].

WILSON, Cara Weiss (ahora Cara Wilson-Granat). *Dear Cara: Letters from Otto Frank. Anne Frank's Father Shares His Wisdom.* North Star Publications, Sandwich, 2001.

WOLFE, Robert. *Captured German and Related Records: A National Archives Conference.* Ohio University Press, Athens, 1968.

ZEE, Nanda van der. *Om erger te voorkomen.* Uitgeverij Aspekt, Soesterberg, 2011.

_____ *The Roommate of Anne Frank.* Traducción inglesa de Cees Endlich. Uitgeverij Aspekt, Soesterberg, 2003.

ZEE, Sytze van der. *Vogelvrij: De jacht op de joodse onderduiker.* De Bezige Bij, Ámsterdam, 2010.

ZILLER, Robert (seudónimo de Richard Ziegler). *Wij maken geschiedenis.* Het Hollandsche Uitgevershuis, Ámsterdam, 1946.

ZWAAN, J. *De zwarte kameraden: Een geïllustreerde geschiedenis van de NSB.* Van Holkema en Warendorf, Weesp, 1984.